暨南大学本科教材资助项目（普通教材资助项目）

# 财政学

第四版

PUBLIC FINANCE

廖家勤　余　英
唐飞鹏　陆超云　编著

暨南大學出版社
JINAN UNIVERSITY PRESS
中国·广州

图书在版编目（CIP）数据

财政学/廖家勤，余英，唐飞鹏，陆超云编著．—4 版．—广州：暨南大学出版社，2021. 11
ISBN 978 - 7 - 5668 - 3252 - 8

Ⅰ. ①财…　Ⅱ. ①廖…　②余…　③唐…　④陆…　Ⅲ. ①财政学—高等学校—教材　Ⅳ. ①F810

中国版本图书馆 CIP 数据核字（2021）第 203254 号

财政学（第四版）
CAIZHENGXUE（DI-SI BAN）
编著者：廖家勤　余　英　唐飞鹏　陆超云

---

出 版 人：张晋升
责任编辑：曾鑫华　刘碧坚
责任校对：苏　洁　冯月盈
责任印制：周一丹　郑玉婷

出版发行：暨南大学出版社（510630）
电　　话：总编室（8620）85221601
　　　　　营销部（8620）85225284　85228291　85228292　85226712
传　　真：（8620）85221583（办公室）　85223774（营销部）
网　　址：http：//www. jnupress. com
排　　版：广州市天河星辰文化发展部照排中心
印　　刷：广州一龙印刷有限公司
开　　本：787mm × 1092mm　1/16
印　　张：17. 25
字　　数：415 千
版　　次：1993 年 12 月第 1 版　2021 年 11 月第 4 版
印　　次：2021 年 11 月第 17 次
印　　数：82001—84000 册
定　　价：49. 80 元

# 第四版前言

2013 年中共十八届三中全会以来，围绕“市场在资源配置中起决定性作用和更好发挥政府作用”及“财政是国家治理的基础和重要支柱，科学的财税体制是优化资源配置、维护市场统一、促进社会公平、实现国家长治久安的制度保障”的新定位，我国开启了建立现代财政制度的新一轮财政改革。作为传授我国现代财政基础理论、制度及政策的财政学教材必然要与时俱进，体现新一轮财政改革的成果，这是第四版《财政学》教材的基本动机。

本教材特色：①理论与实际相结合。以习近平新时代中国特色社会主义思想为指导，既注重财政基本理论传授，又紧密联系十八届三中全会以来中国建立现代财政制度的实际；既注重用财政理论解释新时代中国特色社会主义现代财政实际现象，也注重用新时代中国特色社会主义现代财政实际现象来验证财政理论。力图通过对本教材的学习，让学生们在掌握财政学基本理论的同时，又对新时代中国特色社会主义现代财政实际现象有基本了解，做到学以致用。②继承与发展相结合。既注重市场经济体制下财政一般基本理论的传承，又注重基于新时代中国特色社会主义市场经济体制改革实践，创新发展中国特色社会主义财政理论。③结构体例上，循着财政基础理论—财政支出—财政收入—财政管理的基本逻辑思路，将教材内容分四部分十二章。第一部分是财政学理论基础，揭示市场经济体制下财政存在的理论依据及财政行为方式，主要介绍市场失灵、公共财政、公共产品、公共财政职能、财政决策。第二部分是财政支出，揭示财政提供公共产品与服务的规模与结构，主要介绍财政支出的分类、原则、规模及结构。第三部分是财政收入，揭示财政获取资源的方式及制度安排，主要介绍财政收入的分类、规模及结构，税收原理与制度，非税收入、国债原理与制度。第四部分是财政管理，主要介绍预算原理与制度、政府间财政关系原理与制度及财政政策原理与实践。每一章都用名人名言作为导语，同时附有小结和思考题。④形式上，图文并茂，既大量运用图表来直观地展现财政理论和财政问题，也深入分析财政理论和财政问题，并且用专栏来对财政学的基本知识进行专门说明，扩展学生的财政学视野。

本书既可以作为高校经济管理类专业本科生财政学课程教材，也可以作为经济管理类研究生学习参考教材。

作　者

2021 年 8 月 10 日

# 目 录

# 1 绪 论

财政学无疑是对个人与国家之间关系的高深的讨论。没有比财政学更好的学校教育课程了。

——捷克共和国前总理瓦茨拉夫·克劳斯（Vaclav Klaus）

财政是国家治理的基础和重要支柱，科学的财税体制是优化资源配置、维护市场统一、促进社会公平、实现国家长治久安的制度保障。

——中国共产党第十八届中央委员会第三次全体会议《中共中央关于全面深化改革若干重大问题的决定》

## 1.1 财政学——研究一只巨兽的经济学

在西方经典的基督教《圣经》中，记载了这么一只巨兽：

它的气力在腰间，能力在肚腹的筋上。
它摇动尾巴如香柏树。它大腿的筋互相联络。
它的骨头好像铜管。它的肢体仿佛铁棍。
它在神所造的物中为首。创造它的给它刀剑。
诸山给它出食物，也是百兽游玩之处。
它伏在莲叶之下，卧在芦苇隐秘处和水洼子里。
莲叶的阴凉遮蔽它。溪旁的柳树环绕它。
河水泛滥，它不发战。就是约旦河的水涨到它口边，也是安然。
在它防备的时候，谁能捉拿它？谁能牢笼它穿它的鼻子呢？

这个“它”，就是西方文明中极具象征意义的“利维坦”，一个代表着无穷威力的形象。随着科技文明的发达，从现代社会的角度来看，利维坦这一形象无疑是极其夸大而不可信的。但是，你能想象得到吗，在我们的现实生活中，尽管没有具象的“香柏树般的尾巴”，也没有“好像铜管的骨头”，然而作为社会的一分子的我们，从来到这个世界的第一天开始，就已经时刻面对着这只巨兽。这只巨兽的触角，深入我们生活的每一个方面，我们将自有的资源双手奉上给它，我们依赖它应付我们的各项生活所需……

你没有猜错，这只巨兽，就是我们的政府。英国著名政治学家霍布斯在他的名著

《利维坦》中，将一个国家的政府，比喻为圣经中的巨兽利维坦：

“我承认这个人或这个集体，并放弃我管理自己的权利，把它授予这人或这个集体，但条件是你也把自己的权利拿出来授予他，并以同样的方式承认他的一切行为。在这一点办到之后，像这样统一在一个人格之中的一群人就称为国家，在拉丁文中称为城邦。这就是伟大的利维坦（Leviathan）的诞生，……我们在永生不朽的上帝之下所获得的和平和安全保障就是从它那里得来的。因为根据国家中每一个人授权，他就能运用托付给他的权力与力量，通过其威慑组织大家的意志，对内谋求和平，对外互相帮助抗御外敌。”

### 1.1.1 不可忽略的公关部门

回顾我们的一生，甚至当我们还在娘胎中，政府这只巨兽的作用已经渗透到每一个方面。妈妈为照顾肚子中的我们所吃的每一口食物，去医院做的每一次检查，甚至去医院的途中所享受的交通等都离不开政府的工作。而我们中的绝大部分人，更是在政府开设的医院里出生，在政府设立的学校内接受教育，由政府维持社会的治安与秩序，有的直接进入政府工作，有的在政府资助的机构中工作；当我们垂垂老矣，又领取由政府提供的社会保障体系为我们提供退休金，度过余生。而以上所说的，仅仅是我们所享受的政府提供的服务中很少的一部分。

同时，我们中的所有人，注意，不是绝大多数，是所有的人，不论有没有享受政府的服务，不论从事什么工作，都必须向政府缴纳税款。作为生产要素的打工者，你的要素报酬——个人工薪所得，需要向政府缴纳个人所得税；作为消费者，在你购买产品和服务的同时，你所支付的产品和服务的价格中实质上包含了增值税、消费税等间接税；作为资本所有者投资创办企业，要缴纳的税就更多了，增值税、消费税都是由企业直接向税务局缴纳的，除此以外，企业的经营产生了利润还要缴纳企业所得税，企业进口产品要缴纳关税，企业与其他经济主体订立营销合同要缴纳印花税。正如富兰克林所说：“在这个世界上，只有两件事是毫无疑问的，那就是死亡与税收。”

在现代社会里，无论我们愿意还是不愿意，政府已经俨然成为现代社会经济里的一个“公共部门”，与个人、家庭、企业等组成的私人部门并列。随着近代社会经济的爆发式发展，各国政府的地位亦逐渐上升到十分显著的地位。我们可以看到，在过去的一个多世纪里，各国的政府支出在整体国民经济中所占的比例不断增加，特别是 20 世纪中后叶，政府支出占整体 GDP 的比例，呈现了一个加速增长的趋势，见表 1－1 和表1－2。

**表 1-1 2018 年各工业国政府收入与支出占 GDP 百分比**

单位:%

| 国家 | 政府收入占比 | 政府支出占比 | 国家 | 政府收入占比 | 政府支出占比 |
|---|---|---|---|---|---|
| 美国 | 17.51 | 22.34 | 加拿大 | 18.62 | 17.63 |
| 英国 | 35.36 | 37.00 | 西班牙 | 27.91 | 32.14 |
| 法国 | 44.31 | 46.81 | 韩国 | 27.45 | 24.92 |
| 德国 | 29.02 | 27.99 | 瑞士 | 18.19 | 17.20 |
| 意大利 | 39.36 | 42.54 | 澳大利亚 | 25.74 | 26.14 |
| 瑞典 | 33.29 | 31.71 | 新西兰 | 32.64 | 30.27 |
| 丹麦 | 37.98 | 36.80 | 俄罗斯 | 27.31 | 28.73 |

资料来源：世界银行，http://data.worldbank.org.

**表 1-2 西方各主要国家 1870—1996 年政府支出占 GDP 百分比的情况**

单位:%

| 国家 | 1870 年前后 | 1913 年 | 1920 年 | 1937 年 | 1960 年 | 1980 年 | 1990 年 | 1996 年 |
|---|---|---|---|---|---|---|---|---|
| 美国 | 7.3 | 7.5 | 12.1 | 19.7 | 27.0 | 31.4 | 32.8 | 32.4 |
| 日本 | 8.8 | 8.3 | 14.8 | 25.4 | 17.5 | 32.0 | 31.3 | 35.9 |
| 德国 | 10.0 | 14.8 | 25.0 | 34.1 | 32.4 | 47.9 | 45.1 | 49.1 |
| 法国 | 12.6 | 17.0 | 27.6 | 29.0 | 34.6 | 46.1 | 49.8 | 55.0 |
| 意大利 | 13.7 | 17.1 | 30.1 | 31.1 | 30.1 | 42.1 | 53.4 | 52.7 |
| 英国 | 9.4 | 12.7 | 26.2 | 30.0 | 32.2 | 43.0 | 39.9 | 43.0 |
| 加拿大 | N/A | N/A | 16.7 | 25.0 | 28.6 | 38.8 | 46.0 | 44.7 |

资料来源：维托·坦齐，卢德格尔·舒克内希特. 20 世纪的公共支出 [M]. 胡家勇，译. 北京：商务印书馆，2005.

因此，我们可以得出一个重要的结论：在当前形势下，政府，或者说公共部门，已经成为当代各国经济生活中，拥有与调集的资源最多、影响最大的一个实体。一国经济不再是仅有企业和家庭的两部门经济，而是由政府、企业和家庭组成的三部门经济。

### 1.1.2 财政学是什么

现代市场经济既然是由政府、企业和家庭组成的三部门经济，那么采用科学、客观的方法与理论，研究政府经济活动范围，以及如何发挥政府经济活动对家庭、企业经济活动的积极影响，消除其消极影响，以实现资源配置的优化、收入分配的公平和经济的持续稳定发展，最大限度增进国民福利，也就成为当代应用经济学的一个重要任务。而从学科的演变和分类来说，财政学就是专门研究政府收入、支出等财政活动的一门应用经济学科。

当然，财政学研究对象的独特性和复杂性决定了人们对财政学的不同看法，专栏

1－1分别是来自中国、美国、英国的三位财政学者对财政学所下的定义。

**专栏1－1　各国学者对财政学的不同定义**

财政学与经济学有密切联系，财政学是经济学的一个特殊分支，经济学是财政学的理论基础。财政学研究政府活动对整个国民经济的影响以及政府活动的适当范围和方式。

——蒋洪. 财政学教程［M］. 上海：上海三联书店，1996.

财政学，也称公共部门经济学或公共经济学，以政府的收支活动及其对资源配置与收入分配的影响为研究对象。财政经济学家既分析显示政策，又对政府活动提供指导，在后一个角色中，经济学家受其对政府在社会中的作用的看法的影响。

——哈维·罗森. 财政学［M］. 郭庆旺，赵志耘，译. 7版. 北京：中国人民大学出版社，2006.

公共部门经济学研究公共支出和对经济课税的效应。政府应该履行哪些职责？税收为公共支出筹资，导致效率下降和削弱了经济增长的潜力吗？一个经济该如何界定公共支出的数量？哪些因素促使公共支出增长？公共支出和税收破坏了激励机制吗？政府行为使人们生活更好还是更差？为取得相同收入，而以一种税取代另一种税，对市场经济主体有何影响？公共部门在其活动中有效配置资源了吗？

——C. V. 布朗，P. M. 杰克逊. 公共部门经济学［M］. 张馨，主译. 4版. 北京：中国人民大学出版社，2000.

财政学是经济学的一个分支，从学科的基础来看，其采用的研究方法、思路等都是与经济学一致的。然而，财政学还有其作为交叉学科的特点。一方面，财政学由于以研究政府的收入与支出为核心内容，必然大量地涉及政治学的内容，从而使得财政学处于经济学与政治学的交叉边缘；另一方面，现实中的财政活动将对社会生活产生深远的影响，故在社会公平、稳定等方面，财政学亦必须加以关注，这又形成了与社会学的交叉。另外，财政学还是一门十分强调应用实践的学科，为了给各种财政活动提供具有可操作性的指导，财政学亦大量地借鉴现代的管理学理论，对预算、政府开支、税收制度等方面的运作进行了深入分析。综上所述，与经济学的其他分支相比，财政学与其他社会科学的交叉重叠是其最为显著的特点，这亦意味着，在学习财政学的过程中，必须对包括政治学、社会学、管理学等学科有所涉猎，这样才能深入理解财政背后的深刻含义。

### 1.1.3　财政学的研究范围

如上所述，财政学是一门实践性非常强的学科，它不仅有大量关于公共部门的理论分析，也研究各种财政实践活动。因此，财政学的研究范围同时涵盖了理论与应用两大部分。

1. 财政理论

财政的基本理论包括：什么是财政？为什么要存在政府与财政？政府在社会经济中应该起什么作用？与私人部门的关系如何？财政有哪些职能？职能的范围与边界在哪里？如何履行这些职能？

现代的财政学已经基本就政府存在的必要性及意义达成共识：政府的存在，是为了弥补和纠正各种市场失灵。那么，什么是市场失灵？其体现是什么？政府在弥补和纠正的过程中，应该履行什么职能？……这些问题都属于财政理论的核心内容。

2. 财政收入与财政支出

既然财政学是关于政府理财的学问，那么收入与支出自然就是其两大根本内容了。

在财政学中，涉及政府收入的学问，最主要内容就是税收学。税收学，顾名思义，就是探究税收理论、政策、制度和管理内容的一门学科。一般来说，它主要包括以下内容：

（1）税收原理。什么是税收？为什么要征税？税收有什么职能和原则？这都是理论上首先要解决的问题，这些问题和财政学对于政府和公共部门的探讨是密不可分的。除此之外，衡量一个地区人民负担的税收负担学说，考察各类税收最终如何转嫁的税收转嫁学说等学问，也是税收原理的一部分。

（2）税收制度与实务。在现实中，一国的税收制度主要包括了哪些税种？购买哪些商品需要纳税？个人的工资所得在什么情况下需要纳税？增值税与所得税有什么不同？为什么我国在经济新常态的大背景下，要不断地推动增值税与所得税的改革？大家热烈讨论的房地产税改革到底能不能调控房价？国际税收中应如何处理国与国之间的重复课税问题？这都是税收制度与实务关注的问题。

在我国财政收入中，除了上述税收内容，来自税收以外的收入所占份额也不可忽视，既包括各类政府规费收入，也包括土地出让金收入和国有企业的经营收入等。这部分收入应该如何组织、征收、管理，对社会经济又将造成什么影响，都值得我们深入探讨。

除此之外，在财政收入来源方面，还有一个我们相对了解较少的话题，那就是公债。一个国家或地区的政府，以其信用为担保，对内对外发行债务，是一件十分重大的事情。在经济上，公债可能造成十分深远的影响，欧洲各国的主权债务危机事件就是一个十分突出的例子。发行公债，需要运用财政学知识进行细致、谨慎的考虑。

在政府支出方面，财政学关心的是以下问题：

（1）公共支出原理。在什么情况下需要政府介入，以公共支出的形式提供相应的产品与服务？市场与政府的界限在什么地方？公共产品是政府直接生产提供，还是政府出资，由私人生产？这些都是公共支出理论所要解决的问题。另外，公共支出应该如何分类？各种支出的比例如何？这也是需要在学理上进行分析的问题。

（2）公共支出实务。在现实中，政府的支出是如何安排的？遵循什么原则？如何评估、考核公共服务的效益？不同类型的支出有什么特点？应该怎么安排？这些都是公共支出实务要研究的问题。

3. 财政管理与财政政策

中国的政府运行是通过预算管理与财政体制来对各级财政收支予以管理的。

（1）预算管理。我们这里讨论的预算，指的是经法定程序审核批准的政府机构的集中性收支计划。一份预算，就是预算期间（通常是一个财政年度）的财务计划。税务机关根据对预算年度的税收收入进行征管；各级政府机构按照一定程序，从国库支取资金用于支出，支持机构运作。因此，预算是财政管理实质的反映。

（2）财政体制。财政体制，也即财政管理体制，是指国家通过规定各级政权管理财政收支的权限和各企事业单位在财务管理上的权限，据此处理国家各级政权之间、国家与企事业之间的财政分配关系的管理制度。目前，我国实行的是分税制的财政体制，不同税种的收入，划归不同级别的政府。在分税制体制下，如何合理划分各级政府的财权事权，是目前讨论较多的一个话题。

（3）财政政策。当今全球政治、经济、社会环境不断变化，需要调整政策以适应不断变化的环境。在全球经济日益一体化的今天，面对来自国内外的挑战，政府可以通过怎么样的财政收入与支出政策，实现既定的宏观经济管理目标呢？这是财政政策研究所要回答的核心问题。除此以外，财政政策具体包括了什么手段，每种手段的优缺点分别是什么？在政策的具体实施方面需要注意些什么？也是财政政策分析的内容。

## 1.2　财政学的视角与分析方法

### 1.2.1　财政学的思维方式及视角

作为经济学的一个分支，财政学的分析方法与经济学是一脉相承的。正如保罗·海恩等在《经济学的思维方式》中所指出的：

> 经济学的思维方式在使用过程中会关注三个方面：其一，个体的行为；其二，群体的合作；其三，前述两种活动的结果，不管这些结果是有意的还是无意的。对个体行为的关注主要指节约和权衡，或者代价。节约意味着使用者最大限度地从资源中获取他想要的东西。稀缺使得节约成为必要。
>
> …………
>
> 经济学的思维方式会澄清节约的过程，以及在稀缺性造成的约束之下的选择行为。
>
> …………
>
> 经济学的思维方式也澄清了很多重要而令人困惑的群体合作。如果说个体经济行为的核心问题是稀缺性，那么群体经济合作的核心问题就是存在大量互不相同甚至互不兼容的个人计划。我们通过节约解决稀缺问题。我们需要千千万万素不相识的人的合作，这是事实，我们通过参与协作过程来达到这个目标。

无疑，在财政学中，个体的行为、群体的合作，以及两者互动的结果，居于核心地位。事实上，根据卢梭的《社会契约论》，政府本来就是社会的各个个体为了增进自己的福利，而实现的一种群体合作的模式。

在经济学的思维以外，财政学由于其特殊的研究对象与属性，及其与政治学、管理学等学科的交叉，而衍生出一些独特的视角。

1. 政府与市场

财政学作为经济学的一个特殊分支，它在经济分析方法上的基本特点就是将整个国民经济划分为政府与市场两大部分，并从政府与市场的相互关系角度来研究经济。现代经济学已经对市场及其个体行为做出了十分细致的描述与建模，现代财政学正是建构于这些分析之上，对市场运作可能存在的效率不足予以揭示，探讨如何运用政府的干预来纠正市场的不足，并客观反映政府在纠正过程中可能出现的各种问题。

财政学要研究的基本问题是：在现代社会中，哪些事应该由市场去做？哪些事应该由政府去做？为什么要做出这样的安排？政府该做的事采取什么方式才能做得更好？政府与市场的分工范围及政府办事方式对国民福利水平将产生怎样的影响？怎样的政府与市场的分工模式及政府办事方式才能最好地增进国民福利水平？持有学术观点不同的人对这些问题有不同的看法，各国处理这些问题的方式也大相径庭，财政学试图通过理论研究寻求处理这些问题的基本指导思想。

2. 效率与公平

财政学的特殊之处在于，它并不仅仅是经济学的一个分支，同时它也融入了其他社会学科的视角。经济学主要研究资源配置的效率问题，但作为经济学一个特殊分支的财政学，不仅要研究效率问题，同时也要研究公平问题，这正是财政学的魅力所在。很多时候，单纯追求经济效率，不仅不能增进社会的总体福利，反而可能因其片面追求而有损于社会的公平公正，进而损害了整体的社会福利水平。例如，单从经济效率角度而言，对偏远山区农村提供电力、电信、公路、学校等服务是不合算的，在经济上是亏本买卖。但是从公平角度来看，维护社会公平是政府应尽的义务，这就要求让全体人民都能共享经济发展的成果。因此，无论成本有多高，公共部门都必须对偏远山区农村提供电力、电信、公路、学校等基础设施。又如，单纯的市场竞争有可能使贫富悬殊加剧，最后因难以容忍的贫富差距而导致社会分裂。但一个理性、文明的社会，是绝不会坐视这一情况的扩大与蔓延而置之不理的。对此，政府需要通过财政手段进行收入再分配，实现社会成员收入分配的公平，把贫富差距维持在社会公众可以承受的合理限度内。为此，在经济学所追求的效率之外，财政学要更多地考虑公平，这与人类天生具有的人道主义立场是完全一致的。

### 1.2.2 财政学的分析方法

财政学是经济学的一个分支，因此，经济学的研究方法似乎“应该”适用于财政学。大多数经济学家认为，经济学是一门解释性科学。但对于经济学是否应该在此基础上进行评价和政策设计，也就是说，除了回答“是什么”和“为什么”，是否也应回答“应该怎样”和“怎么做”的问题，人们是有分歧的。今天，不少经济学家仍然认为，经济学除了遵循科学原则对现实世界进行系统解释外，其最终着眼点在于对经济社会有所助益：它是一门经世致用之学。

这个问题牵涉经济学的实证分析（positive study）和规范分析（normative study）。所谓实证分析，实际上是解决“是什么”和“为什么”的问题；而规范分析，则是解决“好”与“坏”的价值判断问题，即回答“应该怎样”的问题。主张经济学应严格限于实证分析的学者，认为从作为科学的经济学关于现象的解释，即对“是什么”和“为什么”这些实然问题的回答中，并不能推导出对“应该怎样”这个应然问题的解释。正如物理学和化学一样，经济学也只能求“真”与“假”，而不能求“好”与“坏”。

但主张经济学应该超越现象解释，为人们提供决策选择标准和决策手段的学者认为，不同于一般自然科学，作为社会科学的经济学，研究的是现实社会中的人的行为，其研究目的在于对互动中的人的行为进行解释、比较和判别，进而解决人们为改善自身命运而不得不进行的方向选择问题。有关经济增长的代价、社会评价标准、社会目标的讨论等，都属于规范分析的范围。

事实上，规范分析和实证分析在经济学研究中从未截然分开过。经济学家严肃的实证研究本身就包含着对其所关注的人群命运的关怀；反过来，越是关怀社会中人的命运，经济学家在研究中越要踏踏实实地进行实证分析，把科学道理告诉公众和政策制定者。另外，无论理论上经济学家怎样争论，现实生活中的政策制定者总是从经济学的进步中汲取着思想资源，这也是一个不争的事实。

同样，从财政学角度来看，不仅要回答“是什么”和“应该怎样”的问题，更重要的是要回答“怎么做”。财政学的许多领域，与实际政策的制定是密切相关的，在公共决策中，财政学应该，也必须通过翔实、严谨的探讨，回答如何制定政策、制定什么政策、政策的后果将是什么等问题。这些问题的解决，关系到整个社会每一个个体的福利，具有异乎寻常的重要性。因此，财政学的研究中，规范分析所扮演的角色，相较于经济学将更为显著。

在财政学中，进行实证分析可以有多种方法。

1. 理论分析

通过理论阐述、数学建模等方式，将现实的经济运行抽象化，从而在理论上进行探讨，这是经济学惯用的分析方法与思路。这一思路也同样大量地存在于财政学的研究中。以财政学中最常见的公共品研究为例，萨缪尔森、蒂布特等都进行了开创性的理论探讨，他们的论述有的包括了严谨的数学推导，如萨缪尔森（1954）；有的仅仅进行文字描述，如蒂布特（1956）。无论是否采用数学进行建模，分析背后的思想与内涵才是个中的关键。上述的两位学者都大胆地在理论上提出了与前人不同的创见，从而在这一学术领域做出了卓越的贡献。

2. 计量分析

统计学与现代计量经济学的发展，为经济学科的数量分析提供了优越的工具。许多理论上的分析，可以进一步地采用实证数据进行检验，而实证过程中的发现亦可能启发理论上的创新。例如，上述的蒂布特提出的地方公共品模型就得到了大量学者的实证检验，而检验的过程中，又启发了房产价格资本化等一系列新的理论。

3. 可控实验

与自然科学相比，经济学进行可控实验的难度是比较大的。但是在学者们多年的努力下，实验经济学依然得到了长足的发展，对于经济学实验的设置、观察等，已经逐步形成了比较成熟的体系。如公共品问题，就有很多学者通过各种方式设计实验室实验，考察人们是否如理论预测那样，无法形成对公共品的自发供给。

而在规范分析方面，相比经济学的其他分支，财政学的特点是十分显著的。由于财政学十分关注"怎么做"的问题，并且对社会的效率与公平都同等重视，因此在财政学的规范分析中，往往涉及如何衡量社会的福利水平、如何考察政策对社会福利水平的影响等问题。此时，财政学大量地借助福利经济学与政治学的工具，通过帕累托原则、社会福利函数等概念厘清分析思路，从而可以较好地回答"怎么做"的问题。

## 1.3 财政与财政学的起源和发展

在西方，财政一词源于拉丁文 finis，原指结束，后引申为结算支付款项，在 16 世纪，德国文献中采用 finanz 一词，意为对欺诈等行为的裁定与罚款，到 18 世纪曾狭义地指国家收入。而后来普遍使用的英文 finance 一词，其原意泛指一切财务，在讨论国家的货币收支时，为了加以区别，惯用 public finance。

中国古代称财政为"度支""国用""岁计""国计"，其中"度支""国用"指国家的费用开支；"岁计"指国家年度收入和支用的计算；"国计"指国家财政。中文的"财政"一词，其实并非中文原有的词语，而是日本于 1868 年明治维新后从西欧引入 public finance，并借用汉语的"财""政"二字，译作"财政"。1903 年清政府设立财政处，为中国官方采用"财政"一词之始。自此，"财政"一词在社会政治生活中，扮演着越来越关键的角色。

### 1.3.1 中国古代的财政及理财思想

尽管中国古代没有"财政"一词，但并不代表中国古代没有财政活动。相反，在几千年的皇权社会中，中国建立起一整套的财政体系，其覆盖区域之广、涉及人口之多、运作之严密，均与同时代其他国家的财政活动形成强烈的对比。

在尚没有确切考古证实的神话时代，中国就已经开始自发地形成政府的收入与支出体系。《通典·食货》载，禹"定九州，量远近，制五服，任土作贡，分田定赋，什一而税"，是我国最早的税收记录之一。夏商周三代，行井田制，什一而税。至春秋战国，更有管子等经济大家，行盐铁专卖。而秦国在法家辅佐下，奖励耕织，抑工商，迅速成为强国，继而一统天下。

至汉代，桑弘羊因能"言利事，析秋毫"，深得汉武帝赏识，被委以重任，历任大农丞、大农令、搜粟都尉兼大司农等要职，统管中央财政近 40 年之久。终武帝一代，桑弘羊忠心耿耿，作均输、平准、专营等法，聚敛资财以增强国力，为武帝屡败匈奴、多次出巡耀武扬威、打通西域、开发西南奠定了雄厚的物质基础。他的理财之功就连对其十分不满的司马迁也不得不击节叹赞，称弘羊时代"民不益赋而天下用饶"。

至唐代，在杨炎的主持下，将以征收谷物、布匹等实物为主的租庸调法改为以征收金钱为主，一年两次征税的两税法。两税法下，"户无土客，以见居为簿；人无丁中，以贫富为差”，不分主户（本贯户）、客户（外来户），一律编入现居住州县户籍，就地纳税。这样可以避免一些官僚、富人为逃避税收而到其他州县置产。按户等纳钱，按田亩纳粟米，由此逐步形成后世的丁银等按人口征纳的税项。

至宋代，工商业极发达，而物资流通、金融繁盛等问题逐渐突显，由此萌生了王安石的变法主张。在变法期间所施行的各种政策中，均输法、市易法和免行法等主要是针对各地官民的物资流通运输，而青苗法、募役法、方田均税法和农田水利法则创新性地借用金融投资的观念，为农业建设提供必需的资金。

明代，著名的张居正变法，施行了“一条鞭法”，明文规定税以银征收，原本以实物缴纳的税项，全部在市场上出售换银再行上缴，从而极大地促进了商品贸易，同时也大大减少了官府运输的开支，大幅度降低了征税的成本。《明史纪事本末》载，“太仓粟可支十年，冏寺积金至四百余万”，奠定了随后数十年明朝的统治基础。至清代，由雍正皇帝亲自推行的摊丁入亩、火耗归公的措施，更是进一步加强了中央对全国财政的控制，由此而有其后六十年的“乾隆盛世”。可见，中国古代在财政的运行上已经建立起适应当时社会与经济的一整套财政体系，并进行了十分有益的探索。

在历史长河中，丰富的财政实践，不仅奠定中华大一统的基础，亦孕育了大批具有独特理财思想的先贤。然而我们也必须承认，尽管在这些理财的实践活动中，历代先贤都对财政活动做出他们自己的阐述，但这些论述多分散在其对社会、政治、经济等方面的论说中，缺乏完整的学术体系，朴素的理财思想并未形成现代的财政学科体系。

### 1.3.2 国外的财政思想发展

在国外，政府与财政的活动早在远古时代就已经萌芽。在公元前2500年的古埃及古王国时期，就已经有完整的征税系统，是人类历史中最早的赋税系统（见图1-1）。在古希腊、古罗马时期，也都建立了完善的税收体系，并采用了包税制等制度，保障国家的财政收入。

图1-1 古埃及描述法老税务官对人民征税的壁画

早在古希腊时期，财政作为一个关乎国家政治的大问题，就曾受到政治家和学者的高度重视和研究。但是，在随后一千余年的历史发展中，却鲜有对财政问题的系统研究。直到近代，随着资本主义的发展，需要在理论上对市场和政府的关系予以明确阐述时，对财政学问题进行系统研究的客观经济基础才基本具备。

1776年亚当·斯密出版了《国民财富的性质和原因的研究》（简称《国富论》）一书，被认为是经济学的起源。在《国富论》中，亚当·斯密给“被看作政治家或立法家的一门科学的政治经济学，提出两个不同的目标：第一，给人民提供充足的收入或生计，或者更确切地说，使人民能给自己提供这样的收入或生计；第二，给国家或社会提供充分的收入，使公务得以进行。总之，其目的在于富国裕民”。其中第一个目标是国民经济问题，第二个目标是财政问题。

从19世纪70年代开始，一场全新的经济学革命“边际革命”奠定了现代经济学的基础。一系列理论以边际效用价值论为基础，从消费者行为出发来研究价值问题，把价值决定视为个人的心理过程；通过运用边际分析方法来解释单个消费者和生产者的选择，从而对此前传统经济学理论的基础即生产成本价值论构成了空前的挑战，使经济学由一门主要研究整个国家如何增进财富增长的学问转向主要研究个别消费者行为、个别厂商行为及其对价值、价格的决定机制的学问。这一转变标志着新古典主义理论体系的诞生。

新古典经济学对财政学的影响集中体现在两个方面：

第一，边际效用理论推动了公共产品理论的创立和发展，从而为现代西方财政学体系奠定了坚实的理论基础。古典经济学依据劳动价值论，把政府活动归结为非生产性的不创造价值的活动，因此认为应当尽可能对其加以限制，使之扮演“守夜人”的角色。新古典经济学根据边际效用价值论，认为效用是人对物品满足自己欲望的一种主观评价，它和物品的“稀缺性”特点结合起来便产生了价值观。公共服务与私人服务一样，是为了满足个体消费者的偏好而提供的，这样就对公共服务的价值提供了一种新的认识标准，即只要政府提供的公共服务活动是个人所需要的，并得到个人主观评价的肯定，就是有价值的。

第二，推动了财政学的经济学化和科学化。一方面，古典经济学十分重视政治因素在经济学研究中的重要影响。新古典经济学为了集中探讨市场的资源配置问题，撇开了一切对政治因素的考虑。另一方面，边际分析方法还实现了经济学语言由基本的自然语言向符号语言的转变，经济学越来越强调实证、预测等，从而逐步向自然科学的知识性质靠拢。由新古典经济学创立的微观经济分析方法（即用均衡分析方法研究公共产品配置问题）对现代财政学的发展产生了很大的影响，不仅被广泛地用于对私人产品配置的分析，而且被大量用于对公共品的分析，促进了现代财政学的飞跃发展。

进入20世纪，发生于1929—1933年的经济危机堪称该世纪最重大的经济事件之一。这场危机不仅几乎摧垮了英美等资本主义国家的经济体系，而且亦对自亚当·斯密以来崇尚自由竞争、反对政府干预的经济学基本理论与政策主张发出了重大的挑战。在此背景下，凯恩斯于1936年出版了在西方经济学发展史上具有里程碑意义的著作——《就业、利息和货币通论》（简称《通论》）。该书的出版突破了新古典经济学以单个的商品、厂商、消费家庭的经济行为作为研究对象的微观经济分析，代之以国民收入的变动和以就业、经济周期波动、通货膨胀等为研究对象的宏观经济分析，从而标志着现代宏观经济学的产生。

在《通论》中，凯恩斯从理论、方法和政策三方面提出了不同于传统经济学的观点和主张。他认为资本主义发生经济危机的根源在于“有效需求不足”，而有效需求不足又是由消费需求不足和投资需求不足两个方面构成的。要解决失业和经济危机问题，必须设法提高消费倾向，以便扩大消费；设法提高资本边际效率，以便扩大投资。单纯依靠私营经济的市场自动调节无法保证社会资源的使用达到充分就业水平。凯恩斯明确指出，为了扩大社会有效需求，“最聪明的办法还是双管齐下，一方面设法由社会来统制投资量，让资本的边际效率逐渐下降，同时用各种政策来增加消费倾向”。为了“使消费倾向与投资引诱二者相互适应”，则“政府机能不能不扩大”。据此，凯恩斯提出了“宏观财政政策”，亦即通过扩大政府支出、实行赤字预算来增加总需求，改变有效需求不足的状况，使经济恢复到充分就业的水平。总的来说，凯恩斯宏观经济学说为国家干预经济和发挥财政政策的作用提供了理论基础，推进了财政政策内容的不断丰富和深化，也深化了对财政职能的认识。

值得注意的是，传统财政学在很长时期内作为研究政府收支活动的专门学问，与政治学在学科属性上具有密切的联系。具体而言，政治学的研究对象是国家（政府）活动，而作为财政学研究对象构成部分的政府收支本身就是政治学的一个重要内容。20世纪60年代，随着凯恩斯主义在资本主义世界范围内对各国经济政策的影响不断扩大，由广泛而深刻的干预所产生的“政府失灵”问题亦随之显现出来。在当时，主流经济学暗含了一个政府的“天堂模型”：政府被视为一种万能的、仁慈的机构，它控制着赋税、津贴和各种数量，以实现一种帕累托最优的资源配置。然而，在应对经济停滞、通货膨胀等问题上，各国政府并未能交出令人满意的答卷，相反，在干预市场的过程中，诞生了大量越来越臃肿的官僚机构。学界开始反思，政府的作用究竟有没有瑕疵？“天堂模型”究竟是否能现实？这些反思形成了公共选择理论的肇始。公共选择理论考察的不是政府可以或应该做什么，而是政府如何做。以布坎南、塔洛克和威克塞尔（Wicksell）为代表人物的公共选择学派，通过引入经济人假设，把政治视为一种复杂交易，深入分析了西方政治活动中的投票人、官僚和政治家们的自利行为，揭示了政府也存在着失灵。这样，与政府相关的政治问题就进入了经济学研究领域。

公共选择理论对财政学产生了深刻的影响，使财政由政府为弥补市场失灵而进行资源配置和收入再分配的经济问题，扩展到因政府失灵而必须通过政治程序对其加以约束的政治问题，促使财政学和政治学的研究对象开始融合，财政学的研究领域得以极大地扩展。值得一提的是，现代财政学的创始人马斯格雷夫（A. Musgrave）尽管在对国家或政府的认识以及财政理论的诸多观点上与公共选择学派的布坎南不同，但在使其名满天下的财政学教科书——《财政理论与实践》中，他专门用一章论述了“公共选择与财政政治学”，明确指出，由于政治过程是预算选择的核心，财政理论必然越过传统经济学的范围并进入与之相邻的政治学理论的领域。马斯格雷夫的论述充分表明了财政学学科属性的主流看法已经由单纯的经济学转向经济学与政治学的交叉学科。而受公共选择理论直接影响而兴起的财政政治学，不仅弥补了新古典时期财政学的“纯”经济学化特征所存在的明显缺陷，丰富了财政学的研究内容，而且使财政学对政府预算行为的解释力大为提升。

## 1.4 财政学的学习方法

### 1.4.1 重视学科基础

财政学是发展自经济学的一门学科，因此它的基础也是源自当代的经济学，特别是微观经济学对于经济主体行为的分析，奠定了现代财政学以及税收学分析的基础。

要学好财政学，就必须对经济学，特别是当代微观经济学的理论，有扎实的掌握。包括消费者行为、一般均衡理论、福利经济学等，都应该有基本的理解，才能进一步学习财政学里面的公共品、外部性、无扭曲税收等理论。

财政学事实上是一个多学科交叉的学科，经济学、社会学、政治学都与财政学有密切的关联。因此，在学习财政学的过程中，需要有开阔的视野，多接触不同学科的知识，采用多个不同的角度去观察社会。

诺贝尔经济学奖得主加里·贝克尔（Becker Gary）在其获奖演说中说："经济学是关于人选择的学问，而社会学是关于人为什么没有选择的学问。"社会学强调整体社会形态对个体的影响，其考虑问题的角度与经济学是迥然不同的。但是，在财政学的公共视角下，社会选择却是一个十分重要的议题。因此，尝试从社会学、政治学等相关学科的角度，对财政的一些问题做解读，将十分有益于我们对财政学、公共经济学的掌握。

### 1.4.2 理论联系实际

理论联系实际是基本的学习方法。学好财政学既要掌握财政学的基本理论，又要紧密联系中国改革开放实际，运用财政基本理论分析解答中国现实财政经济问题。经济学是经世致用的学科，讲究应用性，讲究解决现实问题。如果理论解释不了现实问题，这样的理论掌握再多也毫无用处。理论联系实际地学好财政学，最重要的是将财政学基本理论紧密联系社会主义初级阶段这一最大实际，结合我国在经济社会发展过程中面临的各种问题，探析政府与市场的关系。例如，自新冠肺炎疫情暴发以来，我国财政安排了大量资金用于控制疫情以及缓解疫情为社会经济带来的不利影响。仅疫情暴发后一个月，截至 2020 年 2 月 24 日，中国各级财政已经累计下达疫情防控资金 1 008.7 亿元。这些财政资金主要用于哪些方面？除了公共卫生支出，还包括哪些支出？这些支出对社会经济的影响分别是什么？如何评估这些支出的绩效？这些都是切切实实的财政问题，也是学习财政学后应该能回答的问题。

### 1.4.3 掌握分析方法

任何学科都有各自的分析方法，要学好财政学也要掌握财政学科的基本分析研究方法，即源自经济学的实证分析法和规范分析法。财政学的实证分析法，就是按照财政活动的原貌，分析取得财政收入、安排财政支出、评价财政资金绩效的全过程及其产生或可能产生的经济影响，探析财政活动与整个国民经济发展和民生改善的相互作用，以及组织财政活动建立的机构、制度和政策安排。而财政学的规范分析法，就是要立足于社会主义市场经济体制这一前提，根据公平和效率这两大基本准则，基于国民经济又好又快发展和以民生为重点的社会建设不断进步两大基本目标，来判断目前的财政制度和政策是否恰当，探讨如何进一步改革财政制度和政策，才能更好地提高经济效率和增进社会公平正义。

### 1.4.4 适当借鉴

要学好财政学还要坚持“古为今用”“洋为中用”。中华五千年文明史中留下了丰富的治国理财思想，这些思想尽管是为不同朝代的帝王服务的，但是其中有部分思想对今天仍然有现实意义，值得学习借鉴。譬如《大学》中提出的“生财有大道，生之者众，食之者寡，为之者疾，用之者舒，则财恒足已”等理财思想在今天仍然闪耀着智慧的光芒。西方资本主义市场经济国家在几百年市场经济发展演变过程中留下了大量财政思想，这些思想尽管是基于市场经济发展不同阶段，就政府如何更好地为资本服务而提出来的，但是其中有部分是反映市场经济体制下财政一般规律的财政思想，这些思想对今天中国市场经济体制下财政改革发展仍然具有现实意义，也值得学习借鉴。无论是对待中国古代的治国理财思想，还是对待西方市场经济国家的财政思想，我们都要做到取其精华，去其糟粕，不要盲目拒绝，也不能盲目接受。

**专栏 1－2　中国学者对财政理论研究的贡献**

中华人民共和国成立以来，中国财政理论界在不同时期经过探讨和争鸣，分别提出了具有中国特色的关于财政概念的不同界说，主要包括“国家分配论”“剩余产品论”“社会再生产论”“价值分配论”“社会共同需要论”“公共财政论”。“国家分配论”主张财政是以国家为主体的分配关系，是国家为实现其职能的需要，对社会产品进行的集中性分配。“剩余产品论”认为财政是由剩余产品份额形成的各种社会基金的经济过程，始终体现国家、集体、个人之间剩余产品的分配关系。“社会再生产论”强调将财政作为分配范畴，从社会再生产出发，在社会再生产循环过程中研究财政问题。“价值分配论”强调价值形式，认为财政是国家对价值的分配。“社会共同需要论”则突出财政的目的是满足社会共同需要，财政表现为为满足社会共同需要而对财力、物力、人力的分配活动。其中“国家分配论”影响最大，其影响在今天仍然存在。“公共财政论”是 20 世纪 90 年代后中国学者提出的关于财政的基本看法，“公共财政论”在同“国家分配论”的争鸣中逐渐赢得了绝大多数学者的认同，并且获得了中国政府官方肯定，其基本观点为财政是满足社会公众公共需要的财政，是弥补市场缺陷为市场服务的财政，是与市场经济相适应的财政。无论这些理论正确与否，至少证明了中国财政学者对财政学理论研究做出了自己的贡献，繁荣了财政理论研究。

## 本章小结

在现代混合经济中，政府作为公共部门，在每一个人的一生中，发挥着异常重要的作用。

财政学是专门研究政府收入、支出等财政活动的一门应用经济学科。财政学是经济学的一个分支，从学科的基础来看，其采用的研究方法、思路等，与经济学是一致的。

古今中外，财政事务都是政府运作中的关键，而大量的学者亦对财政进行了深入的探讨，并逐步形成了今天主流的财政收支观点。

作为经济学的一个分支，财政学的分析思路虽然与经济学是一脉相承的，但在经济学常用的分析思路以外，财政学还特别关注政府与市场的关系、效率与公平之间的取舍。在分析方法上，财政学与经济学亦基本相同，都采用实证分析与规范分析两大主流方法。

财政学的研究范围主要包括了对财政理论的研究，对财政收入及支出的研究，对财政管理制度及财政政策的研究等。

学好财政学，需要重视学科基础、理论联系实际、掌握分析方法、借鉴古今中外的财政思想。

## 思考题

1. 与其他经济学分支相比，财政学给你的第一印象是怎么样的？阅读完本章后，你的看法有改变吗？

2. 你能举出日常生活中，政府的财政收支对你产生影响的几个例子吗？

3. 你是否认为一个人可以完全脱离政府而生存呢？如果没有政府，个人的生存质量能否得到保障？

4. 你认为学好财政学要运用哪些学习方法？

# 2　市场失灵

从亚当·斯密开始，英国学者的传统思想就认为市场是主导，而公共部门是一种例外，只有在产生特定的市场缺陷的地方才需要后者介入。而欧洲大陆经济学家的传统思想，尤其是德国经济学家的传统思想，则是从两方面来看经济体制，认为公共部门和私人部门天生就是平等的。

——马斯格雷夫

在市场经济体制下，公共财政是与市场相对应的一种制度安排。自经济学建立之日起，人们便普遍认为，市场是最优的制度。既然如此，公共财政还有存在的必要性吗？如果需要公共财政存在，那么公共财政的内涵及公共财政与市场的关系应该如何理解？本章对这些基本问题做出解答。

## 2.1　市场失灵概述

### 2.1.1　纯交换经济的概要回顾

在市场中，关于产品的供需信息，均由价格反映，因此在市场交易的基础上，就自然而然地达到了最优的状态，也就是所谓的“效率”。对于效率，经济学家迄今所能给予明确界定的经济效率准则，是由意大利经济学家帕累托（Pareto）提出的，即以他的名字命名的帕累托效率（pareto efficiency），或称帕累托最优（pareto optimality）。要定义帕累托效率，首先需要定义帕累托改进（pareto improvement）：如果通过调整资源的分配使至少一个人处境变好了，同时未使其他任何人处境变坏。而帕累托最优，就是帕累托改进不可能发生的状态，也就是说，社会资源的当前配置已经不可能在不使其他人境况变坏的情况下，使任何一个人的境况变得更好。此时这种资源配置就是最佳的，称为帕累托最优或帕累托效率。

事实上，回顾经济学史，通过严格的讨论在理论上证明市场的效率，是相当晚近的事情。经济学对于市场效率的讨论，早在亚当·斯密提出“看不见的手”之时就已经开始。然而直至1959年，美国数理经济学家德布鲁才用严谨的数学方法证明了市场产生效率的命题，并因此而获得了1983年的诺贝尔经济学奖。

在财政学中对效率进行分析，往往会借用福利经济学这一经济学分支的成果讨论市场所产生的帕累托效率。同时，为了完整地研究市场个体的行为，可以采用一般均衡予以分析。在简化的一般均衡框架中，一般采用高度概括的假设。

（1）两种产品：$X$ 和 $Y$，价格分别为 $P_X$ 与 $P_Y$。

（2）两个消费者：1 和 2，以及各自对 $X$ 与 $Y$ 的拟凹偏好，即一簇无差异曲线。

（3）两种投入要素：$K$ 和 $L$。

首先考虑个人的抉择。对于个人来说，为了达到效用的最大化，必然选择无差异曲线与预算线相切的一点，如图 2-1 所示。

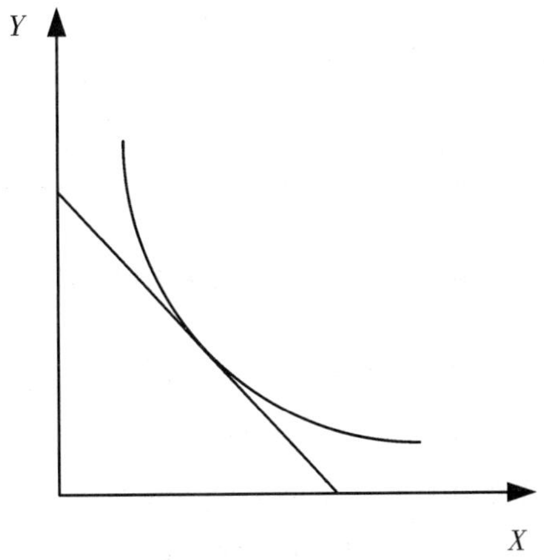


**图 2-1　个人效用最大化**

在切点上，存在以下关系：

$$MRS_{XY}=\frac{P_X}{P_Y}$$

其中，$MRS$ 为 $X$ 与 $Y$ 的边际替代率。

在交换经济中，消费者 1 和消费者 2 通过交换谋求帕累托改进。对此，可以采用埃奇沃斯盒（Edgeworth Box）进行分析。如图 2-2 所示，左下角表示的是消费者 1 的 $XY$ 坐标轴，我们将消费者 2 的坐标轴旋转 90 度后，放到右上角，从而可以在图中画出消费者 1 和消费者 2 的两簇无差异曲线。同时，不妨假设 $X$ 和 $Y$ 的总量都是 1。

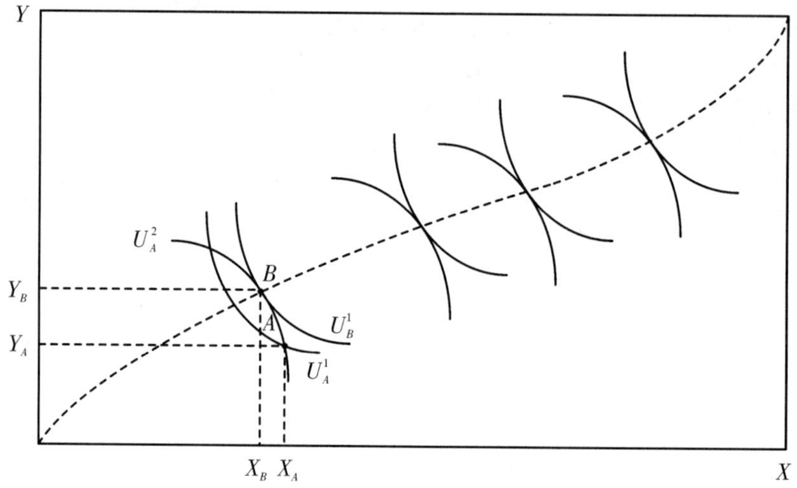


**图 2-2 两人交换的埃奇沃斯盒**

考虑一个初始的禀赋点 A，在这点上，消费者 1 占有的 X 和 Y 分别为 $X_A$ 和 $Y_A$，相应地，消费者 2 占有 $1-X_A$ 和 $1-Y_A$。此时，消费者 1 可以达到的效用由无差异曲线 $U_A^1$ 标识，而消费者 2 可以达到的效用由无差异曲线 $U_A^2$ 标识。

可以看到，在当前的禀赋下，存在着帕累托改进的余地。我们只需要沿着无差异曲线 $U_A^2$，移动到 B 点。由于是沿着 $U_A^2$ 移动，意味着消费者 2 的效用没有任何改变。但是，在 B 点，消费者 1 的无差异曲线变为 $U_B^1$，其代表的效用比原来消费者 1 的无差异曲线 $U_A^1$ 所代表的效用要高。这意味着，在保证消费者 2 的效用不变的前提下，提高了消费者 1 的效用，这是一个典型的帕累托改进过程。同时可以看到，在 B 点无论沿着哪一条无差异曲线移动，都不存在任何帕累托改进的余地了，因此 B 点是一个帕累托最优点。

从 A 点到 B 点，消费者 1 所占有的 X 从 $X_A$ 减少为 $X_B$，而 Y 从 $Y_A$ 增加为 $Y_B$ 也就是说消费者 1 以（$X_A-X_B$）为代价从消费者 2 的手中换取了（$Y_B-Y_A$）。

这一交换可以用一个购买 - 出售过程来描述。由于 $P_X$ 和 $P_Y$ 分别是 X 和 Y 的价格，因此消费者 1 可以通过以价格 $P_X$ 出售（$X_A-X_B$）个单位的 X，并用所得的资金来购买（$Y_B-Y_A$）个单位的 Y；同理，消费者 2 亦以 $P_Y$ 出售（$Y_B-Y_A$）个单位的 Y，并以所得的资金来购买（$X_A-X_B$）个单位的 X。由于市场只有 2 人，因此出售与购买的资金总额相等，供应与需求的总量也相等，市场出清。

可以看到，在帕累托最优点 B 上，我们有

$$MRS_{XY}^1 = MRS_{XY}^2 = \frac{P_X}{P_Y}$$

其中，MRS 是 X 和 Y 的边际替代率，其上标分别指代消费者 1 和 2。改变 1 和 2 的禀赋，就可以得到不同的帕累托最优点，将所有的帕累托最优点连在一起，我们就可以

得到所谓的契约线。

下面我们来考虑生产方面。如图 2－3 所示，对于 $X$ 和 $Y$ 两种产品，存在一个生产可能性曲线 $PPC$，反映了在一定的资源约束下，生产 $X$ 和生产 $Y$ 之间的替代关系：多生产 $X$，就必须以少生产 $Y$ 为代价，反之亦然。$PPC$ 上每一点的斜率，为边际转换率 $MRT$。在 $PPC$ 上选择任意一点 $E$，即可确定 $X$ 的总产量为 $X_E$，$Y$ 的总产量为 $Y_E$。1 和 2 可以瓜分这一总产量，为此可以将埃奇沃斯盒画在同一个图中。从图 2－3 可以看到，对于某一产量（$X_E$，$Y_E$），消费者 1 和消费者 2 在交换经济中的最优点出现在契约线上，并且图中的 1、2、3 点均为帕累托最优（请思考为什么）。此时，整体的经济满足：

$$MRS_{XY}^1 = MRS_{XY}^2 = \frac{P_X}{P_Y} = MRT_{XY}$$

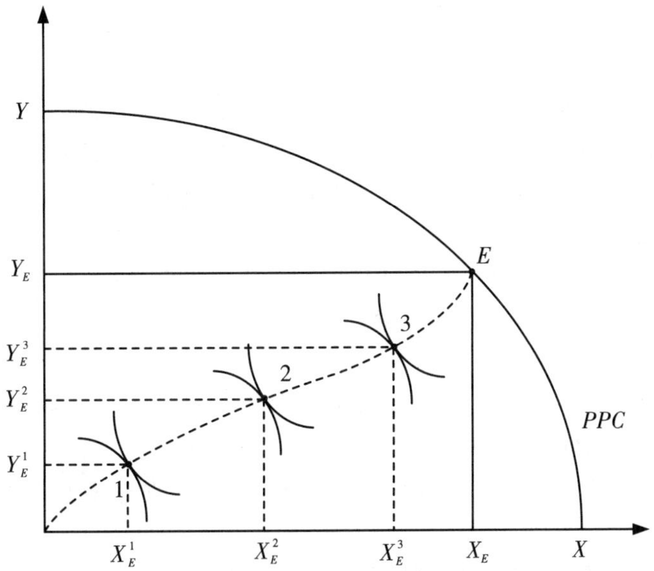


**图 2－3　包含生产的一般均衡**

这就是交换经济下，帕累托最优的条件。从上述的讨论可以看到，在一个纯交换经济之中，是可以得到帕累托效率的，这也是福利经济学第一定律的内容。

## 2.1.2　市场失灵

然而，在现实中，上述的纯交换经济是不可能存在的，许多的假设无疑过强而不现实。即使放宽这些假设，例如，将个体增加为任意 $N$ 个、产品增加为任意 $M$ 种……依然会存在很多情况，使得市场自发的交易无法达到帕累托效率，这就是所谓的市场失灵（market failure）。确切地说，经济学意义上的市场失灵是指那些为取得有效的市场解决方法所需的条件不存在，或者是以各种方法互相抵触，从而使得市场交易无法取得帕累托最优。

在市场失灵中，最典型的案例就是公共品。“公共品”（public goods）一词，事实上是针对“私人品”（private goods）一词发展起来的。公共品的明确定义首先由萨缪尔森提出。他认为，所谓的公共品，是指某一消费者对这种产品的消费，并不会减少其他消费者的消费量。换言之，所有公共品的消费者，其享有的消费量都是一样的。而随着经济学的发展，在萨缪尔森定义的基础上，公共品的定义得到了进一步扩展，凡是具有消费或使用上的非竞争性和受益上的非排他性的，都可以认为是公共品。

所谓消费上或使用上的非竞争性，是指对于同一公共品，增加一个人的消费，并不会增加生产该公共品的成本，或者更直观地说，不会增加或减少该公共品消费的量，也不会影响消费同一公共品的其他消费者。换句话说，对于一定量的公共品，它可以供给任意多人消费。例如，对于公共媒体，增加一个电视观众并不会导致节目制作、信号发射等成本的增加。同时，非竞争性也假设了消费公共品不存在任何的拥挤问题，同一公共品，由一百人消费与由一万人消费，是没有区别的。例如，对于国防，同一支军队的保卫力量在很大程度上与其保护的人群并不具有太大联系。

所谓受益上的非排他性，就是指没有任何人能够独占地消费与使用公共品，而将其他人排斥在外。例如，学校里面的图书馆服务，就可以通过刷卡方式，将非本校的学生隔绝在外，这是一种排他性；而作为对比，一个没有围栏的公园，是无法将任何人拦阻在公园以外的，这是非排他性。非排他性可以是技术上的，也可以是经济上的。例如，洁净的空气，作为一个公共享用的资源，虽然可以通过人为方法将其予以独占，但成本十分大（要建立起一整套的空气隔绝与换气措施），使得将其独占变得近乎不可能。

目前主流经济学普遍接受，具有上述非竞争性、非排他性的物品，即可被视作公共品。一旦一个经济中存在着公共品，整个经济的均衡点将与纯私人品经济存在巨大的差异。我们可以通过对上述的纯交换经济模型稍做改进而得到公共品存在下的均衡：

假设上述纯交换经济中的一种商品 $Y$，现在不再是私人品，而是公共品 $G$，对于消费者 1 与 2 而言，在任何时候，消费的 $G$ 都是同样的水平。如图 2－4 所示，图（a）描述了消费者 1 的无差异曲线，图（b）描述的是消费者 2 的无差异曲线，而图（c）描述的是 $X$ 和 $G$ 两种商品之间的生产可能性曲线 $PPC$。

为了寻找这一模型中的帕累托最优，可以先从消费者 1 的一条无差异曲线 $U_1^1$ 开始。如图（a），在 $U_1^1$ 上取任意一点 $A$，其对应的消费者 1 所消费的私人品 $X$ 的量为 $X_1^1$，公共品 $G$ 的消费量为 $G_1$。在图（c）中可以看到，若生产的公共品为 $G_1$，则根据生产可能性曲线 $PPC$，可生产出的私人品 $X$ 的量为 $X_1$。将消费者 1 的无差异曲线 $U_1^1$ 也绘制在图（c）中，可以看到，在保证消费者 1 能占有 $X_1^1$ 的私人品前提下，留给消费者 2 的私人品消费量为 $X_1^2 = X_1 - X_1^1$，可将其绘制于图（b）中。

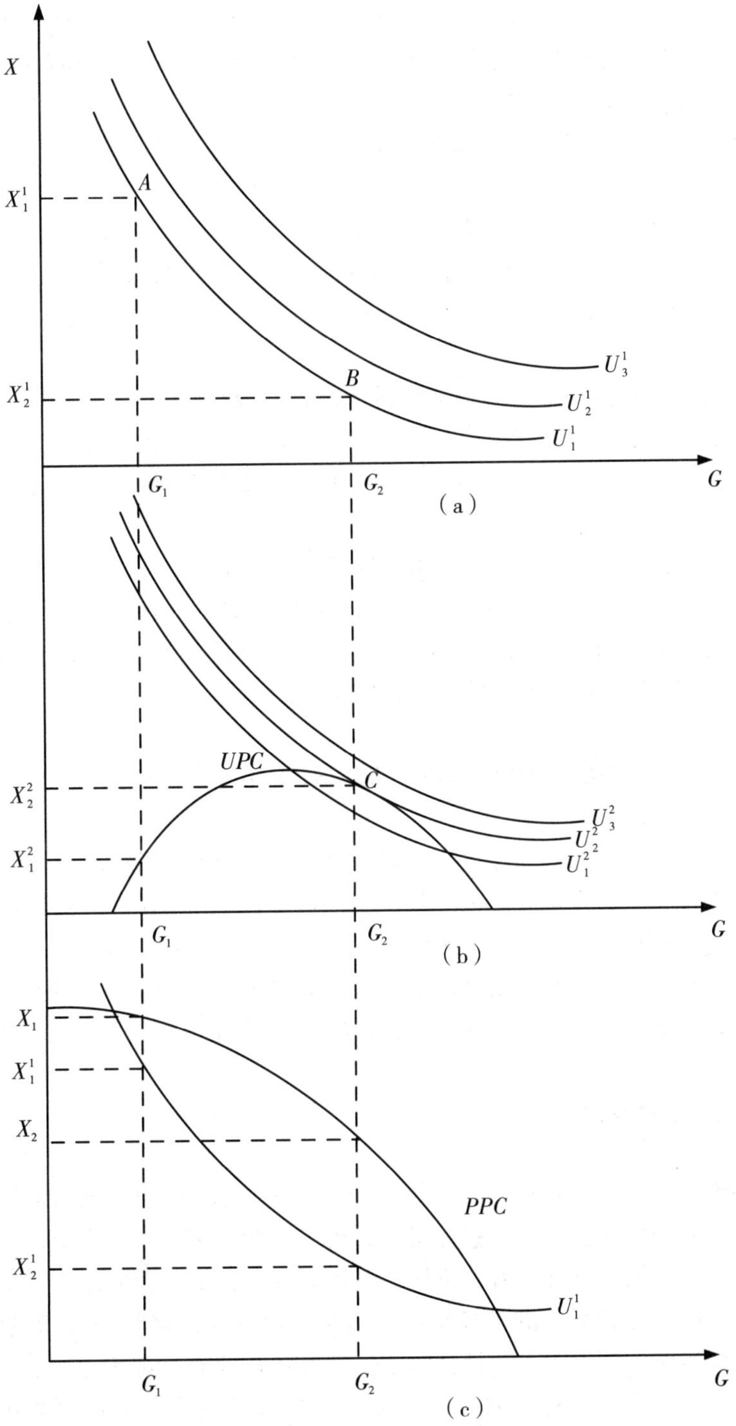


图 2-4 存在一种公共品下的消费者均衡

在保证消费者 1 效用不变的前提下，在消费者 1 的同一无差异曲线 $U_1^1$ 上移动到点 $B$，此时消费者 1 占用的消费量为 $X_2^1$，较 $A$ 点有所下降，为了保持其效用不变，公共品的消费量上升为 $G_2$。同样，在生产可能性曲线 $PPC$ 上，可以取得当生产公共品为 $G_2$ 时，总的私人品生产量为 $X_1$，消费者 2 能占有的私人品消费量为 $X_2^2 = X_2 - X_2^1$，同样将其绘制于图（b）中。

通过选择消费者 1 无差异曲线 $U_1^1$ 上的不同点，可以得到在保证消费者 1 的效用为 $U_1^1$ 的前提下，消费者 2 所有可能的私人品与公共品组合，从而形成消费者 2 的效用可能性曲线 $UPC$。对比可知，$UPC$ 事实上相当于用生产可能性曲线 $PPC$ 减去消费者 1 的无差异曲线 $U_1^1$。

此时可以看到，在点 $C$ 上，消费者 2 的无差异曲线与 $UPC$ 相切，从而实现了消费者 2 的效用最大化。这一最大化意味着在保证消费者 1 效用不变的前提下，取得了消费者 2 的效用最大化，换言之，点 C 是已经穷尽了一切可能的帕累托改进，因此是一个帕累托最优。

观察这个最优点，满足在 $C$ 点处，消费者 2 无差异曲线 $U_2^2$ 的斜率，亦即消费者 2 的边际替代率 $MRS^2$，等于 $UPC$ 的斜率。而如上所述，$UPC = PPC - U_1^1$，两边求导即可知 $UPC$ 的斜率等于生产可能性曲线的斜率 $MRT$ 减去消费者 1 无差异曲线的斜率，即边际替代率 $MRS^1$。于是我们将得到以下的帕累托最优条件：

$$MRT - MRS^1 = MRS^2 \text{ 即 } MRT = MRS^1 + MRS^2$$

对比纯私人品经济中的均衡条件，可以发现，两个条件十分近似，描述的都是边际转换率与边际替代率的关系。在私人品经济中，边际转换率 $MRT$ 与所有消费者的边际替代率相等，但是在存在公共品的经济中，边际转换率 $MRT$ 是所有消费者边际替代率之和。这一差异意味着，当存在着公共品的时候，原来的市场均衡，将不能达到帕累托最优，按照市场自发的交换，将无法实现经济体的帕累托最优。

### 2.1.3 广义的市场失灵

公共品是市场无法自发实现经济学效率的一个典型例子。在传统经济学的叙述中，当市场自发的资源配置无法实现帕累托最优，市场就存在着失灵。但是除此以外，假如跳出经济学的范畴，从更广义上看，市场失灵还可以有其他层次的意义。

例如在现实中，充分竞争的市场交易，确实可以达到经济学所要求的帕累托效率。但是，大量的现实例子都说明，在社会的公平性上却往往有所缺失，对于收入与福利的分配，可能在不同人群之中存在着极大的差异，社会的绝大部分财富集中在少数人手中。这时，社会已经失去了应有的公平，各阶层之间缺少流动，权贵阶级把持着社会的各项资源，这样的社会是病态的。对此，市场机制已经无能为力，只能依靠政府的政策予以改善。因此，社会的公平公正性缺失，亦应该被认为是一种市场失灵。

另外，社会经济可能周期性地遭遇各种挑战，例如，通货膨胀、失业率高企、经济增长停滞等，各种危机都有可能对经济造成不同程度的危害，严重者甚至能使一个国家或者地区的经济陷入崩溃。此时，由于市场处于竞争性均衡下，其结果依然是帕累托最优的，然而明显并不是社会所合意的。

因此，公平缺失与经济失稳，都可以被认为是一种广义的市场失灵。在这种失灵中，市场机制产生了帕累托最优的结果，但是在社会平等、经济稳定等方面存在着十分重大的缺陷。为此，政府与财政也必须予以干扰，在维护市场运作，发挥资源配置基础性作用的同时，尽量纠正其导致的社会不公与经济动荡。

综上所述，狭义的市场失灵，是指市场无法达到帕累托最优的状态。而广义的市场失灵，除了包括市场无法达到帕累托最优，还包括市场无法自发地实现社会公平与经济稳定。

一系列的市场失灵现象促使经济学家们深入思考：市场是否在任何时候都能实现资源的最优配置？如果不能，是否存在市场的替代手段，实现资源的最优配置，从而达到帕累托最优？

## 2.2 市场失灵的多种形式：效率缺失

### 2.2.1 公共品

如上所述，一般而言，公共品指的就是具有非竞争性与非排他性的物品。日常生活中常见的公共品有国防、社会治安、医疗等。但是在现实生活中，纯粹的公共品是基本不存在的。例如，国防这种公共品，保卫一个一百万人的国家，与保卫一个十亿人的国家，毕竟还是有很大区别的。同时，所谓的排他与否，也可能随着技术的进步而有所改变。因此，在我们生活中可以接触到的公共品，往往都不是纯粹的公共品，而是所谓的“准公共品”。

根据产品的竞争性、排他性，我们可以有以下的组合，如表2－1所示。

**表2－1　竞争性与排他性的组合**

| | 竞争性 | 非竞争性 |
|---|---|---|
| 排他性 | 私人品：衣服、食物 | 俱乐部品：有线电视 |
| 非排他性 | 准公共品：拥挤的公园 | 公共品：国防、公路 |

由表2－1可以看到，表格左上方的产品具有竞争性与排他性，也就是我们通常所说的私人品，例如，食物、衣服等。而在表格的右下方，就是同时存在非竞争性与非排他性的产品，例如，上述的国防、空气、路灯等。这些具有完全的非竞争性与非排他性的产品，我们称之为“纯公共品”。

值得注意的是，在右上方与左下方是只满足非竞争性或者非排他性其中一种特性的产品。对于存在非竞争性却可以排他的产品，一个典型的例子是有线电视系统：电视节目只需要制作、播出一次，就可以被无数的观众收看，增加一个收看节目的观众并不会影响节目的质量和其他观众的观看体验。但是，只需要对信号进行加密，就可以有效地排除没有缴纳费用的观众，这也是绝大多数卫星电视收费频道的运营模式。这种特殊的产品，一般被称为俱乐部品（club goods），由布坎南最早予以定义及研究。

而满足非排他性却不满足非竞争性的产品，一个典型的例子就是存在拥挤的产品。纯公共品应该是不存在拥挤效应的，也就是说，享用的人数多寡，都不会影响某一个人对该产品的消费。但是某些产品，例如，公园，是可能存在拥挤的。当公园里面的游客数目很少的时候，可以近似地认为游客之间不会相互影响，增加一个游客对公园服务的消费，不会影响其他游客。但是，假如公园内的游客人数很多，就会出现拥挤效应，此时，增加一个游客，将使得公园内原有的游客感觉到拥挤，也就是说，增加一个消费者所带来的边际成本已经大于0，消费的非竞争性不再被满足。此时，如果公园不能实现排他，可以预见将有大量的人涌入公园（试想一下节假日拥挤的免费景区），而每一个公园里面的人都不得不承受拥挤所带来的体验下降，这就成为经济学中很经典的“公共地悲剧”。

在现实中，纯公共品存在的情况是很少的，绝大多数的公共品对于非竞争性与非排他性都可能不会完全满足，因此在分析时，要结合具体情况，考虑公共品的具体效应。当然，为了简化论述，在本书以下的分析中，除非专门注明，否则“公共品”一词都是指纯公共品。

由于公共品所具有的非竞争性与非排他性，使得消费者都将在同一个水平上享用公共品，因此公共品并不能采用私人品的定价模式，由每一个消费者根据自己的需求购买不同的公共品供给水平，而只能是给出既定的公共品供给水平，再由消费者“众筹”，获得资金。这时，假如某个消费者宣称自己对该公共品没有需求，就可以拒绝为公共品付费。而一旦其他消费者的资金到位使得公共品得以供应，那么不付费的这位消费者就可以免费地享用别人购买的公共品了，这就是公共品的“搭便车”现象。而一旦所有的消费者都意识到，可以通过瞒报自己对公共品的需求而“搭便车”，则没有消费者会愿意为公共品付费，于是公共品的供给就只好停止。

可见，如果只有市场机制，由于“搭便车”的存在，公共品的供给将不得不终止。然而，如果可以终止“搭便车”的行为，让每一个人都能按自己心目中的公共品价格而付费，恢复公共品的供给，这相对没有公共品的境况来说，将是一个明显的帕累托改进（请自行思考，谁的利益得到了改进？有没有谁的利益受到了损害？）。因此，如果政府采用一定的方法从私人手中募集资金，重新为公众提供公共品，将使得社会从原来的无效率，改进为帕累托最优的状态。

而当政府介入公共品提供后，帕累托改进将会发生，这也就意味着，当缺少政府，公共品无法供给的时候，是存在着非帕累托效率的。因此，公共品是一种典型的市场失灵现象，并且必须由政府来进行相应的纠正。

由于公共品在市场化的条件下，无法有效供给，这将导致社会经济在各方面的崩溃，因此，政府必须承担起提供公共品的职责。在现实中，由政府提供的公共品非常多，例如，国防、外交、市政设施等。另外，还有一部分混合品，亦由政府提供，例如，教育、医疗等，虽然在一定程度上具有非竞争性，但可以很容易地进行排他。在绝大多数国家，教育，特别是义务教育，都是由政府免费提供的。而医疗、保险等领域，亦经常由政府出面干预。

### 2.2.2 外部性

在市场中，人们通过交易进行资源的交换与配置，而当人们从事某些经济活动时，可能对交易个体以外的其他人产生一些影响，这些影响对于他人可以是有益的，也可以是有害的。然而，无论有益还是有害，都不属于交易关系。这些处于交易关系之外的对他人的影响就被称为经济活动的外部性（externality）。从经济学的角度来说，假设一方的生产或消费活动直接成为另外一方生产或者效用函数的一个变量，那么就可以认为存在外部性的现象了。

例如，建在河边的工厂排出的废水，污染了河流，从而对河边的居民造成损害。工厂排废水是为了生产产品获取利润，工厂与购买其产品的顾客发生了交易关系，但工厂由此造成的对居民的损害却无须向他人支付任何赔偿费。这种影响就是工厂生产的外部性。当这种影响对他人有害时，就称之为外部不经济，也称为负的外部性。当这种影响对他人有益时就称之为外部经济，也称为正的外部性。

现实生活的经验告诉我们，假如不加限制，可以预见，上面那样的工厂将毫无限制地排放污水，而居民却只能逆来顺受，忍受污水的危害。

经济学对于这种现象，有一个十分有趣而又充满意味的解决方案：科斯在其著名论文《社会成本问题》中指出，假如产权是清晰的，那么市场上的各方完全可以通过交易来达到最优的状态。回到上面的例子中，假如居民确实清晰地拥有“不受污染”的权利，那么工厂就不能再肆无忌惮地排放污染物，而必须征得居民的同意，通过一定的补偿来换取一定的排放量。相反，假如规定厂商拥有污染权，则居民必须自行承担污染带来的后果，或者是自己出钱进行搬迁。科斯指出，在这两种情况下尽管出现了外部性，但并不一定需要政府的干预，市场自身在产权清晰界定的前提下，也能达到帕累托最优。但事实上，在现实中很难保证任何情况下产权都是清晰的。更重要的是，保证产权的清晰本身就需要政府公权力发挥作用。因此，外部性问题的解决，最终还是需要政府干预。

**专栏 2－1　当火车驶过农田的时候**

20 世纪的一天，列车在绿草如茵的英格兰大地上飞驰。车上坐着英国经济学家庇古（A. C. Pigou）。他边欣赏风光，边对同伴说：列车在田间经过，机车喷出的火花（当时是蒸汽机车）飞到麦穗上，给农民造成了损失，但铁路公司并不用向农民赔偿。这正是市场经济的无能为力之处，称为市场失灵。

将近 70 年后，1971 年，美国经济学家乔治·斯蒂格勒和阿尔钦同游日本。他在高速列车（这时已是电气机车）上想起了庇古当年的感慨，就问列车员，铁路附近的农田是否受到列车的损害而减产。列车员说，恰恰相反，飞速驰过的列车把吃稻谷的飞鸟吓走了，农民反而受益。当然铁路公司也不能向农民收“赶鸟费”。这同样是市场经济无能为力的，也称为市场失灵。

在庇古所看到的情况下，铁路公司列车运行对农业生产带来的损失并不由铁路公司和客户承担，而由既不经营列车又不用列车的农民承担，即存在负外部性，有外在成本或社会成本。类似这种情况的还有化工厂、造纸厂对河流或空气的污染，吸烟者对环境和非吸烟草者的危害。

在斯蒂格勒和阿尔钦所看到的情况下，列车运行在客观上起到了“稻草人”的作用，给农业生产带来好处。但铁路公司并不能对此收费，利益由与列车运行无关的农民无偿获得。这就存在正外部性，有外在收益或社会收益。类似的例子如养蜂人到果园放蜂采蜜，同时免费为果园实现了授粉，果园主不用交费。大学培养出人才，这些人才对经济增长所做出的贡献由全社会分享。

资料来源：梁小民. 微观经济学纵横谈［M］. 北京：生活·读书·新知三联书店，2000.

当存在外部性的时候，商品的产量一定处于不合意的非帕累托最优水平：在正外部性的情况下，产量将过少；在负外部性的情况下，产量将过多。政府对外部性的纠正，就是建立在使产量重新回归合理水平的基础上。当然，政府可以通过直接管制的方法，消除外部性，然而这种行政性的手段已经被证明是低效的，很少被采用。现代经济学与财政学对于外部性已经有多种治理手段，可以实现外部性下的帕累托效率。

### 2.2.3 市场失灵：垄断

垄断是指某一行业只有一家厂商提供市场全部供给的市场结构。具体地说，这一市场结构有如下特征：

第一，行业中只有一家厂商，而消费者众多。

第二，厂商提供的产量不存在任何替代品。

第三，行业中存在进入障碍，其他厂商难以进入。

学习过经济学的同学都知道，垄断是一种低效率的方式，并且存在着明显的“无谓损失”（deadweight loss）。由于垄断会削弱竞争，使市场缺乏活力，因此，在很多国家都会通过法律等手段遏制垄断。2007 年，我国就颁布了《中华人民共和国反垄断法》，对垄断行为进行严格管制。

垄断具有的效率损失，可以通过图形方法予以说明。如图 2 - 5 所示，垄断厂商面临的需求曲线为向下倾斜的 $D$，边际收入为 $MR$，其边际成本为向上倾斜的 $MC$，平均成本为 $AC$。厂商要实现利润最大化，必然选择 $MC = MR$ 的产量 $Q$。同时，由于厂商垄断市场，从而可以获得定价权，故此将价格定为产量 $Q$ 在需求曲线 $D$ 上的对应点 $P$。可以看到，相比起完全竞争市场，产量 $Q$ 有所减少，同时价格亦提高了。此时，厂商的超额利润是产量 $Q$ 以内，平均成本 $AC$ 曲线以上，价格 $P$ 以下的梯形。与此同时，如果厂商可以扩大产量但是维持原有产量内的定价不变，则可以将产量扩至 $Q'$，此时厂商的利润与消费者剩余都将增加。然而，由于垄断市场本身的特点，厂商无法将产量扩至 $Q'$。因此相比 $Q'$ 产量的最优而言，产量 $Q$ 无疑是一个厂商与消费者都“双输”的局面。换言之，$Q'$ 比起 $Q$ 是一个帕累托改进，这也意味着垄断存在着帕累托效率上的缺失。

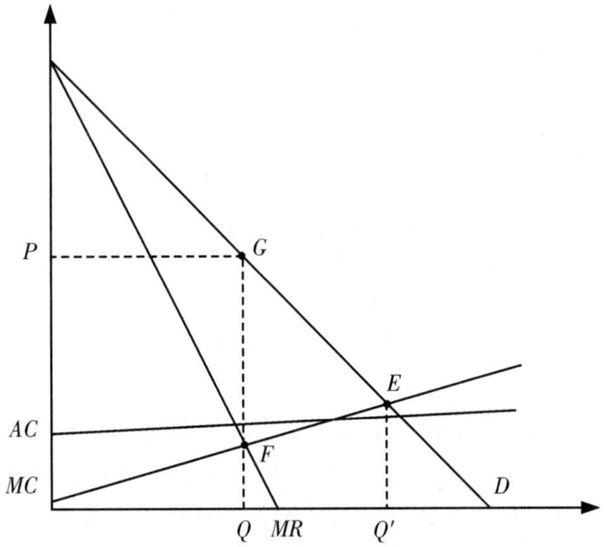


**图 2-5　完全垄断厂商的决策**

但是，有一种垄断确实十分特殊。以电信业作为一个例子：要架设一个完整的电话网络，需要十分巨大的投资。然而，一旦电话网络架设完毕，每一个用户接入所需的成本，相比起这个用户分摊的建设电话网络的成本，却是小得可以忽略的。用一句经济学的行话来说，就是每一个新增用户的边际成本是远远小于平均成本的。因此，假如强制性地要求电信企业按照完全竞争市场的方式，以边际成本定价，那么这些企业将永远无法收回投资。这些行业通常被称为自然垄断行业。

从经济学的角度来看，所谓的自然垄断都具有一个显著的特点：由于初始投资（即固定成本）非常庞大，因此随着产量增加，每一产量所分摊的平均成本也比较大。而同时，每增加一个产量的边际成本却非常非常小，甚至接近于0。因此，如图 2-6 所示，将出现边际成本 $MC$ 曲线持续地低于平均成本 $AC$ 曲线的情况。从另外一个角度来看，这意味着投入不需要翻倍，产量就可以增加一倍，因此，厂商的生产将保持在规模报酬递增的阶段。可以看到，无论是按照垄断定价 $P$（相应的总收入为 $P \times Q$），还是按照完全竞争市场 $MC = MR = P$ 的规则定价为 $MC$（相应的总收入为 $MC \times Q$），由于厂商的平均成本低于价格，厂商都将是亏损的，其总收入将低于总成本 $AC \times Q$。

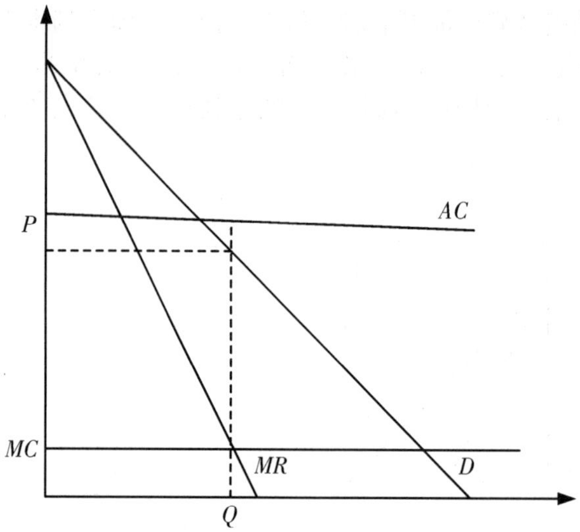


**图 2－6　自然垄断**

在自然垄断行业，往往需要政府来进行投资，创办新企业。这是因为，一方面，创办这些企业所需的资金十分庞大；另一方面，假如由私人创办，则由于其垄断性质，必然会损害消费者的利益。在我国，像电信、石化、铁路等行业均由国家投资建设公营。但是，现实中，这些企业虽然为公营企业，却也凭借其垄断地位获取了相当的超额利润，这在财政学上也被看成是一种“政府失灵”。

垄断属于市场失灵，需要政府管制纠正其导致的非效率。同时，对于特殊的自然垄断，政府必须同时扮演两个角色：一个是以公有资本在自然垄断行业开设企业，为公众提供必需的服务；另一个是以严格的管制措施，确保自然垄断企业的合理价格与产量水平，避免对消费者利益的侵害。

## 2.2.4　市场失灵：信息不对称

当各位同学完成大学的学业，迈向社会，寻找工作机会的时候，将不可避免地遇到信息经济学中的信息不对称问题：同学们自己的能力究竟如何，只有自己才知道，而未来的潜在雇主是不知道的。这一信息不对称很可能带来各种问题，其中最为显著的就是逆向选择问题：由于无法确认求职者真正的能力水平，企业只能根据市场的平均工资水平支付薪水，但这将导致高能力人才的流失，而这一流失又将进一步降低劳动力市场的平均能力水平，于是企业进一步下调工资水平……由此所引起的恶性循环，在经济学中就被称为逆向选择（adverse selection）。

逆向选择最早由诺贝尔经济学奖得主阿克洛夫研究。他在 1970 年发表的论文《柠檬市场：质量不确定性和市场机制》，被公认为是信息经济学中最重要的开创性文献之一。在美国俚语中，“柠檬”俗称“次品”，在阿克洛夫的研究中，柠檬市场指的是各种二手旧车市场。逆向选择问题来自买方和卖方有关车的质量信息不对称。在旧车市场，只有卖方自己才知道车辆的真实质量，而买方不知道。不妨假设卖方出售的旧车的真实价格 $P$，有两种可能：一是 $P=6\ 000$（高质量），一是 $P=2\ 000$（低质量），市场上两种质量的车各占50%。显然，如果买方知道车的质量，则直接根据具体交易的车辆，以价格 $P=6\ 000$（高质量）或 $P=2\ 000$（低质量）成交。然而，假如买方不能知道车的真实质量，此时，针对交易中的车辆，买方只愿意以车的平均价格 $E[P]=4\ 000$（$E$ 为数学期望）进行交易。在此价格下，可以预见，高质量车的卖方将退出市场，只有低质量车 $P=2\ 000$ 的卖方愿意出售。而一旦买方知道高质量的车退出以后，他将预计市场上剩下的一定是低质量车的卖方，此时买方愿意支付的唯一价格是 $P=2\ 000$。于是，最终只有低质量的车成交，高质量的车完全退出了市场。这一类似于“劣币驱逐良币”的例子，说明了信息不对称下市场失灵的重要特征：在存在双方信息不对称的情况下，市场的运行可能是无效率的。在上述模型中，有买方愿出高价购买好车，但市场未能将好车从卖方手里转移到需要的买方手中，而是迫使好车退出了市场。市场调节下，供给和需求总能在一定价位上满足买卖双方意愿的传统经济学理论失灵了。

面对信息不对称所带来的逆向选择，政府必须有所作为，而其中一项措施就是同学们求职时拿在手上的毕业证。由于能力经常与受教育水平相联系，因此当一名学生从政府手中获颁相应的毕业证书时，也就由政府的公信力为其学历进行了背书，进而证明了其能力。在信息经济学中，通过毕业证书显示自身能力的这一做法，被称为发送信号（signaling），是解决信息不对称问题的一个重要途径。在上述二手车的问题中，与之类似，政府只需要设立一个有权威性的车辆检验中心，为所有二手车提供检验服务，出具对其质量的检验报告，就可以有效消除信息不对称，使低质量车与高质量车都能找到合适的买主。

## 2.3 广义的市场失灵：公平缺失

财政学的特殊之处在于，它并不仅仅是经济学的一个分支，它同时也兼具哲学的某些性质。经济学主要研究资源配置的效率问题，作为经济学的一个特殊分支的财政学，则不仅要研究效率问题，而且也要研究公平问题，而这正是财政学的魅力所在。除了解决以上的效率缺失问题，财政学还要研究如何通过政府的收入再分配实现社会成员收入分配的公平，把贫富差距维持在社会公众可以承受的合理限度内。

### 2.3.1 古今中外的公平

公平是非常复杂的理论和实践问题。公平的概念历来是最复杂和最具歧义的跨学科概念之一。公平观是人们在社会实践中形成的对公平的认识，这些认识同样具有多样性。在研究公平观的过程中，公平的客观原则和演绎推理固然必不可少，但公平观涉及人们对社会活动过程和结果的主观判断，因此历史传统、文化背景和伦理思想等因素对公平观的影响也不可小视。个人对公平的认识不可能完全一致，但基于相同的历史文化传统、相同的伦理道德观念的民族，必然会由此产生具有本民族特色的公平观。人类对公平的追求体现在社会活动的各个方面，因而产生了各个具体领域的公平问题，如政治公平、法律公平、经济公平等。经济公平在公平范畴中占有重要地位。所谓经济公平包括整个经济关系方面的公平问题。经济公平不仅涉及收入分配，还应当包括生产要素占有、交换关系等方面的公平问题。对经济公平的认识和评价，不仅取决于对公平的基本认识，即所谓公平观，还受到特定的经济发展阶段和经济运行环境的制约。因此，对社会经济特征的分析是研究经济公平的前提条件。

1. 中国古代的公平观

可以说，中国古代是一个讲伦理、重道德的社会，追求公平正义是中华民族的优良传统之一。《论语·季氏》："不患寡而患不均，不患贫而患不安"，此处的"均"，朱熹解释为"各安其分"，而非字面意义上的"平均"。可见中国传统的公平观绝不是僵化、孤立的人人平均，而是承认个人的差异，进而追求过程的公平。这种过程的公平在经济活动中不仅意味着机会平等，更要求每个经济主体的经济活动本身必须与伦理规范相符合。这一儒家伦理的基石，事实上倡导的是一种自我约束，在这种约束有效的情况下，社会呈现了自我治理的局面。

因此，中国传统社会中，政府（朝廷）在经济生活中的作用是有限的，所谓"皇权不下县"，在县以下基层，特别是乡村地区，基本上是以宗族自治的方式自行运转，政府主要是为经济活动过程的公平性提供制度保障，也尊重和保护规范经济活动的结果。总体而言，中国古代的政府对经济生活的干预是十分有节制的，政府的传统是避免主动地参与到经济的运行中。无论是汉代的桑弘羊，还是北宋的王安石，其加强国家垄断经营的政策都遭受到巨大的舆论压力，并且最终未能成为一项持久性的制度。

总体而言，与同时代世界的其他地区相比，中国古代具有比较完备的社会自治体系，在相对公平的前提下实现了同时期较高的经济效率，其经济运行过程中公平与效率并未出现明显的冲突。但是，中国传统农业社会的手工业未能转化为现代工业，传统市场未能发展为现代市场，其原因固然可以从中国社会的重农倾向和近代中国所处的外部环境等因素中寻找，但中国传统公平观忽视个人权利、缺乏与现代社会相适应的自由平等思想也是值得我们深思的重要问题。

2. 欧陆社会文化背景下的公平观

欧洲经济从古希腊起，就形成了重商业、重交换的传统，资本主义的现代市场也兴起于欧洲，因此其经济公平观是与市场紧密结合的。而其中，又以"莱茵模式"为代表。"莱茵模式"是指"二战"后欧洲一些国家创建的具有相当的民主社会主义色彩和基于福利国家理论的经济模式，德国就是这种模式的典型代表。

在德国经济的具体运行中，在公平方面的显著特点有：①在公平和效率中，相对注重公平，公平主要体现为结果的平等。在经济上表现为对结果平等的强烈追求，表现为政府从各方面对收入分配进行调控和干预，以消除社会的绝对贫困，减小收入分配的差异。值得注意的是，德国对社会收入分配的调节，并不限于政府采取的再分配措施，而是通过要求企业董事会吸纳工会代表等市场化的手段，在初次分配阶段就保障了收入平等。这体现了德国在政策上依然尊重市场规律，而非简单使用行政手段干预市场。②社会保障与福利。德国有着良好的传统，它是现代社会保障制度的发源地，是第一个建立社会保险制度的国家，也是有代表性的高福利国家。社会保障与福利政策则在国民收入初次分配之外构建了另一套保证经济平等的机制。完善的社会保险体系通过养老保险、医疗、失业和工伤保险有效地化解了来自社会、市场及个人的各种风险，消除了偶然因素带来的不平等。

3. 英美功利主义背景下的公平观

近代欧洲伦理学的两种对立的派别是功利主义和道义论。英美主流的伦理思想建立于功利主义之上。边沁是功利主义的代表人物。在边沁看来，人都是趋乐避苦的，能够满足人们这种要求的行为和原则就是善的，具有道德价值；反之，则是恶的，不具有道德价值。而所谓需要，也就是利益。于是，他得出了功利主义的公式：能够增进利益的，就是道德原则，反之则不能成为道德原则。而曾经作为英国在北美的殖民地的美国，无疑继承了英国的政治文化传统，在多年的沉积中，功利主义伦理、英国政治文化传统、新教伦理、美国独特的自然环境和西部边疆开发造就了以美国为代表的个人主义价值观。

美国的公平观就是个人主义的公平观，它强调个人自由、个人权利和机会平等，提倡的是一种典型的过程公平。在实践中，这一公平观就是以美国和英国实行的注重市场效率、崇尚市场竞争和机会公平的所谓“盎格鲁—撒克逊模式”为代表。这一经济模式的主要特点有：①市场经济完全是以生产资料私有制为基础，宪法明确规定了私有制财产神圣不可侵犯的原则。国有经济比重很小，而私人资本集中度很高。②企业是市场经济的主体，企业所有者的权益得到充分的保证。③奉行自由放任经济，其基本理念就是，只要国家法律能充分保障人们的自由，依靠社会内部的自发力量就可以创造出一个合乎目的的、完美的经济秩序。④人们普遍认为，贫困者应该尽自己所能帮助自己，导致整个社会对穷人持一种漠视和怀疑的态度。虽然1935年推行社会保障法标志着美国最终确立了现代社会保障制度，且此后社会福利制度逐步发展，参加人数和受益人数迅速增长，社会保障支出不断提高，但总的来说，其社会保障的程度要远远低于“莱茵模式”的国家。

### 2.3.2 经济公平的重要性

在实践中，经济公平，特别是收入公平，在社会经济发展中扮演着极其重要的角色。

1. 助推经济增长质量的改善

公平的收入分配与经济增长之间存在着一种相互激励、相互促进的良性互动关系：经济增长为改善收入分配状况提供物质基础，进而有利于实现公平的收入分配的目标；公平的收入分配可以对经济增长中各要素所有者产生有效激励，提高资源配置的效率以及经济增长的质量，从而促进经济增长。

2. 拉动总体消费需求水平的增长

一般说来，高收入阶层的边际消费倾向较低，低收入阶层的边际消费倾向较高。在居民收入差距处于较高水平的情况下，高收入阶层的购买愿望不足，而低收入阶层的潜在消费需求因收入水平低而难以转化为现实需求，收入差距扩大和两极分化导致全社会边际消费倾向的降低和有效需求的不足。因此，依靠消费拉动经济增长，就要求收入分配格局呈现“橄榄型”，也就是说需要形成一个较大规模的中产阶层。由于中产阶层的消费意愿高于高收入阶层，同时消费能力又高于低收入阶层，因此他们是消费的主力军。反之，如果收入分配格局呈现“金字塔型”或“哑铃型”，则不利于消费需求的提升，消费也就无法成为经济增长的主要动力。

3. *有效提升和改善贸易质量*

一般来说，收入差距的扩大会对人力资本的积累产生抑制作用。这会导致一国面临其出口的产品具有技术含量和产品附加值“双低”的困境，明显不利于对外贸易质量的提高。改善经济公平，特别是收入公平，有助于提高一国出口商品的附加值，改善贸易质量。

### 2.3.3 经济公平的衡量：基尼系数

由于收入直接体现了个体在社会中的经济地位，因此在现代经济学中，衡量社会公平往往从收入分配的角度出发，通过收入的基尼系数这一指标，衡量社会的公平状况。基尼系数（Gini Coefficient）是意大利经济学家基尼（Corrado Gini，1884—1965）于1922 年提出的测量收入分配差异程度的指标。

如图 2 -7 所示，横轴代表的是从最贫穷到最富有人口的比例，纵轴代表的是社会全体总收入的比例。分别将最贫穷到最富有的各比例人口所占有的累计收入比例，以曲线画出，就形成洛伦茨曲线（Lorenz curve）。图中 45 度线 *OAM* 表示的是完全平等的收入分配，也就是说，百分之 $n$ 的家庭，刚好拥有百分之 $n$ 的社会收入。而 *OBM* 表示的是实际的收入分配曲线，即洛伦茨曲线。设实际收入分配曲线和收入分配绝对平等曲线之间的面积为 $X$，即图中的阴影部分面积，实际收入分配曲线右下方的面积为 $Y$，并以 $X$ 除以（$X+Y$）的商表示不平等程度，这个数值被称为基尼系数或洛伦茨系数。如果 $X$ 为 0，意味着基尼系数为 0，即洛伦茨曲线与 45 度线重合，表示收入分配完全平等；如果 $Y$ 为 0 则系数为 1，即所有的财富集中于极少数人手中，收入分配绝对不平等。该系数可在零和 1 之间取任何值。收入分配越是趋向平等，洛伦茨曲线的弧度越小，基尼系数也越小，反之，收入分配越是趋向不平等，洛伦茨曲线的弧度越大，那么基尼系数也越大。

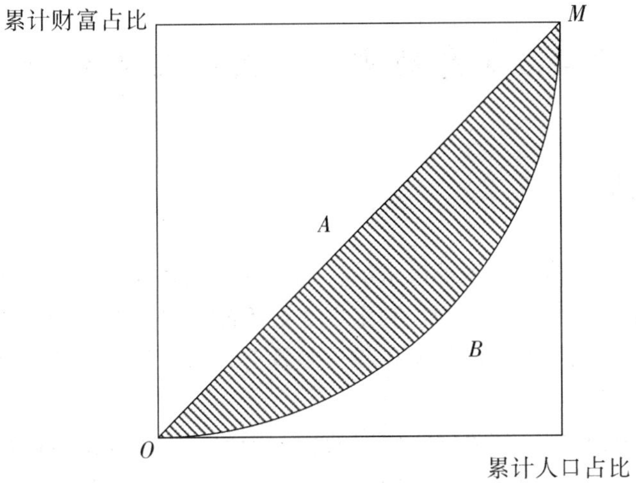


**图 2－7　洛伦茨曲线与基尼系数**

基尼系数的经济含义是：在全部居民收入中，用于进行不平均分配的那部分收入占总收入的百分比。基尼系数最大为1，最小为0。前者表示居民之间的收入分配绝对不平均，即100%的收入被一个单位的人全部占有了；而后者则表示居民之间的收入分配绝对平均，即人与人之间收入完全平等，没有任何差异。但这两种情况只是在理论上的绝对化形式，在实际生活中一般不会出现。因此，基尼系数的实际数值只能介于0～1之间。中国改革开放以来部分年份基尼系数的变化情况如表2－2所示。

**表 2－2　中国改革开放以来部分年份基尼系数的变化**

| 年份 | 基尼系数 |
|---|---|
| 1981 | 0.310 |
| 1990 | 0.343 |
| 1995 | 0.389 |
| 2000 | 0.417 |
| 2005 | 0.485 |
| 2010 | 0.481 |
| 2015 | 0.462 |
| 2018 | 0.468 |

数据来源：国家统计局住户调查办公室．中国住户调查年鉴2019［M］．北京：中国统计出版社，2019.

## 2.4 动态的市场失灵：经济失衡

### 2.4.1 经济停滞

经济稳定增长，是所有国家都谋求的长远目标，只有经济持续不断地增长，人民的生活才能得到不断地改善，总体的福利水平才能不断上升。经济增长主要取决于一个国家自然资源禀赋、实质资本的数量累积与质量提升、人力资本积累、技术水平提升以及制度环境改善等因素。

在现实的经济运行中，如果缺乏政府的相关干预，宏观经济可能出现各种失衡，而经济增长亦不一定能得到保证。一方面，宏观经济的运行往往呈现强烈的周期性，在一个周期内，经济增长将经历快速增长、增长放缓、经济衰退、经济复苏等阶段，并不断循环。在经济面临衰退的时候，社会各阶层将面临巨大的困境：消费不振，出口萎缩，产能过剩，从而导致厂商大量倒闭，社会对经济前景普遍抱悲观态度，亟待外来力量挽救。为此，政府责无旁贷，必须动用各种手段，包括税收政策、财政支出等，对经济予以挽救。另一方面，经济的停滞亦可能是由各种现实因素造成，包括基建设施不足、教育水平过低、缺乏相关投入等。这就需要政府采取各种措施，包括增加基建、引入投资、举办教育等，刺激经济的增长。

必须注意的是，当发生经济增长停滞的时候，市场往往并非处于帕累托无效的状态。事实上，经济运行的波动往往都是由厂商、个人等个体在采取各种最优策略，并且形成帕累托最优的交易下产生的。例如，股市的崩盘，银行的挤兑等，都是源自市场个体信心的丧失。而在缺乏信心的情况下，个体采取出售资产、提取存款等手段，都是最大化其效用的一个合理手段，并不存在帕累托无效的问题。因此，经济的波动与社会公平的缺失类似，是一种帕累托最优下的市场失灵。

### 2.4.2 通货膨胀

除了经济增长可能存在失衡以外，社会经济亦可能出现另外一种波动：恶性通货膨胀。轻微的通货膨胀在经济运行中是可以接受的，但是过于快速而无限制的通货膨胀却有可能导致社会经济崩溃。根据通行的《国际会计准则》第29号的定义，恶性通货膨胀具有以下五个特征：

（1）一般公众倾向于以非货币性资产或某种相对稳定的外币来保存自己的财富。持有的当地货币将立即用于投资以保持购买力。

（2）一般公众以相对稳定的外币而不是以当地货币来考虑货币金额。报价时，可能以该种外币为单位。

（3）赊销赊购的发生须在价格上补偿赊账期间预计的购买力损失，即使赊账期很短。

（4）利率、工资及价格与物价指数挂钩。

（5）三年累计通货膨胀率接近或超过100%。

而一旦通货膨胀与经济增长的停滞结合在一起，形成“滞胀”，对经济体系的伤害将更大。所谓的“滞胀”，又称停滞性通货膨胀（stagflation），是指经济增长减缓甚至倒退、失业率高企，同时伴随着高度通货膨胀的经济现象。

### 2.4.3 宏观经济失衡及其纠正

当经济陷入各种失衡的时候，单凭市场力量本身，有可能无法脱离困境；即使可以脱离，也可能旷日经年，对社会各阶层造成极大伤害。为此，政府必须采用各种财政政策，通过各种渠道刺激就业、控制通胀，从而使国民经济尽早走上正常发展的轨道。

在宏观经济学中，关于就业与通胀之间的关系，最著名的莫过于菲利普斯曲线（Phillips curve）。新西兰统计学家威廉·菲利普斯（A. W. Phillips）于1958年根据英国近一百年（1867—1957年）的宏观经济数据，画出了一条表现通货膨胀与失业率关系的曲线。这条曲线表明，名义工资率的变化率与失业率呈负相关关系，因此低工资变化率与低失业率不能并存，高工资变化率与高失业率也不能并存。进一步地，可以获得通货膨胀率与失业率之间负相关的关系，这就是菲利普斯曲线及其背后的含义。

美国经济学家萨缪尔森和索洛根据美国宏观经济数据证实了菲利普斯曲线所表示的交替关系在美国同样存在，并指出，可以根据菲利普斯曲线所揭示的这种关系来指导宏观经济政策，通过紧缩或扩张的财政政策与货币政策，将通胀率和失业率控制在社会可接受的水平。

菲利普斯曲线为政府履行对经济的稳定职能提供了重要的理论依据。既然可以通过相对高的通胀率来换取较高的就业率，这就意味着，政府可以在经济面临衰退威胁时，采取一定措施，在菲利普斯曲线上移动，从而调节社会的就业率。同理，当通胀严峻时，政府亦可以采取措施，以相对高的失业率来换取通胀率的下降。这说明了，政府财政确实可以通过各种财政政策与宏观经济政策的组合，实现调节宏观经济的目标，发挥维护经济发展稳定的作用。

## 2.5 对市场失灵的纠正：公共财政

随着现代经济学的发展，越来越多的市场失灵现象得到了深入的研究，大量的文献指出，外部性、垄断、信息不对称等情况，都可能导致市场自发形成的均衡，并非经济体的帕累托最优均衡。在这些情况下，市场无法承担起优化配置资源的功能。那么，有什么手段可以替代市场呢？经济学家的研究指向政府。

正是由于存在着各种市场失灵，使得政府的存在具有了相当的必要性。政府对资源的配置，采取的是与市场完全不一样的带有强制性的机制，这在相当程度上弥补了市场的失灵。如果我们把这些市场机制无法有效解决以更好满足社会成员个人需要的问题都称为社会成员的公共需要，那么社会主义市场经济下财政活动的目的就是要满足社会成员的公共需要，或简称社会公共需要。有需要就要有供给。与社会公共需要相对应，我们把满足社会公共需要的物品都称为公共产品（应注意这和上文提到的“公共品”并非同一概念）。据此，社会主义市场经济体制下财政就是国家（政府）按社会公众（民众或最广大人民群众）的意愿以最低成本提供公共产品满足社会公共需要的经济活动（分配活动），这就是公共财政的基本内涵。进一步地，确保国家（政府）按社会公众的意愿以最低成本提供公共产品的制度安排就是公共财政制度，因此公共财政制度就是确保政府经济行为（提供公共产品满足社会公共需要的行为）符合效率优先的市场经济要求的一种制度安排。或明确地说，是确保国家（政府）按最广大人民群众的意愿以最低成本提供公共产品满足社会公共需要的制度安排。

需要注意的是，正因为公共财政是纠正市场失灵、提供公共产品的一种制度安排，对公共财政的边界必须进行十分清晰的定义。党的十八届三中全会提出“使市场在资源配置中起决定性作用和更好发挥政府作用”，因此，在资源配置中，市场体制应该是基础性的、主体性的，公共财政与政府的存在，仅限于对市场失灵的纠正。为此，公共财政的作用领域，应该严格限制于市场失灵的领域，只有当上述的若干种市场失灵出现，才能运用公共财政的手段予以调节。在市场失灵没有出现的领域，必须让市场继续发挥其资源配置的功能，以实现帕累托最优，政府与财政不得越俎代庖，干预市场有效的运作。另外，在纠正市场失灵的过程中，也必须十分警惕“政府失灵”，公共财政的介入，应该尽可能降低对市场的影响，不能干预市场正常有效的运作。

既然公共财政着眼于纠正社会经济运行中存在的市场失灵，那么公共财政运作的目标自然也对应于上述的各种市场失灵，而这就是第三章所要讨论的公共财政职能问题。

## 本章小结

福利经济学深入地论证了市场交易可以自发地形成帕累托最优的经济学效率。但是，在某些情况下，那些为取得有效的市场解决方法所需的条件不存在，或者是以各种方法互相抵触，从而使得市场交易无法取得帕累托最优。这就是市场失灵。

凡是具有消费或使用上的非竞争性、受益上的非排他性的，都可以认为是公共品。公共品的特性决定了“搭便车”的普遍存在，而“搭便车”行为将使公共品的供给不复存在。因此，公共品的市场均衡，将存在帕累托改进的余地，亦即存在效率缺失。

一方的生产或消费活动，影响到另外一方，而自己又不承担因此引起的全部后果，那么就可以认为存在外部性。外部性将导致市场的资源配置存在效率缺失，无法实现帕累托最优。

垄断是指某一行业只有一家厂商提供市场全部供给的市场结构。而当厂商的边际成本持续低于平均成本，就出现了所谓的自然垄断。垄断必然导致效率的缺失，这一缺失无法由市场自身弥补。

信息不对称所带来的逆向选择、道德风险等现象，亦可能造成市场失灵，甚至导致市场消失。

经济体自行形成的收入分配可能使贫富差距处于社会公众难以承受的水平上。因此，在经济学所追求的效率之外，财政学往往还要求考虑公平的需要。在现代的经济学中，衡量社会公平往往从收入分配的角度出发，采用基尼系数这一指标。

当经济陷入各种失衡的时候，单凭市场力量本身，有可能无法脱离困境；即使可以脱离，也可能旷日经年，对社会各阶层造成极大伤害。为此，政府必须采用各种财政政策，通过各种渠道刺激就业、控制通胀，从而使国民经济尽早走上正常发展的轨道。

公共财政是纠正市场失灵的基本手段，是一种着眼于满足社会公共需要的经济活动或分配活动。社会主义市场经济体制下公共财政就是国家（政府）按社会公众（民众或最广大人民群众）的意愿以最低成本提供公共产品满足社会公共需要的经济活动（分配活动）。公共财政的目的是满足社会公共需要。公共财政活动的对象是提供公共产品。

## 思考题

1. 你能举出校园里一个市场失灵的例子吗?

2. 某些私人品会在特定情况下呈现出非排他性与非竞争性，例如，盗版软件。你认为这种情况下，可以将此私人品视作公共品吗?

3. 铁路在我国是国家垄断行业，你认为它符合自然垄断的特征吗？是否应由国家来兴办铁路事业呢?

4. 将每月收到的生活费视作收入，你估计全班所有同学的收入基尼系数是多少?

# 3 公共财政职能

当某种政制（regiment）初获批准时，应当采取何种统治方式的问题可能在当时并未得到深切的考虑，人们的智慧及判断力所及的只是由何者来统治的问题；通过一段时间的实践经验以后，他们才发现此一政制在操作的各个方面都极为不便，以至于他们先前构建的用以救济社会弊端的政制，反而增加了必须加以整治的社会问题。于是他们认识到，如果众人的生活立基于一个人的意志，那么就会致使众人蒙受灾难。这种境况迫使他们开始制定法律；在这些法律的治理下，所有的人都可以预见到他们所应承担的义务，并且知道违反这些法律所要承担的处罚或刑罚。

——哈耶克

每一个发达社会都存在某种形式的政府组织。这些组织可能代表或不代表社会成员的集体利益，但肯定对个人成员具有强制性权威。政府组织由一个权力较大的中央政府和众多权力有限的地方政府组成已是一条规则。不管是中央还是地方当局，都被赋予功能和职责。在不同的地方，具体的实际情况可能会有所不同。这些职责牵涉支出，从而要求为之筹集收入。

——庇古

放眼当今世界，各国政府财政职能的实际发挥可谓千差万别，差异十分巨大。一些失败的国家，政府财政能力十分低下，盗匪盛行，内战连年，民不聊生，政府对此无能为力，只能借助国际社会力量打击盗匪维护安全，靠大量的国际人道主义救援来维持生计。与此同时，部分高福利国家政府财政则不仅有效履行了亚当·斯密提出的国防、行政管理、公共设施这三个基本的政府职能，而且履行着为人民提供从摇篮到坟墓的福利保障职能，使人民免于对失业、疾病、灾害、贫困等不幸事故的恐惧，全体国民不分年龄、性别、地区、种族都过上了有尊严的生活。

世界银行主编的《1997 年世界发展报告：变革世界中的政府》将社会公共需要及其所决定的政府职能范围划分为三个层次，如表 3 - 1 所示。

**表 3－1　政府职能层次**

| | | | | |
|---|---|---|---|---|
| 小职能 | 解决市场失灵问题，提供纯粹的公共品：国防、法律与秩序、财产所有权、宏观经济管理、公共医疗卫生 | | | 促进社会公平，保护穷人：反贫穷计划，消除疾病 |
| 中型职能 | 解决外部效应：基础教育、环保 | 规范垄断企业：公共事业、反垄断政策 | 克服信息不对称问题：保险（医疗卫生、寿命、养老金）、金融法规、消费者保护 | 提供社会保险：再分配性养老金、家庭津贴、失业保险 |
| 积极职能 | 协调私人活动：促进市场发展，集中各种举措 | | | 再分配：资产再分配 |

世界银行认为，政府能力低的国家首先必须集中于小职能，即提供纯粹的公共品，强有力的政府则可以发挥积极职能，通过积极的产业政策和金融政策等促进市场发展。

本章从理论上对市场经济体制下公共财政应当履行哪些职能进行界定，并对政府履行职能的决策机制即公共选择机制的基本理论做简要介绍。

## 3.1　公共财政职能的理论界定

公共财政职能，是财政在弥补市场失灵中所固有的功能。公共财政的根本任务就是纠正市场失灵。公共财政的职能也是根据市场失灵的不同类型来确定的，市场失灵的领域，就是公共财政发挥作用的领域。

现代公共部门经济学奠基人马斯格雷夫从市场失灵的角度，首次清晰地界定了政府的职能，从而开启了现代公共经济学的大门。他提出，财政在弥补市场失灵的过程中，可以发挥三个重要职能：配置职能（allocation），分配职能（distribution）与稳定职能（stabilization）。

（1）配置职能，主要是指政府采取直接配置资源的方法，解决经济运行中的非效率问题。例如，针对公共品、外部性等非效率的情况，通过直接提供公共品、征收庇古税等方式予以纠正，从而使经济运行产生帕累托改进，最终达到帕累托效率。

（2）分配职能，是政府为了实现公平正义目标，对市场经济形成的收入分配格局予以调整，以形成新的收入再分配格局。在市场经济的条件下，影响收入分配的因素有很多，包括个体的禀赋、市场的环境等。如前文所述，在纯市场的环境下形成的分配格局，有可能呈现出各种不公平的现象，例如，财富高度集中于少数人的手中，这种不公平如果任其发展，会给社会经济带来危害，产生严重的政治与社会后果。因此，政府必须出面干预，通过税收、补贴等手段，调整收入分配格局。

（3）稳定职能，是指政府财政通过经济与财政政策，对宏观经济的运行实施调节与控制，从而实现社会经济的稳定发展的目标，包括充分就业、物价稳定、国际收支平衡。如前文所述，在放任自流的自由主义经济体系下，宏观经济可能产生十分巨大的波动，并且呈现出显著的周期性。对此，要求政府财政采取逆周期的方法随时调整财政政策熨平经济的波动。

在研究政府各种职能的时候，必须注意以下两点：

1. 合理划分政府与市场的边界

政府应该合理地限制自己的行为，对于市场已能提供，并且能有效率供给的领域，原则上不应进入。否则，政府的行为将对私人市场产生“挤出效应”（crowding out effect），从而损害原本的效率。在现实生活中，许多不应该由政府参与的领域，往往会出现政府的身影，这就是没有正确划分政府与市场边界造成的。例如，在改革开放前，非常多的行业都由政府垄断，这无疑是不合理的，其最终结果是企业效益严重下滑，公众得不到合理的产品供给。通过相关改革，政府退出这些领域，将其交还给市场，通过价格机制合理配置资源，从而产生了帕累托改进。

2. 政府的运作必须避免“政府失灵”

对应于市场失灵，“政府失灵”亦是一个不可回避的话题。所谓政府失灵（government failure），是一种由政府干预而引发的一系列非效率性资源分配的公共状态，其作用往往会恶化其市场失灵的结果。市场失灵并不是某一特殊经济解决措施的失败，而是一个阻碍市场达到理想效率的问题，是制度上的问题。同样，政府失灵也并不是具体政府政策的失败，而是一个阻碍政府解决目标的有效性问题。在现实中，政府失灵往往表现在官僚主义、政策摇摆等方面，这些政治过程中的不稳定性，不但不能弥补市场失灵，反而可能产生更为不良的后果。

## 3.2 公共财政的资源配置职能

### 3.2.1 供给公共品

由于公共品在市场化的条件下无法有效供给，这将导致社会经济在各方面的崩溃。因此，政府必须承担起提供公共品的职责。在现实中，由政府提供的公共品非常多，例如，国防、外交、市政设施等。另外，一部分混合品亦由政府提供，如在绝大多数国家，教育，特别是义务教育，都是由政府免费提供的；而在医疗、保险等领域，亦存在着大量政府的管制与干预。政府提供的教育、医疗等服务，虽然在一定程度上具有非竞争性，但可以很容易地进行排他，属于一种典型的混合品。

虽然在理论上存在着由政府统一提供公共品的需要，可是在现实中，由于具体情况的不同，公共品的供给可能存在多种不同的选择。

### 3.2.2 公共品的私人供给

尽管公共品具有非竞争性与非排他性，使得企业不可能在公共品市场通过出售公共品而获取利润，然而，依然有很多私人供给公共品的案例。灯塔就是其中一个例子。灯塔之所以能被私人投资建设起来，是因为通过一定的制度设置，可以将原有非排他性的纯公共品变成具有排他性的准公共品，从而使收费成为可能。可见，在一定的制度前提下，公共品的性质可能发生改变，使得基于牟利目的的私人经营成为可能。

同时，现实中还存在着大量非牟利团体自愿提供公共品的例子，如各种慈善团体举办的公益事业、各种志愿者组织。他们所提供的很多服务，往往具有标准的非竞争性与非排他性，如各种教育、环保事业。这些慈善团体都符合非营利机构不以营利为目的，以及剩余利润不得分配的原则，因此其目的并不为追逐利润。这种由私人自发供应公共品，从而替代政府的现象，亦被称为公共品的自愿供给（voluntary provision of public goods）。在现代社会，随着非营利部门的逐渐发展壮大，这一私人供给的情况愈发频繁。对此现象的解释，往往不能简单地套用经济学的“理性人假设”，而必须考虑各种新的理论，例如，利他主义者的效用函数等。

### 3.2.3 公共品的私人生产

实践中，有许多公共品虽然是由政府提供，然而其生产可能被外包给私人企业。例如，在国防领域，新技术和武器的研发，在许多国家都是由政府与企业签订相关协议，通过财政拨款支付研发费用，然后由企业自行组织开发生产。不仅如此，甚至连监狱、治安等公共服务，也可以由私人企业进行生产。

公共品之所以要采用私人生产的方式，是因为在一定的条件下，私人生产比政府生产更有效率。然而，公共品的私人生产与私人提供应该予以严格的区分。对于公共品的私人提供，提供这类公共品的资金由私人予以筹集，而对于公共品的私人生产，提供公共品资金的仍然是政府，只不过其生产过程由私人予以承包。这两者之间存在本质上的不同，必须注意区分。

### 3.2.4 治理外部性

当存在外部性的时候，商品的产量一定处于不合意的非帕累托水平：在正外部性的情况下，产量将过少；在负外部性的情况下，产量将过多。政府对外部性的纠正，其目的就是促使产量回归到合理水平。当然，政府可以通过直接管制的方法，强迫生产者调整产量，从而消除外部性，然而这种行政性的手段已经被证明是低效的，现实中很少被采用。现代经济学与财政学对于外部性已经有多种治理手段，可以实现外部性下的帕累托效率。

1. 庇古税

庇古税最早由英国经济学家庇古提出。庇古认为，政府可以对产生负外部性的个体，征收惩罚性的税收；而对产生正外部性的个体，则给予补贴。政府通过征收合适的庇古税，可以使产生负外部性的厂商承担的成本，从个人边际成本上升为包含了所有个体的社会边际成本，从而使其产量减少至合理的水平。

在现实中，庇古税的一个典型例子就是环境税。环境税（environmental tax），也称为生态税（ecological tax）、绿色税（green tax），是通过对污染环境和破坏生态的行为征收税款，从而将其社会成本内化到生产成本和市场价格中去，从而纠正外部性的一种经济手段。部分发达国家征收的环境税包括二氧化硫税、水污染税、噪声税、固体废物税和垃圾税等。

正如我们之前所分析的，当外部性产生者的成本被提高时，其产量将有所下降。同理，在征收环境税的情况下，厂商将因为这一税收所带来的成本上涨而减少产量，从而间接地降低污染水平。

当然，值得我们进一步思考的问题有很多。例如，当厂商将环境税收转嫁（见税收原理）到消费者身上时，整个社会的福利将会怎么变化？此时能否认为厂商—居民这个局部群体对社会整体产生了负的外部性？

2. 补贴

相对于负外部性，正外部性的主要问题是产量不足，换言之，能为其他人带来正向影响的生产还有待扩大。对此，政府可以通过补贴的方式，提高正外部性产生者的边际福利，从而诱使其增加产量。

例如，教育往往具有明显的正外部性，接受过一定教育的人，将为社会带来更多的文明。各国政府普遍对教育实施补贴甚至免费的制度。中国2006年后实行九年制免费义务教育，高等教育学费也增幅较小，实际上是财政给予了义务教育阶段学生学费全额补贴，给予了高等教育阶段学生学费部分补贴。

但是，补贴也可能产生其他问题，一个常见的问题就是，究竟教育能产生的正外部性有多大，相比起这种外部性，补贴的金额是否处于一个合适的水平？另外，对于给予大学生的补贴，意味着将社会资源从普罗大众手中转移到大学生身上，这可能引发对公平性的质疑：大学生毕业后的工资水平将普遍比未接受大学教育者高，通过税收将全体社会成员的资源集中到大学生身上，是否公平？在现实中，对正外部性给予补贴时，这些问题都不得不考虑。

3. 合并

假设 A 企业的生产对 B 企业产生了负的外部性，若将 A、B 企业进行合并，则原本对于 A 企业而言为“外部”的 B，成为 A 的“内部”，从而迫使 A 企业在经营决策上不得不考虑其生产为 B 企业带来的成本。这一企业合并的方法，亦被称为外部性的“内部化”。

当然，在市场经济的条件下，企业的合并很大程度上不能由政府主导，并且明显 A 企业也缺乏合并 B 企业的动机。因此，这种合并往往出现在各种国有或公营的企业中，又或者是在出售公营企业时，要求购买的私人企业主同时接收受其外部性影响的资产。

4. 交易

上述的环境税，通过适当扩展，并辅以市场交易的制度，即可成为排污权交易制度。所谓的排污权交易，就是指建立合法的污染物排放权利，即排污权，并允许这种权利像商品那样在市场上被买入和卖出，从而促使企业必须承担污染带来的成本，以此控制污染物的排放水平，从而达到减少排放量的目的。

相比起传统的污染管制手段，排污权制度有两个极其突出的优点：

第一，排污权可以自由交易，这意味着有多余排污权的厂商可以通过出售排污权获取资金。从社会来看，整体排污水平将不变，但是厂商可以通过排污权交易获得帕累托改进。

第二，既然排污权需要用金钱购买，则研发各种环保技术的企业就可以将控制污染或者净化水源、空气的技术与设备出售给企业。只要这种技术与设备的价格比排污权低，那么厂商就愿意采用这种技术设备。其结果就是整体的污染水平将因为新技术的引入而不断下降。

### 3.2.5 垄断治理

垄断，如前所述，是市场失灵的领域，必须在政府的管制下纠正其带来的非效率。同时，对于特殊的自然垄断，政府必须同时扮演两个角色：一方面，以公有资本在自然垄断行业创办企业，为公众提供必需的服务；另一方面，以严格的管制措施，确保自然垄断企业的合理价格与产量水平，避免对消费者利益的侵害。

1. 反垄断的法律实践

管制垄断，最好的管制方式就是避免垄断出现。为了保证市场充分的竞争，很多国家都立法对不正当竞争行为和不公平商业行为进行控制，以避免垄断出现。《反垄断法》起源于1890年美国的《反托拉斯法》，此法案旨在禁止两大类行为：第一，它宣称“每一桩契约、合并，若是以资本合并或类似的形式或阴谋来抑制数州之间或与外国的交易或贸易”都是不合法的；第二，它禁止“垄断……企图垄断或阴谋……垄断数州之间或与外国的交易或贸易”的行为。

2007年，我国颁布了《中华人民共和国反垄断法》，规定“具有市场支配地位的经营者，不得滥用市场支配地位，排除、限制竞争”，并且明确了各种自然垄断的行业，以及针对这些垄断行业的具体管制手段。

2. 价格管制

政府对垄断最直接的管制，就是针对其价格水平的管制。例如，在生活中，很多公共事业的定价都由政府通过价格听证会等方式，经过充分论证再进行定价。

从经济学的效率角度而言，要达到完全竞争市场的效率，垄断企业的定价必须维持在边际成本上。但是，对于自然垄断企业，采用边际成本定价将使企业陷入持续的亏损状态。因此，在自然垄断行业，往往采用平均成本定价的方式。

3. 企业拆分

对于过分膨胀的垄断企业，政府可采用拆分的方式，将企业拆分为几个互相竞争的小企业，并禁止其互相持股或合并，从而人为地重新营造了竞争的环境。

## 3.3 公共财政的分配职能

政府进行收入分配的手段有很多，但总的来说主要可以分为税收与支出两方面。从收入分配的目标来说，尽管对于社会福利可以有多种衡量标准，但是在实践中，各国政府都普遍将焦点放在贫困人口上，以增加贫苦阶层的福利为目标。

### 3.3.1 税收

税收是调节收入分配的主要手段，特别是所得税等直接税，可以改变人们的税后收入，从而形成有效的收入调节。在现实中，很多国家的所得税是以累进税形式出现的，即收入较高的人群，承担的税率亦比较高；而收入较低的人群，承担的税率也比较低。这种税收结构实际上是对贫困人口的一种倾斜照顾。另外，对企业利润征收所得税，亦可以减少资本利得，从而实现对富有阶层征收更高的税收。

但是，有部分税收却具有累退性。例如，针对消费品，特别是各种必需品的征税，往往被认为具有累退性。如食物、衣服等生活必需品，占低收入家庭支出的比例远高于占高收入家庭支出的比例。对这些商品征收的税收，将导致低收入家庭的税收负担重于高收入家庭。以下是一个典型的例子：

假设 A 为低收入家庭，年收入为50 000 元，花在各种食物、衣服、交通等方面的开支为30 000 元。B 为高收入家庭，年收入为500 000 元，其花在各种食物、衣服、交通等方面的开支，相比起低收入家庭当然会有所增加，但是人的吃、穿等基本需求并没有很大的差异，因此这方面的支出亦不会提高很多，不妨假设为60 000 元。此时，假如政府对商品征收 10% 的税收，则 A 家庭承担的税收为 3 000 元，占其年收入的 6%，B 家庭承担的税收为6 000 元，占其年收入的 1.2%。可见，低收入家庭的税负比例远远高于高收入家庭的税负比例。这也就说明，针对消费品的征税，有可能产生低收入阶层的实际税率高于高收入阶层的累退现象。

对此，各国亦往往通过向高收入阶层消费的各种奢侈品征收较重的奢侈税进行调节。例如，我国就对高尔夫球用品、游艇等奢侈用品征收专门的消费税，这实际上是对奢侈品征收专门的奢侈税，可以提高富有阶层的实际税负，从而实现税收的公平。

### 3.3.2 补贴

除了税收以外，政府向贫困居民发放各种补贴，也是履行分配职能的重要体现。例如，对低收入户发放生活补贴，可以保障这些低收入人群最基本的生存需要；而教育券、食物券等则进一步扩宽了居民在有补贴下的消费选择范围，改进了其福利。

从经济学角度来看，不同类型的补贴有不同的作用，也有着不同的经济效率。以下我们对收入补贴与商品补贴进行一个简要的分析。如图 3－1 所示，存在两种商品 $X$ 和 $Y$，价格分别为 $P_X$ 和 $P_Y$。消费者收入的预算线为 $I_1$，并在预算线 $I_1$ 与无差异曲线 $U_1$ 的切点（$X_1$，$Y_1$）处取得其最优消费组合，我们有 $I_1 = X_1 \times P_X + Y_1 \times P_Y$。

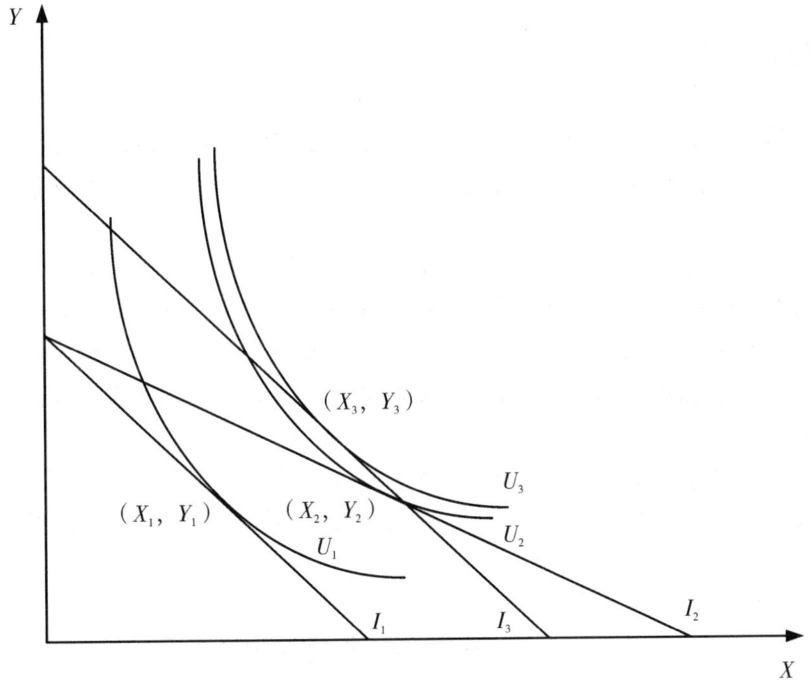


图 3-1　收入补贴与商品补贴

假设政府对商品 $X$ 进行价格补贴，补贴额为 $S$，则对于消费者而言，$X$ 的价格下降为 $P_X-S$。于是，消费者的预算线向外旋转至 $I_2$，并在 $I_2$ 与无差异曲线 $U_2$ 的切点（$X_2$，$Y_2$）处取得其最优消费组合。此时政府的补贴额为 $X_2S$。我们有 $I_1=X_2(P_X-S)+Y_2P_Y$。

假如政府不是采取价格补贴，而是采取收入补贴，情况将发生改变。假设政府将原来的价格补贴总额 $X_2S$ 换为收入补贴发放给消费者，此时，消费者的收入为 $I_1+X_2S$，对于消费者而言，$X$ 的价格依然为 $P_X$。我们在原图上画出此收入的预算线 $I_3$。可以看到，由于 $X$ 的价格依然为 $P_X$，因此 $I_3$ 的斜率依然为 $-P_X/P_Y$。假如消费者购买 $X_2$ 与 $Y_2$ 的商品组合，其支出为 $X_2P_X+Y_2P_Y$。假如消费者的收入仍然为 $I_1$，那么他是无法承担这一消费组合的。但是，由于增加了收入补贴 $X_2S$，在 $I_3$ 上，消费者获得的补贴额与价格补贴是一样多的，因此能承担得起 $X_2$ 和 $Y_2$ 这样的消费组合，并且刚好用完全部收入。因此，（$X_2$，$Y_2$）点也在 $I_3$ 上，是 $I_3$ 与 $I_2$ 的交点。

可以看到，对于发放收入的预算线 $I_3$，消费者可以选择与无差异曲线 $U_3$ 的切点（$X_3$，$Y_3$）作为其消费组合，相比起 $U_2$，消费者的效用将更高。而对比两种补贴，可以看到，政府在价格补贴和收入补贴上支付的金额是完全一样的。也就是说，通过将价格补贴改变为收入补贴，可以在政府支出不增加的情况下，改善消费者的福利，实现帕累托改进。因此从效率的角度来看，价格补贴相比起收入补贴，是缺乏经济效率的。

### 3.3.3 社会保障

社会保障制度是对社会中低收入阶层的一个重要保障，亦是体现社会公平的重要手段。社会保障为社会中的各成员，特别是生活有特殊困难的人们，提供其基本生活权利的保障。

社会保障由社会保险、社会救济、社会福利、优抚安置等方面组成。其中，社会保险是社会保障的核心内容。社会保险（social insurance）是一种为丧失劳动能力、暂时失去劳动岗位或因健康原因造成损失的人口提供收入或补偿的一种社会和经济制度。我国社会保险包括养老保险、医疗保险、失业保险、工伤保险、生育保险等，为社会成员的各方面提供基本保障。

除此之外，政府还可以通过各种社会福利制度与设施，开展社会服务，增进社会成员利益，改善国民的物质文化生活。这也使低收入者的福利获得实质性的增加，缩小社会个体之间的差距。

## 3.4 公共财政的稳定职能

在履行稳定职能的时候，政府主要在几个目标之间进行平衡。这些目标包括经济增长、充分就业、物价稳定、国际收支平衡。

在宏观经济学中，经济增长经常与充分就业联系在一起。充分就业（full employment）也称完全就业，是指除了正常的暂时不就业（比如工作转换等），所有的人都找到合适的工作。在充分就业的情况下，仍然会存在摩擦性失业和结构性失业。充分就业并不意味着零失业，它总是与一定的失业率并存的。在充分就业的情况下，经济体的内源增长动力充足，经济水平可以得到较快而持续的发展。

在宏观经济学中，不同的流派对于充分就业有不同的看法。古典学派认为，由于工资不具有刚性，对于总需求的任何变动，市场都会立即调节，从而使得产出回到均衡点上，因此市场几乎总是处于充分就业的状态。而凯恩斯主义者则认为，各种因素可能导致市场不能立即调节，从而存在着政策空间。因此，必须要政府政策协助社会经济恢复充分就业的状态。

如前所述，充分就业与物价稳定往往受菲利普斯曲线的制约，两者之间存在此消彼长的关系。为此，政府只能在两个目标之间进行合理平衡，并且根据现实情况，针对当前突出的问题进行治理。

除此之外，在国际贸易不断加深、经济已经全球化的今天，一国的国际收支平衡已经成为关系到国家社会经济安全的一个重要因素。大量的理论与实证研究证明，一国的国际收支与其国内的经济状况是紧密相连的，国际收支不平衡，必然伴随着国内收支的不平衡。

维持国际收支平衡的目标，是确保国际收支不出现过大的逆差或顺差。国际收支的平衡受众多因素的影响，包括国际贸易、金融市场波动、经济结构调整等，这就要求政府通过各种政策，调节相关因素，从而实现国际收支的平衡。

财政稳定职能的实现主要依赖“自动稳定器”的财政制度与相机抉择的财政政策两种机制。“自动稳定器”的财政制度是指类似累进所得税、失业救济金等具有内在稳定功能的财政制度。当经济萧条、个人收入下降时，个人所得税作为累进税，其适用税率将因为收入下降而同步下降，从而使得个人的所得税税负减少；由于社会失业增加，申领失业救济的人数亦自动增多。相反，当经济繁荣，个人收入上升时，个人所得税的适用税率将上升，从而使得个人所得税税负增加；同时，申领失业救济的人口亦减少。可见，“自动稳定器”的财政制度不需要政府根据经济的具体情况而颁行相应政策，它可以自动在经济境况改变时发挥作用。不管白天黑夜，不管阴晴圆缺，自动稳定器财政制度一直保持着经济的稳定。当然“自动稳定器”的财政制度只能减少部分经济波动，当严重的经济波动发生时，政府必须启动相机抉择的财政政策机制。

而相机抉择的财政政策，需要政府根据现实经济的运行情况及各经济指标的指示，按照一定的原则，通过扩大或缩减财政支出、提高或降低税收水平，实现既定的政策目标，相机抉择的财政政策机制被形象地称为逆风向行事。例如，当社会需求严重不足时，政府采取扩大公共投资、增加预算支出、税收减免等政策刺激总需求增加，从而拉动经济增长；而当社会需求膨胀时，政府则采取紧缩政策，压缩政府支出规模，减少财政赤字，增加税收，抑制需求膨胀。

## 3.5　公共财政职能履行中的决定机制

在公共财政职能履行的过程中，一个无法绕开的问题是：社会中的每一个个体，对于公共财政的具体项目、具体内容，都有自己的看法，那么作为为社会整体提供公共服务的政府，应该如何确定最终的公共财政政策呢？这实质上是一个综合个人意见，从而形成社会全体抉择的过程，被称为公共选择。

### 3.5.1　从个人选择到公共选择

由于体量可观，公共财政对社会经济的影响极其巨大，政府财政的每一项收入和支出的决策，都是其强大的公权力的体现。现代的公共选择要解决的核心问题就是：各种来自个人的选择通过什么机制可以集合为一个社会全体的选择。对于同一个问题，可能每一个人的看法都不一样，那么社会究竟应该做出什么样的决策呢？在公共品供给的决定上，这一问题将更为突出，例如，对于医疗卫生，老年人将更为关注，希望政府能将更多的支出倾斜在医疗卫生方面；但相对而言，年轻人可能并不太重视医疗卫生支出，而希望政府将支出倾斜在其他方面。那么，政府究竟应该选择一个什么水平的医疗卫生支出呢？这就是公共选择要解决的问题。

从经济学的角度来看，公共选择要解决的问题，可以规范地归纳为两个方面：

（1）集体决定：群体中的每个成员对于面临的选择都有自己的偏好，如何将这些差异甚大的个人偏好汇总，从而得出集体决定或集体结果？

（2）社会福利判断：一个群体如何决定整个群体应当追求的目标？换言之，如何求出社会目标函数或社会福利函数。

可以看到，公共选择在任何群体中都是不可回避的问题。世界各国针对公共选择的获得，有许多不同的方式与机制。在民主制度下，可能是一批经过选举而产生的议员通过投票进行议决。在寡头政治制度下，可能是少数集团把持全国政治，采取对自己集团最有利的政策，以维护集团统治。在独裁政治下，独裁者个人的偏好与意志将成为全国的取向。必须注意的是，公共选择理论事实上不对各种政治制度做出优劣的评判，在公共选择的语境中，民主政治并不一定就比独裁政治更优。事实上，在一个极端的情况下，随机挑选也是形成公共选择的一种方式，公共选择理论所要研究的就是不同机制的特点与适用条件等。

### 3.5.2 公共选择的基本假设

现代财政学中的公共选择理论，很大程度上是建立于“机械论”的观点上的：社会整体就如一部精密的机械，不存在什么超然于所有个体之上的公众利益，政府也不具有任何特殊的地位，它只是民众实现自己福利的一个工具。因此，不存在任何超然的公众利益，公共选择的过程必须充分考虑到每一个个体的利益。阿罗（Arrow）首先采用严谨的数学方式，将普遍被接受的公共选择所应具有的基本前提进行了界定。他指出，任何一个公共选择都应该满足以下五个基本假设：

1. 理性假设

对于任何一组给定的备选方案，公共选择的结果必须满足完备性和可传递性。例如，对于A、B、C三个可选方案，完备性要求公共选择的结果必须明确任意两种方案之间，必然可以给出一个排序，例如，对于A和B，要么是A优于B，要么是B优于A，要么是A和B无差异。假如公共选择的结果是A优于B，B优于C，则传递性要求公共选择同时也认为A优于C。

2. 不相关选择的独立性

对于某两个备选项之间的排序，不应该受到其他备选项的影响。例如，若公共选择认为A优于B，则不应因为增加了C，而改变为B优于A。

3. 帕累托最优

假如所有个体都认为A优于B，则公共选择应同样认为A优于B。而假如某一个个体认为A优于B，而其他个体认为A和B之间无差异，则公共选择应该遵循帕累托改进的方向，认为A优于B。

4. 无限制区域

公共选择不应通过人为限制个人选择区域而形成。例如，在形成公共选择的过程中，不能针对某一部分人而限制其只能在A与C之间选择，而不能选择B。

5. 非独裁性

不能有任何一个个体的偏好凌驾于其他所有个体之上。例如，假如某一个个体认为A优于B，而其他所有个体都认为B优于A，则公共选择不应该认为A优于B。

以上五个假设，描述了从个人选择到公共选择所应该遵循的基本伦理前提，亦是现代投票机制研究的基本假设。

### 3.5.3 阿罗不可能定理：投票与投票悖论

在现代实践中，通过投票形成公共选择是一种十分普遍的方式。“少数服从多数”是许多人都明了的一句口号。但是，投票却并非如表面看上去那么简单。事实上，单从分类来看，投票决策的过程至少包括两种基本类型：

1. 一致同意

对一致同意投票决策机制的研究，最早可以追溯到 19 世纪的威克塞尔与林达尔（Lindahl）。这种机制有两个重要假设：一是每一个社会成员都是完全平等的，并且都参与到一人一票的政治表决过程中来；二是在决策与投票的过程中，信息的传递是完全没有成本，并且没有失真的。

此时，对任一方案，假如有任何一个个人反对，则意味着该方案的通过将损害该个人的利益，从而违背了帕累托原则。在一致同意的机制下，任何通过的决议，都必然是帕累托最优的，因为这些决议必然是没有人反对的。

一致同意原则意味着绝对的公平，因为每一个人的选票都是同等重要的，特别是在否决权的行使上。但是可以预见的是，一致同意原则在现实中几乎是完全不可行的，在各种大小的群体中，都没有什么决议可以获得完全一致的同意。

作为一个折中，政治交易是一个可行的选择。例如，在选项 A 和 B 之间，个人 1 更偏好于 A，而个人 2 则认为 A 和 B 之间无差异；在选项 C 和 D 之间，个人 1 认为 C 和 D 之间无差异，而个人 2 则更偏好于 C。此时，1 和 2 可以达成一个交易，1 在 C 和 D 的选择中，投 C 的票，作为交换，2 在 A 和 B 的选择中，投 A 的票。可以看到，此时 1 和 2 都在不损害自己利益的基础上，获得了额外的收益，形成了帕累托改进。这种方法又称“互投赞成票”，它不仅用于一致同意的机制，亦可以用于任何投票机制。

2. 多数票原则——直接与代议制民主

尽管有政治交易的存在，但是在现实操作中，一致同意依然是一个过于苛刻的要求，特别是在个体数量十分庞大的情况下，要达成一致同意是根本不可能的，因此现实中的公共选择往往采取多数票原则（majority rule）。顾名思义，多数票原则就是采取多数人同意通过的方案。在操作上，又有直接民主与代议制民主之分。[①] 直接民主就是社会所有公民共同投票以做出选择；而代议制民主就是首先通过多数票程序选择一些代表，然后由这些代表来代表选民，再次通过多数票程序进行决策。

无论是直接民主还是代议制民主，对于多数票的操作与原则都是一致的。根据对“多数”的定义，又可以划分为两大类别：

第一种是简单多数，在存在多个备择方案的情况下，以得票数最多的方案为最终抉择；在对一个方案表决的时候，只要有超过 50% 的选票同意，即可通过，这就属于简单

① 必须注意的是，这里的“民主”一词仅指公共选择形成的一种方式，与民主政治等概念没有直接关联。

多数。

第二种是绝对多数，是指必须得到超过一定比例的选票，方案才能获得通过。该比例一般都超过1/2，较常见的为2/3，3/4等。

多数票原则是民主制度的基石，在现实中非常多的政治过程都会采用多数票原则构建其决策机制。在实践中，尽管直接民主有更广泛的代表性，能更贴近选民的偏好，但是由于每次投票的成本非常巨大，因此不可能就所有事项都采取直接民主的方式，一般只有在决定主权、宪法等重要事项的投票，才会以全民公决的方式实现直接民主。除此之外的多数政治过程，都通过代议制民主予以实现。

然而，在多数票原则中，却可能存在著名的“投票悖论”，我们以一个具体的例子来说明。假设有三个人，分别为1、2、3。有三个备择方案，分别为A、B、C。三个人对A、B、C的偏好列出如表3－2所示，其中“A＞B”代表个人认为A优于B，余下类推。

**表3－2　投票悖论中的个人偏好**

| 个人 | 偏好 |
| --- | --- |
| 1 | A＞B＞C |
| 2 | B＞C＞A |
| 3 | C＞A＞B |

考虑一下三个人分别对三个方案进行的表决。在第一轮投票中，就方案A和B进行表决，此时由于个人1和3都认为A优于B，因此A方案胜出。在第二轮投票中，就A和C进行表决，此时，由于个人2和3都认为C优于A，因此C胜出。于是，我们似乎可以得出结论：C是三个方案里面最优的。

然而，假如我们再增加一轮投票，就B和C进行表决，情况将大有不同。在第三轮投票中，由于1和2都认为B优于C，此时B胜出。而根据偏好的可传递性，在之前的两轮投票中，我们有C＞A、A＞B，因此应该有C＞B，但这与第三轮投票的结果是相悖的。这种投票所造成的偏好传递性被破坏，就是著名的“投票悖论”。

事实上，阿罗在研究各种公共选择的过程中，通过严谨的数学证明，提出了著名“阿罗不可能定理”。他指出，事实上，在满足上述关于公共选择五个基本假设的前提下，任何非独裁或强制的（即民主或者符合多数票原则的）公共选择过程都是不可能的。尽管这一结论未免令人觉得匪夷所思，但是其论证过程确实严密与符合逻辑，阿罗亦据此获得了诺贝尔经济学奖。

当然，学界在阿罗的基础上亦进行了进一步的深入探讨，并在一定程度上为阿罗这一悲观性的结论提供了一些弥补。例如，针对上述的投票悖论，就有学者指出，其根本原因是所谓的“双峰偏好”，只要投票者的偏好都是“单峰”的，就可以避免投票悖论的出现。

## 3.6 政府失灵

除了将经济学的方法引入政治学外，公共选择理论还直接催生了对政府内部运作的研究，并且提出了著名的“政府失灵”概念。政府失灵，是指个人对公共产品的需求在现代化议制民主政治中得不到很好的满足，公共部门在提供公共产品时趋向于浪费和滥用资源，致使财政支出规模过大或者效率降低，政府的活动或干预措施缺乏效率，或者说政府做出了降低经济效率的决策或不能实施改善经济效率的决策。

政府失灵主要表现在以下几方面：

1. 政府政策的低效率（公共决策失误）

公共决策主要就是政府决策，政府对经济生活干预的基本手段是制定和实施公共政策。公共选择理论认为，政府决策作为非市场决策有着不同于市场决策之处。在政府决策中，虽然单个选择者也是进行决策的单位，但是做出最终决策的通常是集体，而不是个人，以公共产品为决策对象，并通过有一定秩序的政治市场（即用选票来反映对某项政策的支持来实现）。因此，相对于市场决策而言，政治决策是一个十分复杂的过程，具有相当程度的不确定性，存在着诸多困难、障碍或制约因素，使得政府难以制定并实施好的或合理的公共政策，甚至导致公共决策失误。

公共决策失误表现为以下五个方面：

（1）短缺或过剩。如果政府的干预方式是把价格固定在非均衡水平上，将导致生产短缺或者生产过剩。如果把价格固定在均衡水平之下，就会产生短缺；反之，则产生过剩。

（2）信息不足。政府不一定知道其政策的全部成本和收益，也不十分清楚其政策的后果，难以进行政策评价。

（3）官僚主义。政府决策过程中也许高度僵化和官僚主义严重，可能存在大量的重复劳动和繁文缛节。

（4）缺乏市场激励。政府干预消除了市场的力量，或冲抵了他们的作用，因而可能消除某些有益的激励。

（5）政府政策的频繁变化。如果政府干预的政策措施变化得太频繁，行业的经济效率就会蒙受损失，因为企业难以根据政策规划生产经营活动。

2. 政府机构的低效率

政府失灵理论认为政府机构低效率在于以下三个原因：

（1）缺乏竞争压力。由于官僚机构垄断了公共产品的供给，没有竞争对手，就有可能导致政府部门的过分投资，生产出多于社会需要的公共产品；另外，受终身雇佣条例的保护，没有足够的压力去努力提高其工作效率。

（2）没有降低成本的激励机制，行政资源趋向于浪费。首先，官员花的是纳税人的钱，由于没有产权约束，他们的一切活动根本不必担心成本问题。其次，官员的权力是垄断的，有无限透支的可能性。

（3）监督信息不完备。理论上讲，政治家或政府官员的权力来源于人民的让渡，因此他们并不能为所欲为，而是必须服从公民代表的政治监督。然而，在现实社会中，这种监督作用将会由于监督信息不完全而失去效力。再加上前面所提到的政府垄断，监督者可能受被监督者所操纵。

3. 政府的寻租

政府失灵的表现形式“寻租是投票人，尤其是其中的利益集团，通过各种合法或非法的努力，如游说和行贿等，促使政府帮助自己建立垄断地位，以获取高额垄断利润”。可见，寻租者所得到的利润并非生产的结果，而是对现有生产成果的一种再分配，因此，寻租具有非生产性的特征。同时，寻租的前提是政府权力对市场交易活动的介入，政府权力的介入导致资源的无效配置和分配格局的扭曲，产生大量的社会成本：寻租活动中浪费的资源，经济寻租引起的政治寻租浪费的资源，寻租成功后所损失的社会效率等。此外，寻租也会导致不同政府部门官员之间权力的争夺，影响政府的声誉和增加廉政成本。公共选择理论认为寻租主要有三类：①通过政府管制的寻租；②通过关税和进出口配额的寻租；③在政府订货中的寻租。

4. 政府部门的扩张

政府部门的扩张包括政府部门组成人员的增加和政府部门支出水平的增长。对于政府机构为什么会出现自我膨胀，布坎南等人从五个方面加以解释：①政府作为公共产品的提供者和外在效应的消除者导致扩张；②政府作为收入和财富的再分配者导致扩张；③利益集团的存在导致扩张；④官僚机构的存在导致扩张；⑤财政幻觉导致扩张。

因此，诺贝尔经济学奖获得者布坎南等公共选择学派对西方现行民主制度、国家和政府深表怀疑。正如布坎南所说：“公共选择理论以一套悲观色彩较重的观念取代了关于政府的那套浪漫、虚幻的观念。公共选择理论开辟了一条全新的思路，在这里，有关政府及统治者的行为的浪漫的、虚幻的观点已经被有关政府能做什么，应该做什么的充满怀疑的观点所替代。而且，这一新的观点与我们所观察到的事实更为符合。”

## 本章小结

公共财政的职能，是财政在弥补市场失灵中所固有的功能。财政在弥补市场失灵的过程中，可以发挥三个重要职能：配置职能、分配职能、稳定职能。其中，配置职能主要是为了纠正市场中各种非效率的失灵，包括了提供公共品、纠正外部性、管制垄断等；分配职能主要为了解决社会经济中的不公平问题；稳定职能主要是为了确保经济的正常稳定运行。

从经济学的角度来看，公共选择要解决的问题，可以规范地归纳为两个方面：

（1）集体决定：群体中的每个成员对于面临的选择都有自己的偏好，如何将这些差异甚大的个人偏好汇总，从而得出集体决定或集体结果？

（2）社会福利判断：一个群体如何决定整个群体应当追求的目标？换言之，如何求出社会目标函数或社会福利函数？

在公共选择中，通过投票形成公共选择是一种十分普遍的方式。投票决策的过程包括一致同意与多数票原则两种基本类型。阿罗不可能定理指出了在多数票制下所必然产生的投票悖论。

政府失灵是指个人对公共产品的需求在公共财政的提供过程中得不到很好的满足，公共部门在提供公共产品时趋向于浪费和滥用资源，致使公共支出规模过大或者效率降低，政府的活动或干预措施缺乏效率，或者说政府做出了降低经济效率的决策或不能实施改善经济效率的决策。

## 思考题

1. 有人认为，政府通过向富人征税来为穷人提供保障，这对有能力的富人是不公平的，对此你有什么看法?

2. 当经济不景气的时候，政府采取的财政政策对你的日常生活会产生什么影响？请举例说明。

3. 你的班集体曾经尝试过采用投票方式来进行决策吗？你会参与投票吗？你是否认为你投的一票确实能起作用？为什么?

# 4　财政支出的理论分析

财政支出反映着政府的政策选择。政府一旦决定供应哪些产品和服务，生产多少，产品质量如何，财政支出就代表着执行这些政策的成本。

——C. V. 布朗、P. M. 杰克逊

财政活动包括三个重要组成部分，分别是财政收入、财政管理和财政支出（如图4－1所示）。其中财政收入是财政支出的基础，倘若没有收入来源，任何支出都是空谈；财政支出是财政收入的归宿，所有的收入，最终都将用于各类支出。本章主要介绍财政支出的原则、分类、规模和效益等基本理论。

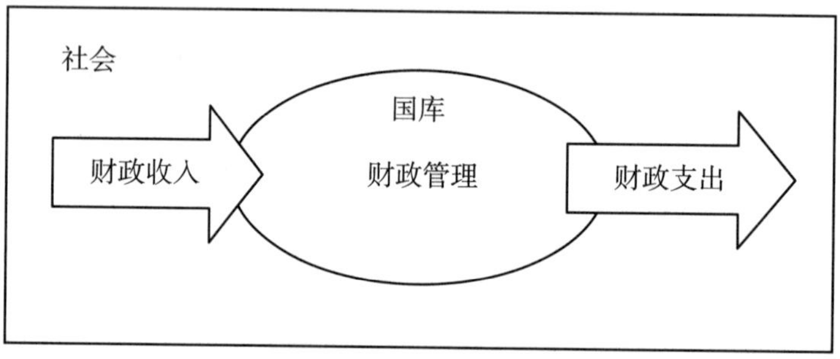


**图4－1　财政活动示意图**

## 4.1　财政支出的基本理论

### 4.1.1　财政支出的定义、内涵与作用

财政支出是指在市场经济条件下，政府为实现其职能，提供公共产品和服务，满足社会共同需要而根据财政管理制度安排财政资金的行为。

根据上述定义，财政支出具有以下内涵：

（1）财政支出是以货币来度量的。财政支出表现为一定规模的货币资金，是中央到地方各级政府为履行其职能需要而花费的资金总和。

（2）财政支出是一个资源配置过程。财政支出是政府把集中起来的社会资源按照一定的政治经济原则进行统筹分配和使用，以满足社会公共需要的过程。

（3）财政支出就本质而言，是政府行为的成本。财政支出是各级政府进行各项活动的成本，包括提供公共品，以及为实现收入分配而进行的转移支出。

在我国，财政支出经常与政府支出相联系。但严格来说，这两个概念之间是存在着区别的。政府支出是政府机关（或国家机关）在一定时期维持运作所进行的资金支出安排，从范围上既包括符合财政管理制度规定的财政支出，又包括不符合财政管理制度规定由政府机关及其工作人员凭借公共权力寻租而发生的支出。本教材使用的是一般意义上的财政支出概念，与政府支出、预算支出不做区分。

财政支出确保了国家职能的有效发挥。国家职能包括对内职能（政治统治职能、社会管理职能）和对外职能（保卫职能、交往职能、维和促发职能），任何职能都离不开一定的财力支持。

具体来说，财政支出对经济的作用主要体现在以下三个方面：

（1）财政支出对就业的影响。一方面，各类的财政支出可以直接或间接地创造更多的就业岗位，缓解失业压力，如政府通过财政拨款修建三峡水电站，为大量的工程师、农民工等提供了新的就业机会。另一方面，政府用于再就业培训、职业介绍服务、产业结构转化等方面的财政支出，可以缩短工人寻找工作的时间，增强工人的劳动技能，减少在流动过程中产生的摩擦性失业，以及产业结构转换中造成的结构性失业。

（2）财政支出对物价的影响。根据总供给和总需求（*AS* - *AD*）模型，财政支出是构成社会总需求的重要组成部分，财政支出的增加，使得总需求曲线外移，此时物价可能上升（见图4-2和图4-3）或不变（见图4-4）（假定社会总供给曲线不变）。此外，不同类型的财政支出对物价的影响程度有所不同。购买性支出可以全部转化为社会总需求，因而对物价的影响程度更大，而转移性支出中只有一部分转化为需求，另一部分转化为积蓄，因而对物价的影响程度较小。

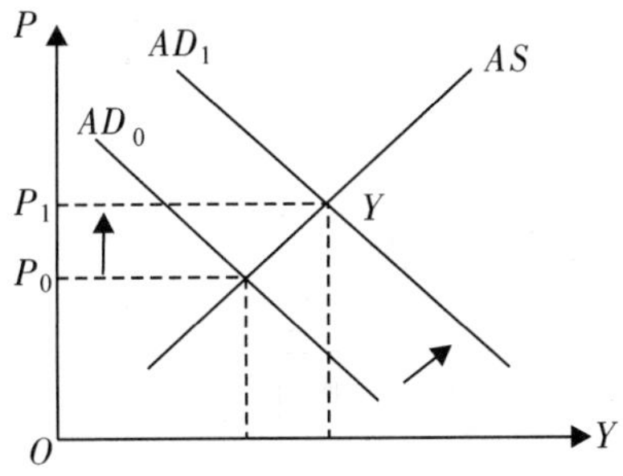


**图4-2　一般情形下的总需求—总供给模型**

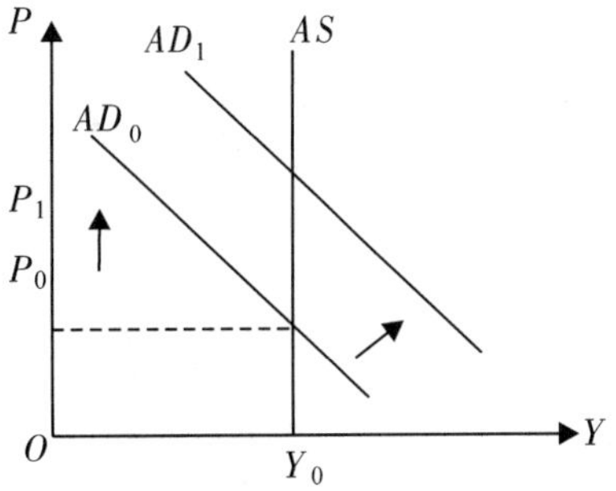


**图4-3　古典情形下的总需求—总供给模型**

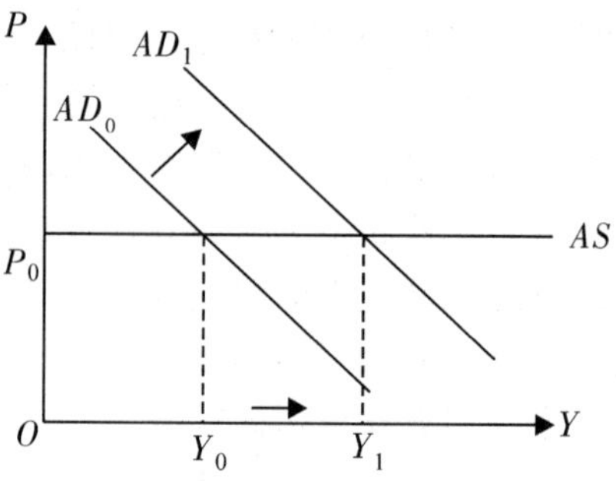


图 4－4　凯恩斯情形下的总需求—总供给模型

（3）财政支出对国民收入的影响。凯恩斯学派认为，财政支出直接构成社会总需求进而直接影响国民收入水平，还通过影响消费和投资的方式间接影响国民收入水平。在整个社会经济未处于充分就业水平时，财政支出会改变社会总需求，从而使产出水平即国民收入水平随之发生变化。在如今市场经济条件下，财政支出是一种重要的宏观经济调控手段。在经济停滞、过热或波动的情况下，各国政府可以采取相应的财政政策，促进宏观经济的健康稳定增长。

### 4.1.2　财政支出的原则

任何经济活动最终都是为了提高社会经济福利。而要最大化社会经济福利，必须做好三个方面的工作：一是生产出尽可能多的物质财富（产品和服务），谓之效率；二是实现物质财富在各个社会成员之间的合理分配，谓之公平；三是确保物质财富的生产和分配过程进展顺利，谓之稳定。因此，社会经济福利的高低取决于效率、公平、稳定三个指标，由此产生了评价一切经济活动的三个主要原则：效率原则、公平原则和稳定原则。财政活动也不例外，必须遵循以上三个原则。如图 4－5 所示，公共财政职能（见本书第三章）与上述原则存在着一一对应关系。

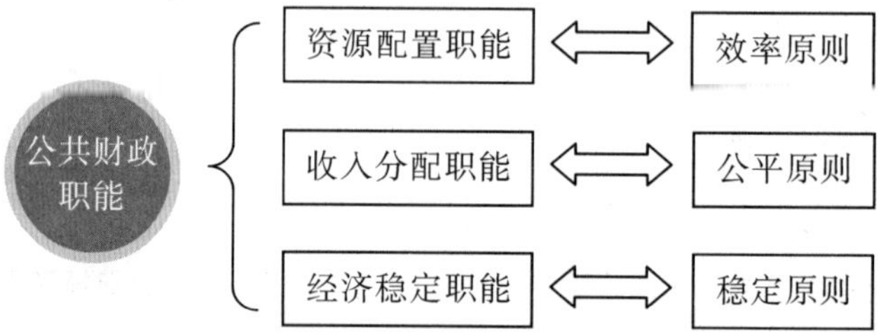


图 4－5　公共财政职能与财政支出原则的对应关系

因此，财政支出原则包括效率原则、公平原则和稳定原则。

1. 效率原则

财政支出是一个资源配置的过程，因此财政支出效率其实是资源配置效率。财政支出的效率原则就是指财政支出应能够有助于资源配置和提高经济效率。由于存在市场失灵，单靠市场的资源配置功能无法有效提供全社会所需要的公共产品或服务，因此需要公共部门（政府）参与社会资源的配置。

一般认为，资源配置的效率标准是社会总效益的最大化：当改变资源配置时，社会的所得要大于社会的所失，其差额越大越好。由于在市场经济条件下，私人部门通过价格机制提供私人物品满足个人需要，公共部门通过特定的预算安排或政治程序提供公共产品满足社会公共需要。这样，社会总效益就等于公私两大部门从事活动所产生效益的加总。因此，资源配置的效率问题就演变成：如何在公私部门之间协调配置资源，保证双方都获得合理的供应，既不妨碍私人部门的发展，又能满足公共部门的需要，从而使社会总效益最大化。

从理论上讲，要实现社会资源在公共部门与私人部门的最优配置，就必然要求公共部门使用资源的边际效益等于该资源用于私人部门所能取得的边际效益。这是资源配置的均衡点（最为有效）。如果公共部门使用资源的边际效益大于该资源用于私人部门的边际效益，则表明可以增加公共部门的资源配置，以求获得更大的社会效益；反之，如果小于，则应减少公共部门的资源配置。

如图4－6所示，图中的*GG*表示公共部门使用资源所带来的边际社会效益，*TT*表示政府通过征税而减少私人部门可使用资源所产生的边际社会负效益或边际社会成本。*E*点表示公共部门的最优资源配置，此时，财政支出所形成的边际社会效益（*EA*距离）等于征税所形成的边际社会负效益（*Ea*距离），因此，*E*点是公共部门资源配置的临界点。在*E*点之前，边际社会效益大于边际社会成本（净效益为正），社会总效益还处于上升趋势，故可以继续增加公共部门资源配置的数量；而在*E*点之后，边际社会效益小于边际社会成本（净效益为负），社会总效益已经开始下降，则应减少公共部门资源配置的数量。

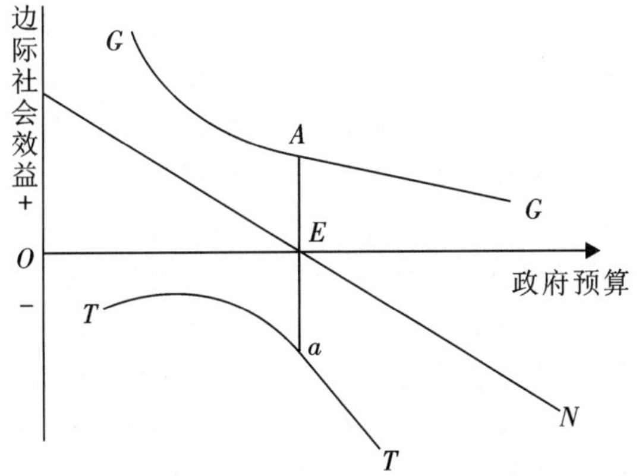


**图4－6 政府预算与边际社会效益的关系**

2. 公平原则

谈到公平，必然要涉及收入分配。收入分配一般分为三个层次：

（1）初次分配：在国民收入生产部门内部各集团、各阶层及其成员之间的分配，是在产品和劳务的生产过程中，按照各种要素主体对产出直接做出的贡献大小给予的货币补偿，多贡献多得，少贡献少得，此即要素分配。

（2）再分配：在初次分配的基础上，利用国家强制力和公共权力，通过财政、税收、信贷、利息、保险费、价格调控等工具或手段在全社会范围内进行的继续分配。目的是弥补市场失灵，使社会财富分配更加合理化，缩小贫富差距。

（3）第三次分配：在初次分配和再分配之后，出于个人自愿，在习惯与道德的影响下把可支配收入的一部分捐赠出去，形成慈善公益基金，然后用于资助有需要的人。一般特指慈善事业。

可见，在三个层次的收入分配体系中，初次分配强调效率，再分配注重公平，第三次分配则追求社会协调与和谐。再分配是对初次分配的调节，即政府弥补市场失灵；第三次分配是对再分配的补充，即以民间捐赠或慈善事业弥补再分配之不足。再分配和第三次分配都是为了弥补初次分配的效率有余、公平不足而进行的。初次分配和再分配是国民收入的主要分配形式，第三次分配由于规模有限，而且是基于自愿的、非制度化和不稳定的，其对国民收入分配的影响很有限。

很显然，在国民收入分配体系中，财政属于再分配范畴（财政具有收入再分配职能），财政支出在追求经济效率的同时应当兼顾社会公平。因为在市场经济中，不同个体在要素禀赋和要素运用方面存在明显差异，而以要素分配为主导的初次分配过于讲求效率，容易导致个人收入分配的“马太效应”，加剧贫富差距，不利于实现社会公平。因此，财政支出作为一种重要的再分配手段，应能够有助于提高社会大多数人的福利水平，实现社会的相对公平。简而言之，财政支出必须遵循公平原则。

不同社会个体对财政支出的受益能力有所区别。根据这一原则，可将财政支出大致分为两种：一是普遍受益的财政支出，即社会公众可以普遍享受到该项支出所带来的利益，如国防、司法、公安、行政、社会教育、公共卫生等支出，政府一视同仁地给所有居民安排相关支出，所有居民受益程度几乎相等，因此普遍受益的财政支出号称是“同等”的支出。二是局部受益的财政支出，即只有部分居民才可直接享受该项支出的具体利益，如学校教育、个人医疗、社会保险和社会救济等支出，这类支出对社会公众按地区、民族、年龄等条件进行区别对待，不同居民受益程度存在差别。此类支出看似有违公平，却是财政支出公平原则的集中表现。因为政府可以根据各类居民的受益能力有区别地安排支出，为正处于“不公平”状态的弱势群体提供帮助，缩小社会成员之间的差距。事实上，目前世界各国正是通过局部受益的财政支出来缩小贫富差距的。

贯彻公平原则，有助于提高全社会的总体效用。以社会保障支出中的最低生活保障制度（低保）为例。对低于规定水平（贫困线）的居民给予一定的货币补助，收入越少，补助越多；对高于规定水平（贫困线）的居民不予补助。根据受益能力原则，它是一种局部受益的财政支出：贫困居民从中受益，收入水平或财富分配有所提高，生活得到改善；富人获益为零，甚至还要为此多纳税，收入水平或财富分配相应减少。这便是通过财政支出实现的全社会范围的收入再分配。从补助前到补助后，虽然社会总财富不变，但财富分布发生变化——从富人转移到穷人，可将其通俗地理解为“劫富济贫”。如此的财政再分配，虽未创造新财富，却提高了社会的总体效用。原因在于前面所说的“社会经济福利的高低取决于效率、公平、稳定三个指标”，低保补助促进了公平，自然也提高了总体福利水平。更深层次的原因在于：穷人的边际效用大于富人的边际效用。如额外的100元，对于比尔·盖茨而言微不足道，而对于路边乞丐来说却足以维持数天的生计。因此在实行低保补助后，穷人增加的效用大于富人减少的效用，这样的话，全社会的总体效用随之增加。因此，为了提高社会的总效用，我们应当坚持财政支出的公平原则，对穷人要“多予少取”，对富人要“多取少予”。

公平与效率是相辅相成、辩证统一的关系，如果不能相互协调地处理好公平与效率的关系，二者就可能互为代价：过分强调公平，会损害社会个体的生产积极性，导致共同贫穷（如计划经济时期）；过分强调效率，会造成收入分配差距，贫富差距加大（如市场经济时期）。因此，公平与效率不存在谁优先的问题，二者同等重要，只是在特定地方、特定时期有所侧重。

3. 稳定原则

财政支出的稳定原则，是指财政支出活动应能更好地促进社会经济的平稳协调发展。在市场经济条件下，产品和服务的生产及销售完全由自由市场的自由价格机制所引导，而不是像计划经济一般由国家所引导。事实证明，市场体系无法有效协调其自身的所有活动使之达到平衡，因此会出现经济危机、失业和通货膨胀等现象。此时，财政支出政策往往是政府的救急首选。政府通过财政支出规模、结构的变化来调节经济，引导经济运行，使经济实现平稳的发展。如20世纪30年代经济危机时，美国实施了“罗斯福新政”，实行了至少10年之久的扩张性财政政策，使当时的美国避免了经济大崩溃，迅速走出了经济危机的阴影。从1935年开始，美国几乎所有的经济指标都稳步回升，国民生产总值从1933年的742亿美元跃增至1939年的2 049亿美元，失业人数从1 700万下降至800万。1998年，为了抵御亚洲金融风暴的冲击，我国开始实施积极财政政策，成效显著。1998年拉动经济增长1.5个百分点，1999年拉动经济增长2个百分点，2000年拉动经济增长1.7个百分点。① 2008年，国际金融危机席卷全球，世界经济发展充满不确定性和不稳定性，国内经济面临严重的下行压力，为此我国政府启动了规模达4万亿元的经济刺激计划。“从近几年的运行情况来看，这项政策是非常成功的。这不仅使中国经济在2009年实现企稳回升，2010年回升向好，2011年政策刺激退出以后，偏快的增长向稳定增长有序转变。”“可以说，没有4万亿投资为基础的一揽子计划，就没有现在中国经济稳定增长的大好局面。”近年来，在中美贸易战和新冠肺炎疫情的双重冲击下，我国采取了以减税增支为主要内容的“更加积极有为”的财政政策。

综上所述，财政支出必须坚持效率、公平、稳定三大原则。为了能更好地应用于实践，我国财政理论界将这三大原则进一步解释为：

（1）“厉行节约、讲求效益”。所谓节约，指的是人力、物力和财力的节省；所谓效益，指的是耗费与成果（或投入与产出）之间的对比关系。由于财政收入的有限性与财政支出需要的无限性存在根本矛盾，因此要求我们要严把财政计划关，加强对财政资金使用单位的日常管理，提高其使用效率。

---

① 据中国财政部统计。资料来源：杜丽娟．宏观政策保持持续性 中央连续．12年实施积极财政政策［EB/OL］．中国经营报，2020－12－18。

（2）“统筹兼顾、全面安排”。这是指财政支出的安排必须从全局出发，通盘规划，了解各方面的支出需要并区分轻重缓急与主次先后，再结合自身财力全面加以考虑和安排，妥善地分配财力，既保证重点，又照顾一般，以保证政府各项职能的实现以及国民经济的协调发展。

（3）“量入为出、收支结合”。这是指在考虑支出需要和合理组织财政收入的基础上，根据收入安排支出，支出总量不能超过收入总量太多。虽然凯恩斯认为一定规模的财政赤字对经济是“有利的”，但是考虑到可能发生的债务风险，对财政赤字还应提高警惕。美国和欧洲债务危机便是最好的例证。

### 4.1.3 财政支出范围的理论界定

所谓财政支出范围，是由财政内涵决定的外延边界问题。在第二章已经明确指出，市场经济条件下，市场失灵是财政存在的经济根源。或者说，公共财政就是为弥补市场失灵而存在的。因此，政府及财政的活动范围应当局限于市场失灵领域。这是认识和界定财政支出范围的基本依据。

财政支出是一种满足社会公共需要的资源配置活动。那么什么才是社会公共需要？它既不是通常所说的人人都需要，也不是一般说的大家的需要，而是为了维持一定社会存在和正常发展，必须以社会为单位组织实施的诸多事务的需要。满足社会公共需要的是社会公共事务，它是：①代表全社会共同利益和长远利益，只有社会出面组织和实施，方能实现的事务；②是个人、家庭部门和企业部门不愿办，然而又是社会所必须办的事务；③虽是一般社会成员可以举办，但唯有以社会为主体去举办，才能有效地协调社会成员利益的事务。简而言之，社会公共事务是指在社会资源配置中，市场无能为力、需要政府干预的领域，这也正是财政支出的范围。

我国目前财政支出改革还相对滞后，财政支出范围部分沿袭了计划经济时期统包大揽的格局，还不能很好地适应市场经济的发展要求。财政“缺位”（一些必需的财政支出却没有到位或没有完全到位）和“越位”（国家财政继续承担着一些本不应由财政承担的开支）的现象还十分严重。有必要根据社会经济发展的现实情况重新审视和确定财政支出范围（如表 4－1 所示），同时增加财政支出的透明度，增强法规制度约束和程序控制，接受社会各界对财政支出的制约和监督。

**表 4－1　我国财政支出范围的基本标准**

| | | |
|---|---|---|
| 财政支出 | 对市场有效配置资源的领域 | 不应介入其中，防止出现财政支出“越位” |
| | 对市场不能有效配置资源的领域 | 应承担优化资源配置的作用，防止出现财政支出“缺位” |

基于以上标准，我国财政支出的范围界定如下：

第一类：弥补市场失灵的支出，包括：一是保证国家机器正常运转、维护国家安全、巩固各级政府政权建设的支出，如行政管理、国防、外交、公安、司法、监察等方面的支出；二是维护全社会稳定，提高全民族素质，外部效应巨大的社会公共事业支出，如社会保障、科技、教育、卫生、文化等方面的支出；三是有利于经济环境和生态环境改善，具有巨大外部经济效应的公益性基础设施建设的支出，如水利、电力、道路、桥梁、邮电通信、环保、生态等方面的支出。

第二类：矫正市场偏差的支出。我国市场经济的发展时间较短，目前仍处于转轨时期，市场机制不够健全，市场各项功能未能有效发挥，因此我国经济的健康运行还要依赖于政府的强有力干预，扩大财政支出范围以克服市场偏差，如调节总量平衡和结构优化的支出，调节地区之间、产业之间和个人之间的利益关系，兼顾实际效率和公平的支出，等等。

## 4.2　财政支出的分类

由于政治体制和社会经济发展水平存在差异，各国对财政支出的分类不尽相同。联合国的“方案和实施预算手册”“国民核算体系”和IMF相关文件为我们提供了财政支出分类的权威方法。据此，国内学者对财政支出的分类，主要有按经济性质分类、按政府职能分类、按政府层次分类、按相关支出在社会再生产中的作用分类以及按使用部门分类五种分类方法。

### 4.2.1　按经济性质分类

按照经济性质，即财政支出是否能直接得到等价的补偿，可将财政支出分为购买支出和转移支出两大类。这一分类方式为许多国家所采用，主要用于核算和经济分析目的。

购买支出指政府按等价交换原则购买商品和劳务，以便向公众提供公共产品的支出。购买支出形成的货币流，直接对市场提出购买要求，形成相应的购买商品或劳务的活动（如表4-2所示）。它基本上反映了社会资源和要素中由政府直接配置与消耗的份额，因此也常被称为消耗支出。它主要包括两大部分：一是购买政府进行日常行政事务活动所需要的商品和劳务的支出，如国防、教育、卫生、行政管理等；二是政府用于各种公共投资的支出，如修建公路、铁路、机场、港口等。购买支出通过财政资金与商品劳务的交换（政府出让财政资金，微观经济主体出售商品劳务），是政府的市场性再分配活动，对社会生产和就业产生直接影响，也间接影响到收入分配。一方面，购买支出消耗了社会资源，成为总需求的组成部分，其规模变动会对经济总量产生明显的影响；另一方面，在购买支出总量既定的前提下，支出的结构变动对社会资源的配置将产生影响。

转移支出是指政府把一部分财政资金单方面、无偿地转移给受领者（个人或企业）的支出。转移支出包括各项财政补贴支出、社会保障支出、税式支出、国债利息支出等。转移支出与购买支出存在三方面的区别：其一，转移支出形成的货币流，不是对商品和劳务的直接购买，而是为实现公平与效率而采取的资金转移。它所提供的货币，直接交给私人和企业，而不是由政府单位直接使用。至于私人和企业是否使用与如何使用这些钱款，则基本上由其自主决定，尽管政府能够提供一定的制度约束，但并不能直接决定它们的购买行为（如表4-2所示）。其二，转移支出最为显著的特征是“单方面的”和“无偿的”，没有得到等价补偿，受益者也不必归还。其三，转移支出是政府的非市场性再分配活动，对社会生产和就业产生间接影响，对收入分配却有直接影响——直接增加了接受者的可支配财富。

**表 4－2 购买支出和转移支出与市场的关系**

| 财政支出类别 | 与市场的关系 |
| --- | --- |
| 购买支出 | 政府→市场 |
| 转移支出 | 政府→私人和企业→市场 |

财政支出按照经济性质进行分类，具有较强的经济分析意义：①对于分析政府（财政）职能的方向问题具有参考意义。在财政支出总额中，如果购买支出所占比重较大，说明政府（财政）的资源配置职能较强，政府直接配置的资源较多，对生产和就业的影响较大；反之，如果转移支出所占比重较大，则说明政府（财政）的收入再分配职能较强，对收入分配的影响较大。②购买支出和转移支出的使用效率是不同的。在市场经济条件下，进行购买支出时，政府必须遵循等价交换的原则，因而购买支出会对交易双方（政府和微观经济主体）形成较硬的效益约束。但在进行转移支出时，支出效益很难估计，转移支出的规模及结构在相当大的程度上只能根据政府同微观经济主体、中央政府与地方政府的谈判情况而定，转移支出对政府和受益者的效益约束都较软，因此对转移支出的财政监督较为困难。③微观经济主体在同政府的购买支出发生联系时，也需遵循等价交换原则。因此，购买支出对微观经济主体的预算约束是硬的。微观经济主体在同政府的转移支出发生联系时，并无商品或劳务的交换发生，它们收入的高低在很大程度上取决于同政府讨价还价的能力。显然，转移支出对微观经济主体的预算约束是软的。

购买支出和转移支出的比重高低，取决于本国政府的职能重心。一般来说，发展中国家经济落后，政府会倾向于更多地参与经济活动，扩大公共投资，兴建各类基础设施以拉动经济，故而购买支出所占比重较大，用于社保等的转移支出所占比重较小。而发达国家的经济发展达到一定规模，市场机制较为完善，大多时候市场的自发运行可以自然而然地达到有效配置资源的结果，无须政府过多地参与生产活动，故而购买支出所占比重较小，且由于社会福利水平较高，其转移支出所占的比重较大。

### 4.2.2 按政府职能分类

财政支出按政府职能分类，也称为按费用类别（用途）分类。该分类方法的优点在于可以将财政支出与国家职能直接联系起来，清晰、全面、具体地反映政府执行了哪些职能及其侧重点，能够对同一个国家的财政支出结构进行动态分析，跟踪该国政府职能的结构和内容的演进历程，有助于预测未来财政支出的发展变化趋势。而且，还便于对政府职能的执行力度进行横向国际比较，揭示各个国家的各项政府职能的构成及其差异。故而该方法为各国编制财政预算时所广泛采用。

在 2006 年前，我国官方（国家统计局）对财政支出按政府职能（费用类别/用途）

进行分类①，将历年财政支出分为五大类：

（1）经济建设费。主要包括基本建设投资支出、国有企业挖潜改造资金、科学技术三项费用（新产品试制费、中间试验费、重要科学研究补助费）、地质勘探费、增拨国有企业流动资金、支援农村生产支出、城市维护费支出等。

（2）社会文教费。包括用于文化、教育、科学、卫生、出版、通信、广播、文物、体育、地震、海洋等方面的经费、研究费和补助费等。

（3）国防费。包括各种武器和军事设备支出，军事人员给养支出，有关军事科研支出，对外军事援助支出，民兵建设事业费支出，用于实行兵役制的公安、边防、武装警察部队和消防队伍的各种经费、防空经费等。

（4）行政管理费。包括用于国家行政机关、事业单位、公安机关、司法检察机关、驻外机构等的各种经费、事业费、干部培训费等。

（5）其他支出。

改革开放以来，我国财政支出结构变化明显，如表 4 - 3 所示，反映出我国政府职能的侧重点发生了很大变化。

**表 4 - 3　1978—2006 年全国按政府职能划分的财政支出结构**

单位：%

| 年份 | 经济建设费比重 | 社会文教费比重 | 国防费比重 | 行政管理费比重 | 其他支出比重 |
|---|---|---|---|---|---|
| 1978 | 64.08 | 13.10 | 14.96 | 4.71 | 3.16 |
| 1980 | 58.22 | 16.20 | 15.77 | 6.15 | 3.66 |
| 1985 | 56.26 | 20.38 | 9.56 | 8.53 | 5.27 |
| 1990 | 44.36 | 23.92 | 9.41 | 13.44 | 8.86 |
| 1991 | 42.18 | 25.09 | 9.75 | 12.22 | 10.75 |
| 1992 | 43.10 | 25.92 | 10.10 | 12.38 | 8.50 |
| 1993 | 39.52 | 25.38 | 9.17 | 13.66 | 12.26 |
| 1994 | 41.32 | 25.92 | 9.51 | 14.63 | 8.61 |
| 1995 | 41.85 | 25.74 | 9.33 | 14.60 | 8.47 |
| 1996 | 40.74 | 26.21 | 9.07 | 14.93 | 9.04 |
| 1997 | 39.50 | 26.74 | 8.80 | 14.72 | 10.24 |
| 1998 | 38.71 | 27.14 | 8.66 | 14.82 | 10.68 |
| 1999 | 38.38 | 27.59 | 8.16 | 15.32 | 10.54 |
| 2000 | 36.18 | 27.60 | 7.60 | 17.42 | 11.19 |
| 2001 | 34.24 | 27.58 | 7.63 | 18.58 | 11.97 |
| 2002 | 30.26 | 26.87 | 7.74 | 18.60 | 16.53 |

① 中华人民共和国国家统计局．中国统计年鉴 2007［M］．北京：中国统计出版社，2007.

（续上表）

| 年份 | 经济建设费比重 | 社会文教费比重 | 国防费比重 | 行政管理费比重 | 其他支出比重 |
|---|---|---|---|---|---|
| 2003 | 28.04 | 26.24 | 7.74 | 19.03 | 18.94 |
| 2004 | 27.85 | 26.29 | 7.72 | 19.38 | 18.75 |
| 2005 | 27.46 | 26.39 | 7.29 | 19.19 | 19.67 |
| 2006 | 26.56 | 26.83 | 7.37 | 18.73 | 20.51 |

数据来源：中华人民共和国国家统计局．中国统计年鉴2007［M］．北京：中国统计出版社，2007.

从2007年开始，摒弃上述两种分类口径，我国政府收支分类改革将财政支出按照政府职能重新划分为以下支出项目：一般公共服务；外交（包含对外援助）；国防；公共安全（包含武装警察）；教育；科学技术；文化体育与传媒；社会保障和就业；医疗卫生；环境保护；城乡社区事务；农林水事务；交通运输（包含车辆购置税支出）；资源勘探采掘电力信息等事务；商业服务业等事务；金融监管；地震灾后恢复重建；国土气象等事务；住房保障；粮油物资储备管理等事务；国债付息；其他支出等。表4－4和表4－5列出了2015—2019年全国财政的主要支出项目数据。

**表4－4　2015—2019年我国按政府职能划分的财政支出项目（国家财政）**

单位：亿元

| 指标 | 2019年 | 2018年 | 2017年 | 2016年 | 2015年 |
|---|---|---|---|---|---|
| 国家财政支出 | 238 858.40 | 220 904.10 | 203 085.50 | 187 755.20 | 175 877.80 |
| 国家财政一般公共服务支出 | 20 344.66 | 18 374.69 | 16 510.36 | 14 790.50 | 13 547.79 |
| 国家财政外交支出 | 617.50 | 586.36 | 521.75 | 482.00 | 480.32 |
| 国家财政国防支出 | 12 122.10 | 11 280.46 | 10 432.37 | 9 765.80 | 9 087.84 |
| 国家财政公共安全支出 | 13 901.93 | 13 781.48 | 12 461.27 | 11 031.98 | 9 379.96 |
| 国家财政教育支出 | 34 796.94 | 32 169.47 | 30 153.18 | 28 072.80 | 26 271.88 |
| 国家财政科学技术支出 | 9 470.79 | 8 326.65 | 7 266.98 | 6 564.00 | 5 862.57 |
| 国家财政文化体育与传媒支出 | 4 086.31 | 3 537.86 | 3 391.93 | 3 163.08 | 3 076.64 |
| 国家财政社会保障和就业支出 | 29 379.08 | 27 012.09 | 24 611.68 | 21 591.50 | 19 018.69 |
| 国家财政医疗卫生支出 | 16 665.34 | 15 623.55 | 14 450.63 | 13 158.80 | 11 953.18 |
| 国家财政环境保护支出 | 7 390.20 | 6 297.61 | 5 617.33 | 4 734.80 | 4 802.89 |
| 国家财政城乡社区事务支出 | 24 895.24 | 22 124.13 | 20 585.00 | 18 394.60 | 15 886.36 |
| 国家财政农林水事务支出 | 22 862.80 | 21 085.59 | 19 088.99 | 18 587.40 | 17 380.49 |
| 国家财政交通运输支出 | 11 817.55 | 11 282.76 | 10 673.98 | 10 498.70 | 12 356.27 |
| 国家财政其他支出 | 1 748.79 | 2 312.64 | 1 729.31 | 1 899.33 | 3 670.55 |

数据来源：中国财政部官方网站。

**表 4-5　2015—2019 年我国按政府职能划分的财政支出结构（国家财政）**

单位:%

| 指标 | 2019 年 | 2018 年 | 2017 年 | 2016 年 | 2015 年 |
| --- | --- | --- | --- | --- | --- |
| 国家财政一般公共服务支出 | 8.52 | 8.32 | 8.13 | 7.88 | 7.70 |
| 国家财政外交支出 | 0.26 | 0.27 | 0.26 | 0.26 | 0.27 |
| 国家财政国防支出 | 5.08 | 5.11 | 5.14 | 5.20 | 5.17 |
| 国家财政公共安全支出 | 5.82 | 6.24 | 6.14 | 5.88 | 5.33 |
| 国家财政教育支出 | 14.57 | 14.56 | 14.85 | 14.95 | 14.94 |
| 国家财政科学技术支出 | 3.97 | 3.77 | 3.58 | 3.50 | 3.33 |
| 国家财政文化体育与传媒支出 | 1.71 | 1.60 | 1.67 | 1.68 | 1.75 |
| 国家财政社会保障和就业支出 | 12.30 | 12.23 | 12.12 | 11.50 | 10.81 |
| 国家财政医疗卫生支出 | 6.98 | 7.07 | 7.12 | 7.01 | 6.80 |
| 国家财政环境保护支出 | 3.09 | 2.85 | 2.77 | 2.52 | 2.73 |
| 国家财政城乡社区事务支出 | 10.42 | 10.02 | 10.14 | 9.80 | 9.03 |
| 国家财政农林水事务支出 | 9.57 | 9.55 | 9.40 | 9.90 | 9.88 |
| 国家财政交通运输支出 | 4.95 | 5.11 | 5.26 | 5.59 | 7.03 |
| 国家财政其他支出 | 0.73 | 1.05 | 0.85 | 1.01 | 2.09 |

我们通过以上分析可以看出，按政府职能对财政支出分类，能够直观地反映出政府执行了哪些职能以及侧重点在哪里，既有利于政府各项政策的实施和运作，也有利于按用途分配财政支出指标，考核财政支出的使用情况，加强对财政支出的管理监督。对一个国家不同时期的分类支出进行纵向比较，能够揭示该国的政府职能发生了怎样的演变；对若干国家在同一时期的分类支出做横向比较，则可以揭示各国政府职能的差别。

### 4.2.3　按政府层次分类

按照政府层次，可将财政支出分为中央政府财政支出和地方政府财政支出。

中央政府财政支出包括国防支出、武装警察部队支出、中央级行政管理费和各项事业费支出、重点建设支出以及中央政府调整国民经济结构、协调地方发展、实施宏观调控的支出等。

地方政府财政支出包括地方行政管理费和各项事业费支出、地方统筹的基本建设支出、技术改造支出、支援农业生产支出、城市维护和建设费支出、价格补贴支出等。

按政府层次分类，有利于把握财政资源在政府层次间的分配状况，调整分配结构，处理好政府层次间的责、权、利关系。

图 4-7 显示了 1978—2019 年我国中央政府和地方政府财政支出的变动趋势。从中可以看出，二者的变动趋势呈“剪刀状”。自改革开放以来，中央政府财政支出所占的比重逐渐下降，地方政府财政支出所占的比重逐渐上升。

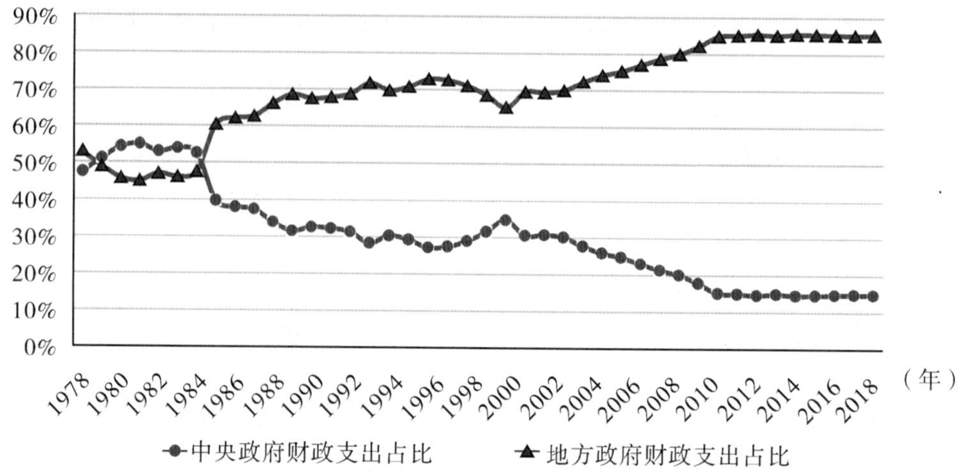


**图 4－7　1978—2019 年我国中央政府财政支出和地方政府财政支出所占比重（%）**

数据来源：由《中国统计年鉴》数据整理。

### 4.2.4　其他分类方式

除了上述三种，财政支出还有其他一些分类方式。

按照财政支出在社会再生产中的作用，可以分为补偿性支出、积累性支出与消费性支出。补偿性支出是用于弥补生产过程中固定资产消耗的支出，目前该项目只剩下企业挖潜改造支出。积累性支出是直接用于社会扩大再生产（增加社会物质财富）和增加国家物质储备的支出，如基本建设支出、交通运输支出、国家物资储备支出、生产性支农支出等。消费性支出是用于社会共同消费、与社会再生产无直接关系的支出，主要包括文教科学卫生事业费、社会保障费、行政管理费、国防费、武装警察等项支出。以上分类方法的优点在于，便于公众了解国家财政分配与国民经济发展之间的关系，考察财政分配在促进经济发展方面的作用。IMF 也采用了相似的分类方法。经济性支出等同于上述的消费性支出，资本性支出等同于上述的积累性支出。

此外，还可以按照使用部门（政府组织机构）对财政支出进行分类。当然，由于不同国家、不同时期的政府组织机构不尽相同，因此财政支出分类项目也有所不同。目前我国财政支出若按其使用部门来考察，主要包括工业、农业、林业、水利、交通、邮电、商业、物资、文化、教育、科学、卫生、国防、行政等部门的支出。不仅如此，还可以对每个部门做进一步的划分，如对工业部门的支出，可分为对各具体工业部门的支出；对教育部门的支出，可分为对各级各类学校的支出；行政支出则可分为对各级国家权力机关和行政机关的支出；等等。如此分类的财政支出，清楚地显示了财政资源在各部门之间的配置结构，有利于国家对各部门的发展进行综合协调，为保持各部门之间的合理比例关系提供了条件。

## 4.3 财政支出规模

财政支出规模，是指一国政府在一定时期内（通常是一个财政年度）通过财政渠道安排和使用资金的绝对数量及相对比率，即财政支出的绝对量和相对量。它代表由政府直接配置的资源数量，反映了政府的职能范围。

### 4.3.1 财政支出规模的测量指标

（1）财政支出的绝对规模：一国政府在一定时期内（通常是一个财政年度）财政支出的货币价值总额。该指标可以直观、具体地反映一个国家在一定时期内财政支出的规模，是政府编制财政预算和控制财政支出的重要参考指标。但是，由于财政支出的绝对规模容易受到物价、居民收入、人口、经济总量等外部因素的影响，因此在分析财政支出时，该指标还不足以说明问题，需要引进另外一个指标，即财政支出的相对规模。

（2）财政支出的相对规模 = 财政支出绝对规模/国内生产总值（GDP）或国民生产总值（GNP）。该指标的优点是可用于横向或纵向的比较分析，即对一个国家不同时期的财政支出规模进行比较，或对不同国家在同一时期的财政支出规模进行比较，得出财政支出在国民经济发展中的地位差异。

（3）财政支出的边际系数 = 财政支出增加额/GDP（或 GNP）增加额。该指标的意义是：GDP（GNP）每增加一个单位，财政支出会增加几单位。

（4）财政支出的弹性系数 = 财政支出增长率/GDP（或 GNP）增长率。该指标的意义是：GDP（GNP）每增长 1%，财政支出会增长百分之几。

一般来说，把财政支出的绝对规模和相对规模称为静态指标，用于衡量特定时期财政支出的规模；把财政支出的边际系数和弹性系数称为动态指标，用于考察财政支出的变化发展趋势。

### 4.3.2 财政支出规模的增长趋势

通过对各国历年财政支出的分析，我们发现，几乎所有国家，特别是发达国家的财政支出（绝对和相对）规模都呈现出不断扩大的发展趋势。

表 4－6 描述了 1980—2018 年法国、日本、英国和美国财政支出的发展历程。不难看出，不论是财政支出的绝对规模还是相对规模，基本大多具有明显的增长趋势。

表 4－7 描述了 2001—2018 年发达经济体、欧盟以及新兴市场和发展中国家三个组别国家的财政支出相对规模。

**表4－6　1980—2018年法、日、英、美四国财政支出及其占GDP的比重**

| 年份 | 财政支出（十亿本国货币） | | | | 财政支出占GDP百分比（%） | | | |
|---|---|---|---|---|---|---|---|---|
| | 法国 | 日本 | 英国 | 美国 | 法国 | 日本 | 英国 | 美国 |
| 1980 | 209.60 | 78 715.20 | 101.67 | | 46.40 | 31.41 | 39.11 | |
| 1985 | 396.40 | 103 498.70 | 163.49 | | 52.32 | 31.02 | 39.46 | |
| 1990 | 528.20 | 135 893.20 | 232.61 | | 50.13 | 29.96 | 34.85 | |
| 1995 | 667.70 | 174 282.20 | 317.25 | | 54.81 | 34.00 | 37.48 | |
| 2000 | 763.70 | 192 532.90 | 368.17 | | 51.65 | 36.55 | 33.80 | |
| 2005 | 941.10 | 181 340.50 | 529.89 | 4 378.13 | 53.29 | 34.60 | 38.16 | 33.58 |
| 2010 | 1 135.00 | 192 882.30 | 705.92 | 5 942.63 | 56.88 | 38.55 | 44.47 | 39.64 |
| 2015 | 1 248.70 | 202 016.60 | 752.10 | 6 310.07 | 56.80 | 38.02 | 39.67 | 34.63 |
| 2017 | 1 294.19 | 203 963.80 | 787.20 | 6 778.05 | 56.47 | 37.42 | 38.41 | 34.78 |
| 2018 | 1 319.36 | 203 496.00 | 810.53 | 7 198.04 | 56.17 | 37.07 | 38.27 | 35.12 |

数据来源：国际货币基金组织。

**表4－7　2001—2018年不同组别国家的财政支出占GDP百分比**

单位：%

| 年份 | 发达经济体 | 欧盟 | 新兴市场和发展中国家 |
|---|---|---|---|
| 2001 | 36.92 | 44.60 | 25.89 |
| 2002 | 37.55 | 45.06 | 26.44 |
| 2003 | 38.29 | 45.66 | 26.63 |
| 2004 | 37.98 | 45.23 | 25.88 |
| 2005 | 37.86 | 45.20 | 25.94 |
| 2006 | 37.47 | 44.63 | 26.13 |
| 2007 | 37.73 | 43.99 | 26.52 |
| 2008 | 39.62 | 45.45 | 28.45 |
| 2009 | 43.37 | 49.42 | 30.07 |
| 2010 | 42.23 | 49.30 | 29.29 |
| 2011 | 41.43 | 48.03 | 29.39 |
| 2012 | 40.74 | 48.34 | 29.86 |
| 2013 | 40.12 | 47.97 | 30.04 |
| 2014 | 39.47 | 47.35 | 30.30 |
| 2015 | 38.58 | 46.35 | 30.80 |
| 2016 | 38.48 | 45.68 | 30.73 |
| 2017 | 38.16 | 45.31 | 30.48 |
| 2018 | 38.33 | 45.22 | 31.05 |

数据来源：国研网统计数据库。

表 4－8 反映了 1952—2019 年我国财政支出规模的发展变化，可见，我国财政支出的绝对规模总体上是不断增加的。从 1952 年的 172.07 亿元增长到 1960 年的 643.68 亿元，而后由于“三年自然灾害”，导致财政困难重重，支出锐减，并在 1962 年降至谷底，只有 294.88 亿元。之后开始稳步增长，特别是从 20 世纪 90 年代初期开始，增长速度逐渐加快——表现为一条向下凹的单调递增曲线，2018 年全国财政支出达到 220 904.13亿元，是 1952 年的 1 284 倍。

**表 4－8　1952—2019 年我国财政支出总额及其占 GDP 的比重**

| 年份 | 财政支出（亿元） | 占 GDP 比重（%） | 年份 | 财政支出（亿元） | 占 GDP 比重（%） | 年份 | 财政支出（亿元） | 占 GDP 比重（%） | 年份 | 财政支出（亿元） | 占 GDP 比重（%） |
|---|---|---|---|---|---|---|---|---|---|---|---|
| 1952 | 172.07 | 25.34 | 1969 | 525.86 | 26.80 | 1986 | 2 204.91 | 21.25 | 2003 | 24 649.95 | 17.94 |
| 1953 | 219.21 | 26.59 | 1970 | 649.41 | 28.49 | 1987 | 2 262.18 | 18.58 | 2004 | 28 486.89 | 17.60 |
| 1954 | 244.11 | 28.39 | 1971 | 732.17 | 29.80 | 1988 | 2 491.21 | 16.41 | 2005 | 33 930.28 | 18.11 |
| 1955 | 262.73 | 28.82 | 1972 | 765.86 | 30.01 | 1989 | 2 823.78 | 16.44 | 2006 | 40 422.73 | 18.42 |
| 1956 | 298.52 | 28.96 | 1973 | 808.78 | 29.34 | 1990 | 3 083.59 | 16.34 | 2007 | 49 781.35 | 18.43 |
| 1957 | 295.95 | 27.62 | 1974 | 790.25 | 27.95 | 1991 | 3 386.62 | 15.39 | 2008 | 62 592.66 | 19.61 |
| 1958 | 400.36 | 30.51 | 1975 | 820.88 | 27.01 | 1992 | 3 742.20 | 13.76 | 2009 | 76 299.93 | 21.89 |
| 1959 | 543.17 | 37.52 | 1976 | 806.20 | 26.98 | 1993 | 4 642.30 | 13.01 | 2010 | 89 874.16 | 21.81 |
| 1960 | 643.68 | 43.78 | 1977 | 843.53 | 25.95 | 1994 | 5 792.62 | 11.91 | 2011 | 109 247.79 | 22.39 |
| 1961 | 356.09 | 28.90 | 1978 | 1 122.09 | 30.50 | 1995 | 6 823.72 | 11.12 | 2012 | 125 952.97 | 23.39 |
| 1962 | 294.88 | 25.37 | 1979 | 1 281.79 | 31.26 | 1996 | 7 937.55 | 11.05 | 2013 | 140 212.10 | 23.65 |
| 1963 | 332.05 | 26.60 | 1980 | 1 228.83 | 26.79 | 1997 | 9 233.56 | 11.58 | 2014 | 151 785.56 | 23.67 |
| 1964 | 393.79 | 26.79 | 1981 | 1 138.41 | 23.06 | 1998 | 10 798.18 | 12.67 | 2015 | 175 877.77 | 25.64 |
| 1965 | 459.97 | 26.53 | 1982 | 1 229.98 | 22.89 | 1999 | 13 187.67 | 14.56 | 2016 | 187 755.21 | 25.37 |
| 1966 | 537.65 | 28.47 | 1983 | 1 409.52 | 23.41 | 2000 | 15 886.50 | 15.84 | 2017 | 203 085.49 | 24.74 |
| 1967 | 439.84 | 24.51 | 1984 | 1 701.02 | 23.37 | 2001 | 18 902.58 | 17.05 | 2018 | 220 904.13 | 24.03 |
| 1968 | 357.84 | 20.52 | 1985 | 2 004.25 | 22.03 | 2002 | 22 053.15 | 18.12 | 2019 | 238 858.37 | 24.21 |

数据来源：国研网统计数据库。

相比之下，我国财政支出的相对规模却出现了不同的发展趋势。大致可以分为三个阶段：

第一阶段，改革开放以前——计划经济时期（1952—1979 年）。由于国家财政大包大揽，财政支出的相对规模基本保持在 25% 以上的较高水平，最高时达到 43.78%（1960 年），这是当时的计划经济体制使然。

第二阶段，改革开放之后——转轨时期（1980—1996 年）。财政支出的相对规模明显回落，从 1979 年的 31.26% 下降到 1996 年的 11.05%（最低点）。究其原因，主要是我国处于经济体制转轨时期，为充分发挥市场机制在资源配置中的基础性作用，政府不断"甩包袱"，国家财政逐步脱离计划经济时期形成的"生产建设型"运行模式，退出生产性领域（克服"越位"），使得财政职能范围缩小，财政支出占 GDP 比重下降。

第三阶段，市场经济初步建立时期（1997 至今）。随着社会主义市场经济的建立和不断完善，国家财政逐渐显现出"公共服务型"的特征（克服"缺位"），财政职能范围明显扩大，财政支出占 GDP 的比重转而持续上升，在 2018 年达到 24.03%。

目前，财政支出的绝对规模和相对规模已经达到历史高位，2019 年财政支出总额达到 238 858.37 亿元，占 GDP 之比达到 24.21%。根据中国当前的宏观经济形势，政府在未来几年将继续实施积极财政政策，财政支出绝对规模和相对规模还将保持大幅增长。考虑到财政支出剧增可能带来的债务负担，必须吸取西方国家（如美国、希腊等）的经验教训，加强对财政支出增长的控制，确保财政支出与国民生产总值的同步、稳定增长。

### 4.3.3 财政支出增长理论

以上分析表明，财政支出的绝对规模和相对规模不断增长似乎是世界各国经济发展中的一条普遍规律。如何从理论上解释这一现象？百余年来，不少财政学家对此提出了经典理论。

1. 瓦格纳法则

德国经济学家阿道夫·瓦格纳（Adolgh Wagner）经过对欧洲国家和美国、日本等资本主义国家 18 世纪至 19 世纪近百年财政支出的研究，于 1882 年提出了被后人称为瓦格纳法则（Wagner's Law）的财政支出增长理论。

瓦格纳法则的基本内容是：当国民收入增长时，财政支出会以更快速度增长；随着人均收入水平的提高，财政支出占 GNP 的比重将会提高，这是财政支出的相对增长。如图 4－8 所示，横轴代表人均 GNP，纵轴代表财政支出的相对规模。向下凹的单调递增曲线说明随着人均 GNP 的增加，财政支出的相对规模也会相应增加，且增速不断加快。

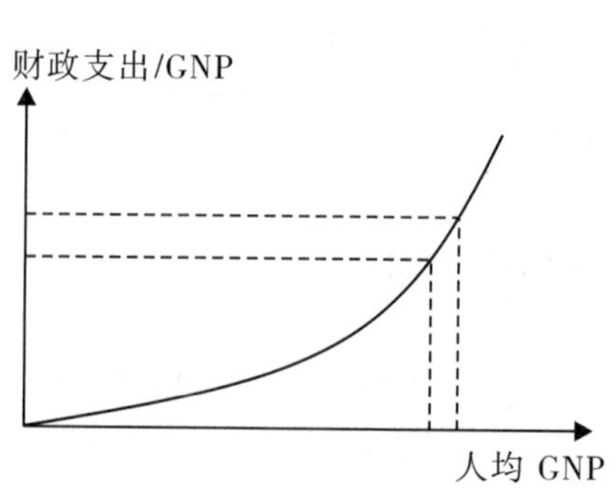


**图 4－8 瓦格纳法则**

瓦格纳把财政支出增长的原因归结为政治因素和经济因素。

(1) 政治因素。现代工业的发展引起社会进步的要求，社会进步导致国家活动的增加，从而导致财政支出的增长。简而言之，政府职能的扩大导致了财政支出的增加。政治影响因素包括：①随着经济的大规模工业化，扩大的市场使得经济主体之间的关系日益复杂，由此引起对商业法律和契约的需要，要求建立配套的司法制度和组织以规范经济主体的行为，这必然造成财政支出的增加，把更多的资源用于提供治安和法律设施；②随着国际关系的日益密切，国家对外职能的内涵和外延不断扩大，需要更多的财政支出作为保障。

(2) 经济因素，主要包括市场失灵、外部效应和收入弹性等。经济影响因素包括：①随着市场经济的发展，市场失灵的问题逐渐暴露，市场机制不可能完全有效地配置全部社会资源，需要政府的参与，方能实现资源配置的高效率；②工业发展加速了城市化进程，促进了人口居住密集化，由此产生外部性和拥挤效应，需要公共部门进行干预和管理；③教育、保健、娱乐、文化、福利等的需求收入弹性较大（大于1），就要求政府在这方面加大支出，意即随着人均收入增加，人们对上述服务的需求增加得更快，政府就不得不为此增加更多的财政支出。

到目前为止，瓦格纳法则已被许多国家的经济发展资料所证实，是经济学科中用于诠释财政支出规模增长的权威理论。瓦格纳学说的支持者进一步发展了国家职能扩大和财政支出不断增长的理论，认为财政支出快于经济增长主要是由于以下原因：①政府消费随国家机器增大而增加，政府对经济的干预随经济发展而逐渐强化；②人口增加要求社会现代化和城市化所需要的公共设施和公共福利总量增加，人口结构的变化也会引起居民对公共产品需求结构的变化，进而也对公共产品需求总量的增加起推动作用；③生活水准的提高要求人均支出标准提高；④社会的发展和社会福利水平的提高，对政府通过转移支出来调整地区之间和个人之间的收入差异提出更高的要求。

2. 替代效应理论

英国经济学家皮科克（Alan T. Peacock）和瓦艾斯曼（Jaok Wiseman）研究了英国财政支出近百年的增长史后，提出替代效应（displacement effect）理论[①]。

替代效应理论的基本假设：财政支出的增长会受到公共选择的影响。一般情况下，公众既希望多享用公共产品，又不愿为此多纳税（承担其成本），但是，在特殊的社会经济现实条件下，他们会受到外部环境的影响而做出不同选择。

替代效应理论的基本内容：财政支出的增长并不是均衡地以同一速度向前发展的，而是在不断稳定增长的过程中，由于社会激变（如战争等）的出现，不时出现一种跳跃式的发展过程。换句话说，在一个较长时期内，财政支出是稳定增长（取决于正常时期的内存原因）和突发性增长（取决于非正常时期的外在原因）交替进行的。

(1) 在社会经济发展的正常时期，随着经济的发展和收入水平的提高，税收不断增加，财政支出也会随之增加。但是财政支出只能保持正常速度的增长，难以获得额外的或突然大幅度的增加。这是因为社会经济较为稳定，纳税人安于现状，不愿意为了享受

① 又有学者称之为非均衡增长理论或梯度渐进增长理论。

额外的公共产品而增加负税。因此，财政支出增长与GDP增长呈线性相关。

（2）在社会经济发展的非常时期，如发生战争或自然灾害等重大事件时，正常的社会经济秩序受到破坏，财政收入的增长受到一定抑制，而财政支出却会被迫急剧增加，除满足正常的财政需要外，还要负担军事武器、伤员救治、药品、交通运输等方面的额外开支。为了缓解财政压力，政府不得不增加税收或大量举债，此时的纳税人出于爱国或慈善之心，也甘愿承受较高的税负。其结果是，私人部门可支配的收入减少，支出减少；公共部门可支配的收入增加，支出也增加。这表现为财政支出对私人支出的替代效应。正是这种替代效应，使得财政支出跃升到一个更高的水平，并在该水平上继续保持增长的趋势。

（3）当社会经济恢复正常后，如战争结束或自然灾害消除，财政支出会有所回落，但是很难回到原有（战前或灾前）的水平，因为政府的职能范围扩大了。一方面，不管是战后还是灾后，国家都面临着重建问题，大量公共设施需要进行建设和更新，以恢复和超过战前或灾前的水平；另一方面，非常时期使许多久已存在的问题得以集中暴露，政府和公众都会从理性上“反思”自己对整个社会承担的责任，公众愿意多纳税让政府有更多的收入去改善社会经济中的不稳定因素，而政府也会利用这一时机迅速扩展政府职能。

这样的话，就形成了一国财政支出在社会经济发展的“正常时期—非常时期—正常时期”的“梯状”发展趋势，如图4－9所示。

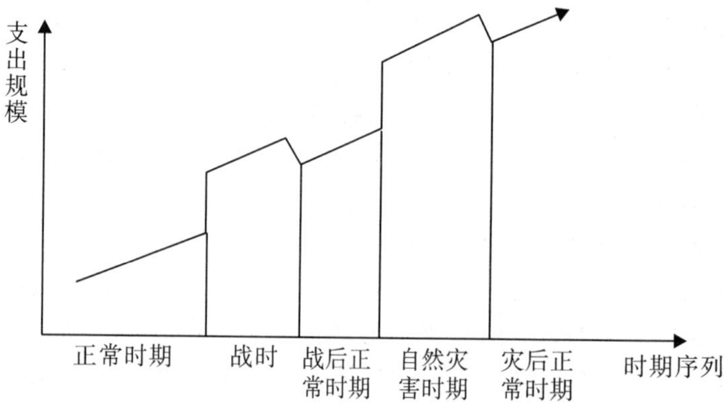


**图4－9　财政支出的“梯状”发展趋势**

3. 经济发展理论

马斯格雷夫和罗斯托（W. Rostow）在对经济发展史进行实证分析和对整个经济发展过程中的财政支出增长形势进行深入研究的基础上，提出了经济发展理论。

经济发展理论的基本内容：一国在经济发展的不同阶段会产生不同需要。政府作为社会基础设施提供者，在经济发展中发挥着至关重要的作用。因此在经济发展的任何阶段，政府都将为满足当期需要而不得不增加财政支出。

（1）经济发展的早期阶段。在这个阶段，为了启动经济、促进经济尽快成长，政府往往大力增加投资，用于改善交通、城市基础设施、教育、卫生和保健、法律和社会秩序等方面的支出，以便促进经济发展，为私人投资者提供良好的外部环境。政府大量增加基础设施投资本身成为扩张社会需要的重要因素；同时往往提高了社会总投资中政府投资的比重，使得政府投资的地位大大强化，社会对公共投资的依赖程度提高。在这一过程中，政府财政支出不仅总量大大增加，而且在结构上表现为私人资本投资所需条件的改善，即以基础设施投资为重点。

（2）经济发展的中期阶段。在这个阶段，政府财政支出不仅不会下降，而且会有进一步增加的要求。显然，这是为了满足经济达到一定发展程度后，对社会基础设施环境、生态、收入公平分配等将提出更高的要求。这是经济发展速度与长期发展可能之间、经济发展与社会发展之间、物质文明与精神文明之间相适应规律的体现。

（3）经济发展的发达阶段。在这一阶段，政府财政支出仍然会继续增加，但财政支出的投向会有所调整和变化，逐渐由对社会基础设施的“硬件”投资转向更多地用于改善教育、卫生、保健、基本生活保障和取得经济、环境与人之间的可持续发展方面，以及其他直接用于国民福利的“软件”项目。提高国民素质和保障国民福利水平，成为新的经济发展水平下政府财政支出的主要目的和方向。

以上分析表明，不管任何时期，一国政府都得为不同类型的需要买单，尽管这一账单的项目明细会有所变化。所以，经济发展理论揭示了任何一国在任何时期都有足够的“理由”扩大财政支出规模，因为它们确实有这个“需要”。事实上，世界各国也是这么做的。

4. 凯恩斯学派的国家干预理论

凯恩斯在其著名的《就业、利息和货币通论》一书中，全面地论述了其经济理论和政策主张，认为供给不会自动地创造需求。因此，为了解决有效需求不足的问题，他主张放弃经济自由主义，代之为国家干预的方针。

凯恩斯的观点主要有三个：其一，政府通过扩大财政支出，包括公共消费和公共投资，实行扩张性的财政政策，可以改善有效需求不足的状况，从而减少失业，促进经济的稳定和增长；其二，扩张性财政政策产生的财政赤字不仅无害，而且有助于把经济运行中的“漏出”或“呆滞”的财富，重新用于生产和消费，从而实现供求关系的平衡，刺激经济，维持繁荣；其三，政府支出具有一种放大原始支出数额的连锁效应，一笔支出可以取得几倍原始支出额的收入水平，即存在“乘数效应”。

受凯恩斯主义的影响，世界各国（尤其是西方发达国家）政府对经济干预和对市场缺陷校正的意识逐步增强，纷纷实施扩张性财政政策，扩大财政支出规模，以求经济增长。

5. 微观增长理论

瓦格纳法则、替代效应理论、经济发展理论和凯恩斯学派的国家干预理论是从宏观角度对财政支出增长的现象进行解释。福利经济学派所主张的微观增长理论则是从微观角度进行研究，它以福利经济学理论为基础，把财政支出视为公共产品的提供过程，再将私人产品市场的有效供应原理运用于公共产品的供给，通过效用最大化的分析方法，研究影响公共产品供给的各种因素，从中得出财政支出增长的规律性内涵。

微观增长理论的基本内容：影响公共产品供给的各种因素，也即影响财政支出增长的主要变量，包括公共产品的社会需求、公共产品的生产组织形式、公共产品的质量、公共部门的投入价格、人口数量等。

## 4.4 财政支出效益

### 4.4.1 财政支出效益的含义

提高财政支出的效益是财政支出的核心问题。所谓效益，就是人们在有目的的实践活动中“所费”和“所得”的对比关系。所谓提高财政支出的效益，就是要做到“少花钱，多办事，办好事”。

对于企业和个人来说，提高支出的经济效益有着十分明确且易于把握的标准：花了一笔钱，赚回了更多的钱，这项投资活动就是有效益的。原则上说，财政支出的效益和企业和个人的支出效益是一样的，但是，由于政府处于宏观调控主体的位置上，其支出项目在性质上也千差万别，因此，财政支出的效益同企业和个人的支出效益又存在着较大的差别：首先，两者计算“所费”和“所得”的范围不同。企业和个人只需分析发生在自身范围内的直接的和有形的“所费”和“所得”；政府则不仅要分析直接的和有形的“所费”和“所得”，还要分析长期的、间接的和无形的“所费”和“所得”。其次，两者的选优标准不同。企业和个人的投资目的是赚取最大的利润，绝不可能选择赔本的方案；政府支出追求的是整个社会的最大效益，为了达到这个目标，它可能选择使自己赔本的方案。因此，分析和评价财政支出的效益，比分析和评价企业和个人的支出效益更为困难和复杂。

财政支出项目千差万别，因而，不可能用一种方法来分析和评价所有财政支出的效益。有一些支出项目，如电站投资之类，其效益是经济的、有形的，可以用货币计量。对于这类支出的效益，可以采用“成本—效益分析法”进行分析和评价。有些支出，如国防支出、行政管理支出等，其成本是易于计算的，但是，其效益是无形的，不易用货币计量；而且，通过这类支出提供的商品和劳务，也不可能以任何形式进入市场交换。因此，分析这类支出的效益，一般采用“最低费用选择法”。还有一些项目支出，如公路、邮电等，其成本易于衡量，效益难以计算，但是，通过这些支出提供的商品和劳务，可以部分或全部地进入市场进行交换。对于这类支出，可以采用“公共服务收费法”或“公共定价法”来衡量其效益。下面，我们将对这几种常用的衡量财政支出效益的方法进行介绍，其中又以成本—效益分析法为重点。

### 4.4.2 成本—效益分析法

建设上的成本—效益分析法是指根据政府确定的建设目标提出若干实现建设目标的备选项目，通过分析对比各种支出项目的全部预期成本和全部预期效益，选择最优的政府投资项目，以使财政支出获得最大的社会效益。

选择最优投资项目的依据是计算该项目的净社会效益。净社会效益等于效益减去成本后的余额。一般来说，政府投资的项目要持续许多年，在此期间，每年都会发生效益和成本，必须加总这些“效益流”和“成本流”。其方法一般是估计项目的未来效益和成本的现值，计算公式如下：

$$
\begin{aligned}
NSB &= PV_{(B-C)} \\
&= \sum_{t=0}^{H} \frac{B_t}{(1+r)^t} - \sum_{t=0}^{H} \frac{C_t}{(1+r)^t}
\end{aligned}
$$

式中，$NSB$ 代表净社会效益；$PV$ 代表现值；$B$ 代表收益；$C$ 代表成本；$r$ 代表贴现率；$t$ 代表年限；$H$ 代表时间期界。根据上式计算出来的结果，我们就可以对某一项目的投资可行性做出判断：如果 $NSB>0$，则该项目可行；如果 $NSB=0$，则需计算内部收益率（净现值等于零的贴现率），如果内部收益率大于银行贷款利率，该项目可行；如果 $NSB<0$，则该项目不可行。

运用成本—效益分析法选择最优的财政支出项目，一般要经过以下几个步骤：①根据政府确定的建设目标，提出若干备选项目；②就每一项目，组织专家制订备选方案，详列各备选方案的成本与效益，并运用贴现方法将这些成本与效益折成现值；③在各备选方案中为每一个备选项目选择一个最佳的实施方案，然后，根据已经确定的财政支出总规模，在诸备选项目中选择一个最佳的项目组合；④对确定的项目组合进行成本分析，最后将支出项目确定下来。

1. 成本与效益的测算

财政支出的成本与效益包含了很多类型，从总的方面说，可以归纳为两大类，即实际和金融的成本与效益。在实际的成本与效益中，又分为直接和间接的成本与效益、内部和外部的成本与效益、中间和最终的成本与效益。在直接和间接的成本与效益中，又分为有形和无形的成本与效益。

成本与效益的测算要有一个统一的尺度，以使不同的备选项目或备选方案具有可比性。货币是测算成本与效益的最优的、统一的计量尺度。对于有形的成本与效益用货币计量是比较容易的，因为它们有市场价格。对于无形的成本与效益用货币计量就比较困难，例如，美化了环境值多少钱？生态环境被破坏又损失了多少钱？这类成本与效益的测算没有可供利用的市场价格。为了解决这一困难，经济学家提出了很多替代的办法来求得它们的近似值。常用的方法有成本节约法、成本有效性分析法和间接估算法。

（1）成本节约法，即由于政府投资某个项目给社会提供的福利，减少了某一社会成本，从而节约了社会人力、物力的耗费，这个成本节约额可以视为这个项目的无形效益的近似值。例如，政府投资某个项目美化了环境而增进了人民健康的效益，可以约等于医疗机构费用的降低额和医疗保险费用的节约额。

（2）成本有效性分析法，即对各种备选项目或备选方案，分别计算出它们能给社会提供何种效益，尽管这些特定的社会效益没有市场价格，但是通过它们之间的相互比较，还是可以得出何优何劣的结论。例如，政府准备增加10亿元的支出，备选项目为军事支出和教育支出。这就应分别估算这10亿元的财政支出可能加强军事实力的社会效益，以及可能降低退学率的社会效益，根据当时的政治经济情况比较哪个项目的社会效益较大，择其大者而行之。

（3）间接估算法。例如，政府拟投资建设一个癌症研究中心，预计该中心可以为10万人解除这类病症的痛苦。这项投资支出的社会效益可以等于这10万人不发生死亡和疾病、能够健康地工作而取得的收入，或等于这10万人的生命保险费的金额。

2. 成本与效益的现值计算

在分析项目的可行性时，必须贴现未来的效益和成本，这就面临两个问题：贴现率（$r$）的确定和时间期界（$H$）的确定。

（1）贴现率的确定。贴现，是银行的放款业务之一。企业和个人持未来到期的票据（如汇票）向银行提取现金，银行按市场利息率扣取自贴现日至票据到期日的利息，然后将票面金额以现金支付给持票人，这一银行业务被称为贴现。贴现利息与票据票面额的比率，称为贴现率。

在贴现未来的效益和成本时，如何选择贴现率是个关键。如果选定的贴现率很高，意味着投资项目会立即产生效益；如果选定的贴现率很低，则会导致初始资本成本看起来相当高。这些都会妨碍对项目的正确评估。西方国家在理论上对如何选择贴现率提出了许多方法，不过，对中国这样一个发展中国家来说，最好的选择方法或许是把它与举债决策、资本投入决策联系在一起：①贴现率应当不低于举借外债的利率，即使项目全部都是用国内来源融资，但由于放弃其中的一个项目就可给其他项目提供资金，因此可减少举借外债的需要；②贴现率也不应低于国有企业因政府增加资本投入而取得的收益率，否则，把资源从政府项目上转移到国有企业可能更能增加收益。

（2）时间期界的确定。时间期界是计算期间（年度）的极限，它的确定对未来的效益和成本的贴现也是很重要的。由于许多方面，诸如偏好、资源可利用性、技术状况等，具有不确定性，超过一定期限后，有些效益和成本是无法预测的。同时，时间期界的长短直接影响着项目成本与效益的现值。一般来说，不同的项目，时间期界也不同。在实践中，时间期界的确定一般是运用科学的方法计算项目的使用寿命。

3. 选择项目实施方案和项目组合

测算出各备选方案和备选项目的成本与效益之后，就可以将它们排列成表，供决策者抉择。例如，某一地区洪水经常泛滥，给该地区造成了很大的损失。为了治理洪水，政府拟在该地区建立某种防洪设施。针对这个建设项目，专家们提出四个备选方案，各方案的成本与效益如表4－9所示。

**表 4－9　某地区防洪工程成本—效益分析表**

单位：万元

| 备选方案 | 年度工程成本 | 平均年度损失 | 效益（减少损失） | 净效益（效益－成本） |
|---|---|---|---|---|
| 没有防护设施 | 0 | 380 | 0 | 0 |
| 1. 建设防洪大堤 | 30 | 320 | 60 | 30 |
| 2. 建设小型水库 | 100 | 220 | 160 | 60 |
| 3. 建设中型水库 | 180 | 130 | 250 | 70 |
| 4. 建设大型水库 | 300 | 60 | 320 | 20 |

分析上述四个备选方案的成本与效益，可以看出第三个方案是最优方案，因为它的净效益最大。与第二个方案相比较，第三个方案虽然多投资了 80 万元，却可以多获得 90 万元的效益，其效益的增幅超过了成本。与第四个方案比较，虽然建设大型水库可以使平均年度损失降到最低，但是第四个方案比第三个方案多投资 120 万元，而只比第三个方案多获得 70 万元的效益，成本的增幅超过效益，因而是不可取的。

为每个备选项目选择了最佳实施方案以后，政府还要根据业已确定的财政支出总规模，在诸备选项目中选择一个最佳的项目组合。假设根据国家确定的建设目标，专家们提出了七个备选项目，各备选项目的总成本和总效益如表 4－10 所示。

**表 4－10　政府备选项目成本—效益分析表**

| 备选项目 | 总成本现值 $C$（万元） | 总效益现值 $B$（万元） | 纯效益现值 $B-C$（万元） | 效费比 $B/C$（%） | 排名 |
|---|---|---|---|---|---|
| 项目 1 | 200 | 400 | 200 | 200 | 2 |
| 项目 2 | 150 | 195 | 45 | 130 | 4 |
| 项目 3 | 100 | 120 | 20 | 120 | 5 |
| 项目 4 | 50 | 125 | 75 | 250 | 1 |
| 项目 5 | 300 | 450 | 150 | 150 | 3 |
| 项目 6 | 125 | 125 | 0 | 100 | 6 |
| 项目 7 | 300 | 270 | －30 | 90 | 7 |

假设财政支出规模确定为 700 万元，那么，选择项目 1、2、4、5 这四个项目是最佳的，因为它们的成本现值之和为 700 万元。而且，这个组合的纯效益现值最大，达到 470 万元。在这里，项目 7 显然不能入选，因为它赔本；项目 6 一般也不能入选，因为它不赔也不赚，即所谓“边际项目”；项目 3 有效益，有入选的资格，但是，在支出总额已经确定的情况下，选择项目 3 会挤掉其他效益更好的项目，纯效益现值总额达不到最大。当然，如果支出总额规模可以变动，那就另当别论。

4. 机会成本分析

在选定项目组合和各项目实施方案之后，还要进行机会成本分析，才能最终将支出项目确定下来。

机会成本分析包括以下两个方面：

（1）将政府财政支出的效益与企业和个人的支出效益做比较。我们知道，在一定的时期内，社会的经济资源是有限的，政府通过财政支出占用了一部分资源，势必牺牲企业或个人利用这部分资源的机会。因此，企业或个人利用这部分资源可能创造的效益，就构成了政府运用这部分资源的机会成本。显然，如果财政支出的效益低于它的机会成本，便是不可取的，这时就需要调整财政支出的规模和结构。

（2）对不同的财政支出项目进行成本—效益分析，提出在不同的财政支出项目之间进行削多补少的调剂方案。提出这种方案的目的，是把有的项目因为支出过多而无效益的部分削减下来，补给有效益的项目，以实现财政支出的“社会效益最大化”。假设政府计划支出 100 万元，考虑如何在 $X$、$Y$ 两个项目中进行最佳分配。如图 4－10 所示，曲线 $M_x$、$M_y$ 分别表示 $X$ 项目和 $Y$ 项目连续追加支出所得的边际受益价值。在 $X$ 项目上多支出 1 元的机会成本，就是在 $Y$ 项目上少支出 1 元所引起的受益损失。所以，财政支出应该在 $X$ 与 $Y$ 两个项目之间进行合理分配，使用在 $X$ 项目的最后 1 元支出的受益，等于用在 $Y$ 项目的最后 1 元支出的受益。这时，$AC = BD$，$OA + OB$ 等于计划支出总额 100 万元；$X$ 项目与 $Y$ 项目的边际支出受益相等，可以使源于 $X$ 项目的受益（用 $OFCA$ 面积表示）与源于 $Y$ 项目的受益（用 $OGDB$ 面积表示）之和达到最大。

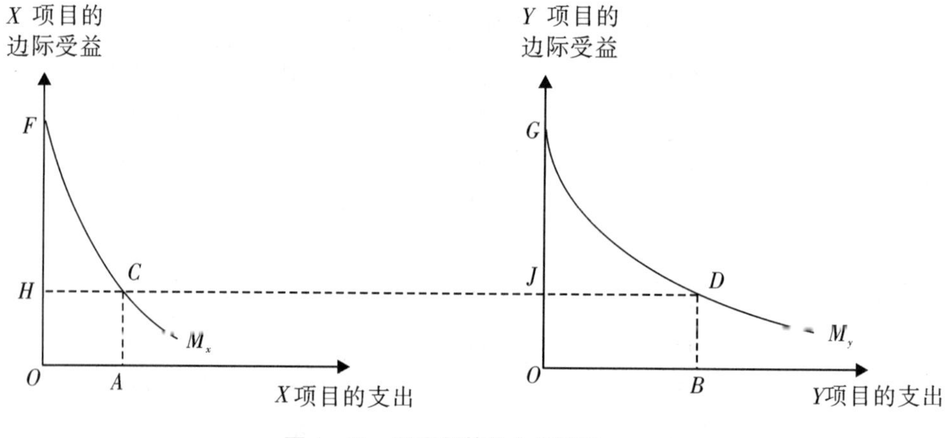


**图 4－10　固定预算的支出配置**

### 4.4.3　最低费用选择法

最低费用选择法，是根据政府确定的建设目标，提出若干实现目标的备选方案，通过分析对比各备选方案的全部预期成本，选择预期成本最低的方案进行投资。

最低费用选择法是对成本—效益分析法的补充。对于不能运用成本—效益分析法的财政支出项目，采用最低费用选择法也可以达到提高财政支出效益的目的。该法与成本—效益分析法的主要区别是：该法不用货币单位来计量备选的财政支出方案的社会效益，而是只计算各备选方案的有形成本，并以“费用最低”为择优标准。

运用最低费用选择法来选择最优的财政支出方案，其步骤同前述成本—效益分析法大致相同。但由于不用计算支出效益和无形成本，因此分析内容要简单得多。首先，根据政府确定的建设目标，提出实现目标的多种备选方案。其次，以货币为统一尺度，分别计算出各备选方案的各种有形费用。如果是多年投资的项目，也要用贴现办法折算出“费用流”的现值，以保证各备选方案的可比性。最后，各备选方案按照费用的高低排列顺序，以供决策者选择。

最低费用选择法多被运用于军事，政治，文化，教育和卫生等财政支出项目上。比如，政府为了提高国民的教育水平，有三种不同的财政支出方案可供选择：①学费补贴。政府通过财政支出补贴学校，从而降低学校的学费，使更多的学生能受到教育。②收入补充。如通过财政支出，对未成年子女的家庭援助，增加居民的家庭收入以鼓励其未成年子女多受教育。许多学生之所以中途退学，多半是因为家庭困难，他们必须挣钱来养活自己和赡养家庭，收入补充可以减轻这种压力。③定量补助。即通过财政支出使居民享受一定数量的免费教育。上述三种支出方案均能达到提高国民的教育水平的目的，但是它们各自的费用肯定不同。这就需要通过仔细的分析、比较，帮助决策者选择出既能节省财政开支，又能达到预定目标的最优方案。

### 4.4.4 公共服务收费法

公共服务是指政府为实现其职能而开展的各项工作，包括军事，行政，邮电，修建和维修道路、公园等。公共服务收费法是把商品买卖的原则引申、运用到一部分公共服务的提供和使用中去，通过制定和调整公共服务的价格，使公共服务得到最有效、最节约的使用，以达到提高财政支出效益的目的。公共服务的收费标准可以分为免费、低价、平价和高价四种。

1. 免费或低价

免费或低价提高公共服务，可以促进公众对该项公共服务的最大限度使用，使其社会效益极大化。这种价格政策，一般适用于那些从国家和民族利益出发，要求在全国范围内普遍使用，但公众可能尚无此觉悟，不能自觉去使用的公共服务，如强制义务教育、强制计划免疫等。但是，免费或低价的价格政策，可能会导致公众对公共服务的浪费。例如，政府通过财政支出建设道路和桥梁免费提供给社会使用，可能会使越来越多的人使用私人汽车，而不去利用公共交通设施，从而使道路上的车辆拥挤不堪，公共交通设施又得不到充分的利用，迫使国家为改善交通运输状况不得不增加更多的财政支出以建造新的道路和桥梁。允许免费进入国家公园，可能会使公园的环境遭到破坏和长期得不到维修。低价提供住宅，可能会助长抢房和多占住房的恶劣风气。低价提供旅行和运输便利，可能会使道路上的车辆拥挤不堪。

2. 平价

平价提供公共服务，可以使提供公共服务所耗费的人力和物力得到相应的补偿。这种价格政策，一方面能促使公众节约使用公共服务；另一方面能使公共服务得到进步和发展。这种价格政策一般适用于从国家和民族的利益来看，无须特别鼓励使用，也不必特别加以限制使用的公共服务，如公园、公路、铁路、医疗、邮电等。

3. 高价

高价提供公共服务，可以有效地限制公共服务的使用，还可以为国家财政提供额外的收入。因而，这种价格政策一般适用于从国家和民族的利益来看必须限制使用的公共服务。这种价格政策有"寓禁于卖"的作用。

### 4.4.5 公共定价法

在市场经济中，所有经济行为主体都采取使自我利益最大化的行为，当价格成为信号时，价格机制就是实现最优资源配置的主要机制。政府也提供大量的满足社会公共需要的"市场性物品"，这些物品（包括服务）自然也涉及价格的确定问题，这就是所谓的公共定价。

从定价政策来看，公共定价实际上包括两个方面：①纯公共定价，即对自然垄断行业，如能源、通信和交通等公用事业和煤、石油、原子能、钢铁等基本品行业，政府直接制定价格；②管制定价或价格管制，即对竞争性管制行业，如金融、农业、教育和保健等行业，政府规定价格。无论是纯公共定价还是管制定价，都涉及两个方面：①定价水平，是指政府提供每一单位公共产品的定价（收费）是多少；②定价体系，是指把费用结构（固定费用和可变费用的比率）和需求结构（家庭用、企业用和产业用，以及少量需求和大量需求等不同种类的需求，高峰负荷和非高峰负荷等不同负荷的需求）考虑进来的各种定价组合。

政府采用公共定价方法，目的不仅在于提高整个社会资源的配置效率，更重要的是使这些产品和劳务得到最有效的使用，提高财政支出效益。要想既充分提供公共产品，又提高有关财政支出的效益，就必须适当选择定价方法。公共定价方法主要有平均成本定价法、二部定价法和负荷定价法三种。

1. 平均成本定价法

平均成本定价法是指政府在保持企业收支平衡的情况下，采取尽可能使经济福利最大化的定价方式。从理论角度来看，边际成本定价是最理性的定价方式，但它会使企业出现大量亏损，长此以往，它们很难提供足够的满足社会公共需要的物品，因为财政补贴也是有限度的。所以，在成本递减行业，为了使企业保持收支平衡，公共定价或价格管制要高于边际成本定价。

2. 二部定价法

二部定价法是由两种要素构成的定价体系：一是与使用量无关的按月或按年支付的"基本费"；二是按使用量支付的"从量费"。因此，二部定价是定额定价和从量定价二者合一的定价体系，也是反映成本结构的定价体系。由于二部定价法中的"基本费"是不管使用量的多少而收取的固定费，因此有助于企业财务的稳定；由于二部定价法具有"以收支平衡为条件实现经济福利最大化"的性质，因此现在几乎所有受管制的行业

（特别是电力、煤气、自来水、通信等自然垄断行业）都普遍采用这种定价方法。

3. 负荷定价法

负荷定价法是指针对不同时间段或时期的需要制定不同的价格。对于电力、煤气、自来水等行业，按需求的季节、月份、时区的高峰和非高峰的不同，系统地制定不同的价格，以平衡需求状况。在需求处于最高峰时，收费最高；而处于最低峰时，收费最低。

## 本章小结

财政支出，是指在市场经济条件下，政府为实现其职能，提供公共产品和服务，满足社会共同需要而根据财政管理制度安排财政资金的行为。按照经济性质，即财政支出是否能直接得到等价的补偿，可将财政支出分为购买支出和转移支出两大类。财政支出绝对规模和相对规模不断增长是世界各国经济发展的普遍规律。这一规律可用瓦格纳法则、替代效应理论、经济发展理论、凯恩斯学派的国家干预理论和微观增长理论来解释。财政支出规模应当适当，结构应当合理，以达到提高财政支出效益的根本目的。因此，提高财政支出效益是财政支出的核心问题。

## 思考题

1. 财政支出的内涵是什么？
2. 财政支出的原则是什么？
3. 请简述财政支出的各种分类。
4. 请简述瓦格纳法则的内容。
5. 简述我国财政支出绩效评价的基本方法。

# 5　财政支出的结构分析

要大力优化财政支出结构，基本民生支出只增不减，重点领域支出要切实保障，一般性支出要坚决压减，严禁新建楼堂馆所，严禁铺张浪费。……要大力提质增效，各项支出务必精打细算，一定要把每一笔钱都用在刀刃上、紧要处，一定要让市场主体和人民群众有真真切切的感受。

——中国国务院总理李克强在十三届全国人民代表大会第三次会议上的讲话

基于上一章的总量分析，本章将对财政支出进行结构分析。财政支出按照经济性质，可分为购买支出和转移支出两大类。一般来说，购买支出包括一般公共服务支出、国防支出、教育支出、科学技术支出、医疗卫生支出等；转移支出包括社会保障和就业支出、财政补贴等。本章将按照以上顺序，对各类支出分节进行阐述。

## 5.1　一般公共服务支出

### 5.1.1　一般公共服务支出的定义

2006 年（含）以前，财政部关于财政支出的统计指标中，并没有一般公共服务支出这一项，而是采用行政管理费。从 2007 年开始，财政支出的统计指标发生较大变动，变动之一便是在财政主要支出项目中，用一般公共服务支出代替行政管理费。

但是，需要注意的是，一般公共服务支出和行政管理费不是等同的概念。

行政管理费是指国家财政用于各级国家权力机关、国家行政机关、国家审判机关、国家检察机关以及外事机构、重要党派团体行使职能所需的经费支出。一般根据使用主体的不同，分为行政管理支出、党派团体补助支出、外交支出、公安安全支出、司法支出、法院支出、检察院支出和公检法办案费用补助。

一般公共服务支出是指用于保障机关事业单位正常运转，支持各机关单位履行职能，保障各机关部门的项目支出需要，以及支持地方落实自主择业军转干部退役金等方面的支出。简而言之，一般公共服务支出就是政府提供基本公共管理与服务的支出。根据财政部的统计口径，一般公共服务支出包括人大事务、政协事务、政府办公厅（室）及相关机构事务、发展和改革事务、统计信息事务、财政事务、税收事务、审计事务、海关事务、人力资源事务、纪检监察事务、人口与计划生育事务、商贸事务、知识产权事务、工商行政管理事务、质量技术监督与检验检疫事务、国土资源事务、海洋管理事务、测绘事务、地震事务、气象事务、民族事务、宗教事务、港澳台侨事务、档案事务、共产党事务、民主党派事务及工商联事务、群众团体事务、彩票事务、其他一般公共服务等支出大项，每个大项又分为行政运行、一般行政管理事务、机关服务、事业运行、其他相关事务等支出小项。

根据上述分析可知，行政管理费和一般公共服务支出两个指标，除了内容不同之外，还有一个明显差别就是两者的界定角度不一样。行政管理费度量的是“某个行政机构用了多少经费”，一般公共服务支出度量的是“某项公共事务用了多少经费”。也就是说，前者是从财政资金使用主体的角度定义的，后者是从财政资金用途的角度定义的。

### 5.1.2 一般公共服务支出的意义和本质

政府作为管理机构，本身不直接参与物质财富的生产活动，它的责任在于履行应有职能，向社会公众提供公共产品和服务。但是，政府不能凭空“生产出”公共产品和服务，它离不开财政经费的支持。一般公共服务支出的意义就在于为政府提供经费来源，确保各机关单位能及时有效地完成公共事务，以满足社会的公共需要。一般公共服务支出是一项基本的社会公共消费支出，它本质上是政府提供公共产品和服务的行政成本，也是社会享受政府提供的公共产品和服务所必须付出的交易成本。

关于一般公共服务支出的增长问题，需要把握三个方面：

（1）一般公共服务支出总会呈现出不断增长的趋势。一般公共服务支出的规模与政府职能范围是密切相关的。随着社会进步和经济发展，政府职能的内涵和外延在不断扩大：一方面，已有的政府职能需要不断丰富和强化；另一方面，新的政府职能不断出现。政府职能的日益扩大，需要越来越多的一般公共服务支出提供财力保障。

（2）在经济发展的基础上，维持一般公共服务支出的合理、稳定增长是必要的。政治安定和良好的社会秩序、法律秩序，是投资环境的重要因素，这些因素直接关系到投资者的合法权益能否得到保障，进而影响到社会经济的发展。因此，一般公共服务支出这种用于管理社会经济文化生活、保证社会稳定与秩序的财政支出就显得越来越重要，它的合理、稳定增长是必要的，否则会对社会经济产生不利影响。

（3）一般公共服务支出不是多多益善，而需有所节制。过多的一般公共服务支出不仅会浪费社会资源，而且还可能助长政府行政机构的重叠设置，人浮于事，降低政府的行政效率，进而影响社会经济的发展。因此，在支出规模上，一般公共服务支出必须坚持“够用”原则，在保证各机关单位履行各项职能的前提下，政府应当尽量精简机构，努力降低行政成本，节约一般公共服务支出。这不仅有利于减轻财政负担，提高财政资金的使用效益，也有利于提高政府机构办事效率，改善投资环境，促进社会经济的健康发展。

### 5.1.3 我国的一般公共服务支出

观察表 5－1 可知，自 2007 年以来，我国一般公共服务支出总额逐年递增，从 2007

年的 8 514.24 亿元到 2020 年的 20 127.62 亿元，与 GDP 的增长基本同步。然而不同的是，一般公共服务支出占总支出和 GDP 的比重却有下降趋势。2020 年，一般公共服务支出只占国家财政支出 8.20%，占 GDP 1.98%，均显著低于 2007 年水平。

**表 5－1　2007—2020 年我国一般公共服务支出**

| 年份 | 一般公共服务支出（亿元） | 增速（%） | 占国家财政支出之比（%） | 占 GDP 之比（%） |
|---|---|---|---|---|
| 2007 | 8 514.24 | | 17.10 | 3.15 |
| 2008 | 9 795.92 | 15.05 | 15.65 | 3.07 |
| 2009 | 9 164.21 | －6.45 | 12.01 | 2.63 |
| 2010 | 9 337.16 | 1.89 | 10.39 | 2.27 |
| 2011 | 10 987.78 | 17.68 | 10.06 | 2.25 |
| 2012 | 12 700.46 | 15.59 | 10.08 | 2.36 |
| 2013 | 13 755.13 | 8.30 | 9.81 | 2.32 |
| 2014 | 13 267.50 | －3.55 | 8.74 | 2.07 |
| 2015 | 13 547.79 | 2.11 | 7.70 | 1.97 |
| 2016 | 14 790.50 | 9.17 | 7.88 | 2.00 |
| 2017 | 16 510.36 | 11.63 | 8.13 | 2.01 |
| 2018 | 18 374.69 | 11.29 | 8.32 | 2.00 |
| 2019 | 20 344.66 | 10.72 | 8.52 | 2.06 |
| 2020 | 20 127.62 | －1.07 | 8.20 | 1.98 |

数据来源：由《中国统计年鉴》数据整理。

虽然如此，一般公共服务支出的形势仍十分严峻。一般公共服务支出是用于各机关单位履行各项职能的支出，因此它的规模与政府职能范围、机构设置状况以及由此而决定的行政人员的多少等因素密切相关，而且有历史的延续性。改革开放前，在计划经济体制下，政府职能包罗万象，从宏观经济稳定到微观经济活动，从维持社会秩序到保障每个人的生老病死，从企业具体的经营活动到向社会提供公共产品，事无巨细，无所不管。政府不仅要承担社会管理职能，还大量介入不具有比较优势的竞争性经营活动中，从钢铁厂、炼油厂、棉纺厂到小化肥厂、小修理厂，从百货公司、粮油公司到小食店、小理发铺。为了管好这些大大小小的企业单位，必须设立大量的行政机构，“养”大量的行政人员，结果使财政出现了严重的“越位”和“缺位”问题，真正成了“吃财政饭”，导致财政陷入困境。改革开放以后，随着市场经济的发展和企业改革的深入，国有企业逐步成为自负盈亏、自主经营的市场主体，不再是政府的附属物，政府对国有企业经营活动从过去的直接控制转向间接调控，主要运用经济杠杆，通过市场引导企业配置资源。然而，由于行政改革长期滞后于经济改革，政府观念没有转变，在新旧体制转换过程中，旧的政府职能没有及时消除，新的政府职能不断涌现；与市场经济运行和经济体制改革有关的政府机构要增设或扩大，旧体制下设立的与市场经济发展不相适应的一些政府机构又没有相应压缩和精简。如此新旧叠加的结果是，政府职能迅速扩大，行政机构空前膨胀，导致一般公共服务支出急剧增长，大大加重了财政负担。

现阶段要适当控制一般公共服务支出的增长速度，防止过度增长。可采取的措施如下：

（1）转变观念，重新调整、明确和规范政府职能。市场经济的发展，要求政府从计划经济体制下养成的旧观念、旧习惯、旧做法中彻底解放出来，重新考虑政府在社会经济中的地位、职能和作用，明确政府的活动范围，并利用相关法律法规加以约束。

（2）精简政府的行政机构，为财政减负。市场经济中最基本的经济活动应由私人部门来完成，政府应树立为市场服务的观念，不断深化行政机构改革，精简并科学设置机构，适量减少财政供养人员，以控制一般公共服务支出的不正常增长，减轻财政负担。

（3）树立行政成本意识，提高行政效率。政府机构要确立现代市场经济效益观，力争以最高的办事效率和最低的行政成本，履行自身应有职能，改善社会环境和投资环境，为私人部门进行正常的生产和生活创造条件。

（4）改进政府预算编制，加强一般公共服务支出预算管理。加快财政预算制度改革，不断细化预算编制，扩大预算编制的范围，根据具体的公共事务，确定合理的支出标准，控制一般公共服务支出过快增长。

（5）完善一般公共服务支出绩效监督制度。完善人大对预算的审查监督制度，加强审计监督和纪检监察监督，并大力推行政务公开，接受社会公众监督。具体的监督方式方法可以结合实际情况不断改进。

（6）强化公务员勤政廉政建设，全面推进职务消费透明化。

## 5.2 国防支出

### 5.2.1 国防支出的意义

国防支出是指政府用于国防建设和保卫国家安全的支出，包括用于现役部队、预备役部队、民兵、国防科研事业、专项工程、国防动员等方面的支出。

国防被认为是一种公共产品，如果一定要有什么东西由公共部门提供的话，那就是国防。对国防的消费是高度非竞争性的，人们几乎无法想象国防如何能由私人部门提供。防御外敌入侵、保卫国家安全是国家的一项重要职能，因此，国防支出也是财政最基本的一项支出。

国防支出与社会经济发展也有密切的关系：一方面，一个国家的国防状况受到其经济发展水平和国家财力的制约；另一方面，国防建设对社会经济发展也有积极的影响，它不仅直接影响投资环境，对社会经济发展起到保障作用，而且国防支出运用得当，还能起到促进科学技术的进步、推动社会经济发展的作用。

新的科学技术往往首先应用于军事领域，而后再转向民用，提高劳动生产率，这是一种普遍现象。因为一切科学技术的开发，都是以社会需求为前提的。在当今世界还存在着国家利益矛盾、地区矛盾、民族矛盾，存在战争因素和战争威胁的情况下，最大的社会需求莫过于对生存和安全的需求。因此，军事领域总是积极地把新的科学技术吸引过来，又积极地为科学技术的研发提出新的课题。它不仅密集了大量的人力、物力和财力，而且为新技术研发提供了良好的环境和条件，所以最容易获得技术突破。科学技术的军民两用性，决定了国防建设与经济建设有着密切的关系。现在许多国家都根据以经济为基础、以知识为中心的科学技术发展战略，在国防建设上走上了军民结合的道路；通过军事投资来争夺未来科学领域的“制高点”，以军用技术的突破为国民经济的发展提供科学推动力。1979 年，我国政府也提出了“军民结合，平战结合，以军为主，以军养军”的方针。

### 5.2.2 国防支出规模的影响因素

国防支出规模的确定，不仅是一个经济问题，还是一个政治问题。一般来说，一个国家国防支出规模的影响因素有以下四个方面：

（1）经济发展水平和财力大小对国防支出水平有着制约作用。一个国家只有经济发展了，财政运行良好，才有可能增加国防支出的规模。否则的话，国防支出便是无源之水，无本之木。盲目扩大国防支出规模会给国民经济和财政状况带来沉重的负担。但是需要注意的是，并不是说一国经济水平越高（低），财力越强（弱），它的国防支出规模就越大（小）。经济和财力不是一国国防支出的决定因素，而只是制约因素，是必要非充分的。

（2）国家所处的国际政治军事形势或环境，决定了国防支出的规模。国家面临的安全威胁，构成了国防支出的“需要”。一些发展中国家，如伊朗、索马里、以色列、朝鲜等，在国际上处于敌对的环境，随时可能发生战争，因此这些国家的国防支出占财政支出的比重均超过 40%。相比之下，2018 年我国国防支出占财政支出的比重（5.11%）就要低得多。

（3）决策者对形势的判断也对国防支出规模有至关重要的作用。一国国防支出规模在一定程度上反映了该国对其受到威胁的性质和程度的认识。然而，由于不同人对同一事物的判断和认知有所不同，有人可以淡漠置之，有人却歇斯底里。因此，面对同样的国际形势或环境，有人认为国家已经受到了严重的安全威胁，要求增加国防经费；有人却认为和平是主流，要求削减国防支出，并时常为此在国防支出预算上争论不休。

（4）科学技术的飞速发展是影响国防支出规模的客观因素。受新技术革命的影响，军事技术更新换代的周期越来越短，武器装备的价格水平不断提高。各国为了在未来战场上取得优势，纷纷加大国防投入，用于研发先进技术和更新武器装备。有数据显示，“二战”时美国建造一艘航空母舰的成本是 9 500 ~ 11 500 万美元，而 20 世纪 60 年代“企业”号航空母舰的成本已达到 4.44 亿美元；20 世纪 50 年代，美国一架 B－17 型轰炸机的造价是 74 万美元，而 20 世纪 90 年代，一架 B－1 型轰炸机造价为 6 800 万美元；“二战”时美国一个陆军师的装备费为 1 900 万美元，到 20 世纪 60 年代已上升到 1.11 亿美元。

### 5.2.3 我国国防支出的规模

如表5－2所示，自改革开放以来，我国国防支出的绝对规模以较大幅度不断增长。1978年国防支出只有167.84亿元，2018年达到11 281.06亿元。采用英国国际战略研究所的统计方法，2018年我国军费开支规模居世界第二位，仅次于美国（见表5－3）。根据历年中国国防白皮书，我国近年来国防支出不断增长，主要原因在于：①随着国家经济社会发展和居民生活水平提高，部队保障标准不断提高，如军人工资津贴标准，教育训练、水电取暖等经费标准；②军事任务逐渐多样化，使非战争军事行动能力建设的投入大幅增加，如抗震救灾、亚丁湾和索马里海域护航、抗洪抢险、国际救援等行动；③高技术武器装备采购价格、配套建设经费及其维修成本不断上涨。

但是，仅仅关注绝对规模是片面的，还需参考一下国防支出的相对规模。表5－2显示，1978年以来，我国国防支出占GDP和财政支出的比重都有递减的趋势。其中，国防支出占财政支出的比重的下降趋势较为明显，最高时（1980年）达到15.77%，在2018年降至历史最低点5.11%。20世纪90年代以来，国防支出占GDP的比重较为平稳，2018年为1.25%。即使按照斯德哥尔摩国际和平研究所（SIPRI）的统计方法，2016年我国国防支出也只占GDP的1.9%（见图5－1，因数据来源及统计方法不同，故数据与表5－2有所不同），与同为世界大国的美国（3.3%）、俄罗斯（5.4%）相比要低得多。

**表5－2 1978—2018年我国国防支出及其占GDP和财政支出的比重**

| 年份 | 国防支出（亿元） | 占GDP比重（%） | 占财政支出比重（%） | 年份 | 国防支出（亿元） | 占GDP比重（%） | 占财政支出比重（%） |
|---|---|---|---|---|---|---|---|
| 1978 | 167.84 | 4.60 | 14.96 | 2003 | 1 907.87 | 1.40 | 7.74 |
| 1980 | 193.84 | 4.26 | 15.77 | 2004 | 2 200.01 | 1.38 | 7.72 |
| 1985 | 191.53 | 2.12 | 9.56 | 2005 | 2 474.96 | 1.34 | 7.29 |
| 1990 | 290.31 | 1.56 | 9.41 | 2006 | 2 979.38 | 1.38 | 7.37 |
| 1991 | 330.31 | 1.52 | 9.75 | 2007 | 3 554.91 | 1.34 | 7.14 |
| 1992 | 377.86 | 1.40 | 10.10 | 2008 | 4 178.76 | 1.33 | 6.68 |
| 1993 | 425.80 | 1.21 | 9.17 | 2009 | 4 951.10 | 1.45 | 6.49 |
| 1994 | 550.71 | 1.14 | 9.51 | 2010 | 5 333.37 | 1.34 | 5.93 |
| 1995 | 636.72 | 1.05 | 9.33 | 2011 | 6 026.70 | 1.28 | 5.53 |
| 1996 | 720.06 | 1.01 | 9.07 | 2012 | 6 691.92 | 1.24 | 5.31 |
| 1997 | 812.57 | 1.03 | 8.80 | 2013 | 7 410.62 | 1.25 | 5.29 |
| 1998 | 934.70 | 1.11 | 8.66 | 2014 | 8 289.50 | 1.29 | 5.46 |
| 1999 | 1 076.40 | 1.20 | 8.16 | 2015 | 9 087.84 | 1.32 | 5.17 |
| 2000 | 1 207.54 | 1.22 | 7.60 | 2016 | 9 765.80 | 1.32 | 5.20 |

（续上表）

| 年份 | 国防支出（亿元） | 占 GDP 比重（%） | 占财政支出比重（%） | 年份 | 国防支出（亿元） | 占 GDP 比重（%） | 占财政支出比重（%） |
|---|---|---|---|---|---|---|---|
| 2001 | 1 442.04 | 1.32 | 7.63 | 2017 | 10 432.37 | 1.27 | 5.14 |
| 2002 | 1 707.78 | 1.42 | 7.74 | 2018 | 11 281.06 | 1.25 | 5.11 |

数据来源：由《中国统计年鉴》数据整理。

**表 5-3 2018 年世界 15 大军事支出国**

| 排名 | 国家 | 军费开支（亿美元） | 排名 | 国家 | 军费开支（亿美元） |
|---|---|---|---|---|---|
| 1 | 美国 | 643.3 | 9 | 德国 | 45.7 |
| 2 | 中国 | 168.2 | 10 | 韩国 | 39.2 |
| 3 | 沙特阿拉伯 | 82.9 | 11 | 巴西 | 28.0 |
| 4 | 俄罗斯 | 63.1 | 12 | 澳大利亚 | 26.6 |
| 5 | 印度 | 57.9 | 13 | 意大利 | 24.9 |
| 6 | 英国 | 56.1 | 14 | 以色列 | 21.6 |
| 7 | 法国 | 53.4 | 15 | 伊拉克 | 19.6 |
| 8 | 日本 | 47.3 | | | |

数据来源：英国国际战略研究所。

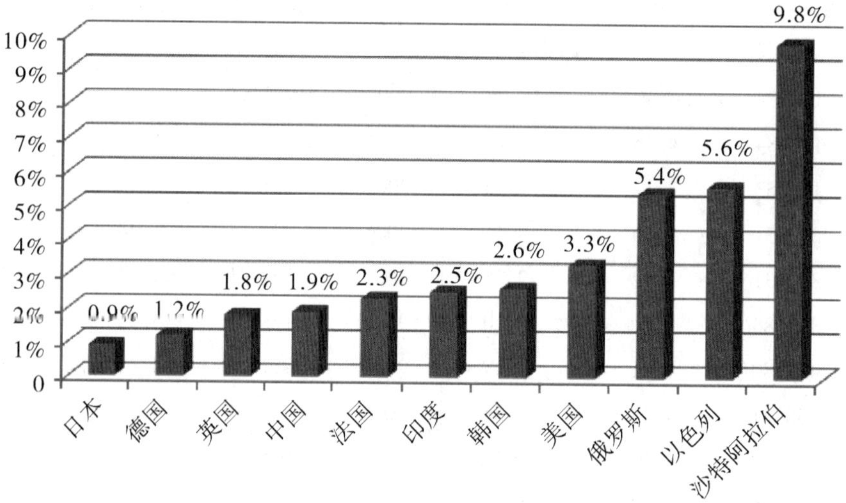


**图 5-1 2016 年主要国家军事支出占 GDP 比重**

资料来源：SIPRI。

# 5.3 教育支出

## 5.3.1 教育的意义

教育是培养新生代准备从事社会生活的整个过程，也是人类社会生产经验得以继承发扬的关键环节，主要指学校对适龄儿童、少年、青年进行培养的过程。广义上讲，凡是增进人们的知识和技能、影响人们的思想品德的活动，都是教育。狭义的教育，主要指学校教育，其含义是教育者根据一定社会的要求，有目的、有计划、有组织地对受教育者的身心施加影响，把他们培养成为满足一定社会所需要的人的活动。在现代社会，教育的地位举足轻重。国家间的竞争在一定意义上讲，就是教育的竞争和人才的竞争。

## 5.3.2 教育支出的衡量指标

教育支出是指政府教育事务支出，包括教育行政管理、学前教育、小学教育、初中教育、普通高中教育、普通高等教育、初等职业教育、中专教育、技校教育、职业高中教育、高等职业教育、广播电视教育、留学生教育、特殊教育、干部继续教育、教育机关服务等支出。

根据《中国统计年鉴》的统计口径，一国的教育支出一般包括国家财政性教育经费、民办学校办学经费、社会捐赠经费、事业收入（包括学杂费）和其他教育经费。其中，国家财政性教育经费又包括公共财政预算内教育经费、各级政府征收用于教育的税费、企业办学中的企业拨款、校办产业和社会服务收入用于教育的经费等。但在进行相关研究时，一般用公共财政预算内教育经费的数额来衡量一国政府的教育支出水平。

## 5.3.3 世界各国的教育支出

基于教育的重要性，世界各国都非常重视发展教育事业，不断增加教育支出。表5-4和表5-5显示了2007—2015年间世界部分国家的教育支出概况。

**表5-4 2007—2015年部分国家政府教育支出占GDP的百分比**

单位:%

| 年份 | 阿根廷 | 巴西 | 法国 | 德国 | 意大利 | 日本 | 荷兰 | 挪威 | 韩国 | 瑞典 | 瑞士 | 英国 | 美国 |
|---|---|---|---|---|---|---|---|---|---|---|---|---|---|
| 2007 | 4.46 | 4.97 | 5.46 | 4.34 | 4.12 | 3.33 | 4.93 | 6.53 | 3.95 | 6.22 | 4.69 | 4.95 | — |
| 2008 | 4.84 | 5.27 | 5.45 | 4.41 | 4.40 | 3.32 | 5.09 | 6.28 | 4.46 | 6.39 | 4.87 | 4.94 | — |
| 2009 | 5.53 | 5.46 | 5.75 | 4.88 | 4.54 | — | 5.50 | 7.10 | 4.67 | 6.86 | 5.04 | 5.13 | — |
| 2010 | 5.02 | 5.65 | 5.69 | 4.91 | 4.35 | 3.64 | 5.56 | 6.74 | — | 6.62 | 4.93 | 5.77 | 5.42 |

（续上表）

| 年份 | 阿根廷 | 巴西 | 法国 | 德国 | 意大利 | 日本 | 荷兰 | 挪威 | 韩国 | 瑞典 | 瑞士 | 英国 | 美国 |
|---|---|---|---|---|---|---|---|---|---|---|---|---|---|
| 2011 | 5.29 | 5.74 | 5.52 | 4.81 | 4.14 | 3.64 | 5.53 | 6.45 | 4.86 | 6.49 | 4.97 | 5.67 | 5.22 |
| 2012 | 5.35 | 5.86 | 5.46 | 4.93 | — | 3.69 | 5.48 | 7.36 | 5.10 | 7.66 | 5.03 | — | 5.19 |
| 2013 | 5.44 | 5.84 | 5.50 | 4.93 | 4.16 | 3.67 | 5.59 | 7.47 | 5.25 | 7.72 | 5.04 | 5.62 | 4.94 |
| 2014 | 5.36 | 5.95 | 5.51 | 4.93 | 4.08 | 3.59 | 5.53 | 7.68 | 5.27 | 7.68 | 5.05 | 5.69 | 4.99 |
| 2015 | 5.78 | 6.24 | 5.46 | 4.81 | 4.08 | — | 5.40 | 7.55 | 5.25 | 7.55 | 5.10 | 5.63 | — |

数据来源：国研网。

**表 5－5　2007—2015 年部分国家教育支出占政府总支出的百分比**

单位：%

| 年份 | 阿根廷 | 巴西 | 法国 | 德国 | 意大利 | 日本 | 荷兰 | 挪威 | 瑞典 | 瑞士 | 英国 | 美国 |
|---|---|---|---|---|---|---|---|---|---|---|---|---|
| 2007 | 15.10 | 13.22 | 10.43 | 10.14 | 8.80 | 9.77 | 11.62 | 16.56 | 12.85 | 15.68 | 13.04 | — |
| 2008 | 15.75 | 14.08 | 10.27 | 10.12 | 9.21 | 9.76 | 11.69 | 16.15 | 13.03 | 16.01 | 12.96 | — |
| 2009 | 16.02 | 14.72 | 10.11 | 10.26 | 8.87 | — | 11.41 | 15.76 | 13.27 | 15.64 | 12.62 | — |
| 2010 | 15.05 | 14.56 | 10.07 | 10.40 | 8.72 | 9.21 | 11.54 | 15.31 | 13.31 | 15.39 | 13.03 | 13.06 |
| 2011 | 15.16 | 15.27 | 9.86 | 10.75 | 8.39 | 9.45 | 11.77 | 15.01 | 13.18 | 15.55 | 12.70 | 12.93 |
| 2012 | 14.52 | 15.73 | 9.61 | 11.14 | — | 9.37 | 11.63 | 17.45 | 15.23 | 15.64 | — | 13.39 |
| 2013 | 14.46 | 15.59 | 9.66 | 11.04 | 8.16 | 9.31 | 12.09 | 17.28 | 15.14 | 15.21 | 12.91 | 13.28 |
| 2014 | 13.80 | 15.72 | 9.66 | 11.13 | 8.01 | 9.09 | 11.98 | 17.05 | 15.33 | 15.46 | 13.67 | 13.45 |
| 2015 | 14.03 | 16.25 | 9.66 | 10.98 | 8.11 | — | 12.03 | 15.73 | 15.50 | 15.53 | 13.82 | — |

数据来源：国研网。

### 5.3.4　我国的教育支出

近年来，我国政府十分重视教育事业的发展，不断加大对教育的投入，如表 5－6 所示。我国教育支出占财政支出的比重具有明显的阶梯性特征。在改革开放之前，教育支出占财政支出的比重相对较低；但是改革开放后，随着经济总量的快速增长，教育支出在财政支出中的比重上升到一个新的台阶。2007 年以后，教育支出占财政支出的比重基本徘徊在 14% 上下。2007 年以来，教育支出占 GDP 的比重则较为平稳，基本保持在 2% 左右的水平，2010 年首次突破 3%，2012 年达到了历史最高点 3.94%，2018 年仅为 3.58%，与同期的世界平均水平有较大差距，详见表 5－7。

**表 5-6　2007—2018 年我国财政教育支出及其占 GDP 和财政支出的比重**

| 年份 | 国家财政教育支出（亿元） | 占 GDP 比重（%） | 占财政支出比重（%） | 年份 | 国家财政教育支出（亿元） | 占 GDP 比重（%） | 占财政支出比重（%） |
|---|---|---|---|---|---|---|---|
| 2007 | 7 122.32 | 2.64 | 14.31 | 2013 | 22 001.76 | 3.71 | 15.69 |
| 2008 | 9 010.21 | 2.82 | 14.39 | 2014 | 23 041.70 | 3.59 | 15.18 |
| 2009 | 10 437.54 | 2.99 | 13.68 | 2015 | 26 271.88 | 3.83 | 14.94 |
| 2010 | 12 550.02 | 3.05 | 13.96 | 2016 | 28 072.80 | 3.79 | 14.95 |
| 2011 | 16 497.33 | 3.38 | 15.10 | 2017 | 30 153.18 | 3.67 | 14.85 |
| 2012 | 21 242.10 | 3.94 | 16.87 | 2018 | 32 222.35 | 3.58 | 14.59 |

数据来源：NBSC。

**表 5-7　2014 年部分国家和地区的政府教育支出占 GDP 百分比**

| 国家和地区 | 占比（%） | 国家和地区 | 占比（%） | 国家和地区 | 占比（%） | 国家和地区 | 占比（%） |
|---|---|---|---|---|---|---|---|
| 津巴布韦 | 8.429 33 | 英国 | 5.751 19 | 布基纳法索 | 4.497 53 | 几内亚 | 3.210 80 |
| 东帝汶 | 7.932 79 | 阿根廷 | 5.547 27 | 贝宁 | 4.380 73 | 安道尔 | 3.064 42 |
| 玻利维亚 | 7.285 35 | 厄瓜多尔 | 5.303 16 | 马尔代夫 | 4.187 97 | 伊朗 | 2.953 81 |
| 塞内加尔 | 7.222 96 | 肯尼亚 | 5.279 82 | 塞尔维亚 | 4.180 25 | 危地马拉 | 2.941 39 |
| 斯威士兰 | 7.124 98 | 马来西亚 | 5.211 99 | 库克 | 4.012 51 | 塞拉利昂 | 2.667 97 |
| 哥斯达黎加 | 7.011 63 | 科摩罗 | 5.051 88 | 尼泊尔 | 3.993 02 | 加蓬 | 2.666 67 |
| 尼日尔 | 6.715 00 | 毛里求斯 | 4.991 21 | 阿富汗 | 3.777 59 | 阿塞拜疆 | 2.634 66 |
| 巴巴多斯 | 6.711 79 | 白俄罗斯 | 4.989 83 | 日本 | 3.771 15 | 巴基斯坦 | 2.466 66 |
| 新西兰 | 6.349 61 | 瓦努阿图 | 4.910 83 | 文莱 | 3.765 95 | 亚美尼亚 | 2.240 50 |
| 加纳 | 6.159 83 | 多哥 | 4.876 73 | 秘鲁 | 3.657 86 | 中国澳门 | 2.025 66 |
| 阿鲁巴 | 6.130 62 | 圣卢西亚 | 4.841 66 | 马里 | 3.637 40 | 斯里兰卡 | 1.916 73 |
| 南非 | 6.056 29 | 马拉维 | 4.839 84 | 中国香港 | 3.571 96 | 柬埔寨 | 1.900 83 |
| 牙买加 | 6.026 07 | 智利 | 4.764 02 | 卡塔尔 | 3.548 96 | 百慕大 | 1.782 85 |
| 乌克兰 | 5.950 64 | 科特迪瓦 | 4.719 47 | 老挝 | 3.327 20 | 乌干达 | 1.704 42 |
| 不丹 | 5.903 33 | 哥伦比亚 | 4.662 45 | 印度尼西亚 | 3.289 22 | 摩纳哥 | 1.021 95 |

数据来源：IMF。

总体上看，我国教育支出仍落后于国民经济和社会发展，占 GDP 比重明显偏低。4%，一个看似简单的数字，却是中国教育事业自 1993 年以来苦苦追求的目标。直到 2012 年 3 月，第十一届全国人民代表大会第五次会议上的政府工作报告提出，中央财政已按全国财政性教育经费支出占国内生产总值的 4% 编制预算，地方财政也要相应安排，确保实现这一目标。此外，如果把我国的教育支出分摊到每个学生身上，计算生均教育支出，那么就算达到了占比 4% 的目标，我国的教育支出仍是捉襟见肘。因此，在经济发展的基础上，我国政府仍有必要进一步增加教育的投入，提高教育支出占 GDP 和财政支出的比重。

# 5.4 科学技术支出

## 5.4.1 科学技术支出的衡量指标

科学技术支出是指用于科学技术方面的支出，包括科学技术管理事务、基础研究、应用研究、技术研究与开发、科技条件与服务、社会科学、科学技术普及、科技交流与合作等支出。为了衡量科学技术支出，引入 R&D（research and development）概念：在科学技术领域，为增加知识总量，以及运用这些知识去创造新的应用而进行的系统的创造性的活动，包括基础研究、应用研究、试验发展三类活动。常译为“研究与开发”“研究与发展”或“研究与试验发展”。

一国研发（R&D）支出的资金来源可能有国外资金、企业资金、政府资金、高等教育机构资金、私人非营利机构资金和其他未指定机构资金等。关于科学技术支出的统计，国际上各类组织和学者们的一贯做法是，用 R&D 支出的政府资金部分代表政府的科学技术支出，用国内 R&D 支出（扣除国外资金后剩下的部分）及其占 GDP 的比例衡量该国对科学技术的重视程度。

## 5.4.2 我国的科学技术支出

科学技术是第一生产力。科学技术的进步已经为人类创造了巨大的物质财富和精神财富。我国一直十分重视科学研究事业，财政在科学研究领域的投入不断增加，现今已经发展成为拥有一定科学技术攻坚能力的国家，已能够自行研制并生产各种大型成套工业生产设备，并且掌握了核技术、空间技术、先进的通信技术和电子计算机技术等高新科技。科学技术的蓬勃发展，极大地提高了中国的产业技术水平，促进了工业、农业劳动生产率大幅度提高，有力地带动了整个国民经济的发展。

如表 5 - 8 所示，我国科学技术支出的总额不断增长，从 2002 年的 1 287.64 亿元增长到 2017 年的 17 606.13 亿元，远高于 GDP 增速。从绝对支出规模来看，已经大大超过一些发达国家的水平，这是值得肯定的。但是，我国的科学技术支出中政府资金的比重较低，而且近年一直下降，2017 年只有 19.81%，相比之下企业资金的比重则高得多。与其他国家相比，比如美国、法国、英国（见表 5 - 9 和表 5 - 10），我国政府的科技支出占比明显较低。这充分说明了，在支持我国科技发展的过程中，企业是“主角”，政府是“配角”，科技进步更多地依赖于企业的财力支持。这要求政府做好两个方面的工作：其一，制定并实施各种优惠政策（如税收减免），鼓励企业进行研究开发或技术创新；其二，把有限的财政资金用于研发（关于国家战略和安全的）高尖端技术或攻克（凭个别企业的人力物力无法突破的）技术难关，如原子能技术、基因工程、航空航天等。

**表 5-8　2002—2017 年我国研究与试验发展经费支出及其资金来源分布**

| 年份 | 研究与试验发展经费支出（亿元） | 政府资金经费支出占比（%） | 企业资金经费支出占比（%） | 年份 | 研究与试验发展经费支出（亿元） | 政府资金经费支出占比（%） | 企业资金经费支出占比（%） |
|---|---|---|---|---|---|---|---|
| 2002 | 1 287. 64 | 30. 87 | 54. 98 | 2010 | 7 063. 00 | 24. 02 | 71. 69 |
| 2003 | 1 539. 63 | 29. 92 | 60. 11 | 2011 | 8 687. 00 | 21. 68 | 73. 91 |
| 2004 | 1 966. 33 | 26. 63 | 65. 67 | 2012 | 10 298. 41 | 21. 57 | 74. 04 |
| 2005 | 2 449. 97 | 26. 34 | 67. 04 | 2013 | 11 846. 60 | 21. 11 | 74. 60 |
| 2006 | 3 003. 10 | 24. 71 | 69. 05 | 2014 | 13 015. 63 | 20. 25 | 75. 42 |
| 2007 | 3 710. 24 | 24. 62 | 70. 37 | 2015 | 14 169. 88 | 21. 26 | 74. 73 |
| 2008 | 4 616. 02 | 23. 59 | 71. 74 | 2016 | 15 676. 75 | 20. 03 | 76. 06 |
| 2009 | 5 802. 11 | 23. 41 | 71. 74 | 2017 | 17 606. 13 | 19. 81 | 76. 48 |

数据来源：NBSC。

**表 5-9　2006—2016 年部分国家企业机构出资的研发支出总额所占百分比**

单位:%

| 年份 | 巴西 | 中国 | 法国 | 德国 | 日本 | 韩国 | 英国 | 美国 |
|---|---|---|---|---|---|---|---|---|
| 2006 | 48. 00 | 69. 05 | 52. 33 | 68. 29 | 77. 07 | 75. 45 | 45. 20 | 64. 28 |
| 2007 | 46. 10 | 70. 37 | 52. 27 | 68. 12 | 77. 71 | 73. 65 | 45. 95 | 64. 88 |
| 2008 | 47. 52 | 71. 74 | 50. 82 | 67. 27 | 78. 17 | 72. 88 | 45. 42 | 63. 52 |
| 2009 | 45. 54 | 71. 74 | 52. 27 | 66. 08 | 75. 27 | 71. 08 | 44. 54 | 57. 90 |
| 2010 | 47. 04 | 71. 69 | 53. 50 | 65. 52 | 75. 93 | 71. 80 | 44. 05 | 56. 93 |
| 2011 | 45. 23 | 73. 91 | 55. 04 | 65. 59 | 76. 52 | 73. 71 | 45. 86 | 58. 37 |
| 2012 | 43. 07 | 74. 04 | 55. 33 | 66. 07 | 76. 12 | 74. 73 | 45. 61 | 59. 53 |
| 2013 | 40. 35 | 74. 60 | 55. 07 | 65. 44 | 75. 48 | 75. 68 | 46. 21 | 61. 12 |
| 2014 | 44. 88 | 75. 42 | 54. 50 | 65. 98 | 77. 26 | 75. 33 | 48. 04 | 62. 00 |
| 2015 | 47. 50 | 74. 73 | 54. 04 | 65. 60 | 77. 97 | 74. 55 | 48. 96 | 62. 36 |
| 2016 | — | 76. 06 | — | — | 78. 09 | 75. 42 | — | 62. 32 |

数据来源：国研网。

**表 5-10　2006—2016 年部分国家政府机构出资的研发支出总额所占百分比**

单位:%

| 年份 | 巴西 | 中国 | 法国 | 德国 | 日本 | 韩国 | 英国 | 美国 |
|---|---|---|---|---|---|---|---|---|
| 2006 | 50. 03 | 24. 71 | 38. 51 | 27. 53 | 16. 18 | 23. 07 | 31. 87 | 29. 86 |
| 2007 | 51. 62 | 24. 62 | 38. 15 | 27. 51 | 15. 63 | 24. 80 | 30. 92 | 29. 17 |
| 2008 | 50. 36 | 23. 59 | 38. 92 | 28. 40 | 15. 62 | 25. 41 | 30. 66 | 30. 39 |

（续上表）

| 年份 | 巴西 | 中国 | 法国 | 德国 | 日本 | 韩国 | 英国 | 美国 |
|---|---|---|---|---|---|---|---|---|
| 2009 | 52.29 | 23.41 | 38.71 | 29.82 | 17.67 | 27.40 | 32.55 | 32.66 |
| 2010 | 51.12 | 24.02 | 37.14 | 30.37 | 17.17 | 26.75 | 32.28 | 32.61 |
| 2011 | 52.90 | 21.68 | 35.15 | 29.89 | 16.41 | 24.90 | 30.45 | 31.27 |
| 2012 | 54.93 | 21.57 | 35.35 | 29.21 | 16.84 | 23.85 | 28.67 | 29.64 |
| 2013 | 57.70 | 21.11 | 35.30 | 29.10 | 17.30 | 22.83 | 29.12 | 27.53 |
| 2014 | 52.90 | 20.25 | 34.35 | 28.71 | 16.02 | 22.96 | 28.36 | 25.94 |
| 2015 | 50.17 | 21.26 | 34.81 | 27.89 | 15.41 | 23.66 | 27.67 | 25.50 |
| 2016 | — | 20.03 | — | — | 15.02 | 22.68 | — | 25.08 |

数据来源：国研网。

如表5－11所示，2007年我国政府财政一般预算内的科学技术支出占GDP的比重只有0.79%，2018年也才增长到0.92%，这与世界其他国家相比还有较大的差距（见表5－12）；此外，占财政支出的比重甚至有下降趋势。

**表5－11　2007—2018年我国政府财政一般预算内科学技术支出及其占GDP和财政支出的比例**

| 年份 | 一般预算内科学技术支出（亿元） | 占GDP的比例（%） | 占财政支出的比例（%） |
|---|---|---|---|
| 2007 | 2 135.70 | 0.79 | 4.29 |
| 2008 | 2 611.00 | 0.82 | 4.17 |
| 2009 | 3 276.80 | 0.94 | 4.29 |
| 2010 | 4 196.70 | 1.02 | 4.67 |
| 2011 | 3 828.02 | 0.78 | 3.50 |
| 2012 | 4 452.63 | 0.83 | 3.54 |
| 2013 | 5 084.30 | 0.86 | 3.63 |
| 2014 | 5 314.50 | 0.83 | 3.50 |
| 2015 | 5 862.57 | 0.85 | 3.33 |
| 2016 | 6 564.00 | 0.89 | 3.50 |
| 2017 | 7 266.98 | 0.89 | 3.58 |
| 2018 | 8 321.74 | 0.92 | 3.77 |

数据来源：由《中国统计年鉴》数据整理。

**表 5－12　2006—2016 年部分国家国内研发支出占 GDP 的百分比**

单位:%

| 年份 | 巴西 | 中国 | 法国 | 德国 | 印度 | 日本 | 韩国 | 英国 | 美国 |
|---|---|---|---|---|---|---|---|---|---|
| 2006 | 0.99 | 1.37 | 2.05 | 2.46 | 0.82 | 3.28 | 2.83 | 1.59 | 2.55 |
| 2007 | 1.08 | 1.37 | 2.02 | 2.45 | 0.82 | 3.34 | 3.00 | 1.63 | 2.63 |
| 2008 | 1.13 | 1.44 | 2.06 | 2.60 | 0.87 | 3.34 | 3.12 | 1.63 | 2.77 |
| 2009 | 1.12 | 1.66 | 2.21 | 2.73 | 0.84 | 3.23 | 3.29 | 1.69 | 2.82 |
| 2010 | 1.16 | 1.71 | 2.18 | 2.71 | 0.82 | 3.14 | 3.47 | 1.67 | 2.74 |
| 2011 | 1.14 | 1.78 | 2.19 | 2.80 | 0.83 | 3.24 | 3.74 | 1.67 | 2.77 |
| 2012 | 1.13 | 1.91 | 2.23 | 2.87 | — | 3.21 | 4.03 | 1.60 | 2.69 |
| 2013 | 1.20 | 1.99 | 2.24 | 2.82 | — | 3.31 | 4.15 | 1.65 | 2.72 |
| 2014 | 1.27 | 2.02 | 2.28 | 2.87 | — | 3.40 | 4.29 | 1.67 | 2.74 |
| 2015 | 1.28 | 2.06 | 2.27 | 2.92 | 0.62 | 3.29 | 4.22 | 1.67 | 2.74 |
| 2016 | — | 2.11 | 2.25 | 2.94 | — | 3.15 | 4.24 | 1.69 | 2.74 |

数据来源：国研网。

如图 5－2 和表 5－13 至表 5－15 所示，我国科学技术支出的结构不甚合理，没有协调好基础研究与应用研究、试验发展的关系。数据显示，我国用于基础研究的支出比例严重偏低，2016 年只有 5.25%；应用研究的支出比例长期低于 13%，与西方国家的水平相差甚远，这就是历年来我国科技投入和科技成果数量快速增长但成果转化率和产业化率严重偏低的原因所在；用于试验发展的支出比例太高，2016 年高达 84.48%。不少科学研究虽然在实验室获得了成果，但由于生产中广泛运用的工艺技术基础薄弱，基础元器件生产落后等，始终不能形成综合生产能力。

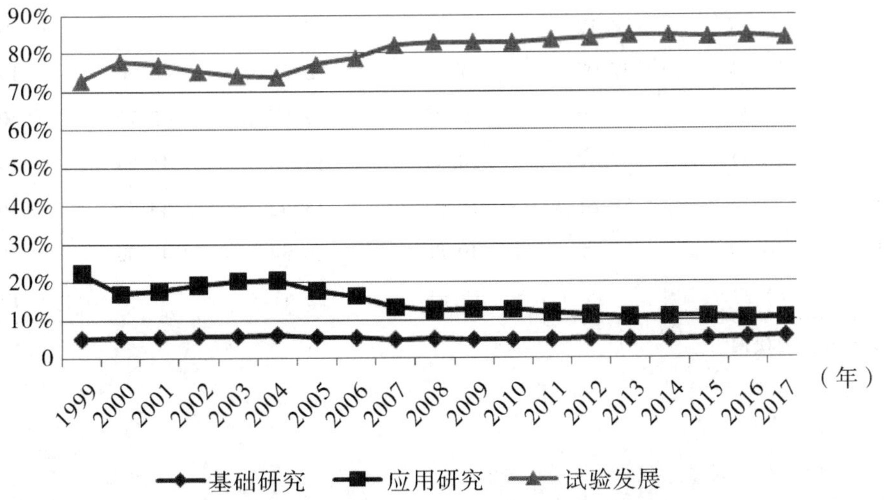


**图 5－2　1999—2017 年我国研究与试验发展经费支出的结构**

数据来源：由《中国统计年鉴》数据整理。

**表 5-13　2006—2016 年部分国家的基础研究占研发支出的百分比**

单位:%

| 年份 | 中国 | 法国 | 日本 | 韩国 | 英国 | 美国 |
|---|---|---|---|---|---|---|
| 2006 | 5.19 | 23.89 | 11.64 | 15.15 | | 17.83 |
| 2007 | 4.70 | 24.90 | 11.55 | 15.71 | 15.74 | 17.89 |
| 2008 | 4.78 | 25.35 | 11.39 | 16.05 | 15.85 | 17.71 |
| 2009 | 4.66 | 26.08 | 12.46 | 18.06 | 16.82 | 18.15 |
| 2010 | 4.59 | 25.11 | 12.13 | 18.22 | 17.81 | 18.31 |
| 2011 | 4.74 | 24.34 | 12.26 | 18.07 | 16.37 | 17.39 |
| 2012 | 4.84 | 24.12 | 12.46 | 18.31 | 16.77 | 16.87 |
| 2013 | 4.68 | 24.32 | 12.63 | 17.99 | 16.82 | 17.26 |
| 2014 | 4.71 | 23.90 | 12.26 | 17.64 | 16.91 | 17.22 |
| 2015 | 5.05 | 23.77 | 11.91 | 17.23 | 16.66 | 16.81 |
| 2016 | 5.25 | | 12.57 | 15.97 | | 16.89 |

数据来源：国研网。

**表 5-14　2006—2016 年部分国家的应用研究占研发支出的百分比**

单位:%

| 年份 | 中国 | 法国 | 日本 | 韩国 | 英国 | 美国 |
|---|---|---|---|---|---|---|
| 2006 | 16.80 | 39.05 | 20.46 | 19.86 | | 21.72 |
| 2007 | 13.29 | 38.53 | 21.52 | 19.84 | 43.95 | 21.97 |
| 2008 | 12.46 | 39.33 | 21.68 | 19.64 | 44.05 | 18.37 |
| 2009 | 12.60 | 39.62 | 22.34 | 19.97 | 45.63 | 18.64 |
| 2010 | 12.66 | 38.19 | 21.25 | 19.94 | 46.23 | 20.30 |
| 2011 | 11.84 | 37.05 | 21.03 | 20.28 | 46.90 | 19.55 |
| 2012 | 11.28 | 37.29 | 20.75 | 19.07 | 45.72 | 20.05 |
| 2013 | 10.71 | 37.77 | 20.87 | 19.08 | 45.64 | 19.42 |
| 2014 | 10.74 | 38.61 | 19.93 | 18.92 | 43.33 | 19.29 |
| 2015 | 10.79 | 37.90 | 19.86 | 20.84 | 44.30 | 19.56 |
| 2016 | 10.27 | | 18.85 | 22.51 | | 19.62 |

数据来源：国研网。

**表 5-15　2006—2016 年部分国家的试验发展占研发支出的百分比**

单位：%

| 年份 | 中国 | 法国 | 日本 | 韩国 | 英国 | 美国 |
|---|---|---|---|---|---|---|
| 2006 | 78.01 | 37.06 | 62.93 | 64.99 | | 60.24 |
| 2007 | 82.01 | 36.57 | 61.98 | 64.44 | 40.31 | 59.97 |
| 2008 | 82.76 | 35.32 | 62.60 | 64.31 | 40.10 | 63.77 |
| 2009 | 82.75 | 34.29 | 60.49 | 61.97 | 37.56 | 62.89 |
| 2010 | 82.75 | 32.79 | 61.94 | 61.84 | 35.96 | 60.94 |
| 2011 | 83.42 | 34.78 | 62.12 | 61.66 | 36.73 | 62.85 |
| 2012 | 83.87 | 35.23 | 62.08 | 62.62 | 37.50 | 62.91 |
| 2013 | 84.60 | 34.50 | 61.83 | 62.93 | 37.54 | 63.13 |
| 2014 | 84.54 | 34.33 | 63.43 | 63.44 | 39.76 | 63.27 |
| 2015 | 84.16 | 35.25 | 63.69 | 61.94 | 39.04 | 63.34 |
| 2016 | 84.48 | | 64.04 | 61.52 | | 63.27 |

数据来源：国研网。

因此，应进一步调整和优化我国科学技术支出的内部结构。变“学术思维”为“市场思维”，在保证必要基础研究的前提下，增加应用研究的支出比例，适度减少试验发展的支出比例，使科技成果尽快形成生产力，提高科学技术支出的使用效益。

## 5.5　医疗卫生支出

### 5.5.1　医疗卫生支出的衡量指标

医疗卫生支出，包括医疗卫生管理事务支出、医疗服务支出、医疗保障支出、疾病预防控制支出、卫生监督支出、妇幼保健支出、农村卫生支出等。在2006年以前，我国的财政支出决算表都是把“医疗卫生”并入“文教、科学、卫生”支出项目，直到2007年才单独分列出来。考虑到样本量太少（2007—2011），本节不采用财政支出决算的相关数据，而选用《中国统计年鉴2011》“卫生和社会服务”板块的“卫生总费用”指标。卫生总费用按资金来源分为政府卫生支出、社会卫生支出和个人现金卫生支出。一般用政府卫生支出衡量国家财政的医疗卫生支出；用卫生总费用占GDP比重和人均卫生总费用衡量一国对医疗卫生的重视程度。

### 5.5.2　我国医疗卫生支出概况

表5-16显示了改革开放以来我国医疗卫生的支出情况：

（1）医疗卫生支出总额增长迅速。卫生总费用从1978年的110.21亿元到2017年的52 598.28亿元，年均增长速度接近17.13%；人均卫生总费用从1978年的11.45元增长到2017年的3 783.83元。如此快速的增长在全世界都不多见。

（2）医疗卫生支出结构不合理。其一，政府卫生支出（公共财政预算内医疗卫生支出）占比太低。政府卫生支出占卫生总费用的比重总体上先降后升，2017年占比仅为28.91%，这与1997年旧医改方案①规定的“我国卫生事业是政府实行一定福利政策的社会公益事业”格格不入。现实中的情况是，政府每年给医院的补贴常不到位，即使到位，也时常被各级政府以各种理由截留。财政不“给力”，使得医疗机构的公益性逐渐淡化，片面追求经济利益。其二，个人负担比例过高。自改革开放以来，个人现金卫生支出的比重先升后降。在2001年达到历史最高点，为59.97%，之后持续下降，但仍处于高位。原因在于，“医改”长期奉行商业化和市场化的原则，政府对医院补贴减少，并允许医院对购进药品加成15%。这就意味着，药品进价越高，医院收入越多。因此，病人不仅要负担医药成本，还要负担医院职工工资、奖金、购买设备、建病房的支出，此即所谓的“以药养医”。

（3）人均医疗卫生总费用很低（见表5－16）。由于人口基数庞大，将来相当长的一段时间里，我国人均医疗卫生总费用都会处于较低水平。

（4）卫生总费用占GDP的比重偏低。我国卫生总费用占GDP比重从1978年的3.02%上升到2017年的6.41%，虽有增加，但是与世界上其他国家相比仍有不足。以2013年为例，我国卫生总费用占GDP的比例仅为5.34%，远远低于同期美国的17.1%、德国的11.3%和日本的10.3%。

**表5－16　1978—2017年我国卫生总费用及其支出结构**

| 年份 | 卫生总费用（亿元） | 政府卫生支出 | | 社会卫生支出 | 个人现金卫生支出 | 人均卫生总费用（元） | 卫生总费用占GDP比重（%） |
|---|---|---|---|---|---|---|---|
| | | 绝对数（亿元） | 占卫生总费用比重（%） | 占卫生总费用比重（%） | 占卫生总费用比重（%） | | |
| 1978 | 110.21 | 35.44 | 32.16 | 47.41 | 20.43 | 11.45 | 3.02 |
| 1979 | 126.19 | 40.64 | 32.21 | 47.45 | 20.34 | 12.94 | 3.11 |
| 1980 | 143.23 | 51.91 | 36.24 | 42.57 | 21.19 | 14.51 | 3.15 |
| 1981 | 160.12 | 59.67 | 37.27 | 38.99 | 23.74 | 16.00 | 3.27 |
| 1982 | 177.53 | 68.99 | 38.86 | 39.49 | 21.65 | 17.46 | 3.33 |
| 1983 | 207.42 | 77.63 | 37.43 | 31.12 | 31.45 | 20.14 | 3.48 |
| 1984 | 242.07 | 89.46 | 36.96 | 30.41 | 32.64 | 23.20 | 3.36 |
| 1985 | 279.00 | 107.65 | 38.58 | 32.96 | 28.46 | 26.36 | 3.09 |

① 参考1997年1月15日《中共中央、国务院关于卫生改革与发展的决定》。

（续上表）

| 年份 | 卫生总费用（亿元） | 政府卫生支出 | | 社会卫生支出 | 个人现金卫生支出 | 人均卫生总费用（元） | 卫生总费用占GDP比重（%） |
|---|---|---|---|---|---|---|---|
| | | 绝对数（亿元） | 占卫生总费用比重（%） | 占卫生总费用比重（%） | 占卫生总费用比重（%） | | |
| 1986 | 315.90 | 122.23 | 38.69 | 34.93 | 26.37 | 29.38 | 3.07 |
| 1987 | 379.58 | 127.28 | 33.53 | 36.16 | 30.31 | 34.73 | 3.15 |
| 1988 | 488.04 | 145.39 | 29.79 | 38.93 | 31.28 | 43.96 | 3.24 |
| 1989 | 615.50 | 167.83 | 27.27 | 38.64 | 34.09 | 54.61 | 3.62 |
| 1990 | 747.39 | 187.28 | 25.06 | 39.22 | 35.73 | 65.37 | 4.00 |
| 1991 | 893.49 | 204.05 | 22.84 | 39.67 | 37.50 | 77.14 | 4.10 |
| 1992 | 1 096.86 | 228.61 | 20.84 | 39.34 | 39.81 | 93.61 | 4.07 |
| 1993 | 1 377.78 | 272.06 | 19.75 | 38.09 | 42.17 | 116.25 | 3.90 |
| 1994 | 1 761.24 | 342.28 | 19.43 | 36.62 | 43.95 | 146.95 | 3.65 |
| 1995 | 2 155.13 | 387.34 | 17.97 | 35.63 | 46.40 | 177.93 | 3.54 |
| 1996 | 2 709.42 | 461.61 | 17.04 | 32.32 | 50.64 | 221.38 | 3.81 |
| 1997 | 3 196.71 | 523.56 | 16.38 | 30.78 | 52.84 | 258.58 | 4.05 |
| 1998 | 3 678.72 | 590.06 | 16.04 | 29.11 | 54.85 | 294.86 | 4.36 |
| 1999 | 4 047.50 | 640.96 | 15.84 | 28.31 | 55.85 | 321.78 | 4.51 |
| 2000 | 4 586.63 | 709.52 | 15.47 | 25.55 | 58.98 | 361.88 | 4.62 |
| 2001 | 5 025.93 | 800.61 | 15.93 | 24.10 | 59.97 | 393.80 | 4.58 |
| 2002 | 5 790.03 | 908.51 | 15.69 | 26.59 | 57.72 | 450.75 | 4.81 |
| 2003 | 6 584.10 | 1 116.94 | 16.96 | 27.16 | 55.87 | 509.50 | 4.85 |
| 2004 | 7 590.29 | 1 293.58 | 17.04 | 29.32 | 53.64 | 583.92 | 4.75 |
| 2005 | 8 659.91 | 1 552.53 | 17.93 | 29.87 | 52.21 | 662.30 | 4.68 |
| 2006 | 9 843.34 | 1 778.86 | 18.07 | 32.62 | 49.31 | 748.84 | 4.55 |
| 2007 | 11 573.97 | 2 581.58 | 22.31 | 33.64 | 44.05 | 875.96 | 4.35 |
| 2008 | 14 535.40 | 3 593.94 | 24.73 | 34.85 | 40.42 | 1 094.52 | 4.63 |
| 2009 | 17 541.92 | 4 816.26 | 27.46 | 35.08 | 37.46 | 1 314.26 | 5.03 |
| 2010 | 19 980.39 | 5 732.49 | 28.69 | 36.02 | 35.29 | 1 490.06 | 4.85 |
| 2011 | 24 345.91 | 7 464.18 | 30.66 | 34.57 | 34.77 | 1 806.95 | 4.99 |
| 2012 | 28 119.00 | 8 431.98 | 29.99 | 35.67 | 34.34 | 2 076.67 | 5.22 |
| 2013 | 31 668.95 | 9 545.81 | 30.14 | 35.98 | 33.88 | 2 327.37 | 5.34 |
| 2014 | 35 312.40 | 10 579.23 | 29.96 | 38.05 | 31.99 | 2 581.66 | 5.51 |
| 2015 | 40 974.64 | 12 475.28 | 30.45 | 40.29 | 29.27 | 2 980.80 | 5.97 |
| 2016 | 46 344.88 | 13 910.31 | 30.01 | 41.21 | 28.78 | 3 351.74 | 6.26 |
| 2017 | 52 598.28 | 15 205.87 | 28.91 | 42.32 | 28.77 | 3 78383 | 6.41 |

数据来源：由《中国统计年鉴》数据整理。

### 5.5.3 关于我国医疗卫生支出的政策建议

为了满足人民群众日益增长的医疗卫生需求，提高国民的健康素质，我国当务之急是不断深化医疗卫生体制改革，建立政府主导的多元投入机制，逐步扩大医疗卫生支出。

（1）明确政府、社会与个人的卫生支出责任。确立政府在提供公共卫生和基本医疗服务中的主导地位。公共卫生服务主要通过政府筹资，向城乡居民均等化提供；基本医疗服务由政府、社会和个人三方合理分担费用；特需医疗服务由个人直接付费或通过商业健康保险支付。

（2）建立和完善政府卫生投入机制。各级政府要不断增加医疗卫生支出，提高政府卫生投入占卫生总费用的比重，减少居民个人的负担比例；政府卫生支出的增长速度要高于经常性财政支出的增长速度，使政府卫生支出占经常性财政支出的比重逐步提高；按照分级负担的原则合理划分中央和地方各级政府卫生投入责任。

（3）落实公立医院的政府补助政策。逐步加大政府投入，主要用于基本建设和设备购置、扶持重点学科发展、符合国家规定的离退休人员费用和补贴政策性亏损等，对承担的公共卫生服务等任务给予专项补助，形成规范合理的公立医院政府投入机制。对中医院、传染病院、精神病院、职业病防治院、妇产医院和儿童医院等在投入政策上予以倾斜。严格控制公立医院建设规模、标准和贷款行为。

（4）鼓励和引导社会资本发展医疗卫生事业。积极促进非公立医疗卫生机构发展，形成投资主体多元化、投资方式多样化的办医体制。抓紧制定和完善有关政策法规，规范社会资本包括境外资本办医疗机构的准入条件，完善公平公正的行业管理政策。鼓励社会资本依法兴办非营利性医疗机构。国家制定公立医院改制的指导性意见，积极引导社会资本以多种方式参与包括国有企业所办医院在内的部分公立医院改制重组。稳步推进公立医院改制的试点，适度降低公立医疗机构比重，形成公立医院与非公立医院相互促进、共同发展的格局。

（5）大力发展医疗慈善事业。制定相关优惠政策，鼓励社会力量兴办慈善医疗机构，或向医疗救助、医疗机构等慈善事业及部门捐赠。

## 5.6 社会保障和就业支出

### 5.6.1 社会保障相关理论

郑功成（2008）认为①，社会保障是国家或社会依法建立的、具有经济福利性的、社会化的国民生活保障系统。

---

① 郑功成．社会保障学［M］．北京：中国劳动社会保障出版社，2008.

关于社会保障，可以从以下五个方面进行理解：

（1）社会保障的主体是国家或社会，而不是个人。社会保障是一种公共产品，古典经济学认为，公共产品必然要由公共部门来提供。

（2）社会保障要有一定的法律依据。立法先行，是一项社会制度得以确立和完善的客观基础和依据，社会保障制度也不例外。在我国，相关的法律有《中华人民共和国社会保险法》等。

（3）社会保障具有经济福利性的特征。这是一种风险分散和责任共担机制，使受保者从中获得的利益大于之前为此而承担的成本（费用），简而言之，就是所得大于所失。

（4）社会保障具有社会化的特征。社会保障相关政策的实施，有赖于各种社会性组织的参与。

（5）社会保障的目标是保障国民生活，增进国民福利，并最终实现整个社会的和谐发展。这充分体现了“以人为本”的理念，是民生工程的“重头戏”。

1. 社会保障的内容

（1）社会救助，是指国家与社会对贫困人口、灾民等弱势群体进行接济和扶助的一种社会保障政策，包括以下八个子项目：

①生活救助：对家庭人均收入低于当地最低生活保障标准的人口进行差额补助。如中国的最低生活保障制度（“低保”，含“农村低保”和“城市低保”）。

②灾害救助：对遭受地震、洪水、干旱、台风、泥石流等自然灾害如四川汶川地震、青海玉树地震、甘肃舟曲特大泥石流等的灾民提供救助。

③失业救助：对依靠失业救济金仍无法维持基本生活、失业保险期满仍未找到工作而致贫的失业者提供救助。

④住房救助：向贫困家庭和其他需要保障的特殊家庭提供的救助，包括提供租房补贴、提供低廉租金配租住房等政策。我国近年来进行得如火如荼的廉租房政策，为部分低收入家庭解决了住所问题。

⑤医疗救助：对因贫困而无力承担医疗费用的病人提供的现金救助。

⑥教育救助：向贫困地区和贫困家庭子女提供学费等援助，以确保适龄人口获得公平的受教育机会。

⑦法律援助：对因贫困而导致的难以通过正常法律手段保障自身权益的社会成员提供救助，常见的形式有诉讼费减免、免费律师、公证和法律咨询服务等。

⑧扶贫开发：对落后地区尤其是中西部少数民族地区，进行政策、资金、技术、信息、人才、就业等方面的外部投入，以发展当地经济，提高当地人民的生活水平，缩小社会的贫富差距。

目前，我国的社会救助体系包括最低生活保障、乡村贫困救济、农村五保制度、灾害救助以及对特殊对象的救助等。此外，一些地方开始建立住房救助、医疗救助、教育救助等。社会救助的对象限于三无人员、灾民和贫困人口。

（2）社会保险，是国家依法建立的面向劳动者的一项强制性社会保障制度，是各国社会保障体系中的主体和核心。它由政府、企业和个人三方共同出资，用于保障劳动者在因年老、疾病、工伤、生育、死亡、失业等风险暂时或永久失去劳动能力从而失去收入来源时，能够获得一定水平的物质帮助，以此解除劳动者的后顾之忧。具体包含以下八个子项目：

①养老保险：使符合法定条件的退休劳动者获得一定水平的养老金，以满足其基本的生活需要。养老保险是最重要的社会保险项目。

②医疗保险：对法定范围内的劳动者在患病或非因工伤伤害时提供医疗费用等保障。

③工伤保险：对法定范围内的劳动者在因工作遭受伤害或患有职业病时提供生活保障。工伤保险具有雇主赔偿的性质，个人无须缴费。

④失业保险：对法定范围内的劳动者在因失业而丧失收入来源时给予物质援助。失业保险有一定期限（常为 1 年），如果失业者超过规定期限仍未找到工作，那么不再享有保险待遇。

⑤生育保险：对法定范围内的女性劳动者在因生育而导致收入锐减或丧失时提供保障。与工伤保险类似，生育保险参保者无须缴费。

⑥死亡抚恤：一般包括两部分，一部分用于丧事治理和安葬费用；另一部分是给予死者遗属的抚恤金。

⑦残障保险：是对因病致残的劳动者提供残障保险待遇的社会保险项目。

⑧护理保险：劳动者在年轻时缴费，到年老时获得生活照料等保险待遇。随着“少子高龄化”的不断加剧，护理保险越来越流行。

改革开放以来，随着经济的发展和人们对社会保障的需求不断增加，我国的社会保险制度日益完善。现行体系主要是指养老保险、医疗保险、失业保险、工伤保险和生育保险，合称“五险”。

（3）社会福利：国家和社会通过社会化的福利津贴、实物供给和社会服务等形式，满足国民的生活需要，致力于提高国民的生活水平和质量。根据受益对象的不同，分为老年人福利、残疾人福利、妇女儿童福利等；从内容上又可分为医疗卫生福利、公共教育福利、住房福利、社会服务等。

（4）军人保障：针对现役和退役军人的社会保障项目。中国的军人保障系统，包括军人保险、军人抚恤优待、军人福利、军人复员转业的就业安置或补偿等子项目，资金主要来自国家财政拨款。

（5）补充保障：包括慈善事业、社区服务、企业年金、商业保险、家庭保障等在内的用于弥补基本社会保障不足的补充保障项目。

2. 社会保障的功能

（1）社会稳定功能。社会保障的分配机制其实是风险分散或责任共担，体现出人与人之间的互助（同甘共苦）。“社会保障是调节社会成员中富人与穷人、劳动者与退休者、就业者与失业者、健康者与病患者、幸运者与不幸者、有子女者与无家庭负担者之间利益关系的基本杠杆。”（郑功成，2008）社会保障提高了社会成员尤其是弱势群体的物质与精神生活水平，增强其归属感和集体观念，因而能够缓解与防范社会成员因生存危机而可能出现的对社会或政府的反叛心理与反叛行为，保障他们在困难时期仍然可以安居乐业，降低动荡风险，维护社会稳定。因此，社会保障常常被人称为精巧的社会稳定器或减震器。

（2）经济调节功能。社会保障调节着国民经济的发展。社会保障基金从筹集到储蓄、投资再到分配，每一环节都影响着国民储蓄（$S$）和投资（$I$），从而作用于经济产出（$Y$）。此外，社会保障还是经济发展周期间的“蓄水池”，在经济过热时，因失业率下降，社会保障基金收入增加、支出减少，从而抑制社会有效需求，可以适度减缓经济增长；反之，在经济衰退时，社会保障可以拉动经济增长。

### 5.6.2 我国的社会保障和就业支出

根据《中国统计年鉴》，社会保障和就业支出是指政府在社会保障与就业方面的支出，具体事务包括社会保障和就业管理事务、民政管理事务、财政对社会保险基金的补助、补充全国社会保障基金、行政事业单位离退休、企业改革补助、就业补助、抚恤、退役安置、社会福利、残疾人事业、城市居民最低生活保障、其他城镇社会救济、农村社会救济、自然灾害生活救助、红十字事务等。

表5－17列出了2007—2018年我国的社会保障和就业支出状况。就绝对规模来说，从2007年的5 447.16亿元迅速增长到2018年的27 084.07亿元，年均增速高达15.7%，占GDP和全国财政支出的比重也是递增的。以上反映出我国政府正在不断加大社会保障和就业支出力度，逐步提高该项支出占GDP的比重，以改变“国富民穷”的现状。但同时应认识到，目前我国社会保障和就业支出的相对规模还远远落后于西方发达国家。要彻底解决14亿多人民的民生问题，我国还有很长的路要走。

**表5－17　2007—2018年我国的社会保障和就业支出**

| 年份 | 全国社会保障和就业支出（亿元） | 增速（%） | 占全国财政支出比重（%） | 占GDP比重（%） |
|---|---|---|---|---|
| 2007 | 5 447.16 | — | 10.94 | 2.05 |
| 2008 | 6 804.29 | 24.91 | 10.87 | 2.17 |
| 2009 | 7 606.68 | 11.79 | 9.97 | 2.23 |
| 2010 | 9 130.62 | 20.03 | 10.16 | 2.28 |
| 2011 | 11 109.40 | 21.67 | 10.17 | 2.28 |
| 2012 | 12 585.52 | 13.29 | 9.99 | 2.34 |
| 2013 | 14 490.54 | 15.14 | 10.33 | 2.44 |
| 2014 | 15 968.90 | 10.20 | 10.52 | 2.49 |
| 2015 | 19 018.69 | 19.10 | 10.81 | 2.77 |
| 2016 | 21 591.50 | 13.53 | 11.50 | 2.92 |
| 2017 | 24 611.68 | 13.99 | 12.12 | 3.00 |
| 2018 | 27 084.07 | 10.05 | 12.26 | 3.01 |

数据来源：由《中国统计年鉴》数据整理。

# 5.7 财政补贴

## 5.7.1 财政补贴的含义

财政补贴在世界各国都普遍存在，但有关这一现象的一致公认、权威性的概念表述，目前还没有在官方文件中见到。权威性国际组织和西方国家的经济学家对财政补贴的定义则有不少见解。

（1）美国经济学家 P. B. 穆斯格雷夫和 R. A. 穆斯格雷夫谈到补贴定义时说："100% 地通过税收筹集资金的支出可在某种程度上运用补贴的一般原理加以解释。"还说："从最终的意义上说，财政补贴可以被定义为由政府的税课和支出活动给予任何个人的净利得。"甚至认为财政部门的一切支出活动都含有不同的补贴因素，因此人们无须为财政补贴的定义枉费心思。他们虽然没有对补贴下明确的定义，但他们的观点实际上是把财政支出视同财政补贴。在以后的研究中，两位学者对财政补贴又有进一步表述：在经济社会中，存在着私人产品、公共产品以及兼有两种性质的准公共产品。完全的私人产品（私有企业生产）按价值规律要求在市场竞争中获利，其成本完全通过市场交易，由消费者提供的收入（销售收入）抵补，政府无须补贴，或者说政府对它们的补贴率为零；完全的公共产品（即执行国家职能的开支），其受益是非竞争性的（主要是国防、外交、行政、司法等）。这部分公共产品的需要不由市场决定，而由政府决定，其成本完全由财政来抵补，列入国家预算支付，亦即政府对它们提供 100% 的补贴。从这两位学者的观点看，财政支出的功能就是提供补贴，把正常的财政支出和财政补贴视为同一范畴。这种泛补贴观点，既混淆了支出和补贴的概念，也无助于进一步揭示财政补贴的经济实质。

（2）联合国经济和社会事务部统计处编的《国民经济核算体系》中对补贴的定义是"政府对生产者的现期转移"，并说明："津贴（即补贴）包括现期账户上私营公司从政府取得的一切补助金"和"津贴也包括现期账户上政府给予政府公司的一切补助，例如，补贴营业亏损（负的营业盈余）"。从这一定义及其说明看，补贴的范围包括政府公司和私营公司从政府取得的一切补助金，而不包括政府对居民的各种补贴。这种狭义的补贴定义，不能较全面地反映政府补贴支出。这样界定政府补贴，显然缩小了财政补贴的范围和数额，此补贴定义或许对于国民经济核算是适当的，但若据此研究财政补贴，难以对补贴涉及的经济关系得出符合客观实际的结论。

（3）从补贴与价格的关系界定财政补贴。有的学者认为，财政补贴是那些直接影响广义的商品相对价格的政府支出；还有的学者认为，财政补贴是解决提价和降价过程中发生的生产和消费的矛盾而采取的财政对价格的补贴。这种观点将补贴和相对价格联系起来考察是可取的，但作为财政补贴的定义尚有偏颇。

（4）负税论。从政府立场看，对企业、单位增加补贴或减税免税将发生同等效用，因而有的经济学家把补贴视作一种负税。用负税和补贴充当宏观调控工具：当价格大于价值时，用税调节；当价格低于价值时，用补贴调节。还有的学者认为，很多补贴都可以看成是负的税收。现实经济生活是复杂的，有的补贴，例如，通过对企业减免税收以增加企业投资，对企业税而言，企业得到了实惠，但从财政举措上来看，没有发生资金支付，与其称负的税收，不如称“税收支出”更确切。用负税完全替代补贴，对个人收入未达纳税起征点的居民而言，他们享受的各种补贴并不能用负税来解释。可见，用负税完全代替补贴，把二者视为同一概念恐难成立。

从实践和理论的视角来看，财政补贴的含义应如何界定呢？不同补贴定义的表述，虽有各自的侧重点，但概括起来基本上都涉及以下几个问题：①财政补贴是政府宏观调控政策的工具；②补贴措施包括政府预算支出（公开形式）和税收支出（免税、税收抵免和特别减税等隐蔽补贴形式）；③财政补贴直接改变相对价格（计划偏低价格），它对经济和分配关系的影响以相对价格的变动为传导。

我们将补贴的含义概括表述为：财政补贴是在既定的经济体制下，政府为达到一定的优化资源配置的政策目标，改变某些生产资料和消费品相对价格，在经常性财政支出之外，采取不同的支出形式（补贴支出和税收支出）对企业、单位和个人的无偿支出。

## 5.7.2 财政补贴的性质与特点

1. 财政补贴的性质

财政补贴与社会保障支出、对外援助支出、国家债务支出、其他支出等一样，实质上都是财政支出中转移支付的一种，都是政府单方面、无偿的资金支付，并不相应地取得商品和劳务。

2. 财政补贴的特点

（1）政策性。财政补贴是国家实现一定的政策目标的手段。财政补贴的对象、补贴的数额、补贴的期限等都是依据一定时期的国家政策需要制定的，因而，财政补贴具有很强的政策性。国家的政策是多方面的，不仅包括经济政策，而且包括政治和社会政策。因此，财政补贴不仅是国家调节经济的一个杠杆，也是协调各种社会关系，保障社会秩序和政治局面安定的一种经济手段。

（2）灵活性。同其他财政经济杠杆相比，财政补贴的对象具有针对性，补贴支付具有直接性，因此，财政补贴是国家手中的一种比较灵活的工具，其作用比其他财政经济杠杆更直接、更迅速。而且，国家还可以根据形势的变化和政策需要，及时地修正和调整财政补贴。因此，在世界各国，财政补贴往往是国家实现短期经济稳定的重要手段。

（3）时效性。国家的政治、经济和社会政策是随着政治经济形势的变化而修正、调整和更新的，任何财政补贴措施都是依据一定时期的国家政策需要制定的，是为了实现国家的政策目标服务的。因此，当国家的某项政策发生变化时，财政补贴措施也应做相应的调整；当国家的某项政策随着形势的变化而失去政策效力时，与之相应的财政补贴措施也应随之而终。这就是财政补贴的时效性。

### 5.7.3 财政补贴的分类

1. 按接受主体分类

按接受主体，可分为企业补贴和个人补贴两类。或按对经济活动的影响，分为对生产的补贴和对消费的补贴两类。

企业和个人作为接受补贴的主体，直接接受补贴。但接受补贴的企业和个人不一定是补贴受益者，因为补贴利益会随着经济活动而转移给最终受益者。如价格补贴和政策性企业亏损补贴直接支付给企业，看起来是企业得到补贴利益，实际上并非如此。

如果这些企业生产的产品是社会所需要的，很容易销售出去，政府也不限价，那么，企业按市场价格销售在抵补生产成本后还能获利，这就不需要补贴。如果由于政府限价，或制定的价格低于成本而导致企业亏损，这种情况下企业获得的补贴，并未使企业真正获得利益。获得补贴利益的可能是其他企业和个人消费者。其他企业从接受补贴的企业购到低价生产资料（原材料、燃料、半成品等）投入生产，使其成本降低、盈利增加而受益；个人消费者从接受补贴的企业购得低价消费品而受益。从提供给个人的补贴看，也存在补贴利益转移问题。对个人消费的粮食、食油、副食品等提供补贴，意味着增加了劳动力再生产费用。这部分费用应该通过提高工资体现劳动力价值。在不增加工资条件下向个人提供财政补贴，只是为了维持劳动力的正常再生产条件，并未使个人在劳动力价值之外得到超过自身权利的额外收入，而真正获益的是工商企业。

2. 按补贴项目分类

（1）价格补贴，包括农副产品价格补贴、农业生产资料价格补贴、工矿产品价格补贴等。由于某些产品国家计划价格偏低，又不能按市场供求形成价格，因而使生产部门发生亏损而由财政给予补贴。

（2）亏损企业补贴。企业亏损的形成原因主要有两个：一是政策性亏损，由于执行国家政策，支持生产刺激消费而将某些产品的计划价格定得低于成本，亏损由财政弥补；二是经营性亏损，即企业经营管理不善而发生的亏损。财政补贴原则上限于政策性亏损，而对经营性亏损应按优胜劣汰原则，经过市场重新配置资源，优化产业结构。外贸进口补贴，实质上属于经营性亏损补贴。

（3）财政贴息，指某产业部门或企业利用贷款建设某一项目，自己不付利息，由财政代付全部或部分利息。

（4）税收补贴（变相支出）。按国家政策调整产业结构或发展短线产品，国家允许对企业减免税收，实行税收优待，或者允许用所得税利润归还贷款。

（5）房租补贴，指房租价格低于成本而由财政支付给房产管理部门的补贴。

（6）职工生活补贴，即当职工、居民消费的副食品销售价格提高而未相应提高工资时，为保证职工、居民生活水平不降低而给予的补贴。其中行政、事业单位由各级财政按规定标准直接补给职工；国有企业职工由企业支付，冲减企业利润。

以上是主要补贴项目。我国补贴项目繁多，除以上项目外还有各种补贴项目，例如，企业职工医疗卫生费、文娱体育宣传费、书报杂志费、洗理费、交通补助费、计划生育补贴费、燃料补助费、野外工作补贴费、边疆地区工作补贴费等。

3. 按照补贴方法分类

按补贴方法，可划分为现金补贴和实物补贴两类。由于财政补贴可能转移，就其最终获益来看，表现为现金补贴和实物补贴两种形态。现金补贴是指政府以发放现金的形式直接支付给接受补贴者，通常称为明补，是接受补贴者（主体）得到工资以外的额外收入。其中大部分不发生补贴利益转移。实物补贴，是指补贴利益发生了转移的那部分财政补贴，通常称为暗补。企业按政府以低于产品成本或微利而制定价格向企业和个人提供产品，而企业亏损由财政给予补贴。购买低价生产资料的企业和购买低价消费品的个人消费者是补贴的最终受益者。

除以上分类外，还可以按照补贴的经济性质分为生产补贴和消费补贴；按社会再生产环节，分为生产环节、流通环节和消费环节的补贴等。财政补贴还可以按照补贴的对象分为农业补贴、公用事业补贴等。财政补贴的分类无固定模式，可根据分析研究需要采取不同的分类方法。

国家统计的财政补贴主要包括价格补贴、企业亏损补贴和财政贴息。原来企业亏损补贴中还包括对外贸企业出口补贴，现在这一块已基本取消。税收支出和间接出口补贴由于比较隐蔽，没有统计在内。同时，在预算财务处理中，价格补贴和财政贴息列为预算支出，而大部分企业亏损补贴红字冲减预算收入。

## 5.7.4 财政补贴的经济效应

财政补贴通过改变受补贴者的实际收入水平和商品的相对价格结构，而对经济运行产生一系列的影响和效应。

1. 对社会供给总量与结构的影响和效应

首先，财政补贴对社会需求总量与结构的影响，会迂回、间接地反映在社会供给（包括总量与结构）的变化上：其一，根据需求创造供给的原理，财政补贴对居民消费需求总量与结构的调节为企业供给总量与结构的调节提供了必要性或依据；其二，财政补贴对企业投资需求（或投入品）总量与结构的调节决定着企业的生产能力和生产结构，从而为社会供给总量与结构的调节提供了可能性或物质基础。

其次，财政对企业产出品的补贴使企业扣除生产成本和经营费用以后仍然有利可图，刺激了企业增加生产、增加供给、改善供给结构的积极性，进而直接影响着社会供给总量与结构。

2. 对社会供给总量与结构的影响和效应

财政对居民的消费性补贴，如果采用实物补贴方式（如补贴商品的低价格、补贴住房的低房租、公费医疗的个人低费用等），虽然不会增加居民的名义收入，但能增加居民的实际收入，如图 5 - 3 所示。

图中 $X$ 轴代表补贴品，$Y$ 轴代表非补贴品。无补贴时，消费者的预算曲线为 $AB$，政府对补贴品的生产者进行补贴后，并配合一定的强制措施使补贴品的价格 $X$ 下降，则消费者面临的是 $BC$ 这样一条新的预算曲线。因此，相同数目的钱能购买到更多的商品

（不一定全是补贴品），相当于接受补贴者的实际收入提高了。

如果采取现金补贴方式（将现金直接补贴给居民个人），则既会增加居民的名义收入，又会增加居民的实际收入，如图 5－4 所示。明补将消费者的预算线提高了，从图中可见 *AA* 提高到 *BB*。由于明补不改变相对价格结构，只是增加消费者的收入，故提高后的预算曲线 *BB* 与原来的预算曲线平行。

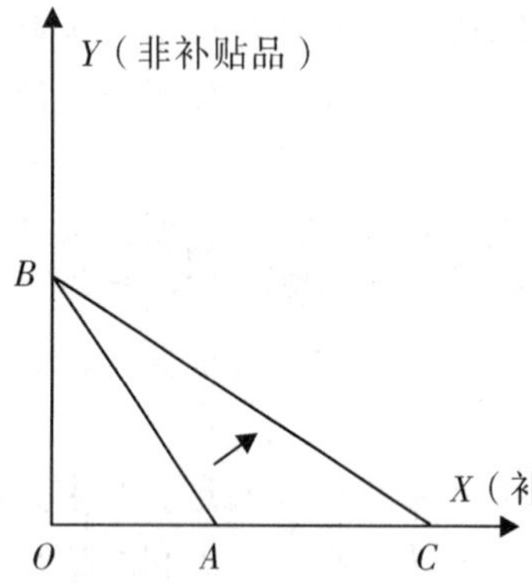


图 5－3　实物补贴（暗补）

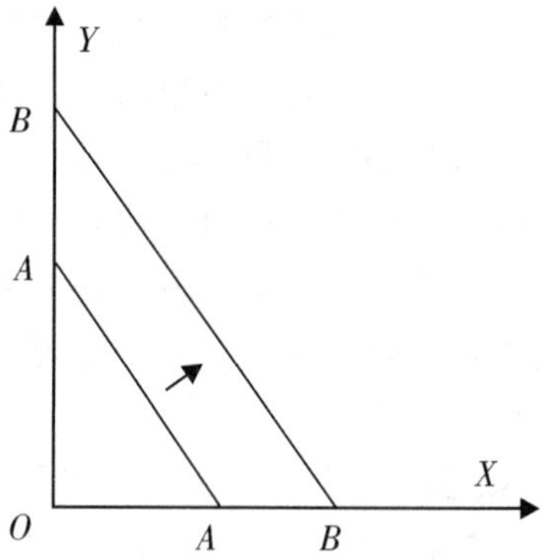


图 5－4　现金补贴（明补）

无论是明补还是暗补，都会对居民产生收入效应，从而进一步产生扩张消费需求的效应。在暗补方式下，补贴品的价格相对于非补贴品的价格较为低廉，这就对消费者的消费抉择产生替代效应，使消费者对补贴品的需求相对增加，对非补贴品的需求相对减少，从而导致消费需求结构的变化。而在单一的明补方式下，不存在补贴商品与非补贴商品的价格差异，同时居民得到的现金补贴额也与购买何种商品无关，因而居民能够根据自己的消费偏好比较合理地安排消费支出结构，这就不会发生消费需求结构的扭曲。财政对企业生产的补贴将会增加企业利润；长期提供生产补贴，使企业利润不断积累，其中有一部分会转化为投资需求。而财政对企业投资的补贴则会直接形成投资需求。因此，财政对企业生产和投资补贴的增减变化会对企业投资需求产生扩张或收缩效应。同时，财政补贴使受补贴产业投入品的价格较之非补贴产业投入品的价格更为便宜，从而对企业的投资抉择产生替代效应，使企业对补贴产业的投资需求相对增加，而对非补贴产业的投资需求相对减少，最终导致投资需求结构的变化。这种投资需求结构的变化沿着投入—产出—投入的技术链和产业链还会继续向下传导和延伸。

## 本章小结

按照经济性质，财政支出可分为购买支出和转移支出。

购买支出包括一般公共服务支出、国防支出、教育支出、科学技术支出、医疗卫生支出等。我国要适当控制一般公共服务支出的增长速度，防止过度增长。教科文卫支出的增长应与经济发展和财政支出增长同步，才有利于我国技术进步和人民生活水平的提高。

转移支出包括社会保障和就业支出、财政补贴等，随着我国社会保障制度的完善以及老龄化社会的到来，以养老和医疗保险为主的社会保障支出在财政支出中的相对比重将日益增加。

## 思考题

1. 购买支出包括哪些？转移支出包括哪些？
2. 请简述财政补贴的经济效应。
3. 如何合理控制我国财政一般公共服务支出增长？
4. 如何看待我国财政经济建设支出占财政支出的比重？
5. 根据科学发展观的要求，如何合理优化我国财政支出结构？

# 6 财政收入的规模与结构

在代议制民主下，公共权力尽管仍然要由少数个人来履行，也仍然要产生某个总统或国家元首等国家最高首脑，但“主权在民”原则却能够得到保证和实施，此时的政府机构和人员以及公共权力都受到了社会公众的根本决定，受到了社会公众的直接约束和规范……市场经济下的财政收入也必然要体现出这一根本性质。

——张馨《公共财政论纲》

财政收入指政府为履行其职能，保证财政支出需要而筹集的一切资金的总和。财政收入是衡量一国政府财力的重要指标，政府在社会经济活动中提供公共品的范围和数量在很大程度上取决于财政收入。

分析财政收入的目的在于了解影响财政收入的各种因素，寻求财政收入的有效管理方法，为向整个社会提供最适合的公共品做好资金保障。财政收入的主要来源——税收，其原理与制度将在第7章与第8章详细阐述。本章在对财政收入进行分类的基础上，着重介绍财政收入的规模与结构；同时结合中国财政的现实，重点探讨财政收入的非税收入构成，以及政府性基金收入中的土地出让金收入和与此相关的“土地财政”问题。

## 6.1 财政收入分类

对财政收入进行科学分类是研究财政收入规模与结构的首要条件。我国各级政府的预决算报告将全部收支分为四类，即一般公共预算、国有资本经营预算、政府性基金预算和社会保险基金预算。《财政部关于印发〈2021年政府收支分类科目〉的通知》（财预〔2020〕101号）简目中，也把政府财政收入分为这四大类。

1. 一般公共预算收入

一般公共预算收入包括税收收入、非税收入、债务收入和转移性收入。税收是征收面最广、最稳定可靠的财政收入形式，包括国家税法规定的各种税收。税收收入款级科目中列举了现行税种，包括增值税、消费税、企业所得税、个人所得税、资源税等。

2. 国有资本经营预算收入

国有资本经营预算收入包括非税收入（指国有资本经营收入）和转移性收入（指国有资本经营预算转移支付收入和上解收入）。

3. 政府性基金预算收入

政府性基金预算收入包括非税收入、债务收入和转移性收入。①

4. 社会保险基金预算收入

社会保险基金预算收入包括社会保险基金收入和转移性收入，前者包括企业职工基本养老保险、失业保险、职工基本医疗保险、工伤保险、城乡居民基本养老保险、机关事业单位基本养老保险、城乡居民基本医疗保险和其他社会保险等基金收入，以及国库待划转社会保险费利息收入。

按照管理权限，财政收入还可分为中央财政收入和地方财政收入。

**专栏6－1　我国2020年的财政收入②**

一、全国一般公共预算收入情况

2020年，全国一般公共预算收入182 895亿元，同比下降3.9%。其中，中央一般公共预算收入82 771亿元，同比下降7.3%；地方一般公共预算本级收入100 124亿元，同比下降0.9%。全国税收收入154 310亿元，同比下降2.3%；非税收入28 585亿元，同比下降11.7%。

主要税收收入项目情况如下：

（1）国内增值税56 791亿元，同比下降8.9%。

（2）国内消费税12 028亿元，同比下降4.3%。

（3）企业所得税36 424亿元，同比下降2.4%。

（4）个人所得税11 568亿元，同比增长11.4%。

（5）进口货物增值税、消费税14 535亿元，同比下降8.1%；关税2 564亿元，同比下降11.2%。

（6）出口退税13 629亿元，加上动用以前年度结转资金安排的920亿元，全年实际办理出口退税14 549亿元。

（7）城市维护建设税4 608亿元，同比下降4.4%。

（8）车辆购置税3 531亿元，同比增长0.9%。

（9）印花税3 087亿元，同比增长25.4%。其中，证券交易印花税1 774亿元，同比增长44.3%。

（10）资源税1 755亿元，同比下降3.7%。

（11）土地和房地产相关税收中，契税7 061亿元，同比增长13.7%；土地增值税6 468亿元，同比增长0.1%；房产税2 842亿元，同比下降4.9%；耕地占用税1 258亿

① 政府性基金预算收入分类下的非税收入、债务收入和转移性收入，不同于一般公共预算分类下的非税收入、债务收入和转移性收入。例如，政府性基金收入中的非税收入主要是指政府性基金收入和专项债务对应项目专项收入；一般公共预算收入中的非税收入主要是指专项收入、行政事业性收费、罚没收入、国有资本经营收入、国有资源（资产）有偿使用收入、捐赠收入、政府住房基金收入和其他收入。

② 财政收入中的社会保险基金收支由人力资源和社会保障部公布。截至2020年年底，全国基本养老、失业、工伤保险这三项社会保险基金总收入5.02万亿元，总支出5.75万亿元，年底累计结余6.13万亿元。

元，同比下降9.5%；城镇土地使用税2 058亿元，同比下降6.2%。

（12）环境保护税207亿元，同比下降6.4%。

（13）车船税、船舶吨税、烟叶税等其他各项税收收入合计1 153亿元，同比增长2.8%。

二、全国政府性基金预算收入情况

2020年，全国政府性基金预算收入93 489亿元，同比增长10.6%。从中央和地方看，中央政府性基金预算收入3 562亿元，同比下降11.8%；地方政府性基金预算本级收入89 927亿元，同比增长11.7%。其中，国有土地使用权出让收入84 142亿元，同比增长15.9%。

三、全国国有资本经营预算收入情况

2020年，全国国有资本经营预算收入4 778亿元，同比增长20.3%。从中央和地方看，中央国有资本经营预算收入1 786亿元，同比增长9.1%；地方国有资本经营预算收入2 992亿元，同比增长28.1%。

资料来源：财政部国库司．2020年财政收支情况．2021－01－28。

## 6.2 财政收入规模

### 6.2.1 我国财政收入规模

财政收入规模是一国政府在一定时期内（通常是一个财政年度），通过税收等多种形式获得的财政收入总水平。财政收入规模的衡量指标，可以用绝对数表示，如财政收入总额，但通常用相对数表示，即用在一定时期内财政收入与有关经济和社会指标的比率表示，体现了财政收入与国民经济和社会发展的关系，一般采用财政收入占国内生产总值（GDP）的比重表示。

在正常环境下，财政收入的绝对规模会随着经济发展而上升，财政收入的相对规模呈大体平稳状态。如果财政收入的相对规模大起大落，说明财政收入制度或财政所依存的社会经济环境发生了大的变化。

如表6－1和表6－2所示，2020年我国全口径财政收入占GDP的比重为35.0%，一般公共预算收入占全口径财政收入比重为51.4%。一般公共预算收入分为税收收入与非税收入，其中的税收收入占全口径财政收入的比重为43.3%。政府性基金预算收入占26.3%，国有资本经营预算收入占1.3%，社会保险基金预算收入占21.0%。

**表 6 - 1　2015—2020 年我国全口径财政收入规模与结构①**

| 年度 | 一般公共预算收入（亿元） | 其中：税收收入（亿元） | 政府性基金预算收入（亿元） | 国有资本经营预算收入（亿元） | 社会保险基金预算收入（亿元） | 全口径财政收入（亿元） | 占 GDP 比重（%） |
|---|---|---|---|---|---|---|---|
| 2020 | 182 895.0 | 154 310.0 | 93 489.0 | 4 778.0 | 74 825.6 | 355 987.6 | 35.0 |
| 2019 | 190 390.1 | 158 000.5 | 84 517.7 | 3 971.8 | 83 550.4 | 362 430.0 | 36.6 |
| 2018 | 183 359.8 | 156 402.9 | 75 479.1 | 2 905.8 | 79 254.8 | 340 999.5 | 37.1 |
| 2017 | 172 592.8 | 144 369.9 | 6 1479.7 | 2 580.9 | 67154.5 | 303 807.9 | 36.5 |
| 2016 | 159 605.0 | 115 878.0 | 46 643.3 | 2 609.0 | 53 562.7 | 262 420.0 | 35.2 |
| 2015 | 152 269.2 | 136 021.0 | 42 338.1 | 2 251.0 | 46 012.1 | 243 200.4 | 35.3 |

**表 6 - 2　2012—2020 年我国全口径财政收入各来源比重**

单位:%

| 年度 | 一般公共预算收入 | 其中：税收收入 | 政府性基金预算收入 | 国有资本经营预算收入 | 社会保险基金预算收入 |
|---|---|---|---|---|---|
| 2020 | 51.4 | 43.3 | 26.3 | 1.3 | 21.0 |
| 2019 | 52.5 | 43.6 | 23.3 | 1.1 | 23.1 |
| 2018 | 53.8 | 45.9 | 22.1 | 0.9 | 23.2 |
| 2017 | 56.8 | 47.5 | 20.2 | 0.8 | 22.1 |
| 2016 | 60.8 | 44.2 | 17.8 | 1.0 | 20.4 |
| 2015 | 62.6 | 55.9 | 17.4 | 0.9 | 18.9 |
| 2014 | 59.6 | 50.6 | 23.0 | 0.9 | 16.6 |
| 2013 | 58.9 | 50.4 | 23.8 | 0.8 | 16.4 |
| 2012 | 62.5 | 53.6 | 20.0 | 0.8 | 16.7 |

表 6 - 2 中的数据显示，2012 年开始我国经济由高速增长进入新常态，多年的税制改革和减税政策使全国一般公共预算收入增长率持续下降，在财政收入中的占比也呈下降趋势。一般公共预算收入中的非税收入大部分年份增速高于税收增速，主要是由于部分政府性基金科目转列为一般公共预算中的非税收入科目、GDP 增量等客观因素引起非税收入扩张等。政府性基金预算收入和社会保险基金预算收入占比呈上升趋势，这跟我国近年来地方政府土地出让金收入增加、社会保险覆盖人群扩大有关。

① 本章图表中的数据除特别说明外，均来源于《中国财政年鉴》；2020 年的数据来自财政部网站，为预算执行数（其他年份为决算数）。

### 6.2.2 财政收入规模的国际比较与财政收入最优规模

整体看来，经济越发达的国家和地区，财政收入占 GDP 的比重越高。根据 IMF 的统计，2019 年低收入国家财政收入占 GDP 比重平均仅为 15.22%，新兴市场和中等收入经济体财政收入比重为 27.46%，发达经济体财政收入比重为 36.40%。其原因在于经济越发达的国家和地区，民众对公共品的数量和质量要求越高，对整个社会福利体系要求也越高，需要政府强大的财力保障，政府因此更多地介入国民经济分配，建立了财政收入与经济增长同步协调机制。

如何评估一个国家财政收入规模水平的高低呢？一个国家的财政收入规模取决于政治、经济、社会以及各国的历史文化传统和特殊国情等多种因素，但最根本取决于经济发展水平和政府职能范围的大小。经济发展水平越高，社会创造的剩余产品越多，可供政府运用的社会资源也就越多；政府职能越大，政府承担的社会事务就越多，提供的公共品也就越多。因此，经济发展水平越高、政府职能越大的国家，财政收入占 GDP 比重相应要高一些，但并没有统一的标准或精确的模型来测量每个国家的财政收入规模的合理水平。学术界一般会通过本国的纵向比较分析财政收入规模的发展趋势，或通过国际横向比较作为分析财政收入规模的参考数据，但合理的财政收入规模最终需要根据各国的国情、通过政治程序来确定。

## 6.3 我国中央和地方财政收入演变

1994 年分税制改革之后，我国中央和地方一般公共预算收入占全国一般公共预算收入的比重在 50% 上下波动。在 1994 年分税制改革中，中央政府将税源稳、税基广、易征收的税种大部分作为本级收入，中央与地方收入之比从 1993 年的 22：78 变化为 1994 年的 55.7：44.3。1996—1998 年，受亚洲金融危机和国有企业“抓大放小”改革的短期冲击，中央财政收入比重一度低于 50%。随后，中央政府开始对地方实行以财政收入和 GDP 增长为核心的政绩考核政策，这又巩固和提高了中央财政的主导地位。2007 年开始，我国执行科学发展观，逐步降低和淡化以财政收入和 GDP 增长为核心的政绩与干部晋升考核政策，加上中央和地方收入调整与2008 年世界金融经济危机的影响，中央一般公共预算收入占比逐年下降，从 2011 年起连续低于 50%。“营改增”全面推开之前的 2016 年，中央一般公共预算收入占比下降到较低点 45.34%，地方一般公共预算收入占比达到较高点 54.66%。“营改增”全面推开之后的 2017 年，中央财政收入占比略有上升，达到 47%，地方财政收入占比下降为 53%。1994—2019 年中央和地方一般公共预算收入占全国一般公共预算收入比重变化如图 6－1 所示。

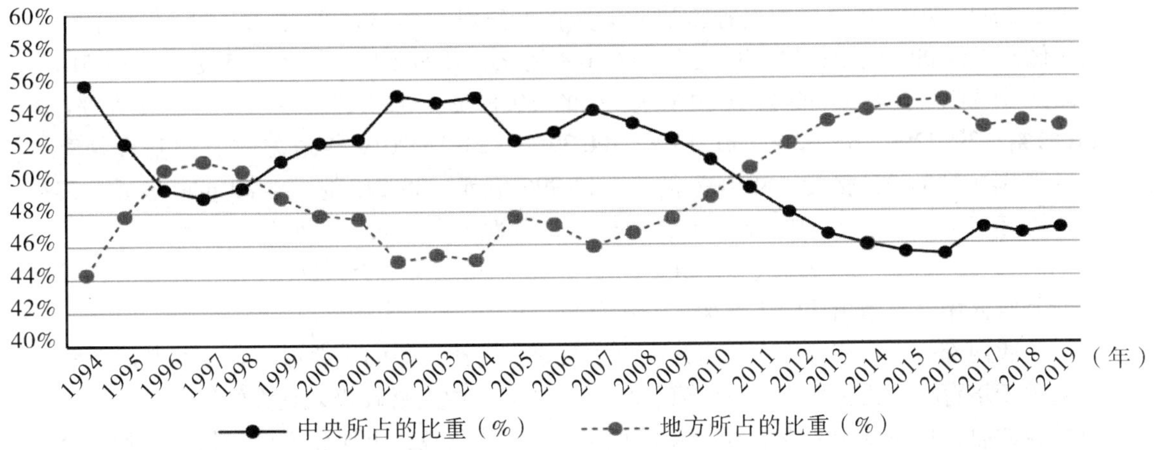


**图 6－1　1994—2019 年中央和地方一般公共预算收入占全国一般公共预算收入比重变化**

2011 年财政部开始发布政府性基金预算收入，2015 年财政部开始公布国有资本经营预算收入。按照一般公共预算收入、政府性基金预算收入和国有资本经营预算收入的口径计算，中央政府的财政收入占比更低，主要原因如下：一是地方政府性基金预算收入占比高、增速快、数额大；二是受国内外经济形势、经济结构的变化和税制调整影响，中央政府税收增速低于地方政府税收增速，税收在财政收入中的比重持续下降；三是中央政府管理的国有企业、国有资本资产、国有资源的收入增速和上缴利润比例低。2012—2019 年加上政府性基金预算收入和国有资本经营预算收入后的中央及地方财政收入占比如图 6－2 所示。

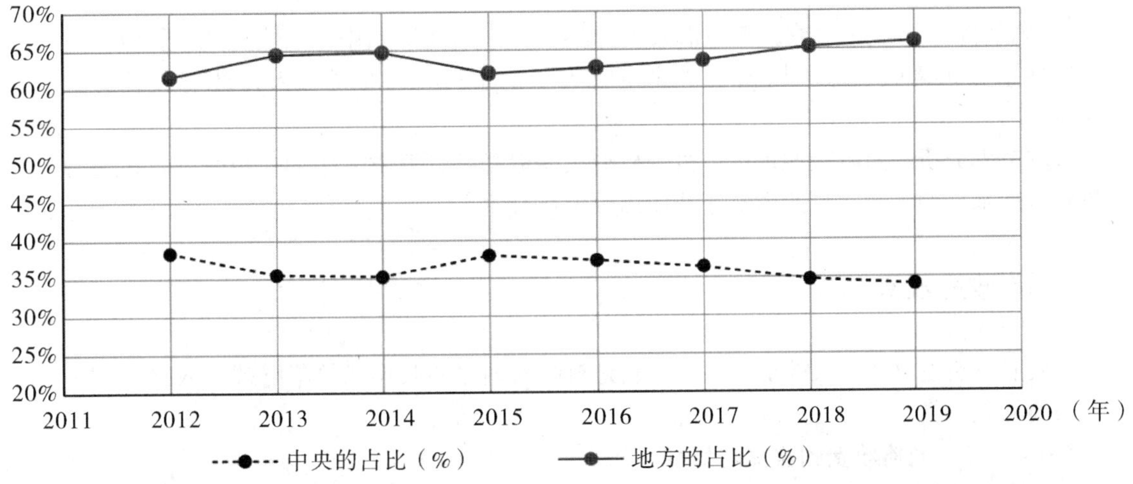


**图 6－2　2012—2019 年加上政府性基金预算收入和国有资本经营预算收入后的中央及地方财政收入占比**

中央与地方间政府性基金预算收入差距是中央财政收入占比下降的主要原因。2011 年以来，地方政府性基金预算收入数额大、占比高。根据财政部国库司的历年财政收支数据，2011—2019 年，全国政府性基金预算收入分别为 41 363 亿元、37 517 亿元、52 239 亿元、54 093 亿元、42 330 亿元、46 619 亿元、61 462 亿元、75 405 亿元、84 516 亿元，分别占全国一般公共预算收入的 39.87%、32.01%、40.45%、38.54%、21.81%、29.22%、35.62%、41.13%、44.39%。2012—2019 年地方政府性基金预算收入分别达到34 204亿元、48 007 亿元、49 996 亿元、38 218 亿元、42 441 亿元、57 637 亿元、71 372亿元、80 476 亿元，占全国政府性基金收入的比重分别达到 91.17%、91.90%、92.43%、90.29%、91.04%、93.78%、94.65%、95.22%。在地方政府性基金预算收入中，土地出让收入数额大、比重高。

税收内部收入增速结构变化也是中央财政收入占比下降的重要原因。分税制改革将当时处于培育期的税种划归地方政府。2011 年以来，中央财政收入最大的组成部分——增值税的收入增速低于地方财政收入的主要税种（营业税、土地和房地产相关税种、个人所得税等）。例如，2017 年，国内增值税的同比增速只有 8%，而房产税的同比增速为 17.3%。国内增值税在税收总收入中所占比重从 1994 年的 45% 下降到 2013 年的 26% 左右，进口货物增值税、消费税的收入增幅被出口退税的增加所抵销。同时，2016 年实施“营改增”后，中央与地方增值税共享分成比例从 75∶25 调整为 50∶50，这也增加了地方财政收入。

## 6.4 非税收入分析

非税收入，是各级政府及其所属部门和单位依法利用行政权力、政府信誉、国家资源、国有资产和提供特定公共服务征收、收取、提取、募集的除税收和政府债务收入以外的财政收入。

《财政部关于印发〈2021 年政府收支分类科目〉的通知》中，一般公共预算收入和政府性基金预算收入中，均列了“非税收入”这个科目。非税收入以政府收费方式为主。

本节先分析政府收费的理论，再分析纳入一般公共预算收入中的非税收入，最后分析政府性基金预算收入中的国有土地使用权出让金收入。

### 6.4.1 政府收费

政府收费是财政收入的形式之一，它是对政府通过税收形式筹集财政收入之外的一种必要补充。

#### 6.4.1.1 政府收费的含义与特征

政府收费指的是公共部门（各级政府部门）在一定范围内提供某些特定的劳务或规制某些经济行为，向相关经济主体收取的一种费用。

为提供公共品和混合品，政府必须占有和支配一定的经济资源，税收和收费是政府占有和支配经济资源的两种主要方式。

政府提供公共品所发生的费用，因“搭便车”问题的存在，只能以税收来补偿，不能以收费来补偿。如果用收费来补偿公共品的生产费用，就必须将不付费者排除在外，这不仅在技术上不可能，而且即便在技术上可能，也要付出高昂的代价。为解决这一问题，就必须采取税收形式，在所有社会成员之间强制地分摊公共品的生产费用。

政府收费具有直接有偿性、非普遍性和非规范性等特征，这些特征决定了政府收费只能是一种处于补充地位的财政收入形式。

直接有偿性指的是政府收费的缴款人可以从政府的行为或服务中直接获得收益，如缴纳了商标注册费的生产者就可以合法地独占该商标的所有权及相应的受益权。有别于税收形式上的无偿性和根本上的整体有偿性，直接有偿性是区分政府收费和税收的重要标志。

政府收费总是与政府特定的行为或服务联系在一起的，它有着特定的收费范围和对象。就单个政府部门来说，其收费对象具有特定性，范围比较狭窄。即使就政府部门整体而言，收费的对象也不具有普遍性，只有从公共部门特定的行为或服务中受益的单位和个人才被包括在政府收费范围之内。

政府收费无论是确立还是废止，以及收费标准的调整等基本上都无须经过立法机关以法律的形式批准，从而具有较大的灵活性，这就使得政府收费缺乏完备的规范性。

#### 6.4.1.2 政府收费的作用

1. 提高公共资源的配置、提供和使用效率

由政府提供的公共品及消费具有竞争性的混合品的边际消费成本往往不为零，若完全用免费方式提供，将导致人们对该项公共资源的过度消费，不符合社会福利最大化的原则。经济效率原则决定了政府有必要按消费的边际成本向消费者收取费用，以促进人们对这些公共品和混合品的最佳使用。

通过政府收费方式为公共服务筹资具有直接有偿征收的特征，为公共部门提供了一种类似于私人品市场的货币投票机制，即在保证政府收费相对自愿的前提下，若某项收费项目的收入增加，则意味着人们对该项公共服务的需求上升，从而公共服务项目收入的丰裕程度在一定程度上可作为居民公共需求的信号。可见，政府收费方式有助于揭示居民的真实公共需求，提高公共资源配置效率。

2. 避免或减轻公共品的“拥挤”

就某些公共服务而言，消费者的不断增加可能会给其他使用者造成额外成本，如道路和桥梁越来越拥挤，行驶速度就会缓慢，使用者的时间成本就会增加。当政府所提供的公共品面临拥挤问题，对这些公共品按一定比例收取使用费，有助于避免或减轻拥挤。

3. 弥补财政收入不足

如果政府无偿供给所有的公共品，会导致民众对公共品的无限需求。然而，政府的税收收入是有限的，公共品供需矛盾永远存在。政府针对特定的服务根据直接受益原则向国民收取费用，是一种社会和受益人都能接受的筹集财政收入的方式。通过设置必要的收费项目，在一定程度上可以改善财政状况，缓和财政资金供求矛盾。

#### 6.4.1.3 规范化的政府收费（包括使用者收费和规费）

使用者收费（user charges）是公共部门对特定服务或特许权收取的价格，用于支付

提供这些服务的全部或部分成本，即政府部门就其向社会提供的产品或者特殊服务而收取的费用。使用者收费体现的主要是一种市场交易关系，具体包括水费、电费、煤气费、公立大学学费、公立医院收费、停车费、公园门票等。这些收费可以大致分为直接费（direct charges）、公用事业特种费（special assessments）以及特许费（license fees）三大类。

规费（fees）是公共部门在执行社会管理职能过程中，为国民提供某种特别行为或服务时所获得的特别报偿。规费体现的主要是管理者与被管理者之间的关系。规费的收取是随着公共部门的特别行为或服务而发生的，它的取得是基于政府的行为或服务给予特定个人以特别的利益，或者是免除一种禁止，或保证一种既存的权利身份，以及辅助其权利的行使等。规费通常包括行政规费和司法规费两类。行政规费是附随于政府部门各种行政活动的收费，名目很多，具体包括护照费、户籍规费、商标登记费、商品检验费、度量衡鉴定费及执照费等。司法规费包括司法方面的审判费、执行费、民事诉讼费、刑事诉讼费、出生登记费、财产转让登记费、遗产管理登记费、继承登记费等。[①]

#### 6.4.1.4 政府收费的标准

政府收费实质上是对公共部门提供的公共服务的消费规定价格，即公共定价。

1. *使用者收费的标准*

使用者收费主要适用于自然垄断部门和处于竞争机制中的接受公共部门规制的产业部门，其涉及收费水平和收费体系两方面的问题。收费水平是指公共部门提供每一单位混合品的收费是多少。收费体系是指把费用结构（固定费用和可变费用的比率）和需求结构（家庭用、企业用和产业用，以及少量需求和大量需求等不同种类的需求，高峰负荷和非高峰负荷等不同负荷的需求）考虑进来的各种收费的组合。

收费水平是根据正常成本加合理报酬得出的总成本来计算的，因而收费水平的确定在很大程度上有赖于总成本的确定。这样弄清使用者收费的具体构成内容，对确定使用者收费标准就有着很重要的意义。使用者收费的成本一般由资本成本、经营成本和拥挤成本三部分构成。建造或购置公共设施的成本被称为资本成本，资本成本应当由社会中将受益于这种设施的人来支付。一旦一项公共设施提供出来以后，重点就转向了经营成本的补偿问题，经营成本如何补偿决定了公共设施由谁来使用以及使用多少。就某些公共服务而言，增加一个消费者可能就会给其他使用者造成额外成本，这种成本称为拥挤成本。根据使用者收费的具体构成的分析，可以得出使用费由补偿全部或部分资本成本的享用权使用费、补偿全部或部分因使用而给政府造成的经营成本的使用费以及补偿额外使用者给其他使用者造成的成本的拥挤使用费三部分组成。

从经济效率角度来看，使用者收费应当等于边际成本，这就是所谓的边际成本定价法。若收费水平按边际成本确定，理论上能实现社会经济资源的最优配置，从规范角度看，

---

① 为了减轻企业和个人负担，我国近年来陆续取消或停征了涉企行政事业性收费共几十项（如取消了公安部门的机动车抵押登记费、环境保护部门的环境监测服务费、住房城乡建设部门的房屋转让手续费等，停征卫生计生部门的卫生检测费、质检部门的出入境检验检疫费、食品药品监管部门的药品检验费等），取消或停征涉及个人等事项的行政事业性收费多项（如取消了预防性体检费、兴奋剂检测费等，停征了民政部门的婚姻登记费、收养登记费等）。

这是最理想的定价方式。但边际成本定价法会使成本递减行业产生亏损，使成本递增行业产生超额利润。因此，边际成本定价法在现实运用中应有相应的配套措施加以矫正。

在各国的实践中，使用者收费标准的确立或者说公共定价一般采用平均成本定价（收费）法、二部定价（收费）法和高峰负荷定价（收费）法等。

2. 规费的收费标准

规费是公共部门为国民提供特定服务或实施行政管理时，所收取的一种“直接费用”。这种直接费用是公共部门提供特定服务或实施行政管理的手续费和证照的工本费，不包含固定资产折旧和公务员的工资，更不包含税金、利润等。规费的具体数额一般由政府决定，个人无权参与，因此规费具有强制补偿性质。

公共部门收取规费的标准，在理论上通常有两个原则：一是费用还原原则，即根据政府部门提供服务所需的费用数额来确定规费的收取标准；二是利益补偿原则，即以国民从政府部门服务中所获得效益的大小来确定规费的收取标准。

**6.4.1.5 政府收费与税收的比较**

政府收费与税收都是政府财政收入的必要形式，两者在一定程度上相互补充、相互配合。两者区别表现在六个方面：

第一，尽管政府收费与税收的课征都以国民的利益为目的，但税收的课征主要是为一般公共利益服务的，而政府收费是与国民的特殊利益联系在一起的。正因为如此，在以一般性税收为公共服务融资的情况下，纳税与纳税人获得服务之间没有直接的联系，而政府收费与缴费人获得服务之间存在着直接联系。

第二，政府收费的收入一般用于特定用途，即“专费专用”；而税收是一般性收入，用于政府一般性职能的实现，在征收时基本上不指定具体的用途。

第三，税收作为政府一般的筹资手段，面向全体国民普遍征收；而政府收费往往是作为部门和地方特定用途的筹资手段，只对部分特定国民征收。

第四，收费直接依据受益原则；而税收在实践中，受益税较少，主要体现的是量能负税原则。

第五，从某种程度上说，收费是非强制的，因为经济行为主体通过他们的行为可以选择是否缴费；但税收则是强制的。

第六，税收的法治性和规范性强，有利于立法监督和行政管理；而收费的法治性和规范性相对较差，容易诱发滥收费现象。因此，法治性不强的发展中国家应避免收费项目过多，并力求加强管理。

当然，在实践中，以上这些区别并非一成不变，如我国为规范财政收入制度而实施的“费改税”（也称“税费改革”），在对现有的政府收费进行清理整顿的基础上，就用税收取代了一些具有税收特征的收费（如自 2018 年起依照法律规定缴纳环境保护税，不再缴纳排污费）。值得注意的是，政府收费与税收各自有其存在的空间，并不能够将所有的政府收费都改为税收。

从国际比较来看，世界各国的经常性财政收入都是以税收为主，但收费也占有一定地位，只是其比重取决于各国的国情和财税制度。

## 6.4.2 一般公共预算中的非税收入

我国一般公共预算收入中的非税收入主要是指专项收入、行政事业性收费收入、罚没收入、国有资本经营收入、国有资源（资产）有偿使用收入、捐赠收入、政府住房基金收入和其他收入。

从全国一般公共预算收入构成来看，税收收入从1994年5 126.88亿元增长到2019年157 992亿元，增长了近31倍。2007年之前，税收收入增长率波动较小；2008—2009年，经济下行压力增大，税收收入增长率大幅下降，短暂回升后，2011年开始呈下滑趋势，主要是由于结构性减税政策得到落实；2019年，全国税收收入157 992亿元，同比增长1.02%，低于2018年增长率7.32个百分点，减税效应显现。非税收入占一般公共预算收入比重较小，但波动幅度较大，2011年非税收入增长率高达42.92%，高于税收增速20.35个百分点，主要是按有关规定将原预算外资金纳入预算管理带动非税收入增加较多；2015年的激增则主要是由于部分金融机构及中央企业上缴利润增加，高于税收增速24.21个百分点；2019年为稳定财政收入，财政部加大力度征收国有企业利润和国有资源性收入，拉动非税收入增长20.15%。2011—2016年非税收入增速持续高于税收增速，其原因在于部分政府性基金预算科目转列为一般公共预算非税收入科目、GDP增量等客观因素引起非税收入快速扩张等；2018—2019年非税收入规模下降；2019年非税收入达到32 390亿元，高于税收增速19.14个百分点。

一般公共预算收入中的非税收入，大致可分为两大类：一是资源有偿使用类收入；二是行政事业性收费与罚没收入。前者多数是专项收入和政府性基金收入，后者通常用于弥补征收部门的经费支出，政府对两者都不可以任意支配和使用。因此，非税收入实际形成的政府可调控财力并不多。而且，一个地区的税收收入与非税收入潜力有限，非税收入占比过高，不利于税收收入的可持续增长。

## 6.4.3 政府性基金收入中的国有土地使用权出让收入

### 6.4.3.1 政府性基金收入

政府性基金收入是各级政府及其所属部门根据法律、行政法规规定并经国务院或财政部批准，向公民、法人和其他组织征收的政府性基金，以及参照政府性基金管理或纳入基金预算、具有特定用途的财政资金。国有土地使用权出让金收入是政府性基金收入的主要来源。除此以外，政府性基金收入还包括彩票公益金、车辆通行费、污水处理费收入等。

政府性基金收入有以下三个特征：

第一，征收基金和一定的收费捆绑在一起，比如，铁路建设基金收入、民航发展基金收入，只要买票坐火车和飞机就要交这个费，从征收角度来说，基金是很难逃避的。

第二，基金的支出有对应性，比如，水利建设基金收入理论上就是用于水利建设，基金收多少用多少。但税收收了后进入国库，统一支出，纳税人纳税时并不能确切地知道这笔税会用在什么地方。

第三，在监督管理上，税收的管理比较严格，需要立法。截至 2021 年 6 月，我国 18 个税种由人大立法的有 12 个，其他税也有国务院的行政法规；而基金比较随意，如民航发展基金由财政部公布就可以了。从管理角度来看，基金带有很大的随意性，而且监管难度很大。

预算报告显示，2020 年全国政府性基金预算收入（指执行数，下同）93 488.74 亿元，为预算的 114.8%，增长 10.6%，主要是地方国有土地使用权出让金收入增加较多。全国政府性基金预算支出 117 998.94 亿元，完成预算的 93.6%，增长 28.8%，主要是地方政府专项债券安排的支出增加较多。

决算数据显示，2019 年我国政府性基金收入共有 24 个科目，总额 84 517.72 亿元，其中最主要的一项收入是国有土地使用权出让金收入，为 70 679.31 亿元，占政府性基金收入的 83.6%。

**表 6－3　2019 年全国政府性基金收入决算表**

| 项　目 | 决算数（亿元） | 决算数为上年决算数的百分比（%） |
|---|---|---|
| 一、农网还贷资金收入 | 229.53 | 113.8 |
| 二、铁路建设基金收入 | 541.26 | 103.3 |
| 三、民航发展基金收入 | 429.35 | 98.6 |
| 四、海南省高等级公路车辆通行附加费收入 | 24.83 | 102.3 |
| 五、港口建设费收入 | 237.02 | 103.3 |
| 六、旅游发展基金收入 | 15.72 | 108.3 |
| 七、国家电影事业发展专项资金收入 | 30.23 | 104.1 |
| 八、国有土地使用权出让金收入 | 70 679.31 | 112.3 |
| 九、国有土地收益基金收入 | 1 764.41 | 86.3 |
| 十、农业土地开发资金收入 | 185.07 | 74.3 |
| 十一、中央水库移民扶持基金收入 | 277.85 | 107.3 |
| 十二、中央特别国债经营基金财务收入 | 633.26 | 100.1 |
| 十三、彩票公益金收入 | 1 166.02 | 88.2 |
| 十四、城市基础设施配套费收入 | 2 747.43 | 108.9 |
| 十五、地方水库移民扶持基金收入 | 55.20 | 100.1 |
| 十六、国家重大水利工程建设基金收入 | 219.15 | 75.9 |
| 十七、车辆通行费收入 | 1 434.11 | 96.7 |
| 十八、核电站乏燃料处理处置基金收入 | 23.97 | 109.5 |

（续上表）

| 项　目 | 决算数（亿元） | 决算数为上年决算数的百分比（%） |
|---|---|---|
| 十九、可再生能源电价附加收入 | 868.11 | 110.4 |
| 二十、船舶油污损害赔偿基金收入 | 1.66 | 107.1 |
| 二十一、废弃电器电子产品处理基金收入 | 27.82 | 97.1 |
| 二十二、彩票发行和销售机构业务费收入 | 212.23 | 99.3 |
| 二十三、污水处理费收入 | 602.62 | 87.7 |
| 二十四、其他政府性基金收入 | 2 111.56 | 333.6 |
| 全国政府性基金收入 | 84 517.72 | 112.0 |
| 地方政府专项债务收入 | 21 500.00 | 159.3 |
| 上年结转收入 | 360.40 | |

资料来源：中华人民共和国财政部网站。

#### 6.4.3.2　国有土地使用权出让收入

1. 土地使用权出让收入概况

土地使用权出让收入是市县人民政府依据《土地管理法》《城市房地产管理法》等法律法规和国家有关政策规定，以土地所有者身份出让国有土地使用权所取得的收入，主要是以招标、拍卖、挂牌和协议方式出让土地取得的收入，也包括向改变土地使用条件的土地使用者依法取得的收入、划拨土地时依法收取的拆迁安置等成本性的收入、依法出租土地的租金收入等。

2007 年之前，土地出让收入先纳入预算外专户管理，再将扣除征地补偿和拆迁费用以及土地开发支出等成本性支出后的余额缴入地方国库，纳入地方政府性基金预算管理。2007 年，国家对土地出让收入管理制度进行了改革，将全部土地出让收入缴入地方国库，纳入地方政府性基金预算，实行“收支两条线”管理，与一般公共预算分开核算，专款专用。2022 年 1 月 1 日起，由自然资源部门负责征收的国有土地使用权出让收入划转给税务部门负责征收。①

现行政策规定，土地出让收入缴入国库后，市县财政部门先分别按规定比例计提国有土地收益基金和农业土地开发资金，缴纳新增建设用地土地有偿使用费，余下的部分统称为国有土地使用权出让金。其中，计提的国有土地收益基金专项用于市县土地收购储备，包括土地补偿费、安置补助费、地上附着物和青苗补偿费、拆迁补偿费

① 2021 年 6 月 4 日，财政部、自然资源部、税务总局、人民银行四部委发布《关于将国有土地使用权出让收入、矿产资源专项收入、海域使用金、无居民海岛使用金四项政府非税收入划转税务部门征收有关问题的通知》（财综〔2021〕19 号），决定将以上四项政府非税收入，全部划转给税务部门负责征收。自 2021 年 7 月 1 日起，选择在河北、内蒙古、上海、浙江、安徽、青岛、云南以省（区、市）为单位开展征管职责划转试点，自 2022 年 1 月 1 日起全面实施征管划转工作。税务部门按照国库集中收缴制度、属地原则依法依规开展收入征管工作，确保非税收入及时足额缴入国库。

以及前期土地开发支出，计提比例由省级人民政府确定。计提的农业土地开发资金（其中省级最高可以集中30%），专项用于农业土地开发，具体使用范围包括土地整理和复垦、宜农未利用地开发、基本农田建设以及改善农业生产条件等方面的土地开发。新增建设用地土地有偿使用费是国务院或省级人民政府在批准将农用地、未利用地转为建设用地时，向取得新增建设用地的市县人民政府取得的收入，由市县人民政府从土地出让收入中按规定标准向中央和省级缴纳。新增建设用地土地有偿使用费实行中央和省两级3：7分成，专项用于耕地开发、土地整理、基本农田建设和保护支出。国有土地使用权出让金主要用于征地拆迁补偿、土地开发、城乡基础设施建设、城镇廉租住房保障等支出。

土地出让收入使用范围包括以下10个方面：①征地和拆迁补偿支出，包括土地补偿费、安置补助费、地上附着物和青苗补偿费、拆迁补偿费；②土地开发支出，包括与前期土地开发相关的道路、供水、供电、供气、排水、通信、照明、土地平整等基础设施建设支出，以及与前期土地开发相关的银行贷款本息等支出；③补助被征地农民社会保障等支出；④农村基础设施建设支出，包括用于农村饮水、环境、卫生、教育以及文化等的基础设施建设支出；⑤农业土地开发支出；⑥城市建设支出，包括城市道路、桥梁、公共绿地、公共厕所、消防设施等基础设施建设；⑦耕地开发、土地整理、基本农田建设和保护支出；⑧城镇廉租住房保障支出；⑨土地出让业务支出；⑩破产或改制国有企业土地出让收入用于职工安置等支出。

### 专栏6－2　如何看待土地在我国经济中的作用?

第一，将我国过去经济高速增长乃至我国资产存量迅速扩张等现象的根本原因都归结为土地财政是有失客观的。土地在我国经济中，特别是过去的十几年中，是起了很重要的作用的。我国经济的高速增长实际上是从40年前开始的，以接近10%的增速维持了37年的高速增长，直到2015年以后才降至7%以下。20世纪80年代没有土地财政和土地融资，1988年深圳进行了相关实验，通过土地使用权交易积累城市化需要的资本，但当时我国没有其他案例，深圳只是个例。在整个20世纪80年代，我国经济增长就已经接近10%，从过去的5%左右的中速增长，一下子变成了高速增长。

是什么原因导致的高速增长？这不是土地带来的，而是体制改革带来的。20世纪90年代开始允许地方政府卖地了，最初可能卖地收入只是几十亿上百亿，直到2011年有统计数据显示是1 200亿元，但在GDP中占的份额仍微乎其微。在20世纪90年代，土地财政没有起到那么大作用，但经济依旧是以10%的高速增长，资产也在迅速扩大。若把这些都归结为土地财政或者土地金融，是有些偏颇的。土地是其中一项重要的生产要素，但不能过分夸大。即便用我国的经验来看，也是2010年以后才逐渐变成现在这个局面。

第二，我们看到土地带来巨大的收益，但同样是卖地，有些地方一亩地只卖几千元、上万元，有些地方一亩地卖几百万元，在北京可能一亩地能卖到上千万元，为什么有这么大的差别？不是因为它是土地，它就自然能带来这么多财富，而是因为这块土地是在城市，特别是在大城市周边，大城市一亩地可以密集地容纳上亿 GDP 的生产。土地作为这个生产过程的要素之一，自然也就值钱了，它对经济增长的贡献也就相应地大了。财富是从生产过程中来的，而不是反过来因为土地可以融资，它就可以带来巨额的财富。实际上土地之所以有这么巨大的价值，是因为它在大城市中有巨大的产出，大城市的聚集效应使得土地的生产率高，才导致土地有这么高的价值。这是其中的一个基本的因素。

第三，实际上这些年有些城市地价越来越高，房价越来越高，还有其他影响因素。一是在现有的土地制度下，人为抬高了地价。地方政府垄断土地来源，形成了垄断性市场。另一个是货币供应的因素。持续的货币宽松、流动性扩张没有把 CPI 抬多高，因为到处都有产能过剩，产品价格抬不上去，但是把地价、房价抬上去了。

资料来源：王小鲁．客观看待土地在我国经济中的作用［N］.21 世纪经济报道，2019 - 06 - 25.

2. “土地财政”现象

土地、劳动和资本均是经济发展不可缺少的生产要素。改革开放以来，随着土地市场化进程不断加快，以及与土地资源资产相关的住房制度和“招拍挂”出让制度等一系列改革政策的推进，土地要素价值得以快速释放，土地出让收入规模增长迅猛。1999 年政府土地出让收入规模为 514 亿元，到 2020 年达 8.4 万亿元，是 1999 年的 163 倍。同时，在城镇化过程中，地方政府还通过征用、开发和出让等行为促进了建筑业、房地产业等相关产业的发展，从而推动地方税收收入的增加。2012—2020 年，全国房地产五税（房产税、城镇土地使用税、耕地占用税、土地增值税、契税）收入占全部税收收入的比例分别为 10.07%、11.08%、11.60%、11.22%、11.52%、11.39%、11.49%、12.18% 和 12.7%。迅速增加的土地相关收益促使以土地出让金为主的土地财政收入逐步发展成为仅次于一般公共预算收入的第二大收入来源，亦即“第二财政”，从而形成了对土地财政的高度依赖。

从土地财政依赖度（=土地出让金/一般公共预算收入 ×100%）这个指标来看，2019 年近九成城市土地财政依赖度超过 50%。地方政府对土地财政的依赖被称为土地财政现象。

3. “土地财政”形成的原因

土地财政规模的扩张涉及财税制度改革、政府职能变化、官员晋升机制、城市扩张等多种影响因素。从我国近年来的发展经验看，财政支出刚性扩张、减税降费政策的实施都导致了土地财政规模的攀升，加剧地方政府对土地财政的依赖。

从财政制度来看，最主要的原因是纵向财政不平衡。1994 年的分税制改革及之后的中央与地方财政体制改革主要是中央与地方财政收入分配关系的调整，地方政府所承担的事权与支出责任过重的问题近几年才被中央重视。分税制改革之初建立的转移支付制度不够完善，相对可由地方政府自由支配的一般转移支付占比偏低。

我国实施的省级以下财政体制改革的方案基本也是参照中央主导的改革模式，大量共同事权又主要在省、市、县之间交叉重叠，不同层次政府间的财政关系呈现出财权逐级上收、事权逐级下移的格局。地方政府自有收入与其支出之间的财力缺口日趋扩大，财政压力不断加大，“营改增”的全面实施加剧了地方政府的财政压力。

在我国20多年的城镇化进程中，大规模基础设施投资、社会公众对公共服务持续增加的需求等加大了财政支出压力，地方政府不得不寻求新的财源。与此同时，城市扩张、工业化发展加速了土地需求的快速增长，土地供给又垄断在地方政府手中，土地出让方式的市场化改革使土地价值得到极大释放，土地出让制度又赋予了地方政府具有对土地相关收益的绝对控制权，日趋增强的财政压力迫使地方政府利用其掌控的土地资源配置权，形成了以土地征用、开发和出让为主的发展模式，促进了土地财政规模的几何式扩张，最终导致地方政府对土地财政的依赖，并呈逐步上升趋势。

当然，由于我国不同地区、不同城市发展差异较大，在经济基础、财政能力等方面也大不相同，纵向财政不平衡程度也存在一定差异。

4. “土地财政”的缓解

缓解或遏制“土地财政”现象，需要继续推进财税制度改革，降低纵向财政不平衡，促进财权与事权的协调匹配。

一方面，推动纵向政府间事权与支出责任划分改革，主要是明确划分中央与地方以及省级及以下地方政府的事权范围和承担的支出责任，上收低层级政府以往过度被动、承担过多的公共服务责任，使共同事权和责任在政府间得以更加清晰和合理，降低地方政府财政支出压力。

另一方面，在部分事权上收的同时，中央可适度下放部分财权。例如，建立以共享税为主体的收入划分模式，以稳定地方财源、保障其可支配财力；完善地方税收体系，尽快推进房地产税改革，培植地方政府主体税种，充实地方可用财力。

## 本章小结

财政收入的分析可以从多个角度进行，本章主要从财政收入的分类形式、财政收入的规模和结构等方面进行分析。

从预算管理视角分类，我国的财政收入可分为一般公共预算收入、国有资本经营预算收入、政府性基金预算收入和社会保险基金预算收入。

一个国家的财政收入规模取决于政治、经济、社会以及其历史文化传统和特殊国情等多种因素，但最根本取决于经济发展水平、政府职能范围的大小，影响财政收入规模的主要因素有经济发展水平和技术水平、分配政策、物价水平。

政府收费是对政府通过税收形式筹集财政收入之外的一种必要补充，具有直接有偿性、非普遍性和非规范性等特征。市场经济条件下，规范化的政府收费包括使用者收费和规费。政府收费的实质是对公共部门提供的公共服务的消费规定价格，即公共定价。

我国一般公共预算的经常性收入分为税收收入和非税收入两种形式。非税收入占比过高，不利于税收收入的可持续增长。

政府性基金预算收入是国家通过向社会征收以及出让土地、发行彩票等方式取得的收入，并专项用于支持特定基础设施建设和社会事业发展的财政收支预算，是预算体系的重要组成部分。

在我国省以下地方政府，不同程度地出现了依赖以土地出让金收入为主的来自土地资源相关收益的现象。“土地财政”不具备可持续性，且会积累一些棘手的社会经济矛盾，必须从制度建设入手，继续推进财税制度改革，降低纵向财政不平衡，促进财权与事权的协调匹配。

## 思考题

1. 阐述财政收入的分类。
2. 影响财政收入规模的主要因素是什么？
3. 阐述我国财政收入的结构。
4. 你认为应如何改革我国的“土地财政”问题？

# 7 税收原理

每当谈到税法，经济学家们就喜欢说，这里有一个“公平”（也就是重新分配收入的问题）和“效率”（也就是保持对生产行为的一种激励）的权衡问题。按传统的看法，累进所得税是公平的（因为它让富人承担了更重的税务负担），但也是没有效率的（因为它没有激励作用）。相比较而言，完全的人头税（即无论你的收入多少，每年都是3 000美元），据说很有效率，但是也很不公平。一项税收，每人交的税额都相同，却被描述为“不公平”，这在字面上也说不通啊！如果一个制度给本质上相同的公民强加上不同的义务，那它就是不公平的。

——史蒂文·兰兹伯格（Steven E. Landsburg）

税收是现代财政收入的支柱，是国家行使职能的经济基础，也是国家调节经济活动、平衡收入分配的重要杠杆。税收原则、税收负担与税负转嫁是税收经济学的基本理论，自其诞生以来，经济学家们就从未停止过对它们的探讨，并不断赋予它们新的内涵，使其成为税收理论中具有非凡生命力的组成部分。本章在分析税收的概念、特征与分类的基础上，着重介绍了税收原则，探讨了税收负担与税负转嫁问题。

## 7.1 税收的概念与特征

### 7.1.1 税收的含义

自改革开放以来，我国对税收理论的研究十分活跃。学界在吸收西方税收理论成果的基础上，进一步强调了税收的法律特征，对税收含义的认识基本达成共识。

第一，税收的征收主体是国家，征收客体是单位和个人。

第二，税收的征收目的是满足国家实现其职能的需要（西方学者更强调“公共需要”）。

第三，税收征收的依据是法律，凭借的是政治权力，而不是财产权力，因此，征税体现了强制性特征。

第四，征税的过程是物质财富从私人部门单向地、无偿地转给国家。

第五，从税收征收的直接结果看，国家以税收方式取得了财政收入。

因此，税收可以定义为：税收是政府为实现其职能的需要，凭借政治权力，并按照特定的标准，强制、无偿地取得财政收入的一种形式。

### 7.1.2 税收的特征

税收的基本特征可概括为强制性、无偿性和固定性。

1. 强制性

税收的强制性是指国家以社会管理者的身份，凭借政治权力，用法律、法令形式对征纳双方的权利与义务进行制约。税收的强制性超越了所有权关系的限制，是以政府的政治权力作为保障的，它包括两个方面的内容：一是税收分配关系的建立具有强制性，即税收的征收完全是凭借国家拥有的政治权力；二是税收的征收过程具有强制性，即一旦出现税务违法行为，国家就可以依法进行处罚和制裁。

2. 无偿性

税收的无偿性是指国家征税以后，税款就成为财政收入的一部分，由政府预算安排直接用于满足国家行使职能的需要，不再直接返还给纳税人，也不付出任何形式的直接报酬和代价。税收的无偿性是税收本质的体现，它反映的是一种单向的而不是等价交换的关系，是以国家制定的一系列税收法律作为保障的。税收的无偿性也是其区别于收费等其他财政收入形式的重要特征。

3. 固定性

税收的固定性是指国家征税必须按照法律事先规定的标准，明确税收的纳税人、课税对象、税率或税额以及纳税期限和纳税地点等征税规范。这些事先规定的事项对征纳双方都有约束力，征收机关和纳税人均不得随意变更标准。

税收的上述三个特征是密切联系的。税收的强制性，决定着征收的无偿性，如果税收是有偿的话就无须强制征收；而税收的强制性和无偿性又决定并要求征收具有固定性，否则，如果国家可以随意征收，那就会侵犯、剥夺现存的所有制关系，使正常的经济活动无法维持下去，从而危及国家的存在。税收的强制性、无偿性和固定性是辩证统一、缺一不可的，只有同时具备这三个特征才能构成税收。例如，没收和罚款也可以构成财政收入，也是强制和无偿的，但对缴纳人来说却不是固定的。

## 7.2 税收的分类

税收的分类，是指按照一定的标准对一国税收体系中各税种进行划分和归类。

### 7.2.1 直接税与间接税

依据税负能否转嫁，税收可分为直接税和间接税。凡税负不能或难以转嫁给他人，即纳税人与负税人一致、不发生税负转嫁的税种为直接税（direct tax），如所得税、财产税；凡税负可转嫁给他人，亦即纳税人与负税人非同为一人，纳税人只是间接承担税负的税种为间接税（indirect tax），如各类商品税（增值税和消费税）。

该分类标准为大多数人所接受，但在税负如何转嫁及所得课税能否转嫁的问题上，看法不一。

直接税和间接税各有其优缺点。

1. 直接税的优点与缺点

直接税的优点：以所得额或财产额为课税对象，税源比较固定，较易适用累进税率，对经济能起重要调节作用；考虑基本扣除、配偶扣除以及抚养扣除等个人情况，符合公平原则；税负不易转嫁。

直接税的缺点：纳税人感到负担重，易产生抗拒心理；税负较难转嫁，偷逃税多，税款损失大；征稽方法较复杂，需要较高的管理水平。

2. 间接税的优点与缺点

间接税的优点：符合普遍性原则，税收涉及面广；征收成本低；课税对象广，税收收入可随生产和经济发展而增加；纳税人税痛感不强，征收时阻力较小；税收通过价格表现出来，对降低消耗、节约成本能起引导作用。

间接税的缺点：有累退性，不符合公平原则；收入缺乏弹性；提高税率易使价格上涨，抑制需求，从而导致税收减少。

西方大多数国家认为直接税为主的税制结构较为合理，但由于直接税和间接税各有其优缺点，一些国家以直接税为主，另一些国家则以间接税为主。我国近期的改革趋势是“逐步提高直接税比重”。

### 7.2.2 商品税、所得税和财产税

依据征税对象性质的不同，税收可分为商品税、所得税和财产税，该分类被认为是最基本、最重要的分类。凡对商品或劳务买卖的流转额课征的税收，为商品或劳务税（以下简称商品税）；凡对纳税人的所得额或利润额课征的税收，为所得税；凡对纳税人的财产数量或价值额课征的税收，为财产税。

各国和国际组织在实践中主要采用此种分类，本教材第 8 章所采用的也是这一分类方法。需要说明的是，我国在该分类方法中，还包括行为税，它是针对经济生活中纳税人的特定行为而征收的税种，既可以出于财政目的，也可以出于对特定行为的鼓励或限制等政策目的，但范围一般都比较小，收入也不多，如印花税。

### 7.2.3 从量税与从价税

按计税标准不同，可将税收分为从量税和从价税。凡以课税对象的数量、重量、件数、面积、容积等为标准，按预先确定的单位税额计征的税种为从量税，也称“从量计征”，如资源税、车船税、土地使用税、耕地占用税、消费税中的部分税目等；凡以课税对象的价格为标准，按规定的税率计征的税种为从价税，也称“从价计征”，多数税种为从价税。

从量税不受征税对象价格变动的影响，计算征收简便，税负水平较为固定，但它往往不能反映课税对象价格的升降，在通货膨胀时期容易造成国家税收收入的减少，故一

般只针对价值较为稳定的特殊商品在特定的环节开征从量税。从价税直接受价格变动的影响，其税额可随着价格的上涨而增加，有利于体现国家的经济政策，故在商品流通领域大量采用。

### 7.2.4　中央税、地方税和共享税

按课税权和税收收入支配权的归属，可分为中央税、地方税和共享税，该分类有助于理解中央政府和地方政府在税收管理权限上的关系。凡由中央进行税收立法，其收入支配权和税收征管权归属于中央政府的税收为中央税；凡由地方进行税收立法决定或由地方在中央授权下决定征收，且收入支配权和税收征管权归属于地方政府的税收为地方税。地方税还可按层级进一步划分。此外，有时某些税种的税收收入由中央政府和地方政府按分成比例共同享有，这些税种统称为中央与地方共享税，简称共享税。

我国中央税有消费税（含进口环节海关代征部分）、关税、海关代征的进口环节增值税、证券交易印花税等；地方税有房产税、城镇土地使用税、耕地占用税、土地增值税和车船税等；共享税有增值税、企业所得税、个人所得税等。

### 7.2.5　价内税和价外税

这是依据税收与价格的关系进行的分类。凡在征税对象的价格之中包含税款的税为价内税，如我国的消费税。这种含有税款的商品定价为含税价格，它说明消费者在购买商品支付价款时，该价款中已经包含了商家需要向税务机关缴纳的税款。凡税款独立于征税对象的价格之外的税为价外税，如增值税、关税。对于价外税，买方在购买商品或服务时，除需要支付约定的价款外，还须支付按规定的税率计算出来的税款，这二者是分开的。

价内税形式较为隐蔽，不易为人察觉，给人的税收负担感较小。但由于价税一体，随着商品的流转会出现“税上加税”的重复征税问题。而价外税的税款是独立于商品价格的，且形式公开，数额固定，很容易在人们的心理上产生较大的税负压力。但价外税比价内税更容易转嫁，一般不存在重复征税问题，是一种中性税收，未来将成为越来越多国家商品税的主要形式。

除此之外，税收分类还有其他标准，例如：

（1）依据课税权的行使期限进行分类。为保证国家经常性的费用支出，按照法律规定长期、连续课征的税，为经常税；为实现某种特定目的，或者国家处于非常时期而在一个或几个财政年度内临时特别征收的税，为临时税。

（2）依据税收负担随着收入的增加是上升还是下降进行分类。税额在纳税人收入中所占的比重随着纳税人收入的增加而上升的税，为累进税；税额在纳税人收入中所占的比重随着纳税人收入的增加而降低的税，为累退税。

（3）依据课税标准是否具有依附性进行分类。凡不需依附于其他税种而仅依自己的课税标准独立课征的税，为独立税；需附加于其他税种之上课征的税，为附加税。

## 专栏7-1　“单身税”

单身得罪谁？还得多缴税！这不是愚人节的玩笑，而是发生在日本的真事。

2017年日本财务省会计官到石川县进行税策调研。在座谈会上，受邀与会的7名家庭主妇不约而同地质问道：“婚后育儿生活水准下降，能否让单身人士来负担税务？”双方围绕这一问题进行了深入讨论。然而，当地媒体《北国新闻》在报道时产生偏差，把“讨论”误作“提案”。由于财务省中央官署机构的敏感性，这则新闻被日本雅虎转刊头条。因近年安倍政府强推“消费税增税”之故，如今日本国民已是“闻税色变”，这条“假新闻”很快一石激起千层浪。

对于“单身税”本身，支持方认为：“现在日本生育率如此低下，用税收手段既能增加财政收入又能促婚，是一举两得的善法。”“已婚者育儿支出负担如此重，单身者却不用掏一分钱，仍然享受一样的社会福利，税负不公平。”

反对者则指出：“单身者收入少而与婚姻无缘，再变本加厉从其身上抽税，那岂不是永生为单？”“结婚并非公民应尽义务，因此这分明是政府对单身者征收‘脱婚’罚金，是已婚族对单身族的不公正榨取！”……

总的来说，日本社会各阶层大多对“单身税”持反对意见。一来是这种变相促婚套路从法理上违背宪法赋予的婚姻自由权；二是从人权角度而言这种政策也造成了差别化歧视。

日本20岁以上单身人口逾2 000万，民众最关注的问题是“单身税”究竟会不会开征。虽然地方和中央皆出面辟谣，但仍然无法平息疑虑。

“单身税”的目的并非纯为财政开源，而是一种逆向促婚政策。日本少子化的根本原因就是男女不婚的潮流，因为自1980年以来，日本的婚内生育率整体稳固，低迷不振的只是结婚率，所以对政府来说，需要操心的是后者，但“以税代政”的效果如何，非常难说。实际上，能为日本提供借鉴的只有曾经的保加利亚人民共和国，1968—1989年间，当局曾寄望以抽取单身者5%～10%的收入，让他们回归到婚姻的大家庭中。但实际结果是，“单身税”引入后生育率反而从2.2%降到了1.9%。政策失败的原因很简单，贫困的大众阶层因为税负而更结不起婚；而富裕阶层避税的办法有很多，无须为这点钱“屈服”。

正因为顾虑到可能造成适得其反的恶性循环，日本自民党2004年一度提上案台的“单身税”最终不了了之。不唯日本，同处于东亚文明圈的韩国也正深受单身人口激增的困扰。2014年，韩国也曾酝酿“单身税”提案，但最终在1 337万韩国单身男女“要交朴大总统第一个交”的巨大抗议声中折戟。

随着越来越多青年男女婚姻观念的变化和独立人格与思考方式的形成，可以预见，未来我国人口结构中的“不婚化”与老龄化双线并行的趋势将难以避免。比起讨论是否该征收“单身税”，更为实际和严峻的应该是相关社会保障与服务政策的制定。

资料来源：文嘉．“日本拟征‘单身税’”的背后［J］．同舟共进，2018（2）．

# 7.3 税收原则

税收原则是政府在设计税制、实施税法过程中所遵循的准则，也是评价税收制度优劣、考核税务行政管理状况的基本标准，是政府征税（包括税制的建立和税收政策的运用）所应遵循的基本准则。经济学家们对税收原则的探讨大部分是围绕税收中性而进行的，因此本节先介绍税收中性。

## 7.3.1 税收中性与税收超额负担（excess burden of the tax）

税收超额负担主要表现为两个方面：一是国家征税在减少纳税人支出的同时增加政府部门支出，若因征税而导致纳税人的经济利益损失大于因征税而增加的社会经济效益，则产生了资源配置方面的超额负担；二是由于征税改变了商品的相对价格，对纳税人的消费和生产行为产生不良影响，则产生了经济运行方面的超额负担。税收中性就是针对税收的超额负担提出的。

### 7.3.1.1 税收中性的含义

（1）征税使社会所付出的代价应以税款为限，尽可能不给纳税人或社会带来其他的额外损失或负担。

（2）征税应避免对市场经济正常运行的干扰，特别是不能使税收超越市场机制而成为资源配置的决定因素。

（3）在处理国际税收关系时，应该内外平等一并征税，不因税收影响纳税人的国际投资和经营活动。

### 7.3.1.2 税收超额负担的福利损失

税收中性要求在既定税收收入下使税收的超额负担最小化。由于征税引起市场上各产品与服务相对价格的改变，干扰了私人部门的选择，进而导致市场机制扭曲变形，会产生经济福利损失，这种损失就是税收的超额负担。税收超额负担在多数情况下是不可避免的，如何使税收超额负担最小化是提高税收效率的基本思路。

如图7-1所示，若每单位商品的税收为 $P_d - P_s$，课税后的均衡销售量是 $Q'$，那么，缴纳的税收总额为（$P_d - P_s$）$\times Q'$。税收超额负担的产生，使消费量从 $Q^*$ 减少到 $Q'$。

图中浅灰色的长方形区域表示纳税人支付的税额，该部分是纳税人的成本，但征收后用于提供公共品。深灰色的区域表示税收的超额负担，是由不可避免的产出减少所带来的成本，而这部分成本被损失掉了，故被称为超额负担。政府征税的总成本，就等于政府的税收收入加上课税所带来的额外的福利成本。

具有最小超额负担的税种，从效率角度来看是最优的。税收政策的目标之一，就是使税收体系的超额负担最小化。而要实现该目标，必须对供给或需求弹性较小的商品课税。从对图7-1的分析可知，对需求弹性较大的商品课税，其销售量减少的幅度大于对需求弹性较小的商品课税。因此，对弹性较小的商品课税所产生的超额负担也较小。在极端情况下，如果需求完全无弹性，课税不会对销售量产生影响，也就没有超额负担。除了会对商品交易的课税带来经济效率的损失之外，对所得的课税也可能产生超额负担，因为纳税人会在工作和闲暇之间重新配置其时间，而对所得课税会扭曲其经济行为，从而产生额外的福利损失。除了实际缴纳的税款和超额负担外，税收的其他成本还包括遵从成本和征管成本。税务当局应提高行政效率，使这部分成本占入库的税收收入的比例尽可能低。

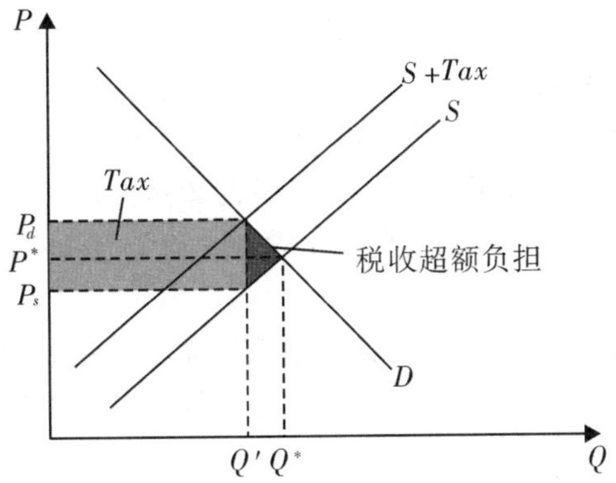


**图 7－1　税收超额负担**

## 7.3.2　税收原则理论的发展演变

### 7.3.2.1　亚当·斯密的税收四原则

税收原则的思想萌芽可以追溯到很早以前，如在我国先秦时期，就已提出平均税负的朴素思想，对土地划分等级分别征税；春秋时代的政治家管仲则明确提出“相地而衰征”的税收原则，按照土地的肥沃程度来确定税负的轻重。西方则在十六七世纪的重商主义时期就已提出了比较清楚的税收原则，如重商主义后期的英国经济学家威廉·配第在 1662 年发表的《赋税论》及《政治算术》中提出了“公平”“简便”“节省”三项原则。

严格说来，第一个明确而系统地提出并阐述税收原则的是英国古典政治经济学家亚当·斯密，他在 1776 年出版的《国富论》一书中提出了平等、确实、便利和最少征收费四大原则。

第一，平等原则。“一国之民，都须在可能范围内，按照各自能力的比例，及按照各自在国家保护之下所得收入的比例缴纳国税，维持政府。”也就是说，人民应以其在国家保护之下所得收入的多少为比例，向国家缴纳相应的租税，这样才算平等。由于这个原则要求按个人所得“各尽其力”进行缴纳，考虑到了负担能力，故成为后世税收负担的“能力说”和比例税制度的理论依据。

第二，确实原则。“各人应纳的税收，应当确实而不应当任意。纳税的时间、纳税的方法、应纳的税额，应使纳税人及其他人一并明了。”他认为此原则非常重要，因为当时税收不确实的现象很普遍。

第三，便利原则。“各种赋税完纳的日期和完纳的方法，应给予纳税者以最大的便利。”即一切均以便利纳税人为原则。

第四，最少征收费原则。“一切赋税的征收，须设法使人民所付出的，尽可能等于国家所得的收入。”即要使国库收入税额与人民缴纳税额之差为最小，这个差额即征收费，使征收费最少，就等于最大限度地增加了国库收入。

在亚当·斯密之后，瓦格纳等人又提出了更为系统完备的税收原则，但亚当·斯密的税收四原则一直被誉为税收原则理论的首创。

#### 7.3.2.2 瓦格纳的四项九端原则

瓦格纳在其名著《财政学》四卷（1871—1872 年）中提出了著名的税收四项九端（四大九小）原则，一是财政政策原则：①充裕，②弹性；二是国民经济原则：①选择税源，②选择税种；三是社会正义原则：①普遍，②平等；四是税务行政原则：①确实，②便利，③征收费最少。

瓦格纳的税收原则体系集前人之大成；并率先提出了税收的财政政策和国民经济原则，也表现了社会政策的特征，突出了社会正义原则，为历来各家的平等原则充实了新的内容。

#### 7.3.2.3 现代税收原则

现代财政经济学家在凯恩斯经济学和福利经济学的思想影响下，将税收原则与财政的三大职能联系起来，强调税收在资源配置、收入分配和经济稳定与增长方面的职能作用。他们在传统的平等原则和税务行政原则之外，补充了资源的最佳配置和经济稳定与增长方面的税收原则。

现代税收原则中的公平原则是对社会正义原则的发展，效率原则和稳定原则是对国民经济原则的发展。公平和效率是社会经济福利两项准则，将它们作为评价税制的标准，是美国当代著名财政经济学家马斯格雷夫的主张，而稳定经济原则主要渊源于凯恩斯主义强化国家干预经济职能的学说。

### 7.3.3 税收公平和效率原则

综合看来，现代税收原则中影响最大、概括性最强的是税收公平原则与税收效率原则。

#### 7.3.3.1 税收公平原则

税收公平包括社会公平和经济公平。

1. 税收的社会公平

税收社会公平有纳税能力和受益原则两个标准。

（1）纳税能力标准。

以纳税能力作为公平标准，在理论上称为纳税能力原则或量能负税原则。按照此标准，税收社会公平分为横向公平和纵向公平。横向公平指纳税能力相同的人应负担相同的税；纵向公平指纳税能力不同的人，负担的税负则不应相同，纳税能力越强，其承担的税负应越重。

如何判断纳税能力，在理论上又有“客观说”和“主观说”之分。客观说认为纳税能力应依据纳税人所拥有的财富、取得的收入或实际支付能力等客观指标来确定；而主观说则强调纳税人因纳税所感到的效用的牺牲（或效用的减少）应相同，或者纳税后的边际效用相同。

以客观说为例，衡量纳税能力的客观指标均面临一定的挑战。比如，收入通常被认为是衡量纳税人支付能力的最优标准。收入越多，表明在特定时期内扩大生产和消费以及增添财产的能力越大，税收支付能力也越大，反之则越小。但在收入界定中存在的问题很多：是以单个人的收入为标准，还是以家庭的平均收入为标准？以货币收入为标准，还是以经济收入为标准？某些支出是否应予扣除？不同来源的收入是否应区别对待？如勤劳获得的收入与不劳而获的收入是否应有区分？

同时，消费被认为是衡量纳税人支付能力的又一标准。其理由是，消费意味着对社会的索取，索取越多，说明支付能力越强，越应多缴税。对消费课税除避免了对储蓄的重复征税外，还能在客观上起到抑制消费、鼓励投资、促进经济发展的作用。但消费的累退性，会导致对消费征税的累退性，这显然不利于实现税收公平。

财产也被认为是衡量纳税人支付能力的标准之一。一方面，人们可利用财产赚取收入，增加支付能力；另一方面，财产还可带来其他满足，直接提高了财产所有者的实际福利水平。但用财产来衡量纳税人的支付能力也有局限性：财产税是由财产收益负担的，数额相等的财产不一定会给纳税人带来相等的收益，从而使税收有失公平；财产税与所得税一样，存在抑制储蓄和投资的问题；财产形式多种多样，实践中难以查核，估值颇难。

（2）受益原则标准。

税收社会公平的受益原则又称为利益课税原则，指以享受政府公共服务的多少作为衡量公平的标准，课税依纳税人受益的多少而定，受益多的多纳税，受益少的少纳税。

受益原则的理论依据是，政府之所以要向纳税人课税，是因为它向纳税人提供了公共品；纳税人之所以要向政府纳税，是因为他们从政府提供的公共品中获得了利益。因此，税负在纳税人之间的分配，应以他们享受利益的多少为依据。受益原则实际上是将公民纳税与政府提供公共品看成是一种类似于市场交易的过程，税收就好比是政府提供公共品的价格。

受益原则有以下两个局限：一是“免费搭车”心理会使政府难以获得每个纳税人从公共品中受益多少的信息；二是它必须以“市场的分配是公平的”这一假设为前提。因此，受益原则对免费搭车的策略行为无能为力，也忽略了政府的收入再分配目标，而将注意力全部集中在公共和私人部门活动的资源有效配置上。受益原则虽在税制实践中不具有普遍意义，却并不排除其在个别税种中的运用。

2. 税收的经济公平

政府征税，不仅要遵循社会公平的原则，而且要做到经济公平。

税收的经济公平包括两个层次：一方面要求税收保持中性，对所有从事经营的纳税人，包括经营者和投资者，一视同仁，同等对待，促进公平竞争，增值税的盛行、公司税税率以比例税率为主等都是这种公平要求的反映；另一方面是对于客观上存在的不公平因素，如资源禀赋差异等，需要通过差别征税实施调节，以创造大致公平的竞争环境。这两个层次，也相当于社会公平中的横向公平和纵向公平。

强调税收的经济公平是与经济发展分不开的。经济发展使企业成为重要的纳税主体，与个人相比，它们对经济公平的要求比社会公平更迫切、更现实。

#### 7.3.3.2 税收效率原则

税收效率包括行政效率和经济效率。

1. 税收行政效率

税收行政效率指征税过程本身的效率，它要求税收在征收和缴纳过程中耗费的成本最小。税收行政效率可用税收成本率即税收的行政成本占税收收入的比率来反映，有效率就是要求以尽可能少的税收行政成本征收尽可能多的税收收入，即税收成本率越低越好。

2. 税收经济效率

税收经济效率指征税应有利于促进经济效率的提高，或者对经济效率的不利影响最小。

税收经济效率的第一个层次是要求税收的超额负担最小。在政府必然要征税的前提下，尽量减少对经济行为的扭曲。政府应选择合理的征税方式，以使税收超额负担最小，保持税收中性，减少对经济的影响或扭曲程度。

税收经济效率的第二个层次是保护税本。税源应来自国民收入，而不应来自税本。通常认为，国民生产是税本，国民收入是税源，税收只能参与国民收入的分配，而不能伤及国民生产。这犹如树上摘果，果是源，树是本，我们只能摘果，而不能伤树。

税收经济效率的第三个层次是要通过税收分配来提高资源配置的效率。不合理的税制固然会引起资源配置的扭曲，因而存在税收的经济成本，但若税制设计合理，税收政策运用得当，则不仅可以降低税收的经济成本，而且可以弥补市场的缺陷，提高经济的运行效率，使资源配置更加有效。

从税收经济效率的不同层次可以看出，税收是否有效率，必须结合经济运行本身的效率来考察。如果经济运转本身是高效率的，则应将税收不干扰或少干扰经济运行视为有效率，即以税收的经济成本最小作为判断税收效率的依据；而如果经济运行处于低效率甚至无效率状态，则税收效率应反映在对经济运行的有效干预上。

税收的公平与效率原则有时是矛盾的。例如，设计一个易于管理、容易理解的税制可能会导致横向不公平，因为这种做法未能充分考虑收入相同的纳税人的不同情况。再如，两个具有同等工作收入的人中，一人有孩子需要抚养，而另一人没有孩子要抚养。考虑到孩子因素，可使用税收优惠（税收抵免）制度，但这种办法增加了管理成本。

# 7.4 税收负担与税负转嫁

## 7.4.1 税收负担分析

税收负担，简称“税负”，是指纳税人按照税法规定向国家缴纳税款所承担的税额。政府征税减少了纳税人的直接经济利益，从而使其承受了税负这一经济负担，故税收负担反映了一定时期内社会收入在政府与纳税人之间分配的数量关系。税收负担问题是税收的核心问题，是建立税收制度要解决的首要问题。

### 7.4.1.1 税收负担的分类

1. 微观税收负担与宏观税收负担

（1）微观税收负担。微观税收负担主要分析企业和居民纳税主体的税收负担情况。

对于企业税负的测算，有企业整体税负分析和重要税种（如企业所得税和增值税）税负分析两个角度。国外学者对企业微观税负的研究，多以企业所得税有效税率作为衡量指标。在我国，企业缴纳的增值税和所得税较多，企业增值税负担通过企业实际缴纳增值税和企业增加值的比值衡量；企业所得税负担通过企业所得税与企业税前利润的比值衡量。这两类指标可以反映税款与计税经济来源对应的原则。计算公式分别为：

企业总税收负担 =（企业实际缴纳各项税费 – 税收返还）/企业增加值

企业增值税负担 = 企业实际缴纳增值税/企业增加值

企业所得税负担 = 企业所得税（应付所得税）/企业税前利润

对于居民税收负担，其测算又分为宏观和微观两个层面。宏观层面测算指的是用全国总量数据测算，它可以观察出总体税收负担状况；微观层面测算指的是用微观住户调查数据测算，它可以观察出居民税收负担结构状况。

宏观上，居民总税负是指居民直接缴纳总税收与居民可支配收入的比值，计算公式为：

居民总税负 = 居民直接缴纳总税收/居民可支配收入（含税）

我国居民直接缴纳总税收包含个人所得税、车辆购置税和财产税，其中直接缴纳的财产税包含房产税、车船税和契税中居民承担的部分。

微观家庭税收负担主要通过微观调查，如对我国家庭收入调查（CHIP）中的数据进行分析。个人所得税和车辆购置税是家庭缴纳的主要税收，计算公式为：

家庭税收负担 =（家庭成员个人所得税之和 + 车船税 + 车辆购置税）/家庭可支配收入（或家庭纯收入）（含税）

（2）宏观税收负担。宏观税收负担既反映了公共部门和私人部门之间的分配关系，也显示出政府社会经济职能及财政职能的强弱，最能体现一国整体的税收负担情况。制约宏观税负水平高低的主要因素有经济发展水平、经济结构、经济体制、政府职能范围等。

我国学术界对宏观税负的讨论中，有三种统计口径：一是小口径宏观税负，即税收收入占 GDP 的比重；二是中口径宏观税负，即一般公共预算收入占 GDP 的比重；三是大口径宏观税负，即全口径财政收入[①]占 GDP 的比重。

2016—2020 年，我国小口径宏观税负分别为 17.47%、17.35%、17.01%、16.02% 和 15.2%，呈连续下降趋势，这主要是由于全面推开“营改增”、简并和降低增值税税率、提高个税减除费用标准、2019 年实施大规模减税降费、2020 年出台多项税费优惠政策支持疫情防控等。

在全球减税的大背景下，我国税负过高的社会舆论日益高涨。整体上看，我国大、中、小口径宏观税负均处于中等收入经济体不同口径税负的平均水平，宏观税负并不高。但是，我国税收集中于企业缴纳，居民税负相对较轻，生产环节税负较重，而再分配、消费和财富积累环节税负较轻。这说明我国税收负担的核心问题不是轻重与否，而是税制结构问题。党的十八届三中全会提出逐步提高直接税比重，适当降低间接税比重，优化税制结构，从对企业征税转向对自然人征税，从对生产征税转向对所得和财富征税。因此，解决税负问题的方法在于征税环节需逐步下移到再分配、消费和财富积累环节。

2. 直接负担与间接负担

按税负是否转嫁，税收负担可以分为直接负担和间接负担。前者是指纳税义务人按税法规定负担的税款；后者则是指纳税义务人通过税负转嫁，而由非纳税义务人实际负担的税款。

3. 名义负担与实际负担

按税负的真实程度，税收负担还可以分为名义负担和实际负担。前者是指纳税义务人按税法规定的名义税率所负担的税款，后者是指纳税义务人实际缴纳的税款。之所以产生名义负担与实际负担之间的差异，主要在于纳税义务人所享受的税前扣除和税收优惠不同。

#### 7.4.1.2 税收负担水平的确定

1. 税收负担水平的确定

宏观税收负担水平的确定，实质上是财政职能的实现问题，它既关系到资源配置效

---

① 全口径财政收入分别由一般公共预算收入、社会保障基金预算收入、政府性基金预算收入和国有资本经营预算收入四本预算组成。但是，全口径财政收入并非四本预算的简单加总，还需要进行如下处理：第一，考虑到结转因素会产生重复计算，故需要将一般公共预算、政府性基金预算、国有资本经营预算中的结转收入剔除；第二，考虑到调入资金会产生重复计算，故需要将一般公共预算、政府性基金预算的调入收入剔除；第三，由于我国社会保障基金收入很大部分来自财政预算资金的调入，故需要将财政对社会保障基金的补助收入扣除，以避免重复计算；第四，国有土地出让收入安排支出中的成本性支出具有成本性和偿还性，其相应的收入是政府不可支配的，也需要剔除。因此，大口径宏观税负需要进行调整才能作为衡量指标。

率，也关系到社会公平和经济稳定。宏观税收负担率过低，政府可供支配的收入过少，就不能满足公共需要；宏观税收负担率过高，民间部门可供支配的收入过少，不能有效满足私人需要，而且影响民间部门资本和劳动的投入，以后的产出也会减少，最终减少了税收收入。

2. 拉弗曲线

"拉弗曲线"的理论是由"供给学派"代表人物阿瑟·拉弗（Arthur B. Laffer）提出的。"供给学派"主张以大幅度减税来刺激供给从而刺激经济活动，提出"税收收入并不是随着税率的增加而增加，当税率高过一定点后，税收的总额不仅不会增加，反而还会下降"这一基本命题。其理由是，决定税收的因素不仅要看税率的高低，而且要看课税的基础即经济主体收入的大小。过高的税率会削弱经济主体的经济活动积极性，因为税率过高，企业只有微利甚至无利，便会心灰意冷，纷纷缩减生产，使企业收入降低，从而削减了课税的基础，使税源萎缩，最终导致税收总额减少。当税率达到 100% 时，无人愿意投资和工作，税收收入也将降为零。从另一个角度来看，税率过高还可能促使企业偷逃税收，从而导致税收总额的减少。

"拉弗曲线"是确定宏观税负的主要理论。该曲线阐明了税率、税收收入和国民产出之间的关系。如图 7－2 所示，*A* 点代表一个很高的税率和很低的产出，*B* 点代表一个很低的税率和很高的产出，两者为政府提供同等的税收。若税率从 *A* 点下降到 *C* 点，产出和税收均增加；若税率从 *B* 点上升到 *D* 点，税收将增加，但产出可能减少，*C* 点与 *D* 点也提供同等的税收。*E* 点代表的税率，是与生产相结合能提供最大税收的税率。在 *E* 点上，如果政府再降低税率，产出将增加，但税收将下降；如果提高税率，产出和税收都会下降。

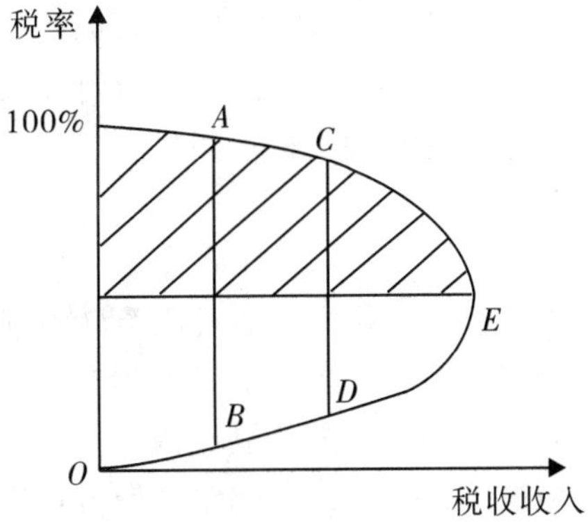


**图 7－2　拉弗曲线**

税率从 0～100%，税收总额从零回归到零。"拉弗曲线"必然有一个转折点，在此点之下，即在一定的税率之下，政府的税收随税率的升高而增加。一旦税率的增加越过了这一转折点，政府税收将随税率的进一步提高而减少，该税率以上的区域被称为税收禁区。因此，税率高并不等于实际税收就高，税率太高，人们就被吓跑了，什么经济活动都不会发生，政府反而收不上税。

"拉弗曲线"能使我们更直观地认识税收与经济的内在联系，并告诉我们最优税率应是既能使政府获得实现其职能的预期收入，又能使经济实现预期产出（常用 GDP 表示）的税率。

在市场经济下，最优税率的确定，应考虑：

第一，保证生产过程中的物质消耗得到补偿；

第二，保证劳动者的必要生活费用得到满足；

第三，保证政府行使职能的最低物质需要。

第一与第二构成宏观税负水平的最高限，第三构成宏观税负水平的最低限。最优税率显然应约束于该界限之内，并根据社会经济发展目标及具体国情综合确定，同时依据实践的检验结果及时修正。

## 7.4.2 税负转嫁的含义与方式

### 7.4.2.1 税负转嫁与税负归宿

1. 税负转嫁

税负转嫁，是纳税人通过经济交易中的价格变动，将所纳税收转移给他人负担的行为及过程。其含义包括：

第一，纳税人是唯一的税负转嫁和承担主体；

第二，价格变动是税负转嫁的基本途径；

第三，税负转嫁是经济利益的再分配，纳税人与负税人一定程度的分离，是税负转嫁的必然结果。

2. 税负归宿

税负归宿指税收负担最终的落脚点，即税负经过转嫁最终把负担落在某个负税人（自然人或企业）身上。税负归宿表明转嫁的税负最后由谁来承担，只要税收的转嫁过程结束，税负归诸最后的负担者，便找到了税负归宿。

### 7.4.2.2 税负转嫁的方式

1. 前转

前转也称顺转，指纳税人将其所纳税款顺着商品流转方向，通过提高商品价格的办法，转嫁给商品的购买者或最终消费者负担。前转是卖方将税负转嫁给买方负担，通常通过提高商品售价的办法来实现。卖方可能是制造商、批发商或零售商，买方也可能是制造商、批发商或零售商，但税负最终主要转嫁给消费者负担。由于前转是顺着商品流转顺序从生产到零售再到消费的，因此也叫顺转。前转的过程可能只有一次，也可能经过多次，例如对棉纱制造商征收的棉纱税，棉纱制造商通过提高棉纱出厂价格将所缴纳的税款转嫁给棉布制造商，棉布制造商又以同样的方式把税负转嫁给批发商，批发商再以同样方式把税负转嫁给零售商，零售商又以同样方式把税负转嫁到消费者身上。前转顺利与否要受到商品供求弹性的制约。税负前转实现的基本前提条件是课税商品的需求弹性小于供给弹性。当需求弹性大时，转嫁较难进行；当供给弹性大时，转嫁容易进行。

2. 后转

后转也称逆转，指纳税人将其所纳税款逆着商品流转方向，以压低购进商品价格的办法，向后转移给商品的提供者。例如，对某种商品在零售环节征税，零售商将所纳税款通过压低进货价格，把税负逆转给批发商，批发商又以同样的方式把税负逆转给制造商，制造商再以同样方式压低生产要素价格把税负逆转给生产要素供应者身上。税负后转实现的前提条件是供给方提供的商品需求弹性较大，而供给弹性较小。在有些情况下，尽管已实现了税负前转，也仍会发生后转的现象。①

3. 消转

消转是指纳税人用降低课税品成本的办法使税负在新增利润中求得抵补的转嫁方式，即纳税人在不提高售价的前提下，通过改进生产技术、提高工作效率、节约原材料、降低生产成本等方式，将所缴纳的税款在所增利润中求得补偿。因为它既不是提高价格的前转，也不是压低价格的后转，而是通过改善经营管理、提高劳动生产率等措施降低成本增加利润，使税负从中得到抵消，所以称之为消转。消转有合法消转和非法消转两种形式，前者指采用改进技术、节约原材料等方法，从而降低成本求得补偿；后者指采用降低工资、增加工时、增大劳动强度等方法，从而降低成本求得补偿。采用第二种形式一般会遭到雇员的反对，因此纳税人一般采用第一种形式。消转也要具备一定的条件，如生产成本能递减、商品销量能扩大、生产技术与方法有发展和改善的余地、物价有上涨趋势以及税负不重等。

4. 税收资本化

税收资本化也称“资本还原”或“税负资本化”，它是税负转嫁的一种特殊方式②，即纳税人以压低资本品购买价格的方法将所购资本品可预见的未来应纳税款，从所购资本品的价格中作一次扣除，从而将未来应纳税款全部或部分转嫁给资本品出卖者。比如，某一工业资本家甲向另一资本家乙购买一幢房屋，该房价值 50 万元，使用期限预计为 10 年，根据国家税法规定每年应纳房产税 1 万元。甲在购买之际将该房屋今后 10 年应纳的房产税 10 万元从房屋购价中作一次扣除，实际支付买价 40 万元。对甲来说，房屋价值 50 万元，而实际支付 40 万元，其中的 10 万元是甲购买乙的房屋从而“购买”了乙的纳税义务，由乙付给甲以后代乙缴纳的税款。实际上，甲在第一年只需缴纳 1 万元的房产税，其余的 9 万元就成为甲的创业资本，这就是税收资本化。可见，税收资本化一般表现为课税资本品价格的下降。

税收资本化的条件有两点：第一，交易的财产必须具有资本价值，可长时间使用，

---

① 与其他教材所讲的“混转”相同，即纳税人将自己缴纳的税款分散转嫁给多方负担。当税款既不能完全向前顺转又不能完全向后逆转时，纳税人会采取混转的方式转嫁税负。例如，织布厂将税负一部分用提高布匹价格的办法转嫁给印染厂，一部分用压低棉纱购进价格的办法转嫁给纱厂，一部分则用降低工资的办法转嫁给本厂职工等。严格地说，混转并不是一种独立的税负转嫁方式，而是前转与后转等的结合，故此处不单独将其列出。

② 税收资本化与一般意义上的税收后转既有相同之处又有不同之处。它们的相同之处在于，都是买主支付的税款通过降低购入价格转由卖主负担。而不同之处在于，一方面是转嫁的媒介不同，税负后转借助的是一般消费品，而税收资本化借助的是耐用的资本品；另一方面是转嫁的方式不同，税负后转是商品交易发生时所有税款的一次性转嫁，而税收资本化是商品交易后发生的预期历次累计税款的一次性转嫁。因此，税收资本化实际上是税收后转的一种特殊形式。

并有年利和租金，如房屋、土地等，这类财产税款长年征收，如为其他商品一次征税后即转入商品价格，无须折入资本；第二，冲抵资本的价值可能获取的利益应与转移的税负相同或相近。

## 7.4.3 税负转嫁与归宿的规律

### 7.4.3.1 税负转嫁与归宿和供需弹性的关系

税收负担能否转嫁以及转嫁的程度受众多因素的制约，这些制约因素包括供需弹性、市场结构、税种性质、课税范围的大小以及课税商品的性质等。

商品的供需弹性是影响税负转嫁形式及程度的关键因素，因为税负转嫁和商品交换中的价格升降有直接的关系，税负转嫁的实现以及转嫁实现的程度必然受商品价格变动的可能性条件的约束。

1. 商品的供需弹性

商品的供需弹性具体包括商品的需求弹性和供给弹性，它们的大小可以用需求弹性系数和供给弹性系数来表示。

需求弹性是指商品的需求量对于市场价格升降做出反应的程度，其大小用需求量变动的百分比与价格变动的百分比之间的比值即需求弹性系数来衡量，可用公式表示为：

需求弹性系数（$E_d$）＝需求量变动的百分比/价格变动的百分比

供给弹性是指商品的供给量对于市场价格升降做出反应的程度，其大小用供给量变动的百分比与价格变动的百分比之间的比值即供给弹性系数来衡量，可用公式表示为：

供给弹性系数（$E_s$）＝供给量变动的百分比/价格变动的百分比

2. 商品供需弹性对税负转嫁的影响

商品供需弹性对税负转嫁的影响要分不同情况来考察。现实中绝大多数商品或生产要素的需求和供给是有一定弹性的，而且，税负完全转嫁或完全不能转嫁的情况很少发生。较为常见的是，一部分税收通过提高价格的形式向前转嫁给商品或生产要素的购买者；另一部分税收则向后转嫁给生产者或生产要素的提供者。因此，我们忽略供给和需求完全无弹性的特殊情况，以供求双方都有一定弹性为例来分析税负转嫁。

如图7－3所示，供给曲线 $SS$ 与需求曲线 $DD$ 都有一定的斜率，表示供求双方都有一定的弹性。政府课税之前，供给曲线与需求曲线相交于 $E_0$ 点，税前均衡价格为 $P_0$，均衡数量为 $Q_0$。政府如果对商品生产经营者课征 $T$ 量的税，供给曲线会向上平行移动至 $S'S'$，与需求曲线相交于点 $E_1$，税后商品的均衡价格升至 $P_1$，均衡数量降至 $Q_1$，这表明商品需求者和商品供给者对政府的课税都有一定的反应。图中 $P_2$ 为商品供给者税后实际得到的价格，$P_1-P_2=T$。与征税前相比，商品购买者支付的价格由 $P_0$ 升至 $P_1$，而商品供应者实际得到的价格却由 $P_0$ 下降至 $P_2$，说明政府课税的负担是由供求双方分担的，

$P_0P_1$为需求方承担的税负，$P_2P_0$为供给方承担的税负。至于供求双方各自应承担多少税负，取决于供求双方弹性的对比。

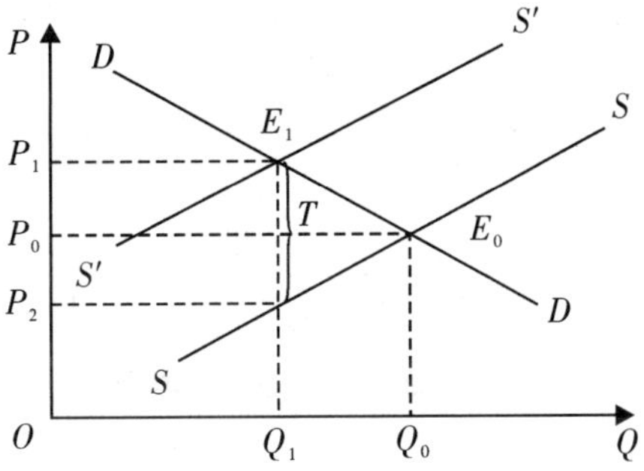


图 7－3　供求双方都有一定弹性时的税负转嫁

商品供给弹性和需求弹性大小的对比影响税负转嫁的程度。图 7－4 所示的是需求富有弹性、供给缺乏弹性的情况，此时需求曲线 *DD* 较为平坦，供给曲线 *SS* 较为陡峭，即 $E_d > E_s$。需求曲线与供给曲线相交于 $E_0$点，税前均衡价格为 $P_0$，均衡数量为 $Q_0$。政府如果对商品生产经营者课征 *T* 量的税，供给曲线会因此向上平行移动至 $S'S'$，并与需求曲线相交于 $E_1$，税后商品的均衡价格升至 $P_1$，均衡数量降至 $Q_1$。图中（$P_1 - P_0$）＜（$P_0 - P_2$），这说明需求对政府征税带来的市场价格变动的反应相对供给来说更灵敏，此时纳税人向前转嫁的税负小于由他自己承担的税负。

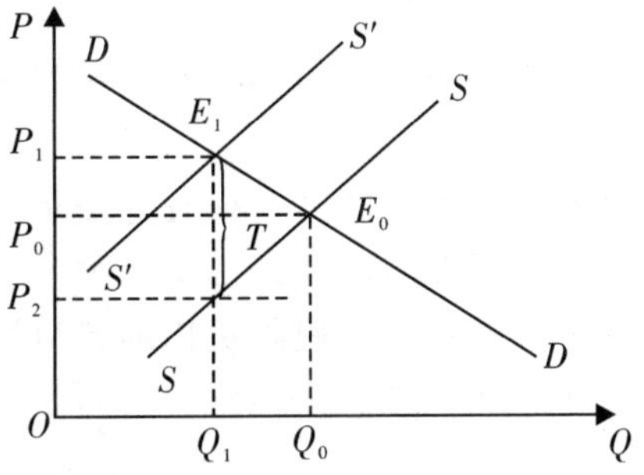


图 7－4　需求弹性大于供给弹性

图 7－5 所示的是需求缺乏弹性、供给富有弹性的情况。此时，需求曲线 *DD* 较为陡峭，供给曲线 *SS* 较为平坦，即 $E_d < E_s$。需求曲线与供给曲线相交于 $E_0$点，税前均衡价格为 $P_0$，均衡数量为 $Q_0$。政府如果对商品生产经营者课征 *T* 量的税，供给曲线会因此向上平行移动至 $S'S'$，并与需求曲线相交于 $E_1$，税后商品的均衡价格升至 $P_1$，均衡数量降至 $Q_1$。图中（$P_1 - P_0$）＞（$P_0 - P_2$），这说明供给对政府征税带来的市场价格变动的反应相对需求来说更灵敏，此时纳税人向前转嫁的税负大于由他自己承担的税负。

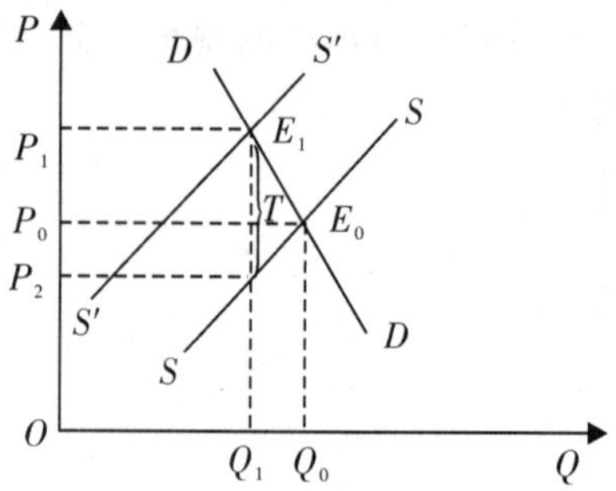


图 7－5　需求弹性小于供给弹性

因此，税负转嫁的多少要视供求弹性之间的力量对比而定。如果需求弹性大于供给弹性，则向后转嫁或不能转嫁的部分较大，即税收更多地落在生产者或生产要素提供者身上；如果需求弹性小于供给弹性，则向前转嫁的部分较大，即税收更多地落在购买者身上。

7.4.3.2　**其他因素对税负转嫁的影响**

1. 市场结构与税负转嫁的关系

现代市场条件下的市场结构通常分为四种类型：完全竞争、垄断竞争、寡头垄断和完全垄断。市场结构不同，税负转嫁的状况也不同。

一是完全竞争市场。完全竞争市场指的是一种竞争完全不受任何阻碍和干扰的市场结构。在这种市场结构下，市场价格由整个行业的供求关系决定。因此，在短期内，任何生产者都无法单独提高商品价格，将税收负担向前转嫁给消费者。但从长期看，在产品供给成本不变的情况下，只有全体生产者形成一股行业力量，才能通过提高价格，将税收负担完全转嫁。

二是垄断竞争市场。垄断竞争市场指的是一种既有垄断又有竞争，既不是完全竞争又不是完全垄断的市场结构。在垄断竞争市场条件下，单个生产者可以利用产品差异性对产品价格做适当调整，从而有可能把部分税收负担前转给消费者。但由于其尚未形成垄断市场，仍有竞争，不可能把全部税收负担转嫁出去而获得垄断利润，因而是部分前转，部分后转。

三是寡头垄断市场。寡头垄断市场指的是一种少数几个生产者供给某种产品的大部分，这几个生产者的产量在该行业的总产量中各占有较大的份额，从而可以对市场的价格和产量产生举足轻重的影响的市场结构。在这种市场结构下，各生产者在价格或产量方面的变化都会影响整个市场和其他竞争对手的行动。每个生产者在做出价格和产量决策时，不仅需要考虑本身的成本和收益，而且还要考虑对市场的影响以及竞争对手可能做出的反应。因此，政府征税以后，各寡头生产者肯定知道其余寡头竞争对手也会面临同样的情况，从而会将政府所征的税加入价格转嫁给消费者。通常的情况是，寡头生产者早已达成协议，一旦各家成本同时增加（如加税），就在原价基础上，自动根据某一公式，各自提高价格。

四是完全垄断市场。完全垄断市场指的是整个行业的市场完全被一家厂商所控制的市场结构。在这种市场结构下，实际上是生产者独家定价。政府若对某种产品征税，垄断生产者必然会千方百计地将税款加入价格转嫁给消费者，但转嫁多少则要视其产品的需求弹性而定。若其产品属于生活必需品，需求弹性较小，垄断生产者便可以按所征税款额度提高价格，把税负全部或大部分转嫁给消费者；若其产品属一般商品，需求弹性较大，垄断生产者提高价格会导致需求减少，价格的提高便会受到限制，税负就不会全部或大部分向前转嫁，而会更多地向后转嫁。

2. 课税范围与税负转嫁的关系

一般说来，课税范围越广，税负转嫁越容易；课税范围越窄，税负转嫁越困难。这是因为课税范围越窄，对商品或生产要素的购买者越有替代效应，从而需求也就越具有弹性。也就是说，课税范围只包括部分商品或生产要素，就极可能驱使购买者改变购买抉择，减少课税或增税商品或生产要素的购买量，而增加无税或低税商品或生产要素的购买量。在这种情况下，课税商品或生产要素价格的提高就要受到限制，税负自然难以转嫁。与此相反，课税范围越广，越不容易对商品或生产要素的购买者产生替代效应，从而需求也就越缺乏弹性。也就是说，如果课税范围涉及了大部分甚至全部商品或生产要素，购买者购买商品或生产要素的抉择一般不会因课税而改变。在这种情况下，课税商品或生产要素价格的提高就较为容易，税负自然容易转嫁。

## 本章小结

税收是现代财政收入的支柱，是国家行使职能的经济基础，也是国家调节经济活动、平衡收入分配的重要杠杆。税收的含义、特征、分类和原则构成了税收的一般理论。

税收与其他分配方式相比，具有强制性、无偿性和固定性的特征，习惯上称为税收的“三性”，这是税收的基本特征。

税收分类的标准和方法很多。按税负能否转嫁可分为直接税和间接税；按征税对象性质不同可分为商品税、所得税和财产税；按计税标准不同可分为从量税和从价税；按管理权限可分为中央税、地方税和共享税；按税收与价格的关系不同可分为价内税和价外税。

税收原则是政府在设计税制、实施税法过程中所遵循的准则，也是评价税收制度优劣、考核税务行政管理状况的基本标准，它决定政府对什么征税（课税对象）、征收多少（课税规模）、怎样征收（课税方式和方法）等。现代税收原则主要包括税收公平原则和税收效率原则。

税收负担是指政府征税减少了纳税人的直接经济利益，从而使其承受的经济负担。它反映了一定时期内社会收入在政府与纳税人之间分配的数量关系。税负转嫁是纳税人通过经济交易中的价格变动，将所纳税收转移给他人负担的行为及过程。税负转嫁的基本方式有两种，即前转和后转，此外还有消转和税收资本化。在价格可以自由浮动的前提下，税负转嫁的程度常因供求弹性的大小、市场结构的类型、课税范围的宽窄等而有所不同。

## 思考题

1. 你赞成根据受益原则还是纳税能力原则征税？为什么？

2. “拉弗曲线”的经济含义是什么？

3. 试给出你对税收中性原则的理解。

4. 由于酒和卷烟的需求是被人们看作高度无弹性的，因此它们就成了消费税的主要对象。但实际上它们的需求真是高度无弹性的吗？由此，你对有关消费税的税收政策有何建议？

# 8　税收制度

当对人们消费的东西征税时，每个人都缴纳与他的消费相当的税款，而公共财富并不因为私人的奢侈浪费而减少。

——托马斯·霍布斯（Thomas Hobbes）

税收制度简称税制，是指国家通过立法程序规定的各种税收法令和征收管理办法的总称。它是国家以税收的形式取得财政收入的法律规范，这些规范是税务机关向纳税人征税的法律依据和工作规程，是纳税人履行纳税义务的法定准则，也是实现税收职能作用的具体体现。

税收制度的内容有两个基本层次：第一，不同的要素构成税种；第二，不同的税种构成税收制度。构成税种的要素包括纳税义务人、征税对象、税目、税率、纳税环节、纳税期限、减免税、违章处理与纳税地点等；构成税收制度的税种包括商品税、所得税、财产税和行为税等。

本章主要学习税收制度的要素，并初步了解我国的商品税、所得税、财产税和行为税等。

## 8.1　税收制度概述

### 8.1.1　税制要素

税制要素即税收制度要素，或称税法构成要素，是指组成税收制度的共同因素，包括向谁征税、对什么征税、征多少税和如何征税等基本内容。税制要素是分析税收问题时常用的基本术语，一般包括纳税义务人、征税对象、税目、税率、纳税环节、纳税期限、减免税、违章处理与纳税地点等，其中纳税义务人、征税对象和税目、税率是税制的三个基本要素。

#### 8.1.1.1　纳税义务人

纳税义务人简称“纳税人”（在法律上“纳税人”和“纳税义务人”两者是有区别的，但本部分的税制介绍忽略这一区别），是税法规定的直接负有纳税义务的法人和自然人，法律术语称为课税主体。

纳税人是构成税收制度最基本的要素之一，任何税种都有纳税人。从法律角度划分，纳税人包括法人和自然人两种。法人是指依法成立并能以自己的名义行使权利和负担义务的组织。作为纳税人的法人，一般指经工商行政管理机关审查批准和登记、具备必要的生产手段和经营条件、实行独立经济核算并能承担经济责任、能够依法行使权利和义务的单位、团体。作为纳税人的自然人，是指负有纳税义务的个人，如从事工商营利经营的个人、有应税收入或有应税财产的个人等。

#### 8.1.1.2 征税对象和税目

征税对象又称课税对象，是指对什么事物和什么活动征税，即征税的标的物。不同的税种有不同的征税对象，它是一个税种区别于另一个税种的主要标志。在现代社会，国家的征税对象主要包括所得、商品和财产三大类。

与征税对象相关的概念是税目。税目是征税对象的具体项目或征税对象的具体划分。它规定了一个税种的征税范围，反映了征税的广度。一般来说，列入税目的就要征税，未列入税目的就不征税。有些税种不分征税对象的性质，一律按照征税对象的应税数额采用同一税率计征税款，因此没有必要设置税目，如企业所得税；有些税种具体征税对象复杂，需要规定税目，如消费税、资源税，一般都规定不同的税目。

#### 8.1.1.3 税率

税率是应纳税额与征税对象之间的比例，是计算应纳税额的尺度，它体现征税的深度。税率反映纳税人税收负担的高低，是税收制度的中心环节。税率主要有比例税率、定额税率、累进税率和累退税率四种形式。

为了更加清楚地说明上述四种税率形式的区别，首先介绍一下税收理论中经常提到的两组概念，即名义税率和实际税率，边际税率和平均税率。

名义税率，即税率表中所列的税率，是纳税人实际纳税时适用的税率；而实际税率则是反映纳税人真实税负的有效税率，在没有税负转嫁的情况下，它等于税收负担率。有些税种由于实行免征额、税前扣除和超额累进税率，纳税人负担的税款低于按税率表所列税率计算的税款，即实际税率低于名义税率。

边际税率是最后一单位税基适用的税率，也就是税额增量与征税对象数额增量之比；平均税率则是实际纳税额与征税对象的比例。

1. 比例税率

比例税率是对同一征税对象不论数额大小，都按同一比例征税。这种税率应征税额与征税对象数额为等比关系，即税率的高低不因征税对象数量的多少而变化，如我国的企业所得税采用的基本税率统一为25%。

比例税率的优点：同一征税对象的不同纳税人税收负担相同，能够鼓励先进，鞭策落后，有利于公平竞争；计算简便，有利于税收的征收管理。

比例税率的缺点：不能体现能力大者多征税、能力小者少征税的“量能负税”原则。

2. 定额税率

定额税率指按征税对象确定的计算单位，直接规定一个固定的税额，因此又称为固定税额，一般适用于从量计征的税种。我国目前采用定额税率的有城镇土地使用税和车船税等。如现行城镇土地使用税，大城市每平方米1.5~30元，中等城市每平方米1.2~24元，小城市每平方米0.9~18元，县城、建制镇、工矿区每平方米0.6~12元。

定额税率的优点：从量计征，有利于鼓励纳税人提高产品质量和改进包装，计算简便。

定额税率的缺点：税额脱离价格变化。当市场价格提高时，财政收入不能随国民收入的增长而同步增长；当市场价格下降时，会限制纳税人的生产经营积极性。

3. 累进税率

累进税率指按征税对象数额的大小，划分若干等级，每个等级由低到高规定相应的税率，征税对象数额越大税率越高，数额越小税率越低。累进税率因计算方法和依据的不同，又分以下几种：

（1）全额累进税率，即对征税对象的金额按照与之相适应等级的税率计算税额，在征税对象提高一个级距时，对征税对象金额都按高一级的税率征税。

（2）超额累进税率，即把征税对象按数额大小划分为若干等级，每个等级由低到高规定相应的税率，每个等级分别按该级的税率计税。我国现行个人所得税对综合所得适用3% ~45%的七级超额累进税率，对经营所得适用5% ~35%的五级超额累进税率。

**表8－1　综合所得个人所得税税率表（含速算扣除数）**

| 级数 | 全年应纳税所得额 | 税率（%） | 速算扣除数（元） |
|---|---|---|---|
| 1 | 不超过36 000元的 | 3 | 0 |
| 2 | 超过36 000元至144 000元的部分 | 10 | 2 520 |
| 3 | 超过144 000元至300 000元的部分 | 20 | 16 920 |
| 4 | 超过300 000元至420 000元的部分 | 25 | 31 920 |
| 5 | 超过420 000元至660 000元的部分 | 30 | 52 920 |
| 6 | 超过660 000元至960 000元的部分 | 35 | 85 920 |
| 7 | 超过960 000元的部分 | 45 | 181 920 |

注：① 居民个人每一纳税年度内取得的综合所得包括：工资、薪金所得，劳务报酬所得，稿酬所得和特许权使用费所得。② 本表所称全年应纳税所得额是指依照税法规定，居民个人取得综合所得以每一纳税年度收入额减除费用6万元以及专项扣除（指社保和住房公积金费用）、专项附加扣除（指子女教育、继续教育、大病医疗、住房贷款利息或者住房租金、赡养老人等6项支出）和依法确定的其他扣除后的余额。③ 速算扣除数是指在采用超额累进税率征税的情况下，根据超额累进税率表中划分的应纳税所得额级距和税率，先用全额累进方法计算出税额，再减去用超额累进方法计算的应征税额以后的差额。当超额累进税率表中的级距和税率确定以后，各级速算扣除数也固定不变，成为计算应纳税额时的常数。④ 非居民个人取得的工资、薪金所得，劳务报酬所得和特许权使用费所得，依照本表按月换算后计算应纳税额。

【例8－1】假定某居民个人纳税人去年的收入额减除费用6万元以及专项扣除

（“三险一金”)① 和专项附加扣除后，全年应纳税所得额为 48 000 元。

该居民去年应缴纳的个人所得税税额计算如下：

第一种方法（按超额累进的原理计算）：

应缴纳的个人所得税 = 36 000 × 3% + （48 000 − 36 000） × 10% = 1 080 + 1 200 = 2 280（元）

第二种方法（按速算扣除法计算）：

应缴纳的个人所得税 = 48 000 × 10% − 2 520 = 2 280（元）

（3）全率累进税率，它与全额累进税率的原理相同，只是税率累进的依据不同。全额累进税率的依据是征税对象的数额；而全率累进税率的依据是征税对象的某种比率，如销售利润率、资金利润率等。

（4）超率累进税率，是指当征税对象体现为计税基数的一定比例时（如增长度、增值率等），把这一比例按照一定的标准划分为若干级距，对每个级距分别设计税率，比率越大，税率越高，累进计征。在计税时，先计算出计税依据的比率，再按照这个比率和各个级距税率的增加比例，找出各个级距的累进税率，各级计税依据乘以适用税率，相加之和即为应纳税额，如我国现行的土地增值税就采用了 30% ~60% 的四级超率累进税率（见表 8 −2）。超率累进税率分档计算应纳税额比较复杂，为简化计税程序，相应地设计了速算扣除系数。

**表 8 −2　我国土地增值税四级超率累进税率表**

| 级数 | 增值额与扣除项目金额的比率 | 税率（%） | 速算扣除系数（%） |
|---|---|---|---|
| 1 | 不超过 50% 的部分 | 30 | 0 |
| 2 | 超过 50% ~100% 的部分 | 40 | 5 |
| 3 | 超过 100% ~200% 的部分 | 50 | 15 |
| 4 | 超过 200% 的部分 | 60 | 35 |

注：①每级“增值额未超过扣除项目金额的比率”均包括本比率数。②由于分步计算比较烦琐，实际计算时一般采用速算扣除法计算，即按增值额乘以适用的税率减去扣除项目金额乘以速算扣除系数的简便方法计算。

【例 8 −2】某市房地产开发公司本月转让写字楼一幢，共取得转让收入 10 000 万元，扣除项目合计 3 850 万元。

该公司转让此写字楼应纳的土地增值税计算如下：

计算转让房地产的增值额：10 000 − 3 850 = 6 150（万元）

① “五险一金”指的是五种保险，包括养老保险、医疗保险、失业保险、工伤保险和生育保险；“一金”指的是住房公积金。其中，养老保险、医疗保险和失业保险是由企业和个人共同缴纳的保费，工伤保险和生育保险完全由企业承担，个人不需要缴纳，故个人所得税税前扣除的只有“三险一金”。另外，“五险”是法定的，而“一金”不是法定的。

计算增值额与扣除项目金额的比率：6 150 ÷3 850≈159.74%

计算应纳土地增值税税额：

第一种方法（按超率累进的原理计算）：

应纳土地增值税 =3 850 ×50% ×30% +3 850 ×50% ×40% + （6 150 -3 850） ×50% =577.5 +770 +1 150 =2 497.5（万元）

第二种方法（按速算扣除法计算）：

应纳土地增值税 =6 150 ×50% -3 850 ×15% =3 075 -577.5 =2 497.5（万元）

在以上几种累进税率中，全额累进税率和全率累进税率的优点是计算简便，但在两个级距的临界点税负不合理；超额累进税率和超率累进税率的计算比较复杂，但累进程度缓和，税收负担较为合理。

4. 累退税率

累退税率，与累进税率正相反，是按照征税对象数额的大小，规定不同等级的税率，征税对象数额越大，适用的税率越低。因此，在累退税率下，边际税率随征税对象数额的增加而下降。同时，由于边际税率的变动在先，平均税率也呈现出同样的变化趋势，随征税对象数额的增加而下降。从严格意义上说，这种税并不是设计成累退税率，只是实际征税结果具有累退性。[①] 比如，我国的增值税按比例征税，但所征收的税额和纳税人的收入相比，就具有一定的累退性，因为无论是收入高还是收入低的纳税人，他们对很多征收增值税的商品的消费并不会随着收入的增加而同比例增加，这会导致越是收入高的人，其缴纳的税额相对其收入来说，平均税率反而越低。

#### 8.1.1.4 纳税环节

纳税环节指在商品流转过程中，按照税法规定应当缴纳税款的环节。任何税种都要确定纳税环节，有的比较明确、固定，有的则需要在许多流转环节中选择确定。如对一种产品，在生产、批发、零售诸环节中，可以选择只在生产环节征税，称为一次课征制；也可以选择在两个环节征税，称为两次课征制；还可以实行在所有流转环节都征税，称为多次课征制。

#### 8.1.1.5 纳税期限

纳税期限是负有纳税义务的纳税人向国家缴纳税款的最后时间限制，是税收强制性、固定性在时间上的体现。

确定纳税期限要根据征税对象和国民经济各部门生产经营的不同特点来决定。如商品课税，当纳税人取得货款后就应将税款缴入国库，但为了简化手续，便于纳税人经营

---

① 用美国20世纪80年代联邦工薪税（payroll tax，与中国的社会保险费用途类似）的例子来说明累退税率。它是按照雇员全年领取或雇主全年对每个雇员支付的工资、薪金总额计征的（雇员、雇主各负担一半），但有最高应税限额规定。如1989年，美国联邦工薪税的税率为15.02%，但最高限额为年所得48 000美元，也就是说，凡高于48 000美元的年工薪额，税率为0。因此这种税每年最高税额为48 000 ×15.02% =7 209.60美元。当年工薪额未超过48 000美元时，其面对的平均税率就是15.02%的边际税率。然而，当年工薪额增加到超过48 000美元时，其面对的平均税率却下降了。如当一个雇员年工薪额达到60 000美元时，其面对的平均税率为7 209.60 ÷60 000≈12%，这显然低于年工薪额为48 000美元时的15.02%的平均税率。

管理和缴纳税款，同时也为了降低税收征收成本和纳税成本，可以根据情况将纳税期限确定为1天、3天、5天、10天、15天或1个月。

#### 8.1.1.6 税收优惠

税收优惠指政府为了执行特定的经济社会政策，以牺牲一定的税收利益为代价，通过税收制度的安排向特定的纳税人提供的财政支持，通俗说法就是减税和免税，学术界称其为“税式支出”或“税收支出”。减税是对应纳税额少征一部分税款；免税是对应纳税额全部免征。减税与免税是对某些纳税人和征税对象给予鼓励、照顾的一种措施。减免税的类型有：一次性减免税、一定期限的减免税、困难照顾型减免税、扶持发展型减免税等。

因此，纳税人负担的轻重主要是通过税率的高低来调节的，同时还可以通过减税、免税等税收优惠来调整。

#### 8.1.1.7 违章处理

违章处理是指对纳税人发生违反税收法规的行为而采取的处罚措施，它对维护国家税法的强制性和严肃性具有重要意义。

税收违章行为主要有偷税、漏税、欠税、抗税等。偷税是指纳税人有意违反税收法规，以欺骗、隐瞒等非法手段逃避缴纳税款的行为；漏税是指纳税人不熟悉税法财务制度，或计算错误而发生的漏缴、少缴税款的行为；欠税是指纳税人不按规定期限缴纳税款的拖欠行为；抗税是指纳税人抗拒依法履行纳税义务，拒不依法纳税的行为。偷税和抗税属于违法犯罪行为；而漏税和欠税则属于一般违章行为，不构成犯罪。对于纳税人的违章行为，可以根据情节轻重，分别采取下列方式进行处理：批评教育、强行扣款、加收滞纳金、罚款、追究刑事责任等。在具体处理过程中，当纳税人与税务机关发生争议时，在纳税人缴清应纳税款、滞纳金或罚款以后，可向上级税务机关申请复议或向法院提起诉讼。

### 8.1.2 税收制度的结构

#### 8.1.2.1 税收制度结构

税收制度的结构，也称税制结构，是指一国政府根据本国经济条件和发展水平，在一定时期内分别主次设置若干税种，并由这些税种所组成的税收总体格局。简而言之，税制结构是国家设置的主体税种和辅助税种组成的税收总体格局。

世界各国税制结构大体有三种类型：一是以商品税为主体税的税制；二是以所得税（和财产税）为主体税的税制；三是以商品税和所得税为双主体税的税制。

#### 8.1.2.2 我国现行税制结构

改革开放以来，我国不断调整改革税制，以适应经济社会发展需要。经过多次重大调整改革，现行税制中设置了18个税种，具体包括：增值税、消费税、企业所得税、个人所得税、资源税、城镇土地使用税、城市维护建设税、土地增值税、关税、船舶吨税、房产税、车船税、印花税、车辆购置税、环境保护税、契税、烟叶税、耕地占用税。18个税种归结为商品税、所得税、财产税、行为税等几大类型，具体见图8－1。

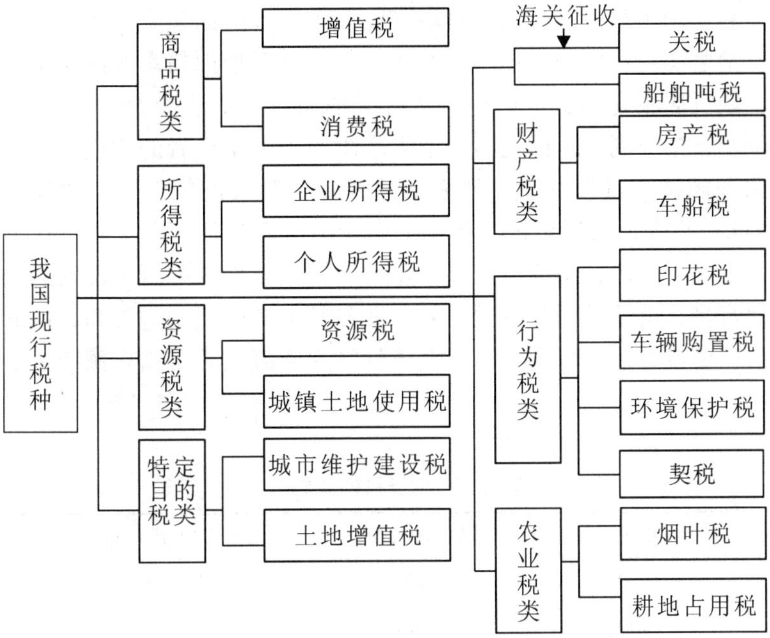


**图 8－1　我国现行税种体系**

我国税制以商品税为主，企业所得税占比也较高。商品税的纳税主体为企业，调节收入分配的个人所得税和财产税占比较低，这导致我国企业税负较重。而美国等发达国家税制结构以所得税和财产税为主，税收集中于下游环节，且纳税主体主要为居民而非企业。

## 8.2　商品税

商品税，是以商品和服务的流转额作为征税对象的课税体系。流转额是指由于商品或服务的交换活动而产生的货币金额。我国目前的商品税制参照了国际通行的做法，是一个以增值税为核心，以消费税和关税相互协调配套的商品税制，即在生产、流通领域普遍征收增值税，有选择地对某些消费品征收消费税，在进口环节征收关税。

### 8.2.1　增值税

#### 8.2.1.1　增值税的基本原理

1. 增值税的基本概念

增值税（value－added tax，VAT）是对从事商品生产、经营的企业和个人，在产制、批发、零售的每一个周转环节，以产品销售和营业服务所取得的增值额课征的一种税。所谓增值额是指企业或个人在生产经营过程中新创造的那部分价值，即相当于商品销售收入额或服务收入额扣除生产资料消耗或经营中的物质消耗后的余额。

一般来说，商品的生产要经过几个阶段。以一个简单的面包生产为例：农场主种植小麦，把小麦卖给磨坊主；磨坊主把小麦磨成面粉，然后把面粉卖给面包师；面包师把面粉做成面包；杂货店主先是买进面包，然后又把面包卖给消费者。表 8－3 给出了一个假设的数字例子，第二列表示的是每一个生产阶段上的生产者的购进额，在增值税的实践中，这一购进额称为进项。第三列表示的是每一阶段的销售额，比如，磨坊主花 400 元向农场主购进小麦，然后再按 700 元把面粉卖给面包师，在实践中这一销售额称为销项。在每一个生产阶段，增值额就是企业的销售额与生产中所用投入品的购进额之间的差额，换而言之，就是销项与进项之差。面包师以 700 元购进面粉，以 950 元卖出面包，因此他的增值额就是 250 元，每个生产阶段的增值额等于销售额减去购进额，如第四列所示。

**表 8－3　增值税的实施**

| 生产者 | 购进额（元） | 销售额（元） | 增值额（元） | 增值税额（元） |
| --- | --- | --- | --- | --- |
| 农场主 | 0 | 400 | 400 | 40 |
| 磨坊主 | 400 | 700 | 300 | 30 |
| 面包师 | 700 | 950 | 250 | 25 |
| 杂货店主 | 950 | 1 000 | 50 | 5 |
| 合计 | 2 050 | 3 050 | 1 000 | 100 |

注：此处假设增值税税率为 10%。

假设增值税税率为 10%，农场主在获得 400 元销售收入的时候，将要支付 400 × 10% =40 元的税额，这被称为销项税额。同时，农场主在 400 元的销售额之外，向磨坊主加收 40 元的税额，从而将自己支付的税额完全转嫁到下一个环节。相应地，磨坊主在购进小麦时，支付了 400 元的货款，以及 40 元的“进项税额”。他在销售面粉的时候，销项税额为 700 × 10% =70 元。但是，需要注意的是，这 70 元里的 40 元，是上一个环节已经缴纳了的增值税进项税额（留意到 70 元增值税销项税额对应的是 700 元的销售额，其中的 400 元是上一个环节的销售额），因此税务机关在计征磨坊主增值税的时候，允许磨坊主用自己已经向农场主支付的 40 元进项税额“抵扣”自己的 70 元销项税额，从而得出增值税应纳税额为 30 元，这刚好对应本环节的增值额 300 元。

因此，在实际操作中，只要允许每一个环节用本环节向上一个环节支付的增值税进项税额抵扣本环节产生的销项税额，那么该环节的增值税应纳税额正好对应本环节增值额乘以税率。表中第五列展示了每一个生产阶段的增值税应纳税额，由于每个环节的增值税额正好对应本环节的增值额，而所有环节的增值额之和正好等于商品的销售额，因此，增值税的收入总额等于每一阶段已交税额之和，即为 100 元。

增值税属于间接税，从生产到实际消费的整个链条当中，生产者、销售者均是纳税义务人，但最终的税负却由消费者承担。本级生产者负担了上一级生产者（购买材料）的增值税纳税义务，取得增值税专用发票；而下一级销售者（买方）又承担了本级的纳税义务，同时本级生产者用增值税专用发票的进项税抵扣了自己负担的部分税，因此下一级销售者实际上负担了上一级生产者的纳税义务。同理递延，最终由不能取得专用发票也不能抵扣的消费者承担了全部纳税义务，这就是增值税的抵扣制度。

2. 增值税的类型

由于计税依据的价值构成不同，形成了三种不同类型的增值税，其主要区别在于对资本的处理方式不同：

（1）生产型增值税：计税依据的价值构成中包括固定资产。就国民经济总体而言，由于其总值与国民生产总值一致，因此称之为生产型增值税。

（2）收入型增值税：将计税依据价值构成中所包括的固定资产部分随折旧逐步扣除。就国民经济总体而言，由于其总值与国民收入一致，因此称之为收入型增值税。

（3）消费型增值税：将计税依据价值构成中所包括的固定资产部分一次性扣除。就国民经济总体而言，由于其总值与全部消费品一致，因此称之为消费型增值税。

与之相应，在确定计税依据并计算应纳税额时，生产型增值税不得扣除固定资产的进项税额；收入型增值税允许按固定资产折旧额扣除其进项税额；消费型增值税允许一次性扣除固定资产全部价值的进项税额。因此，三者计税基数大小的顺序是：生产型增值税最大，收入型增值税次之，消费型增值税最小。从筹集财政收入的角度看，在税率相同的条件下，生产型增值税收入最多，收入型增值税次之，消费型增值税最少。而从鼓励投资的角度看，则消费型增值税效果最优，收入型增值税次之，生产型增值税效果最差。

3. 增值税的优缺点

增值税之所以能在众多国家推广①，是因为其可以有效防止商品在流转过程中的重复征税问题，并使其具有保持税收中性、普遍征收、税收负担由最终消费者承担、实行比例税率和价外税制度等特点。

（1）税基广阔，具有较好的财政收入效益。增值税作为一种税收收入，无论是从横向看还是纵向看，都有广阔的税基。从生产经营的横向关系来看，无论工业、农业、商业还是劳务服务活动，只要有增值收入就要按增值额的大小依率征收；从纵向看，每一货物无论经过多少生产经营环节都要按各个环节上发生的增值额逐次征税。因此，它所产生的收入规模与同期的国民收入规模有一个相对稳定的比例关系。在国民收入增长时，能为政府取得更多的财政收入；在国民收入下降时，有利于经济的恢复和发展。

（2）具有税收中性的特征。增值税允许纳税人抵扣购买货物和劳务时已支付的增值税税款，避免了可能造成的重复征税弊端，使同一商品或劳务的税收负担具有一致性；对纳税人的生产、经营活动或消费者的消费选择不会产生影响，具有中性特征，从而使增值税对经济活动有较强的适应性。

（3）有利于本国商品和劳务公平地参与国际竞争。对出口商品和劳务适用零税率，可以使出口商品或劳务以不含税的价格进入国际市场，有利于本国的商品和劳务在税收

① 截至2020年，世界上已经有166个国家和地区开征了增值税，所有OECD国家中，只有美国不征收增值税（但征收销售税）。

待遇一致的前提下公平竞争。

（4）有内在的自我控制机制。实行规范化的增值税后，通过加强对纳税人扣税凭证的管理，买卖之间环环相扣，可以建立起纳税人之间的利益制约关系，使增值税具有内在的自我控制机制。

但现实中的增值税制度也有其缺陷，主要表现在以下三个方面：

（1）增值税具有累退性，不能体现税收公平原则。比如，一个收入较低的人将年收入2万元全部用于生活消费，亦即其收入100%要缴纳增值税。一个年收入100万元的人将20%的收入用于消费，其收入仅20万元要缴纳增值税。由此可见，收入越高，用于消费的收入比重就越低，需要缴纳增值税就会相对偏少。这就是增值税的累退性。

（2）受种种因素干扰，为缓解增值税的累退程度，增值税在实行过程中不得不允许多种减免与扣除。增值税税率难以实行单一税率，这在某种程度上抵消了增值税中性作用的发挥。

（3）由于实行抵扣制度，增值税在所有商品税类中征收管理难度最大，要求有较高的征收管理水平，否则增值税税收收入容易流失。这对于一些征管水平不高的发展中国家来说，是一个严峻的考验，如我国每年审理的税收违法要案大部分都发生在增值税领域。

#### 8.2.1.2 我国增值税制度

1. 我国增值税的发展演变

我国增值税是对在中华人民共和国境内销售货物或者提供加工、修理修配劳务以及进口货物的单位和个人征收的税。增值税是1984年开征的，经过近十年的实践摸索和经验总结，1993年12月13日，国务院颁布了《中华人民共和国增值税暂行条例》，按照国际惯例完善和规范了增值税制度。1994年税制改革时，出于保障税收收入和抑制投资膨胀等方面的考虑，选用了生产型增值税，而世界上绝大多数国家实行的都是消费型增值税。随着我国社会主义市场经济体制的逐步完善和经济全球化的纵深发展，增值税转型改革的必要性日益突出。自2004年7月1日起，在东北、中部等部分地区先后实行了增值税改革试点。2009年1月1日起，我国开始在全国范围内实施消费型增值税。

2011年，增值税启动了新一轮改革——“营业税改增值税”（简称“营改增”），调整扩大增值税的课征范围。“营改增”涉及的是增值税和营业税两大税种的调整。2016年全面推开“营改增”并加大进项税抵扣力度，确保所有行业的税负只减不增。针对“营改增”过程中因税率档次增加导致税收管理复杂化的问题，自2017年7月1日起将13%的原定税率改为11%；自2018年5月1日起，将17%和11%两档税率分别调减为16%和10%，并对相关货物的扣除税率及出口退税税率进行了调整；自2019年4月1日起，增值税一般纳税人发生增值税应税销售行为或者进口货物，原适用16%税率的调整为13%，原适用10%税率的调整为9%。这些举措不仅简化了增值税的税率结构，而且降低了实体经济领域一般纳税人的税收负担，有利于促进纳税人规范经营方式和改进财务管理，为提高增值税征管水平创造了有利条件。

2. 我国现行增值税的特征

（1）实行消费型增值税，企业新购进设备所含进项税额不再采用退税办法，而是采取规范的抵扣办法。

（2）实行两档税率，即基本税率为 13% 和低税率 9%，另设适用于出口货物的零税率，税率结构大大简化。

（3）实行价外税，即增值税税金不包含在销售价格内，将税款同价格分开。

（4）划分一般纳税人和小规模纳税人。对一般纳税人，凭购进货物的增值税专用发票所注明的税款予以抵扣；对小规模纳税人采用简易征收办法，不准抵扣进项税额。

（5）实行税款抵扣制，即实行凭注明税款的专用发票[①]进行抵扣的办法。专用发票分别标明货物价款和税金，纳税人在本环节销售货物时，要注明增值税税款，下个环节凭购进货物专用发票注明的税款予以抵扣。

（6）减免税项目比较少，大多放在最后的消费环节，且权限高度集中在国务院。

3. 现行增值税制度的基本规定

（1）征税范围。

现行增值税范围的一般规定包括应税销售行为和进口的货物，具体为：

①销售或者进口的货物：货物是指有形动产，包括电力、热力、气体在内，销售货物，是指有偿转让货物的所有权；

②销售劳务：劳务是指纳税人提供的加工、修理修配劳务；

③销售服务：服务包括交通运输服务、邮政服务、电信服务、建筑服务、金融服务、现代服务和生活服务；

④销售无形资产；

⑤销售不动产。

增值税的征税范围除了上述的一般规定以外，还对经济实务中某些特殊项目和行为是否属于增值税的征税范围做出了具体界定。

（2）纳税义务人。

在中华人民共和国境内销售或者进口货物，销售劳务、服务、无形资产、不动产的单位和个人，为增值税的纳税义务人。

增值税实行凭专用发票抵扣税款的制度，客观上要求纳税人具备健全的会计核算制度和能力。在实际经济生活中我国增值税纳税人众多，会计核算水平参差不齐，大量的小企业和个人还不具备用专用发票抵扣税款的条件。为了既简化增值税的计算和征收，也为了减少税收征管漏洞，增值税法将增值税纳税人按会计核算水平和经营规模分为一般纳税人和小规模纳税人两类，分别采取不同的登记管理办法。

增值税纳税人年应税销售额超过财政部、国家税务总局规定的小规模纳税人标准的（除按政策规定选择按小规模纳税人纳税的，或者年应税销售额超过规定标准的其他个人），应当向主管税务机关办理一般纳税人登记。

小规模纳税人是指年销售额在规定标准以下，并且会计核算不健全，不能按规定报

① 专用发票有抵扣联，必须通过专用开票机或者税务局代开，通过认证并符合条件的可以用于增值税的进项税抵扣。普通发票是指在购销商品、提供或接受服务以及从事其他经营活动中所开具和收取的收付款凭证。任何单位和个人在购销商品、提供或接受服务以及从事其他经营活动中，除增值税一般纳税人开具和收取的增值税专用发票之外，所开具和收取的各种收付款凭证均为普通发票。普通发票不能用于进项税的抵扣。

送有关税务资料的增值税纳税人。

（3）税率和征收率。

增值税税率采取的是标准税率、低税率和零税率模式。一般纳税人销售货物、劳务、有形动产租赁服务或者进口货物，除低税率和零税率等另有规定外，税率为13%；纳税人销售交通运输、邮政、基础电信、建筑、不动产租赁服务，销售不动产，转让土地使用权，销售或者进口农产品等，税率为9%；纳税人销售服务、无形资产等除另有规定外，税率为6%；纳税人出口货物，除另有规定外，税率为零；境内单位和个人跨境销售国务院规定范围内的服务、无形资产，税率为零。

增值税征收率是指对特定的货物或特定的纳税人发生应税销售行为在某一生产流通环节应纳税额与销售额的比率。增值税征收率适用于两种情况：一是小规模纳税人；二是一般纳税人发生应税销售行为按规定可以选择简易计税方法计税的。目前有5%、3%等征收率。

（4）计税方法。

我国采用的一般计税方法是间接计算法，即先按当期销售额和适用税率计算出销项税额，然后将当期准予抵扣的进项税额进行抵扣，从而间接计算出当期增值额部分的应纳税额。

增值税一般纳税人发生应税销售行为的应纳税额，除适用简易征税办法外，均应该等于当期销项税额抵扣当期进项税额后的余额。其计算公式为：

当期应纳税额 = 当期销项税额 − 当期进项税额

增值税纳税人一般纳税人当期应纳税额的多少，取决于当期销项税额和当期进项税额这两个因素。

销项税额是指纳税人发生应税销售行为时，按照销售额与规定税率计算并向购买方收取的增值税税额。销项税额的计算公式为：

销项税额 = 销售额（价格）×适用税率

销售额是纳税人销售货物或提供应税劳务向购买方收取的全部价款和价外费用（如手续费、包装物租金、运输装卸费等），但是不包括收取的销项税额。这是因为我国现行的增值税为价外税，其计税依据是不含增值税的销售额，在零售以前各环节销售商品时，专用发票上要求分别填写税金和不含税金的价格。如果是含增值税销售额，需要进行换算，换算公式为：

（不含税）销售额 = 含税销售额 ÷ 增值税税率

向购买方收取的价外费用应视为含税收入，在征税时换算成不含税收入再并入销售额。

进项税额是指纳税人购进货物、劳务、服务、无形资产、不动产所支付或者负担的增值税额，是与销项税额相对应的另一个概念。在开具增值税专用发票的情况下，它们之间的对应关系是，销售方收取的销项税额，就是购买方支付的进项税额。对于任何一个一般纳税人而言，由于其在经营活动中，既会发生应税销售行为，又会发生购进货物、劳务、服务、无形资产、不动产行为，因此，每一个一般纳税人都会有收取的销项税额和支付的进项税额。增值税的核心就是用纳税人收取的销项税额抵扣其支付的进项税额，其余额为纳税人实际应缴纳的增值税税额。这样，进项税额作为可抵扣的部分，对纳税人的实际纳税额会产生举足轻重的作用。

【例 8－3】某生产企业为增值税一般纳税人，适用增值税税率 13%，本月销售产品开具了增值税专用发票，取得不含税销售额 200 万元。当月购进货物取得增值税专用发票，发票注明的货款金额 80 万元、税额 10.4 万元。

假设该企业当月只发生这两笔业务，本月应缴纳的增值税计算如下：

销项税额＝200×13%＝26（万元）

进项税额＝10.4（万元）

应纳增值税额＝26－10.4＝15.6（万元）

小规模纳税人一律采用简易计税方法计税，一般纳税人按规定发生应税销售行为选择简易计税方法。①

纳税人发生应税销售行为适用简易计税方法的，应该按照销售额和征收率计算应纳增值税额，并且不抵扣进项税额，其应纳税额的计算公式是：

应纳税额＝销售额（不含增值税）×征收率

按简易计税方法计税的销售额不包括其应纳的增值税额，纳税人采用销售额和应纳增值税税额合并定价方法的，按照下列公式计算销售额：

销售额＝含税销售额÷（1＋征收率）

【例 8－4】某增值税小规模纳税人，适用的征收率为 3%。本月取得销售收入总额 12.36 万元。

该纳税人当月应缴纳的增值税税额计算如下：

当月取得的不含税销售额＝12.36÷（1＋3%）＝12（万元）

当月应缴纳增值税税额＝12×3%＝0.36（万元）

---

① 例如，一般纳税人提供劳务派遣服务选择差额纳税，一般纳税人提供人力资源外包服务，已纳入“营改增”试点之日前取得的有形动产为标的物提供的经营租赁服务，选择简易计税方法。

## 8.2.2 消费税

### 8.2.2.1 概述

消费税是指对消费品和特定的消费行为按流转额征收的一种商品税。我国的消费税主要对特定消费品或特定消费行为课税，其征收具有较强的选择性，是贯彻消费政策、引导消费结构从而调节产业结构的重要手段，在保证财政收入、体现国家经济政策方面具有十分重要的意义。

我国现行消费税的基本规范是2008年11月5日修订通过并颁布、2009年1月1日起施行的《中华人民共和国消费税暂行条例》，以及2008年12月15日颁布的《中华人民共和国消费税暂行条例实施细则》。

我国现行消费税的特点：

（1）征收范围具有选择性。我国消费税在征收范围上根据产业政策与消费政策仅选择部分消费品征税，而不是对所有消费品都征收消费税。

（2）一般情况下，征税环节具有单一性，主要在生产销售和进口环节上征收。

（3）平均税率水平比较高且税负差异大。消费税的平均税率水平比较高，并且不同征税项目的税负差异较大。诸如香烟等需要限制或控制消费的消费品，通常税负较重。

（4）计税方法具有灵活性。既对消费品采用单位税额，以消费品的数量实行从量定额的计税方法；也对消费品采用比例税率，以消费品的价格实行从价定率的计税方法。

### 8.2.2.2 我国现行的消费税制度

1. 纳税义务人

在中华人民共和国境内生产、委托加工和进口税法规定的消费品的单位和个人，以及国务院确定的销售《消费税暂行条例》规定的应税消费品的其他单位和个人，为消费税的纳税义务人。

2. 税目

我国现行消费税的征收范围比较窄，同时也会根据经济发展、环境保护等国家大政方针进行修订。税法规定，目前消费税税目包括烟、酒、高档化妆品等15个税目，部分税目还进一步划分了若干子目。

3. 税率

消费税采用比例税率和定额税率两种形式，以适用不同应税消费品的实际情况。

消费税根据不同的税目或子目确定相应的税率或单位税额。大部分应税消费品适用比例税率，如烟丝税率为30%，高档化妆品税率为15%等；黄酒、啤酒、成品油按单位重量或单位体积确定单位税额；卷烟、白酒采用比例税率和定额税率双重征收形式。

消费税税目、税率（税额）见表8－4。

**表 8－4 消费税税目、税率（税额）表**

| 税目 | 税率（税额） |
| --- | --- |
| 一、烟 | |
| 1. 卷烟 | |
| （1）甲类卷烟（生产或进口环节） | 56%加 0.003 元/支 |
| （2）乙类卷烟[①]（生产或进口环节） | 36%加 0.003 元/支 |
| （3）批发环节 | 11%加 0.005 元/支 |
| 2. 雪茄烟 | 36% |
| 3. 烟丝 | 30% |
| 二、酒及酒精 | |
| 1. 白酒 | 20%加 0.5 元/500 克（毫升） |
| 2. 黄酒 | 240 元/吨 |
| 3. 啤酒 | |
| （1）甲类啤酒 | 250 元/吨 |
| （2）乙类啤酒[②] | 220 元/吨 |
| 4. 其他酒 | 10% |
| 三、成品油 | |
| 1. 汽油 | 1.52 元/升 |
| 2. 柴油 | 1.2 元/升 |
| 3. 航空煤油 | 1.2 元/升 |
| 4. 石脑油 | 1.52 元/升 |
| 5. 溶剂油 | 1.52 元/升 |
| 6. 润滑油 | 1.52 元/升 |
| 7. 燃料油 | 1.2 元/升 |
| 四、小汽车 | |
| 1. 乘用车 | |
| （1）气缸容量（排气量）在 1.0 升（含 1.0 升）以下的 | 1% |
| （2）气缸容量在 1.0 升至 1.5 升（含）的 | 3% |
| （3）气缸容量在 1.5 升至 2.0 升（含）的 | 5% |
| （4）气缸容量在 2.0 升至 2.5 升（含）的 | 9% |
| （5）气缸容量在 2.5 升至 3.0 升（含）的 | 12% |
| （6）气缸容量在 3.0 升至 4.0 升（含）的 | 25% |
| （7）气缸容量在 4.0 升以上的 | 40% |
| 2. 中轻型商用客车 | 5% |
| 3. 超豪华小汽车（零售环节） | 10% |

（续上表）

| 税目 | 税率（税额） |
|---|---|
| 五、摩托车 | |
| 1. 气缸容量为250毫升的 | 3% |
| 2. 气缸容量为250毫升以上的 | 10% |
| 六、高档化妆品 | 15% |
| 七、贵重首饰及珠宝玉石 | |
| 1. 金银首饰、铂金首饰和钻石及钻石饰品 | 5% |
| 2. 其他贵重首饰和珠宝玉石 | 10% |
| 八、高尔夫球及球具 | 10% |
| 九、鞭炮、焰火 | 15% |
| 十、高档手表③ | 20% |
| 十一、游艇 | 10% |
| 十二、木制一次性筷子 | 5% |
| 十三、实木地板 | 5% |
| 十四、涂料 | 4% |
| 十五、电池 | 4% |

注：① 甲类卷烟指每条卷烟的调拨价格［烟草工业企业卖给烟草商业企业（如烟草局或烟草公司）的价格］在70元及以上（不含增值税）；乙类卷烟指每条卷烟的调拨价格在70元以下（不含增值税）。② 甲类啤酒指每吨不含增值税的出厂价格（含包装物及包装物押金）≥3 000元；乙类啤酒指每吨不含增值税的出厂价格（含包装物及包装物押金）<3 000元。③ 高档手表指销售价格（不含增值税）每只在10 000元（含）以上的各类手表。

纳税人兼营不同税率的应税消费品，应当分别核算不同税率应税消费品的销售额、销售数量。未分别核算销售额、销售数量，或者将不同税率的应税消费品组成成套消费品销售的，从高适用税率征收消费税。

4. *计税方法*

按照现行消费税法规定，消费税应纳税额的计算分为从价计征、从量计征和从价从量复合计征三种方法。定额税率只适用于液体应税消费品，包括啤酒、黄酒和成品油，卷烟和白酒采用混合计算办法，除此之外的其他应税产品都实行从价定率的计税办法（见表8-5）。

**表8-5 消费税的计税方法**

| 三种计税方法 | 计税公式 |
|---|---|
| （1）从价定率计税 | 应纳税额＝销售额×比例税率 |
| （2）从量定额计税（啤酒、黄酒、成品油） | 应纳税额＝销售数量×单位税额 |
| （3）复合计税（卷烟和白酒） | 应纳税额＝销售额×比例税率＋销售数量×单位税额 |

在从价定率计算方法下，应纳税额等于应税消费品的销售额乘以比例税率。销售额为纳税人销售应税消费品向购买方收取的全部价款和价外费用。全部价款中包含消费税税额，但不包括增值税税额。价外费用的内容与增值税规定相同，即对从价定率征收消费税的消费品计算消费税的销售额与计算增值税销项税额的销售额是一致的。纳税人应税消费品的销售额中未扣除增值税税款或者因不得开具增值税专用发票而发生价款和增值税税款合并收取的，在计算消费税时，应将含增值税的销售额换算为不含增值税的销售额，其换算公式为：

应税消费品的销售额 = 含增值税的销售额 ÷ （1 + 增值税税率或征收率）

在使用换算公式时，应根据纳税人的具体情况分别使用增值税税率或征收率。

在从量定额计算方法下，应纳税额等于应税消费品的销售数量乘以单位税额。

现行消费税的征税范围中，只有卷烟、白酒采用复合计征方法。应纳税额等于应税销售数量乘以单位税额再加上应税销售额乘以比例税率。

5. 应纳税额的计算

下面以生产销售环节直接对外销售来介绍应纳消费税的计算。从价定率计税方式举例如下：

【例 8－5】某化妆品生产企业为增值税一般纳税人。本月 15 日向某大型商场销售高档化妆品一批，开具增值税专用发票，取得不含增值税销售额 50 万元，增值税额 6.5 万元。本月 20 日向某单位销售高档化妆品一批（高档化妆品适用消费税税率 15%），开具普通发票，取得含增值税销售额 9.04 万元。

该化妆品生产企业上述业务应缴纳的消费税税额计算如下：

化妆品的应税销售额 = 50 + 9.04 ÷ （1 + 13%） = 58（万元）

应缴纳的消费税税额 = 58 × 15% = 8.7（万元）

从量定额计税方式举例如下：

【例 8－6】某啤酒厂本月销售甲类啤酒 1 000 吨，取得不含增值税销售额 300 万元，增值税税款 39 万元，另收取包装物押金 22.6 万元。

销售甲类啤酒，适用定额税率每吨 250 元，本月该啤酒厂应纳消费税税额计算如下：

应纳消费税税额 = 1 000 × 250 ÷ 10 000 = 25（万元）。

复合计税方式举例如下：

【例 8－7】某白酒生产企业为增值税一般纳税人，本月销售白酒 50 吨，取得不含增值税的销售额 200 万元。

白酒适用比例税率20%，定额税率每500克0.5元，白酒企业本月应缴纳的消费税计算如下：

应纳消费税税额 = 50 × 2 000 × 0.000 05 + 200 × 20% = 45（万元）。

**专栏8-1　提高烟草消费税有利于控烟**

胡德伟是美国加州大学伯克利分校荣休教授，被业界称为“世界烟草控制经济学第一人”。

20世纪80年代，受美国加州政府委托，胡德伟开始研究提高烟草消费税对成人吸烟行为能否产生影响。研究的初步结论是积极的，即增税有助于控烟。90年代初，胡德伟把“增税有助于控烟”这一研究结论介绍给我国政府的相关部门，由此，以增税来控烟的观点逐渐出现在舆论关注的视野之中，理论界的相关研究也积极开展起来。此后，这位“世界烟草控制经济学第一人”一直活跃在我国烟草税改革的理论界。

在我国，到底是哪些因素阻碍了控烟？他认为，第一是政策上的因素（我国的烟草消费税仍偏低）；第二是经济上的因素（例如，会影响烟农就业，烟草公司也不希望因加税而导致市场销售量减少）；第三是社会风气（送烟在我国是一种生活习惯和交流方式，过生日、结婚、过节都派烟或送烟）。近年来各级政府都发文明确要求各级领导干部不得在禁止吸烟的公共场所吸烟。

根据世界卫生组织的数据，全球的烟草消费税中位数是零售价的70%到75%，我国现在的税率是50%左右。如果进一步增加烟草消费税，增加的税收收入可以给烟农转产。

加税有两种：一种是从量税，另一种是从价税。从出厂价来看，从量税是一包一毛钱；从价税一个是56%、一个是36%。因此，应该提高从量税。

像我国香港的一些烟盒包装，有些图片表现的是患有癌症的身体状况，这可以影响消费者对烟草的消费。直接对健康有警示的烟盒包装，消费者在看了之后，就会三思而行，特别是对年轻人更有用，而且也不能再作为礼品烟送人了，减少了卷烟流通的机会。

资料来源：于靖园. 中国控烟的下一站仍是提高烟税——专访美国加州大学伯克利分校卫生经济学荣休教授胡德伟[J]. 小康：财智，2016（10）.

## 8.2.3　关税

### 8.2.3.1　概述

关税是依法对进出关境[①]的货物、物品征收的一种税。我国现行关税的基本规范，

① 关境，又称海关境、关税领域，是国家《海关法》全面实施的领域。通常情况下，一国关境与国境是一致的，包括国家全部的领土、领海、领空。但当某一国家在国境内设立了自由港、自由贸易区等，这些区域就进出口关税而言处在关境之外，这时，该国家的关境小于国境。如我国的香港和澳门保持自由港地位，为我国单独的关税地区，即单独关境区。单独关境区是不完全适用该国海关法律、法规或实施单独海关管理制度的区域。

是以全国人民代表大会于2000年7月修正颁布的《中华人民共和国海关法》（2017年11月又修订了一次）以及国务院于2003年11月发布的《中华人民共和国进出口关税条例》（2017年3月又修订了一次）等为基本法规。

关税按课税商品在国境上的不同流向，可以分为进口关税和出口关税。进口关税是进口国家的海关在外国商品输入时，对本国进口商品或其代理人课征的关税；出口关税是出口国家的海关在本国商品输往国外时，对本国出口商或其代理人课征的关税。随着商品输出和海外市场上的竞争日益激烈，许多国家已经很少征收甚至完全不征收出口关税了。

关税按一国政府课征目的不同，可以分为财政关税和保护关税。财政关税也称收入关税，它是以增加财政收入为主要目的而课征的关税，财政关税的特点是税率比保护关税的税率要低一些；保护关税是财政关税的对称，它是以保护本国的民族经济发展为主要目的而课征的关税，保护关税的特点主要是进口关税采用较高的税率，有的甚至高达百分之几百。通过课征高额的进口关税，进口商品成本增高，会削弱其在本国市场上的竞争能力，这样能够保护国内企业，促进本国相关产业的发展。

#### 8.2.3.1 现行的关税制度

1. 征税对象

关税的征税对象是准许进出境的货物和物品。货物是指贸易性商品，物品是指入境旅客随身携带的行李物品、个人邮递物品、各种运输工具上的服务人员携带进口的自用物品、馈赠物品以及其他方式进境的个人物品。

2. 纳税义务人

进口货物的收货人、出口货物的发货人、进出境物品的所有人，是关税的纳税义务人。

进出口货物的收货人、发货人是依法取得对外贸易经营权的进口或者出口货物的法人或者其他社会团体。

进出境物品的所有人包括该物品的所有人和推定为所有人的人。一般情况下，对于携带进境的物品，推定其携带人为所有人；对分离运输的行李，推定相应的进出境旅客为所有人；对以邮递方式进境的物品，推定其收件人为所有人；以邮递或其他运输方式出境的物品，推定其寄件人或托运人为所有人。

3. 进出口税则

进出口税则是一国政府根据国家关税政策和经济政策，通过一定的立法程序制定公布实施的进出口货物和物品应税的关税税率表。进出口税则以税率表为主体，通常还包括实施税则的法令、使用税则的有关说明和附录等。

我国加入世界贸易组织（WTO）后，进口税则设有最惠国税率、协定税率、特惠税率、普通税率、关税配额税率等税率。

按征收关税的标准，可以分为从价税、从量税、选择税、复合税和滑准税①。

我国出口税则为一栏税率②，即出口税率。国家仅对少数资源性产品及易于竞相杀价、盲目出口、需要规范出口秩序的半制成品征收出口关税。与进口暂定税率（指调整后暂时执行的关税税率）一样，出口暂定税率优先适用于出口税则中规定的出口税率。

特别关税包括报复性关税、反倾销税与反补贴税、保障性关税。征收特别关税的货物、适用国别、税率、期限和征收办法，由国务院关税税则委员会决定，海关总署负责实施。

4. 完税价格与应纳税额的计算

关税的计税依据是完税价格。海关以货物的成交价格为基础审定完税价格。进口货物的完税价格包括货物的货价、货物运抵我国境内输入地点起卸前的运输及其相关费用、保险费。成交价格是一般贸易项下货物的买方为购买货物向卖方实际支付或应当支付的价格。

应税货物的适用税率和完税价格确定后，应纳税额的计算就比较简单了，其计算公式为：

应纳税额 = 应税货物数量 × 单位完税价格 × 适用税率

【例 8 – 8】某商场最近进口一批高档美容修饰类化妆品。该批货物在国外的买价为 120 万元，货物运抵我国入关前发生的运输费、保险费和其他费用分别为 10 万元、6 万元、4 万元。

假定化妆品进口关税税率为 20%，该批货物应缴纳的进口关税计算如下：

关税完税价格 = 120 + 10 + 6 + 4 = 140（万元）

应缴纳的进口关税 = 140 × 20% = 28（万元）

## 8.3 所得税

所得税以纳税人一定期间内的纯收益额或纯所得额为计税依据。所得额是指单位和个人在一定时期内，通过各种方式从全社会的国民收入总额中分配到的收益额。因此，对所得的课税，也可以称为对收益的课税。根据纳税人不同，所得税可以分为个人所得税和企业所得税。

作为所得税征税对象的所得，主要包括经营所得、劳务所得、投资所得和资本利得等几类。所得税的计税依据是纳税人的应纳税所得额，即从总所得额中减去各种法定扣

---

① 滑准税是根据货物的不同价格适用不同税率的一类特殊的从价关税，是一种关税税率随进口货物价格由高至低而由低至高设置计征关税的方法。也就是说，进口货物的价格越高，其进口关税税率越低；进口货物的价格越低，其进口关税税率越高。滑准税的特点是可保持实行滑准税商品的国内市场价格的相对稳定，而不受国际市场价格波动的影响。

② 一栏税率指税则中只设有一栏税率，即每一税目中只列有一个税率，适用于发往任何国家的同种商品。

除项目后的余额，由于对法定扣除项目的规定较为复杂，因而其计税依据的确定也较为复杂。所得税强调税收公平，以量能课税为基本原则，主要适用的是累进税率与比例税率的税率结构，是一种典型的直接税。所得税的税负由纳税人直接承担，尤其是个人所得税，通常不容易转嫁给他人。

## 8.3.1 个人所得税

### 8.3.1.1 概述

个人所得税是主要以自然人取得的各类应税所得为征税对象而征收的一种所得税，是政府利用税收对个人收入进行调节的一种手段。个人所得税的纳税人不仅包括个人，还包括具有自然人性质的企业。

从世界范围看，个人所得税的税制模式有三种：分类征收制、综合征收制与混合征收制。分类征收制是将纳税人不同来源、性质的所得项目分别规定不同的税率征税；综合征收制是对纳税人全年的各项所得加以汇总就其总额进行征税；混合征收制是对纳税人不同来源、性质的所得先分别按照不同的税率征税，然后将全年的各项所得进行汇总征税。三种不同的征收模式各有其优缺点。目前，我国个人所得税已初步建立分类与综合相结合的征收模式，即混合征收制。个人所得税在组织财政收入、提高公民纳税意识，尤其在调节个人收入分配差距方面具有重要作用。

我国目前的个人所得税基本规范是1980年9月10日制定、2018年8月31日重新修改并通过、2019年1月1日起施行的《中华人民共和国个人所得税法》。

### 8.3.1.2 我国现行的个人所得税制度

1. 纳税义务人

个人所得税的纳税义务人，包括我国公民、个体工商户、个人独资企业、合伙企业投资者、在我国有所得的外籍人员（包括无国籍人员）和香港、澳门、台湾同胞。上述纳税义务人依据住所和居住时间两个标准，区分为居民个人和非居民个人，分别承担不同的纳税义务。

居民个人：居民个人负有无限纳税义务。其所取得的应纳税所得，无论是来源于我国境内还是我国境外任何地方，都要在我国缴纳个人所得税。居民个人是指在我国境内[①]有住所，或者无住所而一个纳税年度在我国境内居住累计满183天[②]的个人。在我国

---

① 现行税法中关于“中国境内”的概念是指中国大陆地区，目前还不包括中国香港、澳门和台湾地区。

② 一个纳税年度在中国境内居住累计满183天，是指在一个纳税年度（即公历1月1日起至12月31日止）内，在中国境内居住累计满183天。在计算居住天数时，按其一个纳税年度内在境内的实际居住时间确定，取消了原有的临时离境规定。即境内无住所的某人在一个纳税年度内无论出境多少次，只要在我国境内累计住满183天，就可判定为我国的居民个人。

境内有住所的个人，是指因户籍、家庭、经济利益关系，而在我国境内习惯性居住①的个人。

非居民个人：非居民个人是指不符合居民个人判定标准（条件）的纳税义务人。非居民个人承担有限义务，即仅就其来源于我国境内的所得，向我国缴纳个人所得税。非居民个人，是指习惯性居住地不在我国境内，而且不在我国居住；或者在一个纳税年度内，在我国境内居住累计不满 183 天的个人。

2. 征税范围

居民个人取得的综合所得，按纳税年度合并计算个人所得税。综合所得共有四项，分别是：工资、薪金所得，劳务报酬所得，稿酬所得，特许权使用费所得。非居民个人取得的这四项所得，按月、按年或者按次分项计算个人所得税。

纳税人取得的以下五项所得，分别计算个人所得税。这五项所得分别是：经营所得，利息、股息和红利所得，财产租赁所得，财产转让所得，偶然所得。

3. 税率

居民个人的综合所得适用七级超额累进税率，税率为 3% ~45%（见表 8 –1）。

经营所得适用五级超额累进税率，税率为 5% ~35%。

其他所得，即利息、股息、红利所得，财产租赁所得，财产转让所得和偶然所得，适用税率为 20% 的比例税率。

4. 应纳税额的计算

居民个人综合所得应纳税额的计算，参照【例 8 –1】。

非居民个人的工资、薪金所得，以每月收入减除费用 5 000 元后的余额为应纳税所得额；劳务报酬所得、稿酬所得、特许权使用费所得，以每次收入额为应纳税所得额。非居民个人取得的劳务报酬所得、稿酬所得和特许权使用费所得，跟居民个人取得的这些所得一样，劳务报酬所得、稿酬所得、特许权使用费所得以收入减除百分之二十的费用后的余额为收入额，但稿酬所得的收入额减后按百分之七十计算。

非居民个人取得工资、薪金所得，劳务报酬所得，稿酬所得和特许权使用费所得，依照表 8 –1 按月换算后计算应纳税额。因此，非居民个人从我国境内取得这些所得时，适用的税率如表 8 –6 所示。

---

① 习惯性居住是判定纳税义务人属于居民个人还是非居民个人的一个重要依据，是指个人因学习、工作、探亲等原因消除之后，没有理由在其他地方继续居留时所要回到的地方，而不是指实际居住或在某一个特定时期内的居住地。

一个纳税人因学习、工作、探亲、旅游等原因，原来是在中国境外居住，但是在这些原因消除之后，如果必须回到中国境内居住的，则中国为该纳税人的习惯性居住地。尽管该纳税人在一个纳税年度内，甚至连续几个纳税年度内，都未在中国境内居住过 1 天，他仍然是中国的居民个人，应就其来自全球的应纳税所得，向中国缴纳个人所得税。

**表 8－6 非居民个人工资、薪金所得，劳务报酬所得，稿酬所得，特许权使用费所得适用税率表（含速算扣除数）**

| 级数 | 应纳税所得额 | 税率（%） | 速算扣除数（元） |
|---|---|---|---|
| 1 | 不超过 3 000 元的 | 3 | 0 |
| 2 | 超过 3 000 元至 12 000 元的部分 | 10 | 210 |
| 3 | 超过 12 000 元至 25 000 元的部分 | 20 | 1 410 |
| 4 | 超过 25 000 元至 35 000 元的部分 | 25 | 2 660 |
| 5 | 超过 35 000 元至 55 000 元的部分 | 30 | 4 410 |
| 6 | 超过 55 000 元至 80 000 元的部分 | 35 | 7 160 |
| 7 | 超过 80 000 元的部分 | 45 | 15 160 |

【例 8－9】假定在某外商投资企业工作的美国专家（非居民纳税人），本月取得由该企业发放的含税工资收入 10 400 元人民币，此外还从我国境内另一公司取得劳务报酬 5 000 元人民币。

该纳税人当月应纳的个人所得税税额计算如下：

该非居民个人当月工资、薪金所得应纳税额＝（10 400－5 000）×10%－210
＝330（元）

该非居民个人当月劳务报酬所得应纳税额＝5 000×（1－20%）×10%－210
＝190（元）

该非居民个人当月应纳个人所得税合计＝330＋190＝520（元）

## 8.3.2 企业所得税

### 8.3.2.1 概述

我国企业所得税是对境内的企业和其他取得收入的组织的生产经营所得及其他所得征收的一种税。企业所得税除了为国家建设筹集财政资金外，还有利于促进企业改善经营管理活动，提升企业的盈利能力，以及调节产业结构，促进经济发展。

现行企业所得税的基本规范源于 2007 年 3 月 16 日通过的《中华人民共和国企业所得税法》和 2007 年 11 月 28 日通过的《中华人民共和国企业所得税法实施条例》。

### 8.3.2.2 我国现行的企业所得税制度

1. 纳税义务人

企业所得税的纳税义务人，是指在中华人民共和国境内的企业和其他取得收入的组织。根据企业纳税义务范围的宽窄进行分类，企业所得税的纳税义务人分为居民企业和非居民企业。不同的企业在向我国政府缴纳所得税时，纳税义务不同。

居民企业，是指依法在我国境内成立，或者依照外国（地区）法律成立但实际管理机构①在我国境内的企业。这里的企业包括国有企业、集体企业、私营企业、联营企业、股份制企业、外商投资企业、外国企业以及有生产、经营所得和其他所得的其他组织。

非居民企业，是指依照外国（地区）法律成立且实际管理机构不在我国境内，但在我国境内设立机构、场所的，或者在我国境内未设立机构、场所，但有来源于我国境内所得的企业。非居民企业委托营业代理人在我国境内从事生产经营活动的，包括委托单位或者个人经常代其签订合同，或者储存、交付货物等，该营业代理人视为非居民企业在我国境内设立的机构、场所。

2. 征税对象

企业所得税的征税对象，是指企业的生产经营所得、其他所得和清算所得。

居民企业应就来源于我国境内、境外的所得作为征税对象。所得包括销售货物所得、提供劳务所得、转让财产所得、股息红利所得等权益性投资所得、利息所得、租金所得、特许权使用费所得、接受馈赠所得和其他所得。

非居民企业在我国境内设立机构、场所的，应当就其所设机构、场所取得的来源于我国境内的所得，以及发生在我国境外但与其所设机构、场所有实际联系②的所得，缴纳企业所得税。非居民企业在我国境内未设立机构、场所的，或者虽设立机构、场所但取得的所得与其所设机构、场所没有实际联系的，应当就其来源于我国境内的所得缴纳企业所得税。

3. 税率

企业所得税税率是体现国家与企业分配关系的核心要素。税率设计的原则是兼顾国家、企业、职工个人三者利益，既要保证财政收入的稳定增长，又要使企业在发展生产、经营方面有一定的财力保证；既要考虑到企业的实际情况，又要维护税率的统一性。

企业所得税实行比例税率，现行规定是：

基本税率为25%。适用于居民企业和在我国境内设有机构、场所且所得与机构、场所有关联的非居民企业。

低税率为20%。适用于在我国境内未设立机构、场所的，或者虽设立机构、场所但取得的所得与其所设机构、场所没有实际联系的非居民企业。但由于税收优惠政策，目前实际征税时适用10%的税率。

4. 应纳税额的计算

【例8-10】某企业为居民企业，本年经营业务如下：

取得销售收入5 000万元，销售成本2 200万元，发生销售费用1 340万元（其中广告费用900万元），管理费用960万元（其中业务招待费用30万元），财务费用120万元，销售税金320万元（含增值税240万元），营业外收入140万元，营业外支出100万

① 实际管理机构，是指对企业的生产经营、人员、账务、财产等实施实质性全面管理和控制的机构。

② 有实际联系，是指非居民企业在中国境内设立的机构、场所拥有的据以取得所得的股权、债权，以及拥有、管理、控制据以取得所得的财产。

元（含通过公益性社会团体向贫困山区捐款60万元，支付税收滞纳金12万元），计入成本、费用中的实发工资总额300万元、拨缴职工工会经费6万元、提取职工福利费46万元、职工教育经费26.5万元。

该企业本年度实际应缴纳的企业所得税税额计算过程为：

年度利润总额 =5 000 +140 −2 200 −1 340 −960 −120 −80 −100 =340（万元）

广告费调增所得额 =900 −5 000 ×15% ＝900 −750 =150（万元）（企业发生的符合条件的广告费和业务宣传费支出，除国务院财政、税务主管部门另有规定外，不超过当年销售收入或营业收入15%的部分，准予扣除；超过部分，准予在以后纳税年度结转扣除）

5 000 ×5‰ =25（万元）＞30 ×60% =18（万元）（企业发生的与生产经营活动有关的业务招待费支出，按照发生的60%扣除，但最高不得超过当年销售收入或营业收入的5‰）

业务招待费调增所得额 =30 −30 ×60% ＝30 −18 =12（万元）

捐赠支出应调增所得额 =60 −340 ×12% =19.2（万元）（企业发生的公益性捐赠支出，不超过年度利润总额12%的部分，准予扣除。超过年度利润总额12%的部分，准许以后三年内在计算应纳税所得额时结转扣除）

工会经费的扣除限额为300 ×2% ＝6（万元），实际拨缴6万元，无须调整（企业拨缴的工会经费，不超过工资薪金总额2%的部分，准予扣除）

职工福利费的扣除限额为300 ×14% =42（万元），实际发生46万元，应调增46 −42 =4（万元）（企业发生的职工福利费支出，不超过工资薪金总额14%的部分，准予扣除）

职工教育经费的扣除限额为300 ×8% =24（万元），实际发生26.5万元，应调增26.5 −24 =2.5（万元）（除国务院财政、税务主管部门另有规定外，企业发生的职工教育经费支出，自2018年1月1日起不超过工资薪金总额的8%的部分，准予扣除；超过部分，准予在以后纳税年度结转扣除）

三项经费总共调增4 +2.5 =6.5（万元）

应纳税所得额 =340（年度利润总额）+150（广告费调增）+12（业务招待费调增）+19.2（捐赠支出调增）+6.5（工会经费、职工福利费和职工教育经费三项经费调增）+12（税收滞纳金调增）＝539.7（万元）

本年度应缴企业所得税税额 =539.7 ×25% =134.925（万元）

## 8.4 财产、行为与资源税

财产与行为课税是以纳税人拥有、支配的财产或一定的行为作为征税对象的课税体系。我国目前的财产与行为课税体系主要包括房产税、车船税、印花税、契税、环境保护税和车辆购置税。

资源课税是以开发和利用自然资源（包括土地）而形成的收入作为征税对象的课税

体系，我国目前的资源课税体系主要包括资源税和城镇土地使用税。

本部分主要介绍房产税、印花税、契税、环境保护税和资源税五个主要税种。

## 8.4.1 房产税

房产税是以房屋为征税对象，依据房产价格或房产租金收入向房产所有人或经营人征收的一种税。我国现行房产税的基本规范，是1986年9月15日国务院颁布的《中华人民共和国房产税暂行条例》。

### 8.4.1.1 纳税义务人

房产税的纳税义务人是征税范围的房屋的产权所有人，包括国家所有和集体、个人所有房屋的产权所有人、承典人、代管人或使用人三类。具体规定如下：

（1）产权属于国家所有的，由经营管理的单位缴纳；产权属于集体和个人的，由集体和个人缴纳。

（2）产权出典[①]的，由承典人缴纳。

（3）产权所有人、承典人不在房屋所在地的，或产权未确定及租典纠纷未解决的，由房产代管人或使用人缴纳。

（4）无租使用其他房产的问题：纳税单位和个人无租使用房产管理部门、免税单位及纳税单位的房产，由使用人代为缴纳房产税。

### 8.4.1.2 征税范围

房产税的征税对象是房产，它是有屋面和围护结构，能遮风避雨，可供人们生产、学习、工作、生活的场所。与房屋不可分割的各种附属设施或不单独计价的配套设施，也属于房屋，应一并征收房产税；但独立于房屋之外的建筑物（如水塔、围墙等）不属于房屋，不征收房产税。

房产税的征收范围是位于城市、县城、建制镇和工矿区的房产，不包括农村房产，因为农村房产除农副业生产用房外，大部分是农民居住用房。

### 8.4.1.3 税率、计税依据和应纳税额的计算

1. 税率

我国现行房产税采用的是比例税率。由于房产税的计税依据分为从价计征和从租计征两种形式，因此房产税的税率也有两种：

从价计征。按房产原值一次减除10%～30%后的余值计征，税率为1.2%。

从租计征。按房产出租的租金收入计征，税率为12%。自2008年3月1日起，对个人出租住房，不区分用途，按4%的税率征收房产税。

2. 计税依据

房产税的计税依据是房产的计税价值或房产的租金收入。按照房产计税价值征税的，称为从价计征；按照房产租金收入计征的，称为从租计征。

---

① 产权出典，是指产权所有人将房屋、生产资料等的产权，在一定期限内典当给他人使用而取得资金的一种融资业务。这种业务大多发生于出典人急需用款但又想保留产权回赎权的情况。

（1）从价计征。计征依据是房产原值一次减除10%～30%的扣除比例后的余值。

房产原值是指纳税人按照会计制度规定，在账簿“固定资产”科目中记载的房屋原价；房产原值应包括与房屋不可分割的各种附属设备或一般不单独计算价值的配套设施；纳税人对原有房屋进行改建、扩建的，要相应增加房屋的原值。

（2）从租计征。计税依据为房产租金收入，即房产所有人出租房产使用权所获得的各种报酬，包括货币收入和实物收入。

3. 应纳税额的计算

房产税的计税依据有两种，因此应纳税额的计算公式也有两个，具体见表8－7。

**表8－7　房产税应纳税额的计算**

| 计税方法 | 计税依据 | 税率 | 税额计算公式 |
|---|---|---|---|
| 从价计征 | 房产计税余值 | 1.2% | 全年应纳税额＝应税房产原值×（1－扣除比例）×1.2% |
| 从租计征 | 房屋租金 | 12%（个人为4%） | 全年应纳税额＝租金收入×12%（个人为4%） |

（1）从价计征的计算举例如下：

【例8－11】某企业的经营用房产原值为5 000万元，按照当地规定允许减除30%后按余值计税，适用税率为1.2%。

该企业应纳房产税税额计算如下：

应纳税额＝5 000×（1－30%）×1.2%＝42（万元）

（2）从租计征的计算举例如下：

【例8－12】某公司出租房屋10间，年租金收入为300 000元，适用税率为12%。

该公司应纳房产税税额计算如下：

应纳税额＝300 000×12%＝36 000（元）

## 专栏8－2　征收房地产税有利于实现抑制房价上涨的目标

征收房地产税可能会将存量和增量的投资者赶出市场，让住房回归到“居住”的属性，实现去“金融化”。

2021年5月，财政部、全国人大常委会预算工委、住房和城乡建设部、税务总局召开房地产税改革试点工作座谈会，“十四五”规划和2035年远景目标纲要中也提出，推进房地产税立法。

房地产税是大多数国家采用的税种，它可以起到增加地方财政收入以及调节收入分配等作用。在转型期的中国，房地产税被赋予了较多的期待，牵扯到更多方面，因此被广泛关注。事实上，房地产税改革本质上是以健全地方税体系、培育地方税源为主要目标。

不过，人们更关注的是房地产税对房价的影响。对于大部分国家而言，房地产税几乎与房地产市场同时诞生。在中国的房地产市场制度之下，与房地产有关的主要是土地、交易等环节的税赋，目前还缺乏对财产持有环节的征税。这在客观上使得一部分人将住房视为投资品，他们通过囤积住房而获取巨额增值收益。这种投资或投机需求也推动了房价上涨，让后来买房的人承受越来越高的房价并为此承担很高的按揭债务。

同时，在一定程度上脱离城市居民可支配收入水平的房价收入比，增加了年轻一代的压力，资源持续流向房地产业也会对制造业发展构成一定冲击。总之，如果不摆脱对房地产的依赖，中国就很难实现发展模式的转变，地方政府债务与居民债务还会持续上升，而这是难以持续的。

更重要的是，中国构建新发展格局的基础就是扩大国内消费。但是，如果房价与居民负债率越来越高，就会对消费形成直接且持续的冲击。因此，中国必须稳定住房价，并满足中低收入者的居住需求，让人们从购房压力中解放出来。在此背景下，征收房地产税有利于实现抑制房价上涨的目标，因为这可能会将存量和增量的投资者赶出市场，让住房回归到“居住”的属性，实现去“金融化”。

资料来源：征收房地产税有利于实现抑制房价上涨的目标［N］.21 世纪经济报道，2021 - 05 - 17.

## 8.4.2 印花税

印花税是对经济活动和经济交往中书立、使用和领受具有法律效力的凭证的单位和个人征收的一种税。印花税是一种具有行为税性质的凭证税，凡发生书立、使用、领受应税凭证的行为，就必须依照印花税的有关规定履行纳税义务。我国已于 2021 年 6 月 10 日通过了《中华人民共和国印花税法》（简称《印花税法》），并于 2022 年 7 月 1 日起开始施行。新的《印花税法》对税目进行了简并，降低了部分税率，进一步明确了征税范围。本部分以新《印花税法》为依据进行分析。

### 8.4.2.1 纳税义务人

印花税的纳税义务人，是在我国境内书立、使用、领受《印花税法》所列举的凭证，并应依法履行纳税义务的单位和个人，包括内、外资企业，各类行政（机关、部队）和事业单位，中、外籍个人。

需要注意的是，凡由两方或两方以上当事人共同书立应税凭证的，其当事人各方都是印花税的纳税义务人，应各就其应税凭证的计税金额履行纳税义务。

### 8.4.2.2 税目与税率

印花税的税目，指《印花税法》明确规定的应当纳税的项目，它具体划定了印花税的征税范围。印花税共有 17 个税目，可分为四大类。

印花税的税率设计，遵循税负从轻、共同负担的原则。因此，税率比较低。新的印花税采用比例税率形式。

印花税税目、税率见表8－8。

**表8－8 印花税税目、税率表**

| 应税凭证类别 | 税目 | 税率 |
| --- | --- | --- |
| 一、合同（指书面合同） | 1. 借款合同 | 借款金额的0.05‰ |
| | 2. 融资租赁合同 | 租金的0.05‰ |
| | 3. 买卖合同（指非个人书立的动产专卖合同） | 价款的0.3‰ |
| | 4. 承揽合同 | 报酬的0.3‰ |
| | 5. 建设工程合同 | 价款的0.3‰ |
| | 6. 运输合同 | 运输费用的0.3‰ |
| | 7. 技术合同 | 价款报酬或使用费的0.3‰ |
| | 8. 租赁合同 | 租金的1‰ |
| | 9. 保管合同 | 保管费的1‰ |
| | 10. 保险合同 | 保险费的1‰ |
| | 11. 仓储合同 | 仓储费的1‰ |
| 二、产权转移书据 | 12. 土地使用权出让书据 | 价款的0.5‰ |
| | 13. 土地使用权、房屋等建筑物和构筑物所有权转让书据 | 价款的0.5‰ |
| | 14. 股权转让书据 | 价款的0.5‰ |
| | 15. 商标专用权、著作权、专利权、专有技术使用权转让书据 | 价款的0.3‰ |
| 三、营业账簿 | 16. 营业账簿 | 实收资本（股本）、资本公积合计金额的合计0.25‰ |
| 四、证券交易 | 17. 证券交易 | 成交金额的1‰ |

#### 8.4.2.3 应纳税额的计算

印花税以凭证上所记载的金额为计税依据，计税公式为：

应纳税额＝计税金额×比例税率

【例8－13】某企业本年度有关业务情况如下：

（1）与租赁公司签订融资租赁合同，合同注明租金为300万元。

（2）与保险公司签订保险合同，保险费10万元。

（3）与铁路部门签订运输合同，载明运输费20万元。

该企业本年度应缴纳的印花税逐项计算如下：

（1）融资租赁合同应纳印花税＝300万元×0.05‰＝150（元）

（2）保险合同应纳印花税＝10万元×1‰＝100（元）

（3）铁路运输合同应纳印花税＝20万元×0.3‰＝60（元）

### 8.4.3 契税

契税是在房屋买卖、典当、赠与或交换订立契约时，由承受人缴纳的一种税。我国目前的契税是以在中华人民共和国境内转移土地、房屋权属为征税对象，向产权承受人征收的一种财产税。我国现行契税的基本规范是2020年8月11日通过并于2021年9月1日开始施行的《中华人民共和国契税法》。

#### 8.4.3.1 纳税义务人

契税的纳税义务人，是在我国境内转移土地、房屋权属承受的单位和个人。其中，境内是指中华人民共和国实际税收行政管辖范围内；土地、房屋权属是指土地使用权和房屋所有权；单位是指企业单位、事业单位、国家机关、军事单位和社会团体以及其他组织；个人是指个体经营者及其他个人，包括我国公民和外籍人员。

#### 8.4.3.2 征税范围

契税的具体征税包括以下五项内容：国有土地使用权出让[①]、国有土地使用权的转让、房屋买卖、房屋赠与和房屋交换。

#### 8.4.3.3 税率、计税依据和应纳税额的计算

契税实行3%～5%的幅度税率。

契税的计税依据为不动产的价格。由于土地、房屋权属转移方式不同，定价方法不同，因而具体计税依据视不同情况而定。

应纳税额的计算：应纳税额＝计税依据×税率

【例8－14】某市居民甲有两套住房，将一套出售给居民乙，成交价格为120万元；将另一套两室住房与居民丙交换成两套一室住房，并支付给丙换房差价款30万元。假定该市契税税率为4%。

甲、乙、丙相关行为应缴纳的契税计算如下：

（1）甲应缴纳契税＝30万×4%＝1.2（万元）（土地使用权交换、房屋交换，为所交换的土地使用权、房屋的价格差额。也就是说，交换价格相等时，免征契税；交换价格不等时，由多付货币、实物、无形资产或者其他经济利益的一方缴纳契税）

（2）乙应缴纳契税＝120万×4%＝4.8（万元）（国有土地使用权出让、土地使用权出售、房屋买卖，以成交价格为计税依据）

---

① 国有土地使用权出让是指土地使用者向国家交付土地使用权出让费用，国家将国有土地使用权在一定年限内让与土地使用者的行为。

（3）丙无须交纳契税。

## 8.4.4 环境保护税

环境保护税是对在我国领域以及管辖的其他海域直接向环境排放应税污染物的企事业单位和其他生产经营者征收的一种税，其立法目的是保护和改善环境，减少污染排放，推进生态文明建设。

环境保护税是我国首个明确以环境保护为目标的独立型环境税税种，有利于解决排污费制度存在的执法刚性不足等问题，有利于提高纳税人环保意识和强化企业间治污减排责任。

现行环境保护税的基本规范是2016年12月25日通过、2018年1月1日开始实施的《中华人民共和国环境保护税法》和2017年12月30日国务院发布的《中华人民共和国环境保护税法实施条例》等。

### 8.4.4.1 纳税义务人

环境保护税的纳税义务人是在中华人民共和国领域和中华人民共和国管辖的其他海域直接向环境排放应税污染物的企事业单位和其他生产经营者。

### 8.4.4.2 科目和税率

环境保护税税目包括大气污染物、水污染物、固体废物和噪声四大类。

环境保护税采用定额税率。

环境保护税税目和税额如表8-9所示。

**表8-9 环境保护税税目和税额表**

| 税目 | | 计税单位 | 税额 |
|---|---|---|---|
| 大气污染物 | | 每污染当量[①] | 1.2元至12元 |
| 水污染物 | | 每污染当量 | 1.4元至14元 |
| 固体废物 | 煤矸石 | 每吨 | 5元 |
| | 尾矿 | 每吨 | 15元 |
| | 危险废物 | 每吨 | 1 000元 |
| | 冶炼渣、粉煤灰、炉渣、其他固体废物（含半固态、液态废物） | 每吨 | 25元 |

（续上表）

| 税目 | | 计税单位 | 税额 |
|---|---|---|---|
| 噪声 | 工业噪声② | 超标 1～3 分贝 | 每月 350 元 |
| | | 超标 4～6 分贝 | 每月 700 元 |
| | | 超标 7～9 分贝 | 每月 1 400 元 |
| | | 超标 10～12 分贝 | 每月 2 800 元 |
| | | 超标 13～15 分贝 | 每月 5 600 元 |
| | | 超标 16 分贝以上 | 每月 11 200 元 |

注：① 污染当量，是指根据污染物或者污染排放活动对环境的有害程度以及处理的技术经济性，衡量不同污染物对环境污染的综合性指标或者计量单位。同一介质相同污染当量的不同污染物，其污染程度基本相当。② 一个单位边界上有多处噪声超标，根据最高一处超标声级计算应纳税额；当沿边界长度超过 100 米有两处以上噪声超标，按照两个单位计算应纳税额。一个单位有不同地点作业场所的，应当分别计算应纳税额，合并计征。昼、夜均超标的环境噪声，昼、夜分别计算应纳税额，累计计征。声源一个月内超标不足 15 天的，减半计算应纳税额。夜间频繁突发和夜间偶然突发厂界超标噪声，按等效声级和峰值噪声两种指标中超标分贝值高的一项计算应纳税额。

#### 8.4.4.3 计税依据

应税污染物的计税依据，按照下列方法确定：

（1）应税大气污染物按照污染物排放量折合的污染当量数确定。

（2）应税水污染物按照污染物排放量折合的污染当量数确定。

（3）应税固体废物按照固体废物的排放量确定。

（4）应税噪声按照超过国家规定标准的分贝数确定。

#### 8.4.4.4 应纳税额的计算

以水污染物应纳税额的计算为例：

应纳税额 = 计税依据 × 适用税额

【例 8－15】某县医院，床位 56 张，每月按时消毒，无法计量月污水排放量，污染当量值为 0.14 床，假设当地水污染物适用税额为每污染当量 2.8 元。

该医院当月应纳环境保护税税额计算如下：

水污染物当量数 = 56 ÷ 0.14 = 400

应纳税额 = 400 × 2.8 = 1 120（元）

### 8.4.5 资源税

资源税是对在我国境内从事应税矿产品开采和生产盐的单位和个人课征的一种税，属于对自然资源占用课税的范畴。我国现行资源税的基本规范是 2019 年 8 月 26 日通过、

2020 年 9 月 1 日起施行的《中华人民共和国资源税法》。

8.4.5.1　**纳税义务人与扣缴义务人**

资源税的纳税义务人是指在中华人民共和国领域及管辖海域开采应税资源的矿产品或者生产盐的单位和个人。

收购未税矿产品的单位为资源税的扣缴义务人。规定资源税的扣缴义务人，主要是为了加强对零星、分散、不定期开采的情况的管理，避免漏税，由扣缴义务人在收购矿产品时代扣代缴零星资源税。

8.4.5.2　**税目与税率**

资源税税目包括 5 大类，在 5 个税目下面又设有若干个子目。现行资源税的税目及子目主要是根据资源税应税产品和纳税人开采资源的行业特点设置的。

具体税目为：能源矿产（包括原油，天然气、页岩气，煤，煤层气等）；金属矿产（包括黑色金属和有色金属）；非金属矿产（包括矿物类、岩石类、宝玉石类）；水气矿产（包括二氧化碳气、硫化氢气、氦气，矿泉水）；盐（包括钠盐、钾盐、镁盐、锂盐，天然卤水，海盐）。

资源税采取从价定率或者从量定额的办法计征，分别以应税产品的销售额乘以纳税人具体适用的比例税率或者以应税产品的销售量乘以纳税人具体适用的定额税率计算，实施“级差调节”① 的原则。

8.4.5.3　**应纳税额的计算**

以从价定率方法为例，实行从价定率方式征收资源税的，根据应税产品的销售额和规定的适用税率计算应纳税额，计算公式为：

应纳税额 = 销售额 × 适用税率

【例 8 – 16】某油田本月销售原油 20 000 吨，开具增值税专用发票取得销售额10 000 万元、增值税额 1 300 万元。按资源税法的相关规定，其适用的税率为 8%。

该油田本月应缴纳的资源税计算如下：

销售原油应纳资源税税额 = 10 000 × 8% = 800（万元）

另外，我国的车船税以在我国境内依法应当到车船管理部门登记的车辆、船舶为征税对象，向车辆、船舶的所有人或管理人征收。车船税共分 6 大税目，具体为乘用车、商用车（客车和货车）、挂车、其他车辆（专用作业车和轮式专用机构车）、摩托车、船舶（机动船舶和游艇）。车船税实行定额税率，年税额标准在每辆 60 ~ 5 400 元不等，或自重（净吨位）每吨 3 ~ 120 元，游艇为艇身长度每米 600 ~ 2 000 元。车船税按年申报缴纳。

车辆购置税对购置汽车、摩托车、电车、挂车、农用运输车等应税车辆的单位和个

① 级差调节是指运用资源税对因资源贮存状况、开采条件、资源优劣、地理位置等客观存在的差别而产生的资源级差收入，通过实施差别税率或差别税额进行调节。

人征收，实行统一比例税率，税率为10%。计税价格为纳税人购置应税车辆而支付给销售者的全部价款和价外费用（不包括增值税）；国家税务总局参照应税车辆市场平均交易价格，规定不同类型应税车辆的最低计税价格。纳税人购置应税车辆的，应当自购置之日起60日内申报纳税并一次缴清税款。

城镇土地使用税以在城市、县城、建制镇和工矿区范围内的土地为征税对象，以实际占用的土地面积为计税依据，按规定税额对使用土地的单位和个人征收。其税额标准依大城市、中等城市、小城市和县城、建制镇、工矿区分别确定，每平方米为0.6～30元。城镇土地使用税按年计算、分期缴纳，具体纳税期限由各省、自治区、直辖市人民政府根据当地的实际情况确定。

## 8.5 特定目的课税

特定目的课税主要是为了达到特定目的，对特定对象和特定行为征税，从而发挥调节作用。我国目前的特定目的课税体系主要包括土地增值税和城市维护建设税。

### 8.5.1 土地增值税

土地增值税是对转让国有土地使用权、地上建筑物及其附着物（即转让房地产）并取得收入的单位和个人，就其转让房地产所取得的增值额征收的一种税。征收土地增值税增强了政府对房地产开发和交易市场的调控，有利于抑制炒买炒卖土地获取暴利的行为，也增加了国家财政收入。

我国现行土地增值税的基本规范是1993年12月13日国务院颁布的《中华人民共和国土地增值税暂行条例》。

#### 8.5.1.1 纳税义务人

土地增值税的纳税义务人是转让国有土地使用权、地上建筑物及其附着物并取得收入的单位和个人，包括内外资企业、行政事业单位、中外籍个人和个体经营者等。

#### 8.5.1.2 征税范围

土地增值税是对转让国有土地使用权及其地上建筑物和附着物的行为征税，不包括国有土地使用权出让所取得的收入。

土地增值税征收范围常以三个标准来判定：转让的土地使用权是否是国家所有土地使用权；地上建筑物及其附着物是否发生产权转让；转让房地产是否取得收入。

上述三个标准必须同时具备，即转让国有土地使用权，或房屋产权与国有土地使用权一并转让，只要取得收入，均属于土地增值税的征税范围。以此为原则，对以下具体事项的征税情况见表8－10：

**表 8－10　土地增值税的征税范围**

| 有关事项 | 是否属于征税范围 |
|---|---|
| 1. 出售 | 征，其包括三种情况：①出售国有土地使用权；②取得国有土地使用权后进行房屋开发建造后出售；③存量房地产买卖 |
| 2. 继承、赠予 | 继承，不征（无收入）；赠予中公益性赠予、赠予直系亲属或承担直接赡养义务人，不征；非公益性赠予，征 |
| 3. 出租 | 不征（无权属转移） |
| 4. 房地产抵押 | 抵押期，不征；抵押期满偿还债务本息，不征；抵押期满，不能偿还债务，而以房地产抵债，征 |
| 5. 房地产交换 | 单位之间换房，有收入的，征；个人之间互换自住房，不征 |
| 6. 以房地产投资、联营 | 房地产转让到投资联营企业，不征；将投资联营房地产再转让，征 |
| 7. 合作建房 | 建成后自用，不征；建成后转让，征 |
| 8. 企业兼并转让房地产 | 暂免 |
| 9. 代建房 | 不征（无权属转移） |
| 10. 房地产重新评估 | 不征（无收入） |
| 11. 国家收回房地产权 | 不征 |
| 12. 市政搬迁 | 不征 |

#### 8.5.1.3　计税依据

土地增值税的计税依据是转让房地产的增值额，即房地产转让收入减除规定的扣除项目后的余额。

纳税人转让房地产取得的应税收入是纳税人转让房地产取得的全部价款和相关经济收益，包括货币收入、实物收入和其他收入（如无形资产收入）。对实物收入和其他收入需经有关部门评估确认。

计算土地增值额时准予从转让收入中扣除的项目如下：

（1）取得土地使用权所支付的金额，包括纳税人为取得土地使用权所支付的地价款，以及纳税人在取得土地使用权时按国家统一规定交纳的有关费用。

（2）房地产开发成本，指纳税人房地产开发项目实际发生的成本，包括土地征用及拆迁补偿费、前期工程费、建筑安装工程费、基础设施费、公共配套设施费、开发间接费用等。

（3）房地产开发费用，指与房地产开发项目有关的三项期间费用，即销售费用、管理费用、财务费用。开发费用从转让收入中减除时，不是按实际发生额，而是按税法规定的标准扣除，标准的选择取决于财务费用中利息支出的不同处理方法。房地产开发费用计算时扣除的具体比例（5%以内或10%以内），由各省、自治区、直辖市人民政府决定。

（4）与转让房地产有关的税金，指在转让房地产时缴纳的营业税（“营改增”前发生）、城市维护建设税、印花税（按产权转移书据0.5‰贴花）、教育费附加。但房地产开发企业在转让时缴纳的印花税，以前列入“管理费用”，不得在此扣除，现在在“税金及附加”核算。由于土地增值税相关政策未修改，也就是说房地产开发企业只能扣“一税一费”，非房地产开发企业扣“两税一费”。

（5）财政部规定的其他扣除项目。

对从事房地产开发的纳税人可按（1）（2）项规定计算的金额之和，加计20%的扣除，用公式表示：

加计扣除费用 =（取得土地使用权支付的金额 + 房地产开发成本）×20%

对于存量房地产转让，可扣除以下几项：

（1）房屋及建筑物的评估价格：评估价格 = 重置成本价 × 成新度折扣率。

（2）取得土地使用权所支付的地价款和按国家统一规定交纳的有关费用。

（3）转让环节缴纳的税金。

8.5.1.4　**税率及应纳税额的计算**

土地增值税实行四级超率累进税率，具体税率见表8－2。

计算土地增值税应纳税额时采取以下公式：

应纳税额 = 增值额 × 适用税率 － 扣除项目金额 × 速算扣除系数

具体计算过程如下：

【例8－17】某市房地产开发公司转让写字楼一幢，共取得不含税转让收入10 000万元，公司按税法规定缴纳了有关税费。已知该公司为取得土地使用权而支付的地价款和按国家统一规定交纳的有关费用为1 000万元；投入房地产开发成本为2 000万元；房地产开发费用中的利息支出为100万元（能够按转让房地产项目计算分摊并提供金融机构证明），比按商业银行同期同类贷款利率计算的利息多出50万元。另知公司所在地政府规定的其他房地产开发费用的计算扣除比例为5%。

试计算该公司转让此写字楼应纳的土地增值税税额（增值税选择简易计税方法）。

转让写字楼取得的收入 = 10 000万元。

（1）确定转让房地产的扣除项目金额：

①取得土地使用权所支付的金额为1 000万元；

②房地产开发成本为2 000万元；

③房地产开发费用为：

（100 － 50）+（1 000 + 2 000）×5% = 50 + 150 = 200（万元）

④与转让房地产有关的税金：

10 000 ×5% ×（7% +3%）= 50（万元）

⑤从事房地产开发的加计扣除为：

(1 000 + 2 000) × 20% = 600（万元）

⑥扣除项目金额合计 = 1 000 + 2 000 + 200 + 50 + 600 = 3 850（万元）

(2) 计算转让房地产的增值额：

10 000 − 3 850 = 6 150（万元）

(3) 计算增值额与扣除项目金额的比率：

6 150 ÷ 3 850 ≈ 159.74%

(4) 计算应纳土地增值税税额：

应纳土地增值税 = 6 150 × 50% − 3 850 × 15% = 3 075 − 577.5 = 2 497.5（万元）

### 8.5.2 城市维护建设税

城市维护建设税，是国家为城市建设和维护筹集资金，对从事工商经营，缴纳增值税、消费税的单位和个人征收的一种附加税。

我国现行城市维护建设税的基本规范是国务院于1985年2月8日发布的《中华人民共和国城市维护建设税暂行条例》。

城市维护建设税具有两个显著的特点：一是具有附加税性质，它以纳税人实际缴纳的增值税和消费税税额为计税依据，随增值税和消费税同时征收，其本身没有特定的征税对象；二是税款专款专用，所征税款专门用于城市的公用事业和公共设施的维护建设。

#### 8.5.2.1 纳税义务人

城市维护建设税的纳税义务人是指负有缴纳增值税、消费税义务的单位和个人，包括国有企业、集体企业、私营企业、股份制企业、其他企业和行政单位、事业单位、军事单位、社会团体、其他单位，以及个体工商户及其他个人。

#### 8.5.2.2 税率

城市维护建设税的税率是指纳税人应缴纳的城市维护建设税税额与纳税人实际缴纳的增值税、消费税额之间的比例。

城市维护建设税按纳税人所在地的不同，按照地区差别设置了三档比例税率：

(1) 纳税人所在地为市区的，税率为7%。

(2) 纳税人所在地为县城、镇的，税率为5%。撤县建市后，城市维护建设税适用税率为7%。

(3) 纳税人所在地不在市区、县城或镇的，税率为1%。

#### 8.5.2.3 计税依据

城市维护建设税的计税依据是纳税人实际缴纳的增值税、消费税税额。

纳税人违反增值税、消费税有关税法而加收的滞纳金和罚款，是税务机关对纳税人违法行为的经济制裁，不作为城市维护建设税的计税依据。纳税人在查补增值税、消费税和被处以罚款时，应同时对其偷逃的城市维护建设税进行补税、征收滞纳金并处罚款。

城市维护建设税以增值税、消费税税额为计税依据并同时征收，如果要免征或者减征增值税、消费税，也就要同时免征或者减征城市维护建设税。

对出口产品退还增值税、消费税的，不退还已缴纳的城市维护建设税。

8.5.2.4 **应纳税额的计算**

城市维护建设税纳税人的应纳税额大小是由纳税人实际缴纳的增值税、消费税税额决定的，其计算公式是：

应纳税额 = 纳税人实际缴纳的增值税、消费税税额 × 适用税率

【例 8 - 18】某县城企业本月实际缴纳增值税 180 万元，缴纳消费税 100 万元。该企业本月应缴纳的城市维护建设税计算如下：

（1）已知该企业本月缴纳增值税 180 万元、消费税 100 万元，合计 280 万元。

（2）县城的城市维护建设税税率为 5%，则：

应缴纳城市维护建设税税额 = 280 × 5% = 14（万元）

除以上各大类别税种外，我国现行税制中还有农业税，包括烟叶税和耕地占用税。

烟叶税对在我国境内收购烟叶（包括晾晒烟叶和烤烟叶）的单位，按照收购烟叶的金额征收，税率为 20%。烟叶税按月计征，纳税人应当于纳税义务发生月终了之日起 15 日内申报并缴纳税款。

耕地占用税对占用耕地建房或者从事其他非农业建设的单位和个人，依其占用耕地的面积征收。其税额标准为每平方米 5 ~ 50 元。纳税人必须在经土地管理部门批准占用耕地之日起 30 日内缴纳耕地占用税。

我国海关还对自中华人民共和国境外港口进入境内港口的船舶征收船舶吨税（简称吨税）。吨税设置了优惠税率和普通税率，按照船舶净吨位和吨税执照期限征收。

## 本章小结

税收制度是指国家通过立法程序规定的各种税收法令和征收管理办法的总称。构成税种的要素包括纳税义务人、征税对象、税目、税率、纳税环节、纳税期限、减免税等。构成税收制度的税种包括商品税、所得税、财产税、行为税、农业税和资源税以及特定目的税等。

我国税制目前由 18 个税种构成：增值税、消费税和关税属于商品税；个人所得税和企业所得税属于所得税；房产税和车船税属于财产税；资源税和城镇土地使用税属于资源税；船舶吨税、印花税、车辆购置税、环境保护税和契税属于行为税；城市维护建设税和土地增值税属于特定目的税；烟叶税和耕地占用税属于农业税。

对在境内销售货物或者加工、修理修配劳务，销售服务、无形资产、不动产以及进口货物的单位和个人，就其销售货物、劳务、服务、无形资产、不动产的增值额和货物进口金额为计税依据课征增值税。纳税人销售货物、劳务、有形资产租赁服务或者进口货物，除另有规定外，现行税率为 13%。纳税人销售交通运输、邮政、基础电信、建

筑、不动产租赁服务，销售不动产，转让土地使用权，销售或者进口相关货物，税率为9%。另外还设置了6%的低税率和出口零税率、服务和无形资产等零税率等。同时，对小规模纳税人和一般纳税人发生的符合相关规定的应税销售行为选择简易计税方法的，适用增值税征收率。

对在境内生产、委托加工和进口应税消费品的单位和个人征收消费税。征税范围包括烟、酒、高档化妆品、贵重首饰和珠宝玉石等15个税目。消费税按照应税消费品的销售额、销售数量分别实行从价定率或从量定额的办法计算应纳税额。

个人所得税以个人取得的各项应税所得为征收对象。对居民个人来说，除综合所得适用3%～45%的七级超额累进税率，个体工商户的生产、经营所得和对企事业单位的承包经营、承租经营所得适用5%～35%的五级超额累进税率外，其余各项所得均适用20%的比例税率。

企业所得税是对企业在一定时期取得的生产经营所得和其他所得征收的税。在我国境内的一切企业和其他取得收入的组织（不包括个人独资企业、合伙企业）为企业所得税纳税人。企业每一纳税年度的收入总额，减除不征税收入、免税收入、各项扣除以及允许弥补的以前年度亏损后的余额，为应纳税所得额。企业所得税的基本税率为25%。

房产税以城市、县城、建制镇和工矿区范围内的房屋为征税对象，以房产余值或租金收入为计税依据，纳税义务人包括产权所有人、房屋的经营管理单位（房屋产权为全民所有）、承典人、代管人、使用人。其税率分为两类：按照房产余值计算应纳税额的，适用税率为1.2%；按照房产租金收入计算应纳税额的，适用税率为12%，但个人按市场价格出租的居民住房，目前减按4%的征收率征收。

印花税是对在经济活动和经济交往中书立、使用和领受具有法律效力的凭证的单位和个人征收的一种税。印花税根据应税凭证的性质，按金额依比例税率计算应纳税额。

契税以出让、转让、买卖、赠与、交换发生权属转移的土地、房屋为征税对象，承受的单位和个人为纳税人。出让、转让、买卖土地、房屋的税基为成交价格，赠与土地、房屋的税基由征收机关核定，交换土地、房屋的税基为交换价格的差额。税率为3%～5%。

对在我国境内开采各种应税自然资源的单位和个人征收资源税。征税范围包括能源矿产、金属矿产、非金属矿产、水气矿产和盐五大类。资源税采用从价定率和从量定额的方法征收。原油、天然气产品的资源税税率为销售额的5%～10%。资源税其他税目因资源的种类不同，税额标准为每吨0.1元到30元不等。

土地增值税以纳税人转让国有土地使用权、地上建筑物及其附着物所取得的增值额为征税对象，依照规定的税率征收。它实行四级超率累进税率，税率分别为30%、40%、50%、60%。

城市维护建设税对缴纳增值税、消费税的单位和个人征收。它以纳税人实际缴纳的增值税、消费税为计税依据，区别纳税人所在地的不同，分别按7%（在市区）、5%（在县城、镇）和1%（不在市区、县城或镇）三档税率计算缴纳。

## 思考题

1. 简述税收制度的构成要素。
2. 简述我国商品税制度。
3. 简述我国所得税制度。
4. 了解我国个人所得税相关改革方向的讨论。
5. 简述我国财产税制度。
6. 了解我国房地产税改革的争鸣。

# 9 公 债

加快建立现代财政制度。建立健全规范的政府举债融资机制。稳妥化解地方政府隐性债务，严惩逃废债行为。

——《中华人民共和国国民经济和社会发展第十四个五年规划和2035年远景目标纲要》

公债（public debt）是一个古老的财政范畴。在现代经济活动中，公债不仅是平衡财政收支的一种灵活手段，而且是政府调节经济运行的重要工具。本章主要介绍公债的基本概念、公债制度以及国外公债等有关内容。

## 9.1 公债概述

### 9.1.1 公债的定义和特征

公债是指政府为筹措财政资金，实现其职能，按照有借有还的信用原则向国内或国外举借的债务。具体情况下，公债是指政府承诺在一定时期支付利息和到期偿还本金的一种格式化的债权债务凭证。

公债是一种国家信用，其债务人是国家，债权人是国内的自然人、法人、其他组织或国外政府、公司、居民及其他组织。公债因凭国家信用发行，其风险性极低，故被称为金边债券。

公债是一种特殊的财政范畴。政府发行公债意味着政府可支配资金的增加，因而公债是政府财政收入的一种形式。但是，政府是否举债取决于政府财政收支状况和经济形势的变化，是政府的一种非经常性收入。

从债务人（政府或国家）的角度看，公债具有以下三个特征：

（1）有偿性。公债是政府的一种债务，因此有偿性是公债的应有之义。公债持有者享有收回本金和利息的权利，政府承担按时还本付息的义务。这就涉及一个国家或政府的主权信用问题。

（2）购买的自愿性。一般来说，公债的发行或认购都需以认购者自愿承购为前提。认购者买与不买，购买多少，完全由认购者自己根据个人或单位情况自主决定，政府不能做出指定、指派等“强卖”行为。这反映了认购者与政府之间权利和义务平等的经济关系。当然，在特殊情况下，如战争时期，政府会强制发行公债。

（3）发行的灵活性。公债发行与否、发行多少、期限长短以及结构如何，一般完全由政府根据财政收支状况及经济形势的变化灵活确定，不必通过法律形式预先加以规定。这是公债具有的一个非常重要的特征，与税收所具有的固定性有着明显区别。

从债权人（公债持有者）的角度来看，公债也具有三个特征：

（1）安全性。公债的安全性源于公债是一种国家信用，只要政府或国家不消亡，公债的还本付息就有保证，因此公债的安全性很高，基本上没有任何风险。正因如此，公债一直以来都是风险规避型投资者的优先选择。

（2）收益性。公债到期不仅可得到本金，而且可获得相当的利息，这一利息便是公债投资的收益。收益多少取决于认购公债时政府所承诺的利息率。

（3）流动性。公债作为一种有价证券，可以像货币在市场上流通一样在证券市场上进行买卖交易。也就是说，公债具有流动性，能满足公债交易双方的需要。

### 9.1.2 公债的性质

1. 公债是一种虚拟的借贷资本

公债体现了认购者与政府之间的债权债务关系。公债发行时，认购者通过购买公债将自有的闲置资金集中在政府手中，由政府进行投资；公债到期时，也即偿付阶段，政府以税收收入给予认购者还本付息。公债资本若用于非生产性开支，它就不是现实资本，而只是一种虚拟资本；若用于生产性开支，则表现为不能提取的公共设施等国家的现实资本。

2. 公债体现一定的分配关系，是一种“延期的税收”

政治经济学将整个社会生产过程分为生产、分配、交换和消费四个环节。公债的发行，其实是政府运用信用方式将一部分已经分配并已有归属的国民收入集中起来，以此方式筹集一定数量的公债资金，政府再以公共支出的形式进行再分配。数年后，公债期限满了，政府再以经常收入——税收来还本付息。因此，从某种意义上讲，公债是政府对国民收入的再分配，是用后期的税收承担当期的开支。

#### 专栏9－1 李嘉图定理

古典政治经济学家大卫·李嘉图在19世纪初提出，在财政支出水平既定的情况下，政府无论是通过征税（一次总付税）还是发行债务来融资，对经济的影响是等价的，都会减少居民的消费支出。20世纪70年代中期，詹姆斯·布坎南在《巴罗论李嘉图等价定理》中首次使用“李嘉图等价定理”这一术语，之后才掀起了经济学界对这一理论的大讨论。争论的核心问题是，政府发行公债是否使社会净财富增加。从微观角度上讲，如果政府用公债融资取代税收融资，持有公债的消费者认为自己的资产（财富）增加了，消费支出将增加，就会产生扩张性效应。罗伯特·巴罗认为，公债不是净财富。在财政支出既定的情况下，税收融资和债务融资的相对数量变化，对总需求、利率和资本形成都没有影响。因此，李嘉图等价定理成立。后来，许多经济学家分别站在政府和个人角度，利用政府跨时预算约束和生命周期假说或永久性收入理论，论证了李嘉图等价定理成立。

资料来源：郭庆旺，吕冰洋，何乘材．李嘉图等价定理的实证分析：协整方法［J］．财政研究，2003（9）：11－13.

### 9.1.3 公债的产生与发展

公债是随着税收收入满足不了财政支出需要这一矛盾的出现而产生的。公债的产生需具备两个条件：一是财政支出的需要，二是社会闲散资金的存在。从历史上看，公债产生于奴隶社会。到了封建社会，公债规模有所扩大。在自由竞争资本主义时期，商品经济和信用制度高度发达，公债制度得到了充分的发展。在国家垄断资本主义时期，政府对经济的干预力度不断加大，公债不再只是弥补非正常因素导致的财政赤字的工具，而成为政府实施赤字财政政策、调控宏观经济的重要手段，其规模和运用程度达到了前所未有的水平。

世界上最早发行公债的国家是英国。当时由英格兰银行代表英国政府发行债券，券面四边为金黄色，被称为金边债券。在20世纪30年代以前，西方各国政府多半在战争期间为筹集战争经费和弥补国库亏空而举债，公债只是一种临时性的财政收入。在20世纪30年代以后，随着西方国家普遍推行凯恩斯主义，实行国家干预，以赤字财政政策刺激社会总需求，使政府财政赤字规模巨大，公债的发行规模逐步增大，公债的种类、期限、结构日益丰富和多样化，公债的持有者结构日趋机构化，公债市场也不断扩大和复杂化。公债作为财政政策与货币政策相联系的纽带，其调控经济的功能得到了充分的发挥。

### 9.1.4 公债的功能

1. 弥补财政赤字

尽管公债产生的原因多种多样，但是弥补财政赤字是公债产生的直接动因。财政赤字是经常性财政支出大于经常性财政收入的差额。用公债弥补财政赤字，实质上是将不属于政府支配的资金在一定时期内让渡给政府使用，是社会资金使用权的单方面转移。当然，政府也可以采取增税、向银行透支等方式来弥补财政赤字。但比较而言，用公债弥补财政赤字更有优势：①简便有效。当国家财政一时支出大于收入、遇有临时急需时，发行公债比较简捷，可济急需。从长远看，公债还是筹集建设资金的较好形式。一些投资大、建设周期长、见效慢的项目，如能源、交通等重点建设，往往需要政府积极介入。②对经济的副作用较小。一方面，增税会直接减少人们的总资产，影响人们工作、消费和投资的积极性，影响经济发展速度和经济效益的提高，甚至可能使财源枯竭，结果得不偿失；另一方面，采用向中央银行透支的方法，通过商业银行体系，无疑会成倍扩大货币的流通量，结果使货币贬值，可能引发通货膨胀。因此，相比而言，公债是财政收入的重要补充形式，是弥补赤字、解决财政困难更为有效的手段。当然，用公债弥补财政赤字也要把握好

“度”，否则会对经济发展会生不利影响：①完全依赖发行公债来弥补巨额财政赤字，会形成债台高筑，还本付息的压力又会刺激公债规模的扩张，最终会因“债债相连”而导致财政收支的恶性循环。②社会的闲散资金是有限的，政府集中过多必然会侵蚀私人部门的必要资金，产生“挤出效应”，减低社会的投资水平。

2. 筹集建设资金

随着社会经济的发展和政府职能的扩大，公债已成为政府筹集建设资金的重要渠道。政府及其公共机构为了进行基本建设，如修建公共工程、发展基础产业，往往通过发行公债把社会上暂时闲置的资金转化为中长期资金，用于大中型公共项目投资，促进经济发展。中国早在1954—1958年就发行过“国家经济建设公债”，以筹集建设资金，用于国家的经济建设。1987年，我国首次发行了55亿元的重点建设债券；1988年，又发行了30亿元的国家建设债券和80亿元的基本建设债券，其中包括重点企业债券（如电力债券、钢铁债券、石油化工债券和有色金属债券等）。世界上有的国家从法律上明确规定公债的建设性，如日本在法律上就明确将公债分为两种：一是建设公债；二是赤字公债。与建设性公债相适应，公债弥补财政赤字也只是弥补建设性预算的赤字。因为在实行复式预算的条件下，政府的经常性预算不存在赤字，财政赤字主要是建设性预算或资本性预算不平衡造成的。因此，公债在筹集建设资金的同时也在弥补财政赤字。财政赤字的建设性决定了公债的建设性，公债是保证资本性预算平衡的重要手段。

3. 调节经济运行

公债是国家调节经济活动的重要经济杠杆。现实的经济运行总是具有周期性和不稳定的特点。如果经济运行波动太大，要么出现通货膨胀，要么出现通货紧缩，整个经济体系就有失控的危险。公债作为政府的宏观调控工具，通过对公债的操作可以促进社会总需求和社会总供给的平衡，以保持经济的稳定。首先，公债调节着积累与消费之间的比例关系。政府发行公债实际上是对社会资金的再分配，一部分消费资金必将转化为积累资金，使两者的比例趋于合理。其次，公债调节着社会的投资结构，促进经济结构的优化。政府可以把公债筹集的资金用于发展制约国民经济发展的“瓶颈”产业或行业，通过优化投资结构以进一步改善产业结构，使国民经济协调发展。最后，公债可以促进市场体系的完善，维护经济和金融的稳定。公债的发行和交易是在金融市场上进行的，公债效应的发挥也要依靠健全的金融市场机制，因此公债制度的建立和完善必然大力促进金融市场的发展。此外，中央银行可以根据经济形势的变动，通过公开市场业务对流通中的货币量进行调节，以保持经济和金融的稳定运行。

### 9.1.5 公债的负担

公债的负担问题一直是财政经济学界争论的一个焦点问题。古典学派学者休谟认为公债的负担会导致亡国；凯恩斯主义则认为公债不仅没有负担，而且公债还会使国家富强；后凯恩斯主义学者萨缪尔森则认为只有外债才会构成国家负担，国内公债没有负担。

### 专栏9－2 理论界对公债的认识

观点一：反对公债存在和发展（古典经济学派）

公债具有极其明显的消极作用，如：公债减少了生产资本，妨碍工商业的正当投资；以公债弥补财政赤字会助长为所欲为，不负责任之风；举债会增加将来财政困难；公债常以高利吸引购买者，会使富者坐享其利，使财富分配不均；公债不断地膨胀，使市场增加信用风险，促使物价上涨等。

观点二：大力发展公债（现代凯恩斯学派）

现代凯恩斯学派把公债和赤字以及补偿性财政政策联系在一起，对公债大加赞扬。最为典型的是，著名经济学家萨缪尔森认为：公债不是一个值得忧虑的问题，而是一件有益的事，会增加净收入；公债不是妨碍经济增长的因素，而是使经济稳定发展的因素；公债的数额不应受限制，公债的发行不但不应视作国家的债务，而且还应视为国家的资产；公债不会增加人民负担。因此，大量发行公债有利于经济繁荣和充分就业。

资料来源：陈志勇．公债学．北京：中国财政经济出版社，2007.

公债负担具体有以下表现形式：

（1）公债发行后的税收负担。政府为了还本付息，往往通过征税来实现。尽管可以把支付的这笔税款看作是享用政府公债融资提供的公共物品（包括劳务）的成本，但对不同的纳税人来说，其税收负担是不同的。此外，还有可能产生税收的额外负担。

（2）公债的代际负担。由于公债资金使用在前、偿还在后，因而有可能前代人受益、后代人负担。在短期公债的情况下，债权人既是认购者又是偿还者，一般不会发生代际负担问题。但是，在长期公债规模不断扩大，特别是公债余额积累越来越多的情况下，公债就有可能给后代人造成负担。若公债资金用于即期的公共消费，后代人的负担会明显增加；若公债资金用于有较高收益的公共工程，转移的就很可能是净收益而不是公债负担。

（3）公债的“挤出性”负担。政府发行公债引起资源在政府部门和民间部门之间的转移，改变了社会的资源配置状况，挤出民间投资和消费。若公债的使用效益不高或被浪费，必然降低资源配置效率，对整个经济体系的健康运行产生负面影响，从而导致国民经济的效率损失。

（4）债务人（政府）负担。政府举债必须到期还本付息，为此，政府在预算中应安排一定数量的资金用于还本付息。若公债规模越来越大，还本付息的压力也日益增加，这无疑会增加政府的财政负担。另外，政府面临公债还本付息压力，可能会减少用于其他方面的合理开支，也会导致一定程度的财政支出效益的丧失。

（5）外债负担。举借外债是国外资源的净流入，但外债在还本付息时意味着国内资源的净流出，而且如果外债发行过多，可能引起本国国际收支失衡，出现支付困难，甚至产生债务危机。

## 9.1.6 公债的种类与结构

1. 公债的种类

由于政府举债的目的、举债的方式和举债的对象不同，各国发行的公债种类繁多。可以从不同的角度或按不同的标准划分公债。

（1）按应债资金来源或地域划分，公债可分为内债（internal debt）和外债（external debt）。内债是政府在本国国内举借的各种债务，应债资金来源于本国的自然人和法人，其发行和偿还一般使用本国货币。外债是政府向外国的政府、企业、银行、国际金融组织等举借的债务，其发行和偿还一般使用外币。内债一般不存在本国资源向国外转移问题，不影响国内资源总量。外债在到期还本付息时，意味着本国资源转移到国外。

（2）按偿还期限划分，公债分为短期公债、中期公债、长期公债和永久公债。偿还期在1年或1年以内的公债称为短期公债，10年期以上的公债称为长期公债，介于两者之间的称为中期公债，永久公债是指没有规定还本期限，只规定按期付息的公债。短期公债主要用于弥补当年财政赤字或调剂国库资金的临时周转，具有良好的流动性。长期公债可用于长期投资，其流动性相对较差。近年来我国发行的公债品种日益多样化，先后发行了3个月、半年、1年、2年、3年、5年、7年、10年和30年等多种期限的公债，公债的期限结构日趋合理化。

（3）按发行凭证划分，公债可分为有纸公债和无纸公债。有纸公债也称实物债券，是指政府在发行公债时付给购买者统一印制的、有固定金额的纸制债券。有纸债券不记名，也不挂失，但可以上市交易，到期后可在任何偿还场所兑换。1993年以前，我国向居民发行的公债都是实物债券。无纸公债又称为非实物债券，分为凭证式和记账式两种。凭证式公债是公债承销机构付给公债购买者一张收款凭证，可记名，可挂失，但不能上市流通。记账式公债是财政部或财政部指定的公债承销机构记录公债购买者的姓名和金额等事项，以电子账户为依托，不必经过印制、运输、保管等环节，发行成本低，效率高，发行结束后即可上市流通。

（4）按是否可以买卖划分，公债分为可交易公债和不可交易公债。可交易公债是投资者在证券市场上可自由买卖的公债，其价格由债券市场供求状况决定。不可交易公债是不可流通转让的公债，只能按规定时间还本付息。

（5）按发行主体划分，公债分为中央政府公债和地方政府公债。中央政府发行的公债是中央公债，地方政府发行的公债是地方公债。2015年前，由于《中华人民共和国预算法》没有赋予地方政府发行公债的权力，我国政府公债只是体现为中央政府公债，也就是国债。2015年实施修订后的《中华人民共和国预算法》明确地方政府拥有了发行公债的法定权力，地方政府公债（包括一般债券和专项债券）开始出现，规模不断增加。

**专栏9－3　我国的地方政府债务**

由于宏观经济下行趋势带来的财政增收压力和积极财政政策下各项财政支出需求的

持续扩张，我国财政赤字率有明显上升趋势，从2011年的1.8%增长到2020年的3.6%（尹李峰等，2021），而且，由于地方政府的财权低配于事权，地方财政的运行压力更加严重。根据我国地方政府债券信息公开平台数据，我国地方债规模不断增长，地方债余额由2014年的15.41万亿元上升至2020年11月的25.56万亿元（尹李峰等，2021）。

根据1995年《中华人民共和国预算法》，我国地方政府因政策限制无法直接发行债券，只能依赖融资平台发行城投债，特别是以包括土地在内的资产作为抵押物，或者授权国有投资公司以政府收入为担保向银行进行抵押贷款（梁若冰、王群群，2021）。2015年1月1日起施行的《中华人民共和国预算法》增加了允许地方政府举借债务的规定，但要求规范地方政府债务管理，严控债务风险，对政府债务举借主体、方式、预算管理、违法行为处置做出了明确规定。具体从五个方面做出限制性规定：一是限制主体，经国务院批准的省级政府可以举借债务；二是限制用途，举借债务只能用于公益性资本支出，不得用于经常性支出；三是限制规模，举借债务的规模由国务院报全国人大或者全国人大常委会批准，省级政府在国务院下达的限额内举借的债务，列入本级预算调整方案，报本级人大常委会批准；四是限制方式，举借债务只能采取发行地方政府债券的方式，不得采取其他方式筹措，除法律另有规定外，不得为任何单位和个人的债务以任何方式提供担保；五是控制风险，举借债务应当有偿还计划和稳定的偿还资金来源，国务院建立地方政府债务风险评估和预警机制、应急处置机制以及责任追究制度。

资料来源：

[1] 梁若冰，王群群．地方债管理体制改革与企业融资困境缓解［J］．经济研究，2021，56（4）：60－76.

[2] 尹李峰，李森，缪小林．减税降费是否带来地方债风险？——基于高质量税源的中介效应分析［J］．财政研究，2021（3）：56－69.

[3] 中华人民共和国预算法［M］．北京：法律出版社，2019.

2．公债的结构

（1）公债的期限结构，即公债短、中、长期的搭配问题。长期公债筹集的资金可以用于政府的投资项目，但其流动性和变现能力较差。中短期公债，特别是短期公债一般用于政府弥补财政赤字或调剂财政资金周转，具有较好的流动性和变现能力。从政府的角度看，发行长期公债较为有利，能满足政府中长期投资的需要，以便加快基础产业和基础设施的建设，但其发行较困难。从投资者的角度看，投资者更愿意购买中短期公债，以满足自己投资和投机的需要。因此，政府在发行公债时，必须考虑各种因素的影响，兼顾投资者的需求与认购可能两个方面，恰当地选择公债的期限结构。目前我国公债的期限结构以3～5年的中期公债为主，短期和长期公债相对较少，公债期限结构缺乏均衡合理的分布。这种状况易形成偿还期比较集中、形成偿债高峰的问题，给财政平衡造成较大的压力，且难以发挥公债的经济调节作用。因此，我们应当扩充公债的种类、改进公债的期限结构，形成以中期公债为主，各种期限公债并存的较为合理的公债期限结构，使公债更好地为我国的经济建设事业服务。我国从1995年开始，为了使公债的期限结构合理化，增加了短期和长期公债的发行。

（2）公债的持有者结构，即各类企业、机构和各阶层居民实际认购公债的比例，又称为公债资金来源结构，是政府对应债主体（公债持有者）实际选择的结果。应债主体的存在是发行公债的前提。应债主体的应债能力取决于社会资金的分配状况。若社会资金分配不均、贫富差距较大，社会资金就会集中在少数企业和个人手中，公债持有者也较为集中；若社会资金分配比较平均，社会资金就会相对分散，公债持有者也必然会相对分散。在我国改革开放初期，居民个人的收入水平较低，各类机构投资者尚未发展起来，公债持有者主要是企业。随着经济的发展和分配制度的改革，居民占有社会财富的比重逐年提高。进入20世纪90年代以来，居民个人逐渐成为公债的主要认购者。近年来，我国各类机构投资者（包括养老保险金、证券投资资金、证券中介机构、证券交易经纪人机构等）迅速发展起来，成为新的、重要的公债投资者。这表明，我国公债的持有者结构正日趋多元化。

## 9.2 公债制度

公债制度是有关公债的发行、管理、流通等一系列规章制度的总称。

### 9.2.1 公债的发行价格

在公债的票面价格、票面利率和发行期限确定的情况下，公债的发行价格主要受市场利率的影响。由于市场资金供求关系的不确定性，市场利率始终处于变动之中。这样，要使公债投资者获得与市场利率相同的收益，公债的发行价格就不能总是等于公债的票面价格。

公债作为一种有价证券，其发行价格由四个因素决定：①票面价格；②票面利率；③市场利率；④公债的发行期限。其公式为：

$$P = \sum_{t=1}^{n} \frac{P_S \times i_S}{(1 + i_m)^t} + \frac{P_S}{(1 + i_m)^t}$$

其中，$P$ 为公债的发行价格；$P_S$ 为公债的票面价格；$i_S$ 为公债的票面利率；$i_m$ 为公债发行时的市场利率；$n$ 为公债的发行期限。

按照上述计算公式，公债的发行价格可能有三种情况：

（1）如果市场利率等于票面利率，则公债按照票面价格发行，即公债的发行价格等于票面价格。这被称为平价发行或票面发行，债权人按照票面利率取得债券的收益。

（2）如果市场利率大于票面利率，则公债的发行价格低于票面价格，即折价发行。折价又称为贴现、贴水或折扣，发行价格与票面价格之间的差额就是债权人的收益。

（3）如果市场利率小于票面利率，公债则按高于票面价格的价格发行，即溢价发行。溢价又称为升水。一般情况下不采用升水价格发行公债，但也有例外。

在实行招标发行公债的条件下，公债的发行价格（承销价格）由下式确定：

$$P = \frac{P_S \times \left(1 - \frac{i_S}{i_e}\right)}{(1 + i_e)^n} + P_S \times \frac{i_S}{i_e}$$

其中，$P$ 为公债的发行价格（承销价格）；$P_S$ 为公债的票面价格；$i_S$ 为公债的票面利率；$i_e$ 为公债的中标收益率；$n$ 为公债的发行期限。

当然，公债发行价格的确定也要考虑许多其他因素，比如公债的流动性和收益性、应债主体的应债能力、人们对公债的主观评价等。

### 9.2.2 公债的利息率

从理论上说，公债也是一种商品（投资品），公债的利息率也就是公债的收益率，取决于市场供求状况。如图9－1所示，公债的供给曲线 $S$ 向右下方倾斜，公债的供给数量与利息率成反比；公债的需求曲线 $D$ 向右上方倾斜，公债的需求数量与利息率成正比。供给曲线和需求曲线的交点 $O$ 是公债市场的均衡点，$i_0$是均衡利率。如果实际利率超过均衡利率，如 $i_1$，那么公债会供不应求；如果实际利率低于均衡利率，如 $i_2$，那么公债会供过于求。

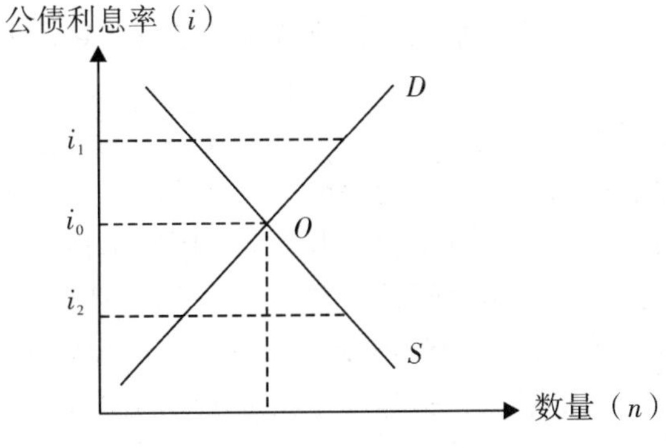


**图9－1　公债市场的均衡**

公债的利息率是公债利息与本金的比率。公债利息率的高低直接影响到公债投资者的投资收益，它是潜在的债权人是否投资公债的主要指标和依据。另外，公债利息率的高低也直接影响到公债发行的难易和政府的融资成本，可能构成政府未来的财政负担。

从理论上说，公债的利息率取决于公债的市场供求状况，也就是说利息率水平由市场供求来调节。当公债供不应求时，利息率就会下跌，政府的筹资成本下降，公债的供给相应增加，但由于公债投资者的收益下降，对公债的需求会减少；反之，当公债供过于求时，利息率就会上涨，政府的筹资成本也会上升，公债的供给相应减少，而公债投资者的收益就会增加，会刺激对公债的需求。因此，公债利息率的选择必须考虑政府与应债主体双方的经济承受能力。此外，影响公债利息率的因素还有以下几个：

（1）市场利率水平。市场利率是影响公债利息率的主要因素之一。公债利息率一般应以市场利率为基准，按不低于或略高于同期银行存款利息率来确定。这样不仅有利于公债的发行、及时筹集资金满足政府需要，而且有利于使公债成为良好的投资工具，以满足投资者的需要。

（2）社会资金的供求状况。当社会资金供大于求时，由于社会资金比较充裕，闲置资金较多，公债利息率可适当降低；反之，当社会资金供不应求时，公债利息率则必须相应提高，才能保持公债的吸引力。

（3）公债的期限结构。合理的公债期限结构能够满足不同投资者的需要，也能够满足政府资金的不同需求。在正常情况下，公债的利息率水平与其期限结构成正比，即期限越长，利息率越高；反之则越低。因为期限越长，公债的收益风险越大，较高的利息率可以部分或全部抵消通货膨胀等因素的负面影响。

（4）公债的发行时机。发行时机与投资者对公债的需求程度相关。发行时机恰当，投资者对公债的需求欲望强烈，公债的利息率就低；反之公债的利息率就高。

（5）金融投资工具的多寡。一般情况下，金融市场上投资工具种类越多，发行数量越大，投资者的选择余地也越大，这时只有适当提高公债的利息率才能增强公债在金融市场上的竞争力；反之应适当降低公债的利息率。

### 9.2.3 公债的发行

公债的发行是指公债售出或被个人和企业认购的过程。它是公债运行的起点和基础环节，其核心是确定公债的发行方式。从国际上看，公债发行方式主要有以下几种：

（1）公募法。公募法是政府向社会公众公开募集公债的方法，可分为直接公募法和间接公募法。直接公募法是由财政部直接承担发行公债的责任，通过邮政机构或其他通信系统面向全社会募集公债，发行费用和损失全部由国库承担。这种发行方式具有广泛筹集社会闲散资金的优点，但推销时间长，发行成本高，政府不能及时取得所筹集的资金。间接公募法又称委托募集法，即政府委托银行或其他金融机构代理政府推销公债。这种方法具有发行简便、成本降低、所筹资金及时入库的优点，并可通过金融体系调节市场资金的流量和流向。

（2）承销法。承销法又称包销法，是政府将发行的公债先售予公债承销机构，再由公债承销机构向社会自行发售的方法。包销法是政府公债发行权的转让，即政府将公债发行数额、发行价格、发行费用等条件与公债承销机构协商，将公债售予公债承销机构后不再干预，公债承销机构可以自行决定公债的发行事务和销售方式。包销法按公债承销机构的不同，可以分为中央银行包销、商业银行包销、金融集团包销等几种形式。包销法与间接公募法具有本质的区别。在间接公募法下，银行等结构只是代理公债发行权和发行事务，受政府的指导和监督，最终向政府负责。包销法的优点是：公债承销机构自主执行发行权和发行事务，不受政府的干预；手续简便，政府只需与公债承销机构商定承购条件；发行时间短，公债收入可以提前入库，政府可以及时使用。这种发行方法的主要缺点是：若公债承销机构（主要是银行）不能把公债全部销售出去，自身承担的公债可能过多，就会导致货币供给大量增加，出现信用膨胀。

（3）出售法。出售法又称公卖法，是政府委托证券经纪人在证券市场上出售公债的方法。在采用出售法的情况下，公债价格由证券市场的供求关系决定，价格是波动的。它与公募法类似，只是公债价格的确定存在差异。公募法下的公债价格是由政府确定的，并且固定不变。出售法的优点在于可以使政府从证券市场上广泛吸收社会游资，同时，政府可以根据财政上的需要及经济形势变化，随时决定到证券市场上出售公债，以调节社会资金存量。但是，采用这种方法，公债的发行受资金市场的限制，有时会影响公债的如数发行，导致公债收入不够稳定；公债投机者也可能采用人为手段压低公债价格、抬高发行费用，使政府蒙受损失。因此，现在世界各国较少采用这种方式发行公债。

（4）竞价投标法。竞价投标法又称招标拍卖法，是在金融市场上通过公开招标发行公债的方法。其主要特点是：通过投标人的直接竞价来确定公债的发行价格和收益率，发行人将投标人的报价自高价向低价或自低收益率到高收益率排列，发行人从高价或低收益率选起，一直达到需要发行的数额为止。这种投标法主要适用于中短期公债的发行。这种方法的操作程序较为复杂，但其确定的公债价格恰好是供求决定的市场价格。

（5）综合法。综合法是将上述若干种发行方法结合使用而发行公债的方法。由于不同的公债发行方法各有优劣，取其所长，结合运用，往往可以弥补各自的不足，达到公债发行的目的。

### 9.2.4 公债的偿还

公债到期之后，政府就要依发行时的约定，按期还本付息。偿还到期公债的本金和利息是一国政府的信誉所在，偿还数额的多少和偿还方式的选择不仅影响到公债市场的行市，也会影响到其他债券市场，对债权人和债务人双方都有重要影响。公债的偿还可以根据公债契约按期偿还，也可以提前偿还。在公债偿还中，重要的是确定公债的偿还方法和如何安排偿还资金。

1. 公债的偿还方法

政府可以根据不同的社会经济环境以及政策目标要求，采取不同的偿还方法。公债的偿还方法主要有以下几种：

（1）直接偿还法（又称比例偿还法），即政府将公债分为若干份，按约定分期直接向公债持有者偿还。其特点是公债的偿还不通过市场，严格遵守信用契约，使政府声誉得以维护。但是这种方法也有明显的缺点：一是公债偿还的工作量及其复杂程度较大；二是政府的偿债压力较为明显，政府的机动余地不大；三是公债的经济调节作用难以发挥；四是公债偿还较为集中。有时政府不得不采取增税或发行新债的办法以筹集偿债资金，在加重纳税人负担的同时也可能增加财政负担。

（2）市场购销偿还法，即政府通过公开市场的操作，按公债的市场价格购入尚未到期的公债，达到偿还公债的目的。其优点是偿还成本较低，操作简单；根据公债的买卖，维持公债的价格并可调节货币供应量，体现政府的经济政策。其缺点在于违背了公债偿还期限的信用契约。这种方法还需要发达完善的债券市场以及大量的高素质人才，只有这样，公债的市场操作才能得心应手。

（3）到期一次偿还法，即政府发行的公债到期后，一次还清本息。其优点是公债的偿还管理工作简单、易行，公债的信用原则得以遵守。缺点则是一次集中偿还公债本息，政府的偿债压力较大。我国 1985 年后发行的中短期国库券大多采用这种偿还方法。

（4）先付息后还本偿还法，即政府先定期（如半年或 1 年）支付所发行公债的利息，到期时再一次还本的方法。如我国 1993 年发行的第三期国库券，发行期限为 5 年，发行后的每年 7 月 1 日付息一次，5 年期满再一次偿还本金。

（5）抽签轮次偿还法，即在公债的偿还期内，按债券号码通过定期抽签来确定某年应偿还的部分公债，直到偿还期结束、全部公债中签清偿完毕为止。这种偿还方法还本越迟，利息越高，以鼓励公债持有者推迟还本期。

2. 公债还本资金及其来源

（1）预算直接拨款，即政府在预算中直接安排一笔资金用于当年应偿还的债务本息支出。由于税收收入是经常性预算收入的主要来源，用预算收入来偿还到期债务，实质上是用现期的税收来偿还前期的公债。但是，在实行复式预算的条件下，经常性预算一般不安排债务本息支出，政府公债的偿还或财政赤字的弥补主要通过举债的方式筹集资金。

（2）预算盈余，即在政府预算执行有盈余的时候，用预算盈余偿还公债。但这种方法现在几乎不被采用。一是现代经济的一个特点是政府的职能范围在扩大，财政支出增加的速度快于财政收入的增长，预算盈余可能性为零；二是政府真有盈余，说明财政收入能够满足财政支出的需要，也就没有必要发行公债，当然也就谈不上偿还公债了。

（3）偿债基金，即由政府在预算中设立一种专门基金，专门用于偿还公债。偿债基金通常作为政府预算的一个支出项目，不论当年是否需要偿债都列入一笔预算，专门管理，以备偿债之用。设置偿债基金的好处在于：公债的偿还有一个比较稳定的资金来源，有利于平衡各年度的偿债负担；设有偿债基金的公债较受投资者欢迎，能以高于同类同值债券的价格发行。但偿债基金也有因被挪用而名存实亡的可能。

（4）发新债还旧债，即政府通过发行新债来筹集资金，用于偿还到期的公债。从理论上看，公债可以被看作储蓄的延长形式，采用新债还旧债的方法，公债的偿还期因而被无限延续下去。我国在 1994 年对居民个人发行的两年期国库券就曾采用“以旧换新”的方法，即居民个人可以用当年到期的国库券换取当年新发行的国库券。1994 年，为配合财税改革，我国复式预算编制方法的重要改进之一就是到期归还的国内外债务本息也通过举借新债的方式来归还。这种方法目前已成为各偿还公债的基本手段。

### 9.2.5 公债市场

公债是一种财政收入形式，公债券是一种有价证券。证券市场是有价证券交易的场所，可以是有形场所，也可以是无形场所。证券市场的参与者主要有证券发行者、证券投资者、证券交易中介机构和证券管理者，他们分别执行不同的职能、从事不同的活动。公债市场就是在证券市场中进行的公债交易，也就是公债交易的场所，它是证券市场的构成部分。

1. 公债发行市场

公债发行市场又称公债初级市场、一级市场，它是公债发行的场所，是公债交易的初始环节。在公募法下，一般是政府与公债投资者之间的交易，由财政部或公债代理机构（如银行等）直接向社会公众推销公债。在承销法下，一般是政府与公债承销机构之间的交易，通常由公债承销机构一次全部买下发行的公债。

2. 公债流通市场

公债流通市场又称公债次级市场、二级市场，是已发行的公债进行交易和转让的场所。公债流通市场可以是有形场所，也可以是无形场所。有形市场是指通过证券交易进行公债的流通与转让，无形市场是指通过网络等先进的技术手段进行公债的流通与转让。公债的流通不仅使公债成为一种良好的投资工具，而且便于中央银行进行公开市场操作，发挥公债的财政政策与货币政策纽带作用。

## 9.2.6 公债政策

1. 公债政策与财政政策

公债政策是指包含公债的发行政策、流通政策、使用政策、偿还政策和总量调控、比重协调等在内的总和。公债政策是连接财政政策和货币政策的纽带和桥梁，如图 9－2 所示。

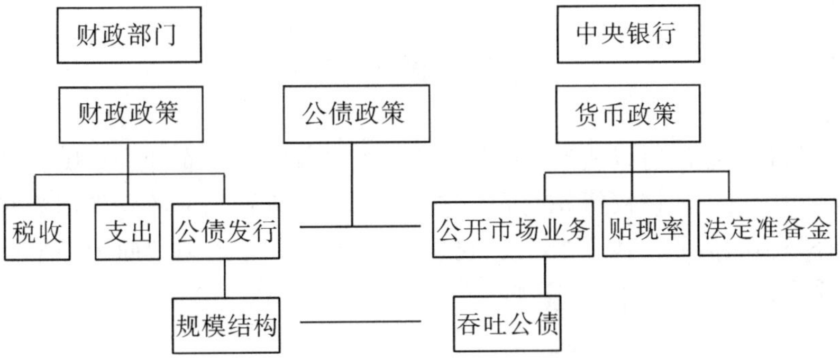


**图 9－2 公债政策：财政政策、货币政策的连接点**

公债政策与财政政策有明显的区别，主要体现在三个方面：

（1）两者的目标不同。财政政策的目标是物价稳定，经济稳定增长，充分就业；公债政策的目标是弥补财政赤字，降低公债成本，满足不同投资者的需要，保证公债顺利发行。

（2）两者对市场的影响不同。财政政策的直接作用对象是产品市场；公债政策的直接作用对象是资本市场。

（3）两者效应作用的方向不完全一致。政府预算安排赤字是为了扩张社会总需求；

公债会因购买者或发行对象的不同而产生不同的政策效应。央行购买公债，会产生扩张性的政策效应，与财政赤字政策的效应方向一致；私人或企业购买公债，会产生紧缩性的政策效应，与财政赤字政策的效应方向相反。

2. 公债政策的经济效应

从公债政策自身的相对独立性来看，公债政策对宏观经济的调控作用主要通过两大效应来实现：

（1）公债政策的流动性效应。公债管理政策的流动性效应是指在公债管理上通过调整公债的流动性程度来影响整个社会的流动性状况，从而对整个经济施加扩张性或紧缩性的影响。传导过程可以表述为：公债的流动性程度变动—社会的流动性状况变动—经济活动水平变动。

一般来讲，在经济过热时，增加长期公债的比重，增加非银行系统持有公债的比重，有助于减少流动性，对经济产生紧缩性的影响。在经济过冷时，增加短期公债的比重，增加银行系统持有公债的比重，有助于增加流动性，对经济产生扩张性的影响。

（2）公债政策的利息率效应。公债管理政策的利息率效应是指在公债管理上通过调整公债的发行或实际利率水平来影响金融市场利率的升降，从而对整个经济施加扩张性或紧缩性的影响。传导过程可以表述为：公债的利息率水平变动—金融市场利率水平变动—经济活动水平变动。

一般来讲，在经济过热时，适当调高公债发行利率或低价卖出公债（提高公债实际利率），有助于回笼货币，提高金融市场利率，对经济产生紧缩性的影响。在经济过冷时，适当调低公债发行利率或高价卖出公债（降低公债实际利率），有助于增加货币投放，降低金融市场利率，对经济产生扩张性的影响。

## 9.3 国外公债

国外公债是一国政府以债务人身份与境外的外国政府、企业、居民、国际金融组织或其他经济组织发生的债权债务关系。它是完全以国家信用或政府信用为基础、靠非强制力在国外举债的债务，其还本付息直接由财政承担。政府财政向国外举债是利用外资的一条重要途径。

### 9.3.1 国外公债的功能

一国政府举借外债总有它特定的目的。由于外债举借与偿还会引起资源在国与国之间的移动，对其整体经济运行有重要影响，因此，正确认识国外公债的功能并合理安排其规模、期限结构，提高国外公债的使用效率，是一国政府在举借外债时必须考虑的首要因素。一般来说，国外公债的功能主要有以下几个方面：

（1）平衡国际收支。在开放经济条件下，一国政府或多或少都有国际收入与支出，而国际收支状况也有平衡、顺差和逆差三种状态。国际收支出现逆差，说明国际收支状况恶化。当国家外汇储备充足时，可以动用外汇储备弥补当年的国际收支逆差；当国家外汇储备不足时，举借外债是解决国际收支逆差的方法之一。

（2）弥补国内建设资金。筹集建设资金是外债的主要功能。有些国家特别是发展中国家制约经济发展的主要因素是资金约束，而借入外债可以增加国内可用的资金，以弥补国内建设资金的不足，加快本国经济的发展。

（3）引进国外先进的科学技术及管理经验。举借外债的一个重要目的就是引进国外先进的科学技术及管理经验，以提高本国的生产效率和生产能力，并最终实现民族经济的腾飞。

（4）调整经济结构。经济结构合理、各经济部门协调发展是一国经济稳定增长的前提条件。但在现实经济发展中，总有一些部门发展相对滞后，成为制约国民经济进一步发展的“瓶颈”。举借外债可以使薄弱的环节得到加强，解决“瓶颈”制约问题，同时又不影响其他产业的发展。

（5）调节经济运行。外债具有刺激或紧缩经济的作用。举借外债购买本国的商品或雇用本国的劳动力，会刺激本国经济的发展；而举借外债购买外国的商品，则会导致本国经济的萎缩。另外，外债还具有保持经济稳定的作用。当社会总需求与社会总供给不平衡时，通过举借外债弥补通货膨胀缺口或通货紧缩缺口可以缓解供求关系，保持经济的稳定。

### 9.3.2 国外公债的种类

正确选择国外公债的种类和结构是合理利用外债的重要环节。国外公债由政府借款和在国外金融市场上发行外币债券两部分构成。具体来说，国外公债主要有以下种类：

（1）政府间借款。这是两国政府之间发生的借贷行为，带有援助性质，利率较低或是无息借款，偿还期限较长，但借款用途受到限制，还往往附有各种其他借款条件。

（2）在国外发行债券。一国政府在国外金融市场上可以直接发行债券，也可以委托国外金融机构发行债券，由外国政府、企业、金融机构以及居民个人自愿认购。运用这种方式筹集的资金，具有期限长的优点。但要顺利发行，发行国必须具有较高的国际声誉，而且发行费用高，政府要承担一定的筹资风险。

（3）国际金融组织借款。国际金融组织借款也称多边借款，它是介于官方借款与私人借款之间的一种借款。国际金融组织（如国际货币基金组织、世界银行及其所属的有关机构等）对成员国发放的贷款条件较优惠，低息或无息，期限较长。但贷款的数量和使用方向受到严格的限制，并且国际金融组织常常会监督贷款的使用。

（4）出口信贷。出口信贷是指出口国政府为鼓励本国商品的出口，责成本国银行办理的出口贷款。我国利用出口信贷取得外债的主要方式有两种：一是出口卖方信贷，即由出口国银行向出口商（卖方）提供的信贷；二是出口买方信贷，即出口国银行向进口国（买方）提供的信贷，这种信贷只能用于购买债权国的商品。

（5）外国商业银行借款。这种借款属于私人借款性质，主要是融资性、结算性借款，一般期限较短，利率较高，而且多以浮动利率偿还利息。

### 9.3.3 国外公债的负担与限度

国外公债是债权国与债务国之间的债权债务关系，外债的还本付息意味着债务国资源的净流出，因而构成了债务国的负担。国外公债的规模包括三个方面的含义：①债务国历年累积的国外公债余额；②债务国当年举借国外公债的数量；③债务国当年到期还本付息的国外公债数额。

国外公债的负担是否恰当、限度是否适度，取决于债务国的经济形势、利用外债的效率及其出口能力。显然，利用外债的效率越高，出口能力越强，债务国的偿债能力就越强，这时，不仅国外公债的数量可以增加，而且国外公债的负担也越轻；反之，利用外债的效率越低，出口能力越弱，债务国的偿债能力就越弱，此时国外公债的数量不仅应减少，而且国外公债的负担也越重。偿还国外公债归根到底取决于债务国的出口能力以及国外公债的利用效率，并要尽量保持每年的外债增长与出口增长的一致。

国际上衡量外债负担及外债是否适度的相对指标主要有三个：①外债偿债率，即当年债务还本付息额占当年贸易与非贸易外汇收入（国际收支口径）的比例。一般认为，外债偿债率警戒线控制在20%～50%以内为宜，国际公认的安全线是20%。若一国的偿债率超过20%，则该国的外债规模过大，即外债负担过重或外债超过限度，外债的偿债能力较差。②外债债务率，即当年债务余额占当年贸易与非贸易外汇收入（国际收支口径）的比例。这项指标能衡量一国的外债规模是否与其外汇收入相适应。这项指标的国际安全线是100%。③外债负债率，即当年的债务余额与当年GDP或GNP之间的比例关系，它的安全线在25%以内。该指标也可称为国民经济的外债负担率，反映国民经济整体对外债的承受能力。

近年来，我国的外债规模不断扩大（见图9－3），但各项外债风险指标都在国际安全线之内（见表9－1），说明我国的外债负担不高，仍具有较大的偿债能力。此外，相比美国等发达国家，我国的外债负担要轻松得多（见表9－2和表9－3）。但在具体衡量国外公债的负担及其规模时，对上述三个指标不能作绝对的理解。这既是因为国外公债只是外债的一部分，单独用国外公债计算的指标有可能偏低，从而低估了国外公债的负担或规模；又因为国外公债的负担及其合理规模只有结合债务国的具体情况讨论才有实际意义，而不能仅凭国际安全线做出判断。需要说明的是，20世纪90年代以来，我国的外汇储备一直在增长，2018年底达到30 727.12亿美元，约占全球78个主要经济体外汇储备总额的1/3。在国际上的信用评级保持较高的等级，国际融资成本有下降趋势，外债占外汇储备的比例也呈下降趋势，这为我国进一步引进外资（包括国外公债）创造了条件。

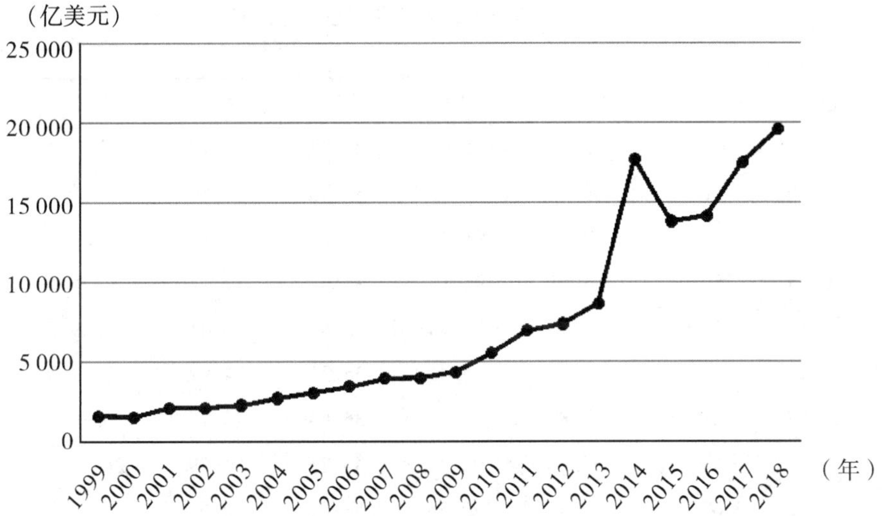


**图 9－3　1999—2018 年我国的外债余额**

数据来源：由《中国统计年鉴》数据整理。

**表 9－1　1985—2018 年我国的外债风险指标**

| 年份 | 偿债率（%） | 负债率（%） | 债务率（%） | 年份 | 偿债率（%） | 负债率（%） | 债务率（%） |
|---|---|---|---|---|---|---|---|
| 1985 | 2.7 | 5.2 | 56.0 | 2002 | 7.9 | 13.8 | 55.5 |
| 1986 | 15.4 | 7.3 | 72.1 | 2003 | 6.9 | 13.2 | 45.2 |
| 1987 | 9.0 | 9.4 | 77.1 | 2004 | 3.2 | 13.4 | 40.2 |
| 1988 | 6.5 | 10.0 | 87.1 | 2005 | 3.1 | 13.0 | 35.4 |
| 1989 | 8.3 | 9.2 | 86.4 | 2006 | 2.1 | 12.3 | 31.9 |
| 1990 | 8.7 | 13.5 | 91.6 | 2007 | 2.0 | 11.0 | 29.0 |
| 1991 | 8.5 | 14.9 | 91.9 | 2008 | 1.8 | 8.5 | 24.7 |
| 1992 | 7.1 | 14.4 | 87.9 | 2009 | 2.9 | 8.4 | 32.2 |
| 1993 | 10.2 | 13.9 | 96.5 | 2010 | 1.6 | 9.0 | 29.2 |
| 1994 | 9.1 | 17.1 | 78.0 | 2011 | 1.7 | 9.2 | 33.3 |
| 1995 | 7.6 | 15.2 | 72.4 | 2012 | 1.6 | 8.6 | 32.8 |
| 1996 | 6.0 | 14.2 | 67.7 | 2013 | 1.6 | 9.0 | 35.6 |
| 1997 | 7.3 | 14.5 | 63.2 | 2014 | 2.6 | 17.0 | 69.9 |
| 1998 | 10.9 | 15.2 | 70.4 | 2015 | 5.0 | 12.6 | 58.6 |
| 1999 | 11.2 | 13.9 | 68.7 | 2016 | 6.1 | 12.7 | 64.4 |
| 2 000 | 9.2 | 12.0 | 52.1 | 2017 | 5.5 | 14.5 | 72.6 |
| 2001 | 7.5 | 15.2 | 67.9 | 2018 | 5.5 | 14.4 | 74.1 |

数据来源：国研网和 NBSC。

**表 9-2　2001—2018 年部分国家的政府净债务占 GDP 百分比**

单位：%

| 年份 | 爱尔兰 | 法国 | 德国 | 日本 | 英国 | 美国 | 韩国 | 瑞典 |
|---|---|---|---|---|---|---|---|---|
| 2001 | 21.49 | 49.58 | 45.78 | 75.02 | 29.85 | 34.10 | — | 30.50 |
| 2002 | 23.16 | 51.31 | 48.20 | 85.58 | 30.26 | 36.50 | — | 29.52 |
| 2003 | 22.84 | 55.10 | 52.01 | 91.48 | 31.77 | 39.14 | 20.27 | 29.46 |
| 2004 | 20.38 | 56.77 | 54.51 | 95.16 | 34.67 | 47.74 | 22.56 | 28.68 |
| 2005 | 18.18 | 58.98 | 56.93 | 96.35 | 35.85 | 46.41 | 25.49 | 26.50 |
| 2006 | 14.93 | 58.11 | 55.83 | 95.41 | 36.32 | 44.92 | 27.57 | 20.79 |
| 2007 | 14.88 | 58.15 | 52.89 | 97.58 | 36.64 | 45.12 | 26.80 | 15.69 |
| 2008 | 23.25 | 59.81 | 52.60 | 108.49 | 43.85 | 51.89 | 26.90 | 13.59 |
| 2009 | 37.36 | 69.74 | 59.42 | 122.75 | 57.02 | 62.66 | 30.01 | 14.60 |
| 2010 | 66.93 | 73.61 | 60.91 | 131.06 | 68.05 | 69.96 | 29.22 | 13.57 |
| 2011 | 79.73 | 76.42 | 59.22 | 142.44 | 72.49 | 76.51 | 29.93 | 11.90 |
| 2012 | 87.53 | 79.97 | 58.45 | 146.75 | 75.55 | 80.32 | -2.01 | 11.53 |
| 2013 | 90.44 | 82.99 | 57.48 | 146.36 | 76.82 | 80.85 | 1.90 | 11.69 |
| 2014 | 86.35 | 85.47 | 54.02 | 148.51 | 78.75 | 80.51 | 3.46 | 11.48 |
| 2015 | 66.29 | 86.36 | 51.01 | 147.80 | 79.29 | 80.36 | 6.35 | 11.23 |
| 2016 | 64.37 | 87.49 | 48.16 | 152.57 | 78.84 | 81.73 | 11.77 | 8.90 |
| 2017 | 59.15 | 87.51 | 44.48 | 151.06 | 77.52 | 80.71 | 11.64 | 6.16 |
| 2018 | 55.75 | 87.60 | 41.00 | 153.19 | 77.51 | 80.88 | 12.60 | 5.88 |

数据来源：IMF。

**表 9-3　2001—2018 年部分国家的政府债务总额占 GDP 百分比**

单位：%

| 年份 | 希腊 | 爱尔兰 | 法国 | 德国 | 日本 | 英国 | 美国 | 韩国 | 挪威 | 瑞典 | 中国 | 印度 |
|---|---|---|---|---|---|---|---|---|---|---|---|---|
| 2001 | 107.08 | 33.25 | 58.34 | 57.74 | 146.83 | 34.32 | 53.15 | 17.70 | 26.70 | 52.22 | 24.38 | 78.73 |
| 2002 | 104.86 | 30.55 | 60.26 | 59.41 | 156.82 | 34.40 | 55.50 | 17.55 | 33.49 | 50.24 | 25.71 | 82.85 |
| 2003 | 101.46 | 29.93 | 64.42 | 63.07 | 162.73 | 35.59 | 58.59 | 20.45 | 42.67 | 49.69 | 26.57 | 84.24 |
| 2004 | 102.87 | 28.22 | 65.94 | 64.77 | 171.66 | 38.59 | 66.09 | 23.25 | 43.47 | 48.85 | 26.17 | 83.29 |
| 2005 | 107.39 | 26.08 | 67.38 | 66.99 | 176.78 | 39.79 | 65.45 | 26.96 | 42.01 | 49.11 | 26.10 | 80.89 |
| 2006 | 103.57 | 23.62 | 64.61 | 66.49 | 176.38 | 40.71 | 64.19 | 29.27 | 52.33 | 43.93 | 25.38 | 77.11 |
| 2007 | 103.10 | 23.91 | 64.54 | 63.66 | 175.43 | 41.74 | 64.66 | 28.65 | 49.18 | 39.20 | 29.04 | 74.03 |
| 2008 | 109.42 | 42.41 | 68.78 | 65.15 | 183.42 | 49.69 | 73.68 | 28.16 | 47.20 | 37.74 | 27.00 | 74.54 |
| 2009 | 126.75 | 61.55 | 83.03 | 72.58 | 201.04 | 63.74 | 86.70 | 31.38 | 41.95 | 41.35 | 34.35 | 72.53 |

（续上表）

| 年份 | 希腊 | 爱尔兰 | 法国 | 德国 | 日本 | 英国 | 美国 | 韩国 | 挪威 | 瑞典 | 中国 | 印度 |
|---|---|---|---|---|---|---|---|---|---|---|---|---|
| 2010 | 146.25 | 86.00 | 85.26 | 80.96 | 207.85 | 75.24 | 95.41 | 30.82 | 42.31 | 38.60 | 33.74 | 67.46 |
| 2011 | 180.56 | 110.88 | 87.83 | 78.62 | 222.09 | 80.80 | 99.75 | 31.51 | 28.84 | 37.83 | 33.64 | 69.64 |
| 2012 | 159.59 | 119.92 | 90.60 | 79.86 | 229.01 | 84.09 | 103.22 | 32.2 | 29.99 | 38.10 | 34.27 | 69.12 |
| 2013 | 177.95 | 119.81 | 93.41 | 77.42 | 232.47 | 85.15 | 104.76 | 35.39 | 30.35 | 40.73 | 37.00 | 68.55 |
| 2014 | 180.21 | 104.25 | 94.89 | 74.51 | 236.07 | 87.01 | 104.45 | 37.31 | 28.39 | 45.46 | 39.92 | 67.81 |
| 2015 | 177.82 | 76.92 | 95.58 | 70.84 | 231.55 | 87.88 | 104.69 | 39.53 | 32.87 | 44.18 | 41.07 | 69.92 |
| 2016 | 181.07 | 73.54 | 96.59 | 67.85 | 236.34 | 87.91 | 106.87 | 39.89 | 36.17 | 42.36 | 44.18 | 69.02 |
| 2017 | 179.28 | 68.54 | 98.50 | 63.86 | 234.98 | 87.14 | 106.23 | 39.76 | 36.75 | 40.83 | 46.79 | 69.84 |
| 2018 | 183.26 | 65.20 | 98.59 | 59.75 | 237.12 | 86.86 | 105.77 | 40.71 | 36.75 | 39.01 | 50.46 | 69.79 |

数据来源：IMF。

### 9.3.4 国外公债管理

处理好国外公债的负担及其限度、经济效应、期限、结构以及偿还等若干问题，是管好、用好国外公债的关键，主要应从以下几个方面着手：

（1）对外债实行统一集中管理。目前，我国的外债采用的是计划管理、登记管理、归口管理、监督管理、审批管理等相结合的管理模式。从表面上看，计划管理是核心，登记、审批、监督管理是保证，归口管理是形式。但实际上，归口管理是我国外债管理的中心，这主要是因为归口管理与各部门的实际利益和政绩密切相关。在归口管理为核心的管理模式下，众多窗口对外筹资，缺乏集中统一管理，必然导致外债管理的混乱和无序。归口分散管理，使各部门各管一块，形成条块分割，很难协调一致，缺乏统一的外债发展战略。为此，应尽快改变目前外债多头管理的现状，借鉴国外经验，建立由财政部负责，会同与外债有关的各部门，对外债实行全面的集中管理。

（2）合理确定国外公债的适度规模。举借国外公债必须充分考虑一国对国外公债的承受能力，同时还要与国内的配套资金规模相适应。可以依据国外公债的国际公认风险指标，结合我国实际制定切实可行的国外公债风险管理指标体系，用以确定中国国外公债的限度，从而控制国外公债的负担。另外，要准确评估国内资金的配套能力。国外公债作为国外的生产要素，只有与国内的生产要素相结合，才能产生预期的经济效益。一般来说，国外公债应与国内配套资金保持一定的比例关系，比例失调无疑会导致资源的浪费。

（3）保持合理的国外公债结构。为确保国外公债的安全，避免国外公债的集中偿还，降低或减少国外公债的各种风险，应保持国外公债的结构协调，包括国外公债的期限结构、种类结构、币种结构和利率结构之间的有机组合；应结合对国外公债资金的实际需要，合理安排国外公债的期限结构。这样不仅能够满足政府资金的使用需要、均衡国外公债的偿还期限，而且有利于发挥国外公债的经济调节作用。不同种类的国外公债一般具有不同的借款条件，可以恰当地选择国外公债种类，以降低国外公债的融资成本；选择合理的币种结构和利率结构，以降低国外公债的各种风险（如汇率风险等），保证国外公债的安全。

（4）提高国外公债的使用效益。国外公债的使用效益是衡量一国政府对外借款成功与否的关键。国外公债使用效益高，不仅能加快债务国经济的发展，而且可以通过按时对外还本付息提高债务国的国际经济地位。反之，不仅丧失国际声誉，增加对外融资成本，而且会影响甚至阻碍债务国经济的发展。我们必须把提高国外公债的使用效益作为政府对外融资的中心环节。为此，必须建立健全国外公债使用效益指标体系，掌握好国外公债的投向，做好国外公债项目的评估等一系列工作。

（5）建立国外公债信息化管理系统。借助现代信息技术，对国外公债实行信息化管理，包括国外公债风险管理、监督预测管理、统计分析管理等系统软件的开放与应用；通过科学的信息化管理体系，为政府对外举债决策提供服务。

## 本章小结

公债是指的是政府为筹措财政资金，实现其职能，按照有借有还的信用原则向国内或国外举借的债务。公债是一种国家信用，常被称为金边债券，其债务人是国家，债权人是国内的自然人、法人、其他组织或国外政府、公司、居民及其他组织。从公债持有者的角度来看，公债具有三个特征：安全性、收益性、流动性。公债具有弥补财政赤字、筹集建设资金、调节经济运行等功能。按偿还期限划分，公债分为短期公债、中期公债、长期公债和永久公债。国外公债的负担是否恰当、限度是否适度，取决于债务国的经济形势、利用外债的效率及其出口能力。国际上衡量外债负担及外债是否适度的相对指标主要有外债偿债率、外债债务率和外债负债率。

## 思考题

1. 什么是公债？它具有哪些特征？
2. 简述公债的功能。
3. 影响公债利息率的因素有哪些？
4. 简述衡量外债负担的相对指标及其安全线。

# 10 预 算

建立全面规范透明、标准科学、约束有力的预算制度，全面实施绩效管理。

——习近平总书记在中国共产党第十九次全国代表大会上的报告

深化预算管理制度改革，强化对预算编制的宏观指导和审查监督。加强财政资源统筹，推进财政支出标准化，强化预算约束和绩效管理。完善跨年度预算平衡机制，加强中期财政规划管理，增强国家重大战略任务财力保障。

——《中华人民共和国国民经济和社会发展第十四个五年规划和2035年远景目标纲要》

政府的主要活动是为社会公众提供公共产品以满足社会公共需要。但是，政府提供什么、如何提供公共产品，都必须事先做出计划草案，并提请代表社会公众意愿的国家权力机关审批通过，国家权力机关审批通过后政府才能具体执行，通常人们将这一系列相关活动称为预算。随着政府职能范围的扩展，预算规模的增长，预算对私人市场经济活动影响的扩大，对预算的研究日益深入，预算理论不断丰富，使得现代预算已经发展成了独立的学科，即预算学。本章主要介绍有关预算的基本理论问题，并未对内容丰富的现代预算学进行全面介绍。

## 10.1 预算的属性

### 10.1.1 什么是预算

对预算是什么的回答，取决于你的视角。阿伦·威尔达夫斯基（Aaron Wildavsky）、内奥米·凯顿（Naomi Caiden）认为，从政治视角来看，联邦政府预算是一种以货币形式表现的政府活动。如果将政治部分地看作是决定国家政策的各种偏好之间的冲突，那么预算就是这些争斗的记录；如果将政治看作政府动员资源解决紧迫问题的过程，那么预算就集中反映了这一努力。预算，即企图通过政治过程配置稀缺资源，以实现各种美好生活，是政治过程的中心。①

① 阿伦·威尔达夫斯基，内奥米·凯顿. 预算过程中的新政治学［M］. 邓淑莲，魏陆，译. 4版. 上海：上海财经大学出版社，2006.

托马斯·D. 林奇基于一般情况，认为预算是一定时期为实现特定目标所必须完成的各种项目的计划，包括对所需资源和可用资源的预计，通常还需要与过去一个或多个时期进行对比，并说明未来需求。①

从一般意义上理解，预算就是对某一经济主体未来一定时期内从事经济活动所产生的资金收支的预测而形成的未来一定时期内的资金收支计划。预算可以理解为政府未来一定时期内从事各种活动的资金收支计划。随着现代民主的发展和民主政治的深入人心，社会公众对政府活动的监督不断加强，在适应现代民主政治发展的需要下，政府活动的资金收支计划要经过由社会公众的代表所组成的立法机关的审批。因此，预算可以理解为经过法定程序审批通过的政府年度财政收支计划；或者说，预算就是具有法律效力的政府年度财政收支计划。

预算是政府的基本财政收支计划，它的功能首先是反映政府的财政收支状况。从形式上看，预算就是按一定标准将财政收入和支出分门别类地列入特定的表格，可以使人们清楚地了解政府的财政活动，成为反映政府活动的一面镜子。但从实际内容来看，预算的编制是政府对财政收支的计划安排，预算的执行是财政收支的筹措和使用过程，决算则是预算执行的总结。因此，预算反映了政府活动的范围、方向和政策。特别是为适应预算完整性的要求，政府活动的全部收支计划都要在预算中反映出来，接受立法机关的审批和监督，从而使得预算成为名副其实的政府年度财政收支计划。从理论上讲，在预算范围以外不应该有其他任何的政府年度财政收支计划。

预算是经法定程序审批的法律文件。从预算的形成过程来看，预算是年度财政收支计划经法定程序审批后形成的法律文件。现代预算从预算草案的初步提出到预算编制、审批、执行及决算都形成了一整套完整的严格的法定程序，确保了预算的法律严肃性，使得预算成为最重要的法律文件。

现代预算还是控制政府支出规模膨胀的重要手段。现代公共选择理论表明，政治家也是经济人，政府官员行为的特点是追求公共机构权力的极大化，而公共权力的极大化与公共支出规模正相关。这意味着，如不对公共支出加以有效控制，很可能会出现公共产品的供给过剩，而预算正是控制政府公共支出规模的一个有效手段。一方面，政府的全部收支项目及数额都要纳入预算，从而使预算能够全面反映政府的收支状况；另一方面，预算作为公共选择的一个重要内容，必须经过立法机关的审批才能生效，并最终形成国家的重要法律文件。这就使得政府的公共支出被置于社会公众及立法机关的监督和制约之下，强有力的监督和制约实际上形成了对政府公共支出规模的有效控制。

预算是比税收、公债要出现晚得多的一个财政范畴。预算最早起源于英国，英文词汇 budget 原意为皮包。由于当时英国财政大臣到议会提请审批财政法案时总是携带一个装有财政收支账目的大皮包，时间一长，人们就形象地将政府收支称为皮包。我国和日本等东方国家则将这一词汇意译为预算。17 世纪，英国资产阶级在同封建贵族阶级的斗争中最终取得了胜利。取得胜利的英国资产阶级要求政府财政收支必须编列计划并经议会批准才能生效，这就形成了最初的预算。英国于 17 世纪编制了第一个预算，其他西

① 托马斯·D. 林奇. 美国预算［M］. 北京：中国财政经济出版社，2002.

方国家也陆续采取了这一做法。到了20世纪，几乎所有国家都建立了预算制度。预算成为财政体系中不可或缺的组成部分，并构成财政学的重要研究范畴。

### 10.1.2 预算的目标

在现代社会，人们一般期望预算能够实现三个方面的基本目标：总额控制、资源配置效率、X—效率。

1. 总额控制

资源的稀缺性决定了政府财政收支总额的有限性，因此，预算的首要目标就是进行财政收支总额控制，即确定未来财政年度公共收支总规模，决定资源在政府与市场之间配置的比重。政治家、政府、选民都有增加支出的冲动，如果没有总额控制，增加支出的需求会远远超出社会可供利用的资源。一般说来，通过预算对公共收支总额进行控制在预算相关方面能够达成共识，问题的关键是总额控制的具体依据是什么，通过什么样的制度安排才能保证总额不被突破。关于总额控制的方式，我国一直存在量入为出和量出为入的不同思路。在现代，总额控制的制度安排一是通过税收立法限制政府课税权，防止政府随意征税来控制税收收入规模。另外，通过支出的立法控制，政府年度支出需要由立法机关审查批准后才能执行；建立系列支出规模控制制度，有助于确保预算支出执行不突破确定的预算规模。如表10－1所示。

**表10－1 实施公共支出规模控制的制度规定**

| | |
|---|---|
| 规则 | 对公共支出规模的限制（在某些情况下也包括部门支出总额）必须在各项支出预算确定之前就要建立起来。汇总后支出规模一定要与这些限制保持一致。这些限制可以用多种形式来表示：货币数额、相对于国内生产总值的比例；增减比率或者收入与支出之间的平衡关系。这些限制是为中期财政计划（3～5年）而设定的，而预算决议是在中期公共支出框架内做出的 |
| 任务 | 强有力的财政部被授权执行预算确定的公共支出规模，它要与预算支出部门进行谈判并与政府进行讨论。财政部是记录各部门的支出建议和监督预算支出执行的官方记分员，在实施预算的过程中，它可能会进行干预，阻止（或通报政府）将会导致公共支出总额被突破的行动 |
| 信息 | 中期财政框架为衡量政策变化对预算的影响提供了基准线。在规划预算的过程中，信息的提供是以基准线的变化为基础的，在实施预算的过程中，支出情况则受到监察，以便确保其遵守公共支出规模限制 |

资料来源：艾伦·希克．当代公共支出管理方法［M］．王卫星，译．北京：经济管理出版社，2000.

2. 资源配置效率

预算的资源配置效率是指预算的资源按照消费者对最终产品的偏好和预算约束进行

配置的效率，这就产生了人们熟知的对私人商品和公共产品资源配置的帕累托条件。但预算的资源配置效率是在更务实的角度上提出来的，专指如下一些问题：①预算支出是否使公共部门生产了公共劳务应有的水平和结构？也就是预算提供的公共劳务的数量和品种是否满足了消费者（选民）的需求？②在预算决定过程中，消费者（选民）的意愿起决定作用吗？③预算究竟反映了谁的偏好？

3. X—效率

预算的X—效率，是指公共产品或劳务生产方（供给方）的效率，即公共部门总是按最低成本生产公共劳务的最适水平和结构。如果公共部门没有按最低成本提供那些公共劳务的数量和结构，例如，人浮于事、没有运用最有效的技术等，那么在这个公共部门的制度安排中就存在X—效率。换句话说，只要公共部门的制度安排发生变化，就能够提高生产效率，那么其中存在的X—效率就被发掘出来了。事实上，公共部门的生产效率是可以不断提高的，有许多未知领域（像未知数X那样）等待开发。

预算的资源配置效率和X—效率是相辅相成的。如果决策者不了解公共劳务的生产效率，就不可能把资源配置到效率状态。例如，效率要求某项公共劳务（包括数量和质量）应该安排A单位货币支出，但决策者的信息是B单位（$B>A$），那么就会安排没有效率的B单位财政支出。在本例中，如果预算确实安排A单位财政支出，但公共部门并没有生产相应数量和质量的公共劳务，那么仍然存在X—效率损失。因此，从更务实的角度研究预算效率的状况是非常必要的。

### 10.1.3 预算的特征

一般而言，作为现代预算，以下几个特征是必不可少的：

1. 法定性

预算要经一个国家的立法机关审批通过，因此是法律文件。根据这一要求，预算的准备要以相关的法规为依据。显然，预算变动同样要经过一定的法律程序。

2. 精细性

政府收支的每一笔钱的来龙去脉都是清楚的，有根据的。预算的安排是详细的，有精确的说明和相应的报表。预算实际上规定了公共部门提供公共劳务的数量和质量。政府对为什么安排某一部门的资金多于另一部门、为什么安排某一项目而不安排另一个项目，都应该做出有根据的说明。

3. 完整性

政府全部财政收支都应在预算中得到反映。这就是说，法律规定的财政收支都应列入预算，不得有遗留。

4. 时效性

一个预算不能是永久的，立法机关每年总要重新审批政府来年的预算。因此，预算总是在一定时间内有效，过了规定的时间便失去了法律效力。预算的时效为规定的财政年度。某个财政年度的预算只是在该年度才有效。财政年度有历年制与跨年制之分。有的国家采用历年制，预算的有效期与公历年度的起止日期一致，为当年的1月1日至12

月 31 日。我国财政年度也采取历年制。有的国家采用跨年制，预算的有效期与公历年度的起止日期不一致，预算的有效期跨越了两个公历年度，但是，中间的时间跨度仍然是完整的 12 个月。比如，美国采取跨年制，预算有效期为当年 10 月 1 日至下年度 9 月 30 日。

5. 公开性

预算本质上是反映公共需求和公共供给的计划。政府实际上是代表公众来履行提供公共产品和公共服务职责的，因此预算必须向公众公开。这不仅是政府廉明清正的要求，而且便于公众监督，有利于提高预算效率。当然，一些涉及国家安全等方面的收支必须有保密期的规定。

### 10.1.4 预算的组成体系

预算的组成体系可以从预算主体组成体系和预算自身内容组成体系两个方面来看。

预算主体组成体系可以从纵横两个方面来看。从纵向来看，预算也就是政府收支预算。一般来说，有一级政府即有一级财政收支活动主体，也就应有一级预算。在现代社会，大多数国家通常都是由包括中央（联邦）政府在内的多级政府组成的，相应地，一个国家的预算也是由包括中央政府预算在内的多级政府预算组成，从而产生了预算的纵向组成问题。从横向来看，一级政府的职能总是由不同的政府部门去履行的，不同的政府部门去履行各自职责所消耗的财力总是要由预算来提供的。因此，一级政府的预算总是由不同的政府部门预算汇总而成的，从而产生了预算的横向组成问题。

如果把中央（联邦）政府以下的各级政府统称地方政府，预算体系一般由中央（联邦）预算和地方预算组成。我国预算体系纵向组成是按照一级政府设立一级预算的原则建立的。我国宪法规定，国家机构由全国人民代表大会、国务院、地方各级人民代表大会和各级人民政府组成。与政府结构相适应，并结合行政区域的划分，国家预算由中央政府本级预算和地方预算汇总所组成，地方预算由省（直辖市、自治区、计划单列市）、市、县（市、自治县）和乡镇预算所组成。各级地方政府的预算按照行政级次逐级往上汇总成地方总预算，最后汇总的地方总预算和中央政府预算汇总组成国家预算。

从横向上看，政府所属的政府部门有多个，每一个政府部门都要由政府提供预算资金。因此，每一个政府部门都要有本部门预算。这样，有多少个政府部门就要有多少个部门预算，一级政府的预算也就是由各个政府部门预算汇总而成的总预算。由于各个政府部门通常都有隶属下级单位，因此，在预算管理中通常根据公共部门行政隶属关系分为三级：一级预算单位、二级预算单位、三级预算单位。一级预算单位是与财政部门直接发生预算资金缴拨关系的单位，也就是部门预算改革后负责编制部门预算的“部门”，一般也称主管预算单位。二级预算单位是与主管预算单位发生预算资金缴拨关系，下面还有所属单位的单位。三级预算单位是与二级预算单位或主管单位发生预算资金缴拨关系的单位。

从预算自身内容组成体系看，《中华人民共和国预算法》规定我国各级政府全口径预算体系包括一般公共预算、政府性基金预算、国有资本经营预算以及社会保险基金预算。

（1）一般公共预算是指政府凭借国家政治权力，以社会管理者身份筹集以税收为主体的财政收入，用于保障和改善民生、维持国家行政职能正常运转、保障国家安全等方面的收支预算。

（2）政府性基金预算是指政府通过向社会征收基金、收费，以及出让土地、发行彩票等方式取得收入，专项用于支持特定基础设施建设和社会事业发展等方面的收支预算。政府性基金预算的管理原则是：以收定支，专款专用，结转结余下年继续使用。

（3）国有资本经营预算是指国家以所有者身份依法取得国有资本收益，并对所得收益进行分配而发生的各项收支预算，是预算的重要组成部分。国有资本经营预算支出按照当年预算收入规模安排，不列赤字。国有资本经营预算收入主要包括从国家出资企业取得的利润、股利、股息和国有产权（股权）转让收入、清算收入等，支出主要用于支持国有经济和产业结构调整以及弥补国有企业的改革成本等。

（4）社会保险基金预算是指政府根据社会保险法律法规征收的社会保险费及一般公共预算安排的补充社会保险基金等方式取得收入，专项用于社会保险基金支出的收支预算。目前我国社会保险费通过税务部门征收。

### 10.1.5 预算的权力配置

预算的权力配置是指预算相关方在预算过程中的权力安排，包括政府行政与立法机关之间的权力配置及政府行政内部之间的权力配置两个方面。

预算的权力配置的第一层是预算权力在政府行政与立法机关之间的配置。

一般而言，立法机关通常拥有预算的审批权和监督权，预算审批权包括预算草案的审查权和批准权。预算的审查权是指立法机关对预算草案或报告进行阅读、讨论、评价、调查和修正的权力。预算的批准权是指立法机关通过、修正、否决政府提交的预算草案的权力。立法机关的监督权是立法机关对预算执行的监督权力。由此可以看出，预算的审批权和监督权对于立法机关来说是十分重要的。因此，立法机关或公民只有控制了政府的财政收支，才能有效地控制政府的各项政策，才能从根本上控制政府。我国宪法和《中华人民共和国预算法》赋予作为国家立法机关的全国人民代表大会和地方各级人民代表大会的预算管理职权是：审查本级总预算草案及本级总预算执行情况的报告；批准本级预算和本级预算执行情况的报告；改变或撤销本级人民代表大会常务委员会关于预算、决算的不适当的决议；撤销本级政府关于预算、决算的不适当的决定和命令。各级人民代表大会常务委员会拥有的预算管理职权是：监督本级总预算的执行；审查和批准本级预算的调整方案；审查和批准本级政府决算；撤销本级政府关于预算、决算的不适当的决定和命令；撤销下一级人民代表大会及其常务委员会关于预算、决算的不适当的决定和命令。

政府行政机关则通常拥有预算的编制权和执行权。预算的编制权是编制预算草案的权力。预算的执行权则是组织执行立法机构审批通过后的预算的权力。预算之所以要由政府行政机关来编制和执行，一方面是基于效率的考虑；另一方面则是基于权力制衡的考虑。由于公共产品是由政府提供的，因此，政府更具有信息优势，政府编制预算草案比立法机构自己编制预算效率更高。而且，立法机构也不可能自己去执行预算，只能交给政府行政机关去具体执行。但是权力需要制约，政府行政机关拥有预算的编制权和执行权，就不能拥有预算的审批权。否则，政府自己编制、自己审批、自己执行，没有其他权力来制衡政府的预算权力，政府权力就会被乱用，预算的三个目标就不可能实现。立法机关也是如此，如果将预算编制、审批、执行、监督集于一身，立法机关的权力也得不到制衡，权力也会被乱用，预算的三个目标也不可能实现。

预算的权力配置的第二层是预算权力在政府行政内部之间的权力配置，包括行政长官、核心预算机构、政府职能部门之间的预算行政权力配置。行政长官一般是指各级政府的最高行政首脑，如总理（总统）、省长（州长）、市长、县长等。核心预算机构是指专门负责一级政府预算事物的政府部门，如我国的财政部门、美国的总统管理与预算办公室（OMB）等。政府职能部门则是专门负责履行某种政府职能的部门，如我国负责治安维护的公安部门、负责教育服务的教育部门等。政府行政内部之间的预算权力配置就是要将政府的预算权力在行政长官、核心预算机构、政府职能部门之间进行有效安排。一般说来，在现代民主社会，行政长官都是由选举产生的，政府各部门都要由行政长官组阁产生，政府部门都要对行政长官负责，行政长官因此也就拥有最高行政权力，包括预算权力。但是，由于行政长官事务众多，而预算具体事务又十分繁杂，因此只能组建专门负责一级预算具体事务的政府部门，即所谓的“核心预算机构”，由核心预算机构负责预算具体事务。这就必然涉及行政长官与核心预算机构之间的预算权力安排。通常情况下，各级政府行政长官提出任期内的施政计划，确定任期内政府优先发展事项，即行政长官有政策制定权，核心预算机构则负责预算具体编制和执行管理。政府职能部门负责本部门预算编制与执行。

按照《中华人民共和国预算法》的规定，各级人民政府拥有的预算管理职权是：编制本级预算、决算草案；向本级人民代表大会做关于本级总预算草案的报告；将下一级政府报送备案的预算汇总后报本级人民代表大会常务委员会备案；组织本级总预算的执行；决定本级预算预备费的动用；编制本级预算的调整方案；监督本级各部门和下级政府的预算执行；改变或者撤销本级各部门和下级政府关于预算、决算的不适当的决定、命令；向本级人民代表大会及其常务委员会报告本级总预算的执行情况。各级政府财政部门拥有的预算管理职权是：具体编制本级预算、决算草案；具体组织本级总预算的执行；提出本级预算预备费动用方案；具体编制本级预算的调整方案；定期向本级政府和上一级政府财政部门报告本级总预算的执行情况。由于特殊的政治行政体制，我国的预算权力配置显得更为复杂。

## 10.2 预算程序

### 10.2.1 什么是预算程序

预算程序又称为预算周期，是指预算周而复始的循环过程，它起于一个财政年度开始以前，而止于一个财政年度结束之后。世界各国的预算程序分为预算编制、预算审批、预算执行和决算四个阶段。预算编制是一个预算的起点，也是一个预算周期的关键环节。在这个阶段，政府首脑的年度施政计划变成具有财力支撑的可操作性的预算草案，预算蛋糕总规模、盈余或赤字规模和政府各部门分得的蛋糕也都基本确定。在预算审批阶段，立法机关就政府提交的预算草案进行辩论，决定是通过或是驳回，修正预算草案，最后立法机关就预算草案达成一致意见，批准通过预算草案，预算完成了立法过程，即正式成立，政府就可以组织预算执行。在预算执行阶段，核心预算机构根据立法机关批准的预算负责及时向政府各部门拨款，并对政府各部门预算执行进行行政监督；政府各部门则根据部门预算计划履行部门职责。立法机关在预算执行中会对预算执行情况进行法律监督。在财政年度终结时，政府各部门要编制预算执行情况的总结，即决算。核心预算机构将政府各部门预算执行情况汇总编制政府年度总决算，在下一个预算年度中期提交立法机关审批，审计机关对政府各部门预算执行情况和政府总预算情况进行审计，立法机关审批通过了政府提交的决策报告，一个预算周期就完结了，政府的财政责任就解除了。由于政府的永续存在，立法机关每个财政年度都要重新审批预算，政府就得每年重新编制预算，同时又执行预算、组织决算，因此上下年度的预算程序是交叉进行的。

### 10.2.2 预算决定的一般规则

1. 预算决定的渐进性

这是指在预算的决定过程中，上年预算（包括规模和结构）是当年预算的最大构成要素。国家年年要编制预算，因此从连续的再生产过程来看，存在预算循环。在进行现实的预算决定分析时，通常是以预算决定的这种连续性为基础的。从预算决定的连续性来看，预算决定具有渐进性是客观事实。

渐进性表明当年的预算决定包含了以前年份的决定。正像简单再生产和扩大再生产的关系一样，上年预算是当年预算的基础。预算规模年年有扩大，但扩大的比例总是小部分，例如比上年扩大10%等。因此，在做当年预算安排的时候，通常只做增量调整。这样，以往决策的结果成为当前决策的限制条件，把这一条件放到预算决策的程序中去，意味着当年预算做出的决定必须考虑上年的预算和以前年份的情况。例如，如果预算决定要建立一所学校，或修筑一条公路，或建设一座医院等，这不只是在预算年度把资源配置于这些领域，而是直到改变那种公共劳务的供给水平和质量为止。这样，上年预算的大部分延续到当年预算中，并且将进一步影响以后年份的预算。

预算决定的渐进性可以节约成本。决策者对预算准备是有时间限制的，不利用上年预算安排、账户平衡等资料，成本会相当高昂。如果所有预算项目都要重新设计和安排，那么在实践中几乎是不可能的。而且，全部重新设计预算的每个项目，虽然有可能提供预算选择的最佳方案，但是每个项目每年都可能遇到被完全重组的风险。这对于计划者和管理者来说都会产生不确定性，对消费者来说同样也会产生不确定性，不利于稳定。对于连续决策来说，当年预算是上年预算的函数，可以保持一种稳定增长的态势。

当然，渐进的决策方式也是有缺陷的。一方面，这种决策方式只能是“次优”的而不是最优的。连续的决策每年只能做出微小的调整，这种调整与社会公共劳务和财政体制改革的整体目标不可能完全一致。另一方面，每年微小的调整很可能导致错误的累积，如果一个不正确的决定被连续地向前推进，那么决策错误也将被累积起来。

2. 预算决定的基本要求

预算决定必须考虑下述情况：①财政支出的相对规模。从市场经济体制的角度看，这个规模反映了非市场经济的活动范围，余下的当然就是市场经济的范围了；②财政支出结构。这是政府职能的具体体现；③税收的收入规模及其负担分布。这就是说，决策者在决定预算的过程中，不仅要考虑政府的职责，而且要考虑到非市场经济因素间的相互关系。

预算决定必须满足如下基本要求：

（1）预算计划的制订是以一个国家的社会经济发展计划为依据的。我国负责社会经济发展计划的职能部门是国家发展和改革委员会。社会经济发展计划也是通过政治程序决定的，它成为预算计划的总纲。但这并不意味着预算计划是被动的，因为预算计划是决定社会经济发展计划的重要因素。

（2）预算计划的制订必须是可靠的。这是指在制订预算支出项目时必须有可靠的资金来源，并且要说明其重要性和必要性。这就是说，预算计划的制订必须在公共支出决定可能被采纳的限度内。

（3）预算计划的制订是以政府职责进行的。预算计划是以职能划分来制订的，这不仅包括各级政府的职责，而且包括各级政府的各类公共部门之间的职责。这就是说，预算的准备是“双向”的：预算由高层决策者决定，每个职能机构（公共部门）也都要准备预算，最终形成的预算计划是各级政府和各类公共部门相互影响的结果。

3. 预算决定的政治协调

预算决定是政治协调的产物。各职能机构准备的预算和高层决策希望的预算常有矛盾，因此，需要反复协商以求得统一。在协商过程中哪一方面的意见更能得到反映取决于决策的制度安排。

### 10.2.3 我国预算的编制程序

我国预算的编制程序通常被概括为“二上二下”，基本程序如下：

（1）国务院做出编制预算草案的指示。财政部通常在每年10月部署来年预算编制的要求。指示的具体内容通常包括：①编制预算的方针和任务；②编制预算收支的具体要求；③预算草案的编制方法及报送程序和期限。

（2）公共部门及省级政府通常在每年11月份发送预算计划建议给财政部。这里的公共部门指中央政府的各部，即中央职能机构（主管预算单位）。

预算收支建议数的根据主要来自三个方面：①当年预算收支的执行情况，即根据当年信息和往年经验，准确地估算出当年的预算收支情况；②根据预算年度的社会经济发展目标以及相应的财政政策和税收政策来计划预算收支数；③根据经济情况以及有关政策的变动因素进行校正。这就是说，建议数是在当年预算收支情况执行数的基础上，考虑未来的发展目标并加以校正后得出的。

建议数由基层预算单位做起，然后逐级汇总。对于中央预算单位来说，由主管预算单位汇总然后报财政部。对于地方政府来说，同级财政部门汇总同级政府预算年度的建议计划，然后报上级政府，由上级政府逐级汇总，直至省级政府汇总所辖地方预算年度的财政收支建议数。在汇总建议数的过程中，上级对下级的建议数有修正权。

（3）财政部给公共部门以及省级政府下达来年预算的计划控制指标。财政部接到公共部门以及省级政府的来年财政收支建议数以后要进行概算，经国务院同意后对支出部门下达来年预算计划草案的控制指标。

概算就是按照预算年度社会经济发展目标的要求制订出来的财政收支计划。这需要处理好职能机构（即“条”）和行政管辖机构（即“块”，指各级政府）之间的关系，即上级政府和下级政府的关系；职能机构和职能机构之间的关系；近期利益和长远利益之间的关系。因此，概算并不是建议数的简单加总，而是要对此进行适当调整。

概算要反映整体的情况，即预算年度财政收支计划的全貌，因此中央政府和整个国家都需要概算。概算时政府首脑要和各部部长以及各省首脑协商，以便都能同意相关的目标和职责分工。概算建立在整个经济发展趋势的中等估算上，并且要考虑把预算草案控制在人民代表大会可通过的限度内。

概算一经形成，就是各主管部门以及各省编制预算年度收支计划的控制数，控制指标由财政部下达给中央主管预算单位以及省级总预算。各级政府在部门预算的基础上汇编成预算草案。

（4）各级政府编制预算草案。中央主管预算单位接到来年财政收支控制数以后要给二级预算单位下达控制指标，然后二级预算单位给三级预算单位下达控制指标。省级政府总预算接到控制指标以后要做两方面的工作：一是给同级政府的职能机构下达控制指标，然后，由主管预算单位逐级下达预算单位的控制指标；二是给下级政府总预算下达控制指标，下级政府再层层下达，直至基层政府的基层预算单位。

各预算单位根据下达的控制指标编制单位预算草案。然后，单位预算草案再逐级上报，由各级政府的财政部门汇编各级政府的预算草案。

公共部门很可能并不完全按照控制指标编制预算草案，通常要比控制指标的数额大。这是因为公共部门根据具体情况有可能获得更多的支出来源。这样单位预算草案逐级上报、各级政府重新编制的预算草案和概算是不一样的，中央政府要重新编制反映全国性总貌的预算草案。

（5）预算的形成及下达。预算的形成是按政府级次进行的。财政部将汇编的中央预算草案报送国务院审核。经国务院同意以后，要在每年全国人民代表大会前 1 个月将中央预算草案的主要内容交全国人民代表大会财政经济委员会进行初步审查。在全国人民代表大会举行时，要向大会做关于中央预算草案和地方预算草案的报告。经全国人民代表大会审查批准后，就完成了中央预算的立法过程。

各级地方政府预算编制程序与中央预算程序基本相同，也都是“二上二下”，图 10－1显示的是省级预算编制程序。

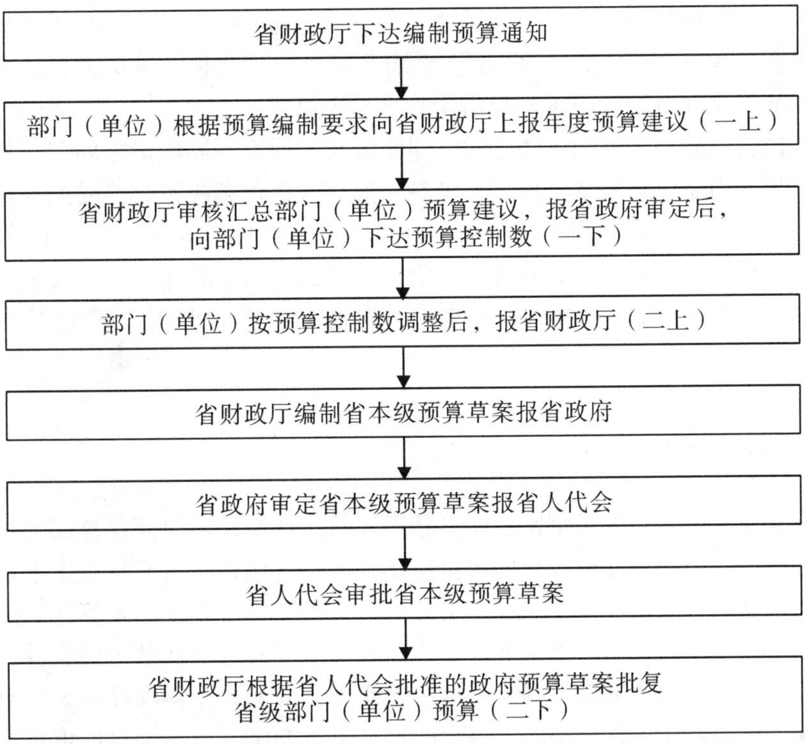


**图 10－1　省级预算编制程序**

国务院不仅要审查中央政府的预算草案，而且要审查省级政府的预算草案。正如上文提到的那样，国务院要向全国人民代表大会报告地方预算的草案，以便于全国人民代表大会对全国预算的总貌有所了解。

地方各级政府的预算草案要报上一级政府备案。上一级政府将预算加以汇总，然后将汇总的预算报上级政府备案，同时报同级人民代表大会常务委员会备案。县级以上政府照上述程序办理，直至国务院将省级政府报送备案的预算连同本级预算汇编成全国性的预算，然后报全国人民代表大会常务委员会备案。

上级政府对下级政府报送备案的预算有审议权。如果认为报送备案的预算有违法律、法规，需要撤销下级人民代表大会预算决议的，则可以提交本级人民代表大会常务委员会审议决定。

各级政府的预算被批准之后，同级政府要及时向各职能部门批复预算。职能部门接到批复后要及时向所属预算单位批复预算，直至基层预算单位。

### 10.2.4　预算中的公民参与

传统预算一直都是政府和立法机关之间的权力博弈，而将公民排除在预算过程之外。公民投票选举出行政长官和立法议员后，就将预算权力交给了行政长官和立法议员。然而，20 世纪 60 年代以来，随着公民对代议制民主的不满越来越大，一种新型预算民主模式——公民参与预算开始在美国等发达国家涌现。20 世纪 80 年代后期，巴西产生了公民参与预算的模式，在 90 年代后期逐步扩展到其他拉美国家，产生了巨大国际影响，兴起了全球范围内公民参与预算的改革热潮。①

目前各国公民参与预算的进展不同，即使是同一国家不同城市之间实施的公民参与预算也有差异。但是，从根本上说，公民参与预算是将预算决策交给受到预算影响的公民，公民能够真正参与到预算决策中去，公民的意见能够影响到预算资金的实际分配，即公民不仅有预算决策参与权，而且有决定权。公民参与预算包括一个民主协商和决策过程。在这个过程中，普通的公民通过一系列地方大会和会议决定如何分配一部分预算。

### 10.2.5 预算的审批

预算编制完成后，仍然是草案，还不是正式的法律文件。要使预算成为正式的法律文件并予以执行，就必须完成最后的法律程序，即由立法机关对预算草案审议并批准通过，这就要求有相应的预算审批制度。由此可见，预算审批制度是预算计划的最后把关口，因为一旦通过了法定的审批制度，预算计划即成了具有法律效力的文件，就必须严格加以执行。因此，为了确保预算配置效率，使预算计划真正体现社会公众对公共产品的集体偏好，就必须建立起严格的、科学的预算审批制度。我国预算的审批实行人大预算委员会的初步审议、人大常委会的复审和人民代表大会的最终审议的三审制度。正式的预算法律文件以人民代表大会最终审议通过的为依据。与预算编制程序相对应，预算审批程序首先由人大预算工作委员会初步审议，为人大常委会财经委员会审议提供技术支持，人大常委会财经委员会正式审议预算政策草案、通过国务院提交的预算总水平和政府各部门支出总水平上限；其次是人大预算工作委员会审议政府最终预算草案，报人大常委会讨论通过；最后在全国人民代表大会期间，由人民代表大会正式批准通过预算草案。

### 10.2.6 预算执行和监督

预算的编制、审批只是完成了预算计划的立法程序，要使预算职能得以实际履行发挥就必须将预算计划付诸实施。为了确保法律批准的预算计划的实施，使预算既满足配置效率，又满足生产效率的要求，就必须建立要求严格的预算执行和监督制度。

1. 预算执行制度

预算执行是经过立法机关批准后的预算的实施活动，是预算由计划变为现实的过程。政府首脑对预算的执行负总责，具体工作则由财政部门负责。预算执行包括收入执行和支出执行两个方面。预算收入执行主要是预算收入执行部门严格执行财政收入法律制度，及时足额地将各种财政收入征收缴纳入国库。我国负责预算收入执行的机构包括

① 见参与式预算网站，http：//www.participatorybudgeting.org/examples.htm.

财政部门、税务部门、海关等，财政部门主要负责非税收收入的征收，税务部门主要负责国内各种税收收入的征收，海关主要负责关税和进出口税的征收。预算支出执行主要是预算支出执行部门及时足额地按预算支出计划向各个政府公共部门拨付资金，以保证各个政府公共部门提供公共产品的需要。我国财政部门主要负责预算支出执行。为了保证国家预算资金的安全，各国通常都要建立国家金库制度，国家金库负责预算资金的收纳、划分、报解及库款的拨付、退库等工作。

在预算执行中，由于政治、经济、社会客观情况与预算编制时不可能完全一致，这就会给预算执行带来一定影响。为了使年度预算符合客观实际，在预算执行中，政府通常都会根据政治、经济、社会客观情况对预算计划做一定的调整。

预算调整的方法包括盘子内的局部调整和盘子外的全面调整。盘子内的局部调整指的是在不突破预算收支总规模的前提下，在预算执行中对预算做局部调整，包括动用预备费、预算追加追减、经费流用、预算划转等。预备费是在预算编制时没有安排具体用途留作预算执行中应对临时发生的重大事项支出需求的资金，在预算执行中需要动用预备费时，由政府批准后再列入具体预算支出项目。预算追加追减即预算执行中追加追减预算收支数额。经费流用是在不突破原定预算支出规模的前提下，预算资金在不同的预算支出项目之间调进调出，某些项目资金增加的同时，另外一些项目资金减少。预算划转指的是预算执行中预算单位隶属关系发生改变，相应地需要把原来的预算关系划转到新的部门。

此外，我国预算执行中，如果实际财政收入增长幅度大，导致实际财政收入超出预算编制时安排的财政收入很多，就产生了超预算收入的问题。在预算管理制度不健全时，超预算收入使用随意性很大，政府在当年就安排使用完了，一般都没有报人大常委会批准。随着预算管理制度改革的深化，超预算收入使用都要遵从一定程序报人大常委会批准后才能安排使用。

2. 预算监督制度

预算监督制度是对经过法律程序批准的预算计划执行情况的监督。为了确保预算严格按照法律规定执行，必须建立严密的监督制度，包括财政监督、审计监督、人大监督、社会公众监督、新闻舆论监督等制度。

财政监督是作为预算管理专门机构的财政部门对政府各个公共部门执行预算计划的日常监督。因此，财政部门应被授予强有力的权力，以便及时阻止各个公共部门预算执行中违反法律规定的行为。财政部门内部应建立独立的、专责的监督机构，专责预算执行的监督，既包括预算收入执行的监督，也包括预算支出执行的监督，当然重点应放在支出执行监督上。

审计监督是政府独立的审计部门对政府公共部门执行预算计划结果的监督。其职责是协调政府和人大监督预算法律及其他财政法律法规的执行，主要工作是审查国家决算，对公共会计进行法律监督，监督公共开支决策人，监督国有企业遵守有关财政法律法规。为了保证审计监督的权威，避免政府行政部门对审计监督的干扰，审计部门应置于人大下面，直接对人大负责。

人大监督是各级人大对本级政府预算执行情况的监督，包括经常性监督和专项监督。经常性监督是根据人大建立的预算监督制度，对预算执行情况作一般性监督；专项监督则是人大对预算的某些专门项目情况的监督。作为对比，美国的预算执行监督方式包括报告制度和听证制度。报告制度规定有关政府部门必须及时地对预算执行情况做出报告。例如，美国 OMB 每年 5 月要向国会提交联邦政府财政管理规划报告，财政部则负责公布联邦政府财政状况的月报和年报，联邦政府各个部门每月要向财政部和总统预算管理办公室准备好详细的资金使用情况报告，其中每季度的预算执行情况报告的副本要送交国会预算委员会。听证制度则是人大及人大的各专门委员会在各自职权范围内，就预算收支、赤字、预算平衡、投资与管理等广泛的内容进行专题听证。

社会公众监督和新闻舆论监督则分别是社会公众和新闻舆论界行使法律规定的监督权，而对预算执行情况的监督。为充分发挥社会公众监督和新闻舆论监督的作用，人大批准了的预算计划内容必须向社会公开（少数涉及国家机密的内容除外），让社会公众和新闻媒体对预算计划内容有充分了解权。

## 10.3 绩效预算与预算绩效管理

### 10.3.1 绩效预算概述

绩效预算就是政府首先制订有关的事业计划和工程计划，再依据政府职能和施政计划制订计划实施方案，并在成本效益分析的基础上确定实施方案所需费用来编制预算的一种方法。核心理念是，根据项目的预期绩效来分配预算资金，把拨款和要做的事的结果联系起来，从而增强部门使用财政资金的责任性，以最大限度地化解财政资源需求的无限性与供给的有限性之间的矛盾。

绩效预算的突出特点是强调预算资金的使用“绩效”和“责任性”，体现了“理财有规、用财有效”原则。其实质是以企业精神来塑造政府，是一场再造政府运动。企业是要讲求效益的，追求效益最大化是企业安身立命之本，是企业生存和发展的最终目标追求。政府公共管理也要讲社会效益，这种效益应是社会公众所需要的，并非政府认为应该取得的效益。

绩效预算的核心是依法理财、科学理财和民主理财。依法理财要求政府部门申请和使用的财政资金有充分的法律依据，要做到合法合规；科学理财要求政府部门有科学的理财观念、科学的资金使用计划和具体的实施方案；民主理财要求政府部门在财政资金使用上坚持以人为本，资金使用程序公正、公开透明，更好地接受社会和公众监督。

具体而言，绩效预算体现出以下三个特征：

（1）绩效预算构建“目标—结果—产出—预算”的逻辑关系，明确各项预算支出的绩效目标，有利于提高公共资金的使用效益。传统预算招致最大的批评在于预算支出缺乏明确的目标与结果指标，导致公共资金使用效益低下。绩效预算的逻辑起点是政府意欲实现的某一方面的公共利益目标，该目标实现需要由若干量化的公共服务结果加以支持，而公共服务结果的实现则需要政府部门提供若干公共服务产出，公共服务产出的提供需要公共资金的支持。由此可见，新绩效预算不仅阐述了传统预算所描述的“花了多少钱”“钱花在何处”，而且更明确了纳税人最为关心的“政府花钱所产生的结果如何”的问题。

（2）绩效预算是以“成本”作为预算分配、预算考核的基础。传统预算管理中预算分配、预算考核以“支出”为基础。从会计专业角度而言，成本属于权责发生制信息，而支出属于现金收付制信息。客观地说，权责发生制与现金收付制各有千秋。但是，权责发生制相较于现金收付制优点在于它更有利于分清各届政府、政府部门、政府项目、政府所提供的产品或服务的绩效（现金收付制相较于权责发生制最大优点在于有利于预算执行控制）。权责发生制下的成本信息是通过成本归集、成本分配包括支出资本化与摊销、折旧等一系列较为科学的程序而生成的，更有利于界定实现绩效目标所耗费的代价。

（3）绩效预算是产出型预算，传统预算多属于投入型预算。顾名思义，产出型预算与投入型预算的最大差异在于预算管理的关注点不同：产出型预算的关注点是预算产出/结果，要求部门单位管理者按照绩效合同对预算产出/结果负责，不再继续管理、控制预算投入；投入型预算的关注点是预算投入，要求部门单位管理者按照法律法规以及预算的要求加强预算投入管理、控制。

### 10.3.2 预算绩效管理概述

预算绩效是指预算资金所达到的产出和结果。预算绩效管理是政府绩效管理的重要组成部分，是一种以支出结果为导向的预算管理模式。它强化预算为民服务的理念，强调预算支出的责任和效率，要求在预算编制、执行、监督的全过程中更加关注预算资金的产出和结果，要求政府部门不断改进服务水平和质量，花尽量少的资金、办尽量多的实事，向社会公众提供更多、更好的公共产品和公共服务，使政府行为更加务实、高效。推进预算绩效管理，有利于提升预算管理水平、增强单位支出责任、提高公共服务质量、优化公共资源配置、节约公共支出成本。这是深化行政体制改革的重要举措，也是财政科学化、精细化管理的重要内容，对于加快经济发展方式的转变与和谐社会的构建，促进高效、负责任、透明政府的建设具有重大的政治、经济和社会意义。

预算绩效管理是一个由绩效目标管理、绩效运行跟踪监控管理、绩效评价实施管理、绩效评价结果反馈和应用管理共同组成的综合系统。推进预算绩效管理，要将绩效理念融入预算管理全过程，使之与预算编制、预算执行、预算监督一起成为预算管理的有机组成部分，逐步建立“预算编制有目标、预算执行有监控、预算完成有评价、评价结果有反馈、反馈结果有应用”的预算绩效管理机制。

1. 绩效目标管理

（1）绩效目标设定。绩效目标是预算绩效管理的基础，是整个预算绩效管理系统的前提，包括绩效内容、绩效指标和绩效标准。预算单位在编制下一年度预算时，要根据国务院编制预算的总体要求和财政部门的具体部署、国民经济和社会发展规划、部门职能及事业发展规划，科学、合理地测算资金需求，编制预算绩效计划，报送绩效目标。

报送的绩效目标应与部门目标高度相关，并且是具体的、可衡量的、一定时期内可实现的。预算绩效计划要详细说明为达到绩效目标拟采取的工作程序、方式方法、资金需求、信息资源等，并有明确的职责和分工。

（2）绩效目标审核。财政部门要依据国家相关政策、财政支出方向和重点、部门职能及事业发展规划等对单位提出的绩效目标进行审核，包括绩效目标与部门职能的相关性、绩效目标的实现所采取措施的可行性、绩效指标设置的科学性、实现绩效目标所需资金的合理性等。绩效目标不符合要求的，财政部门应要求报送单位调整、修改；审核合格的，进入下一步预算编审流程。

（3）绩效目标批复。财政预算经各级人民代表大会审查批准后，财政部门应在单位预算批复中同时批复绩效目标。批复的绩效目标应当清晰、可量化，以便在预算执行过程中进行监控和预算完成后实施绩效评价时对照比较。

2. 绩效运行跟踪监控管理

预算绩效运行跟踪监控管理是预算绩效管理的重要环节。各级财政部门和预算单位要建立绩效运行跟踪监控机制，定期采集绩效运行信息并汇总分析，对绩效目标运行情况进行跟踪管理和督促检查，纠偏扬长，促进绩效目标的顺利实现。跟踪监控中发现绩效运行目标与预期绩效目标发生偏离时，要及时予以纠正。

3. 绩效评价实施管理

预算支出绩效评价是预算绩效管理的核心。预算执行结束后，要及时对预算资金的产出和结果进行绩效评价，重点评价产出和结果的经济性、效率性和效益性。实施绩效评价要编制绩效评价方案，拟订评价计划，选择评价工具，确定评价方法，设计评价指标。预算具体执行单位要对预算执行情况进行自我评价，提交预算绩效报告，要将实际取得的绩效与绩效目标进行对比，未实现绩效目标时必须说明理由。组织开展预算支出绩效评价工作的单位要提交绩效评价报告，认真分析研究评价结果所反映的问题，努力查找资金使用和管理中的薄弱环节，制定改进和提高工作质量的措施。财政部门要对预算单位的绩效评价工作进行指导、监督和检查，并对其报送的绩效评价报告进行审核，提出进一步改进预算管理、提高预算支出绩效的意见和建议。

4. 绩效评价结果反馈和应用管理

建立预算支出绩效评价结果反馈和应用制度，将绩效评价结果及时反馈给预算具体执行单位，要求其根据绩效评价结果，完善管理制度，改进管理措施，提高管理水平，降低支出成本，增强支出责任；将绩效评价结果作为安排以后年度预算的重要依据，优化资源配置；将绩效评价结果向同级人民政府报告，为政府决策提供参考，并作为实施行政问责的重要依据。逐步提高绩效评价结果的透明度，将绩效评价结果，尤其是一些社会关注度高、影响力大的民生项目和重点项目支出绩效情况依法向社会公开，接受社会监督。

# 10.4 预算报告

## 10.4.1 预算报告的组成

预算报告是政府每年提交给立法机关审议批准的预算文件。一般来说，政府每年提交立法机关审议批准年度预算报告时，通常都要说明上一个预算年度预算执行情况，因此，预算报告通常也称为上一年度预算执行情况和下一年度预算计划草案的报告。每年3月全国人大代表都要聚集在北京人民大会堂召开全国人民代表大会，其间一项重要议程就是听取财政部部长代表国务院所作的预算报告。当然，在分级预算体制下，各级地方政府通常也要向本级权力机关报告上一年度地方政府预算执行情况和下一年度预算草案的报告，提请本级权力机关审批。我国宪法规定，地方各级人民政府对上级国家行政机关负责并报告工作，全国地方各级人民政府都是国务院统一领导下的国家行政机关，因此，中央预算报告中就要把中央政府本级预算和汇总的全国各省、市、自治区政府（不包括港澳台地区）预算一并向全国人大报告；同样，各省、市、自治区政府也要把省、市、自治区政府本级预算和汇总的下辖各市、区、县政府预算一并向各省、市、自治区人大报告。预算报告从结构上看，分为三大部分：第一部分是上一年度预算执行情况总结，第二部分是下一年度预算草案，第三部分是完成下一年度预算任务的体制机制保障、预算管理部门所需要做的主要工作和采取的主要措施。

## 10.4.2 预算报告的解读

预算报告中提供了大量的信息，从中不仅能够了解上一年度各级政府财政资金使用情况，也能够了解下一年度各级政府财政资金的使用方向，从而分析政府财政资金计划安排与实际使用是否符合公众意愿。此外，从各年度财政资金分配变化中也能发现政府优先支持的事项。

（1）从预算报告提供的预算执行情况中可以了解财政收支总额增长速度、主要财政收支项目增长速度，从中了解上一年度中央及地方各级政府究竟花了多少钱，这些钱是否超出了权力机关批准的预算额度；了解上一年度中央及地方各级政府履行具体职能究竟花了多少钱，这些钱是否超出了权力机关批准的部门预算额度。如果再将国家财政收支总额增长速度、国家主要财政收支项目增长速度、中央及地方各级政府财政收支总额、中央及地方各级政府主要财政收支项目增长速度等指标与国民生产总值和国民收入增长速度进行对比，就可以发现以价值衡量的中央及地方各级政府和政府部门规模变化，发现政府自身运转的“一般公共服务”经费与直接为公众服务的民生支出经费的变化。

（2）从预算报告提供的下一年度预算草案中可以了解来年财政收支总额、主要财政收支项目安排，从中了解下一年度中央及地方各级政府究竟要花多少钱，下一年度中央及地方各级政府履行具体职能究竟要花多少钱。从财政资金安排中可以发现政府下一年度施政的重点，实施什么样的财政政策，就可以分析下一年度预算的政治、经济、社会影响。作为人民代表，就可以在对预算报告的审议中，分析政府下一年度预算安排是否体现了社会公众对公共产品与服务的需求偏好，从而决定是否批准预算。比如关注教育的代表，可以从预算报告中分析教育支出总额及其增长速度，将教育支出增长速度与全部财政支出增长速度对比，分析教育支出占全部财政支出的比重变化，从中分析政府是否落实科教兴国战略，是否贯彻“百年大计，教育为本”的理念；关注财政投资的代表，可以从预算报告中分析财政投资支出总额及其增长速度，将财政投资支出增长速度与社会投资增长速度和经济增长速度对比，从中分析政府财政投资对经济增长的作用；作为企业家来说，从财政投资资金安排的重点中可以发现许多重大商机。

（3）从预算报告提供的转移支出预算安排中可以了解下一年度上级政府有多少资金是转移给下级政府使用的。通过计算上级政府对下级政府的转移支付规模占下级政府财政支出规模，可以分析下级政府多大程度上依赖于上级政府的转移支付才能维持运转。目前我国上级政府对下级政府转移支出包括税收返还、一般性转移支付、专项转移支付。税收返还、一般性转移支付总体上说有规则可循，自由裁量权较小；而专项转移支付则基本无规则，上级政府各主管部门自由裁量权很大，下级政府为增强提供基本公共服务的能力，就要认真考虑如何才能从上级政府获得更多的专项转移支付资金。

表 10－2 和表 10－3 为 2021 年中央财政收入预算表和支出预算表。

**表 10－2　2021 年中央一般公共预算收入预算表**

| 项目 | 2020 年<br>执行数（亿元） | 2021 年<br>预算数（亿元） | 预算数为上年<br>执行数的百分比（%） |
|---|---|---|---|
| 一、税收收入 | 79 643.06 | 87 450.00 | 109.8 |
| 国内增值税 | 28 352.98 | 31 600.00 | 111.5 |
| 国内消费税 | 12 028.10 | 13 305.00 | 110.6 |
| 进口货物增值税、消费税 | 14 534.63 | 16 060.00 | 110.5 |
| 进口货物增值税 | 13 913.66 | 15 370.00 | 110.5 |
| 进口消费品消费税 | 620.97 | 690.00 | 111.1 |
| 出口货物退增值税、消费税 | －13 628.98 | －15 500.00 | 113.7 |
| 出口货物退增值税 | －13 611.63 | －15 480.00 | 113.7 |
| 出口消费品退消费税 | －17.35 | －20.00 | 115.3 |
| 企业所得税 | 23 257.57 | 25 620.00 | 110.2 |
| 个人所得税 | 6 940.91 | 7 900.00 | 113.8 |
| 资源税 | 48.23 | 50.00 | 103.7 |

（续上表）

| 项目 | 2020 年执行数（亿元） | 2021 年预算数（亿元） | 预算数为上年执行数的百分比（%） |
|---|---|---|---|
| 城市维护建设税 | 164.48 | 180.00 | 109.4 |
| 印花税 | 1 773.65 | 1 800.00 | 101.5 |
| 其中：证券交易印花税 | 1 773.65 | 1 800.00 | 101.5 |
| 船舶吨税 | 53.71 | 55.00 | 102.4 |
| 车辆购置税 | 3 530.84 | 3 630.00 | 102.8 |
| 关税 | 2 564.20 | 2 750.00 | 107.2 |
| 其他税收收入 | 22.74 | | |
| 二、非税收入 | 3 128.02 | 2 000.00 | 63.9 |
| 专项收入 | 199.42 | 195.00 | 97.8 |
| 行政事业性收费收入 | 419.12 | 415.00 | 99.0 |
| 罚没收入 | 143.71 | 140.00 | 97.4 |
| 国有资本经营收入 | 972.89 | 330.00 | 33.9 |
| 国有资源（资产）有偿使用收入 | 1 281.99 | 810.00 | 63.2 |
| 其他收入 | 110.89 | 110.00 | 99.2 |
| | | | |
| 中央一般公共预算收入 | 82 771.08 | 89 450.00 | 108.1 |
| 中央财政调入资金 | 8 880.00 | 1 935.00 | 21.8 |
| 从预算稳定调节基金调入 | 5 300.00 | 950.00 | 17.9 |
| 从政府性基金预算调入 | 3 002.50 | 1.00 | |
| 从国有资本经营预算调入 | 577.50 | 984.00 | 170.4 |
| 支出大于收入的差额 | 27 800.00 | 27 500.00 | 98.9 |

注：中央一般公共预算支出大于收入的差额 = 支出总量（中央一般公共预算支出 + 补充中央预算稳定调节基金）－收入总量（中央一般公共预算收入 + 中央财政调入资金）

资料来源：中华人民共和国财政部网站。

**表 10－3　2021 年中央一般公共预算支出预算表**

| 项目 | 2020 年执行数（亿元） | 2021 年预算数（亿元） | 预算数为上年执行数的百分比（%） |
|---|---|---|---|
| 一、中央本级支出 | 35 072. 20 | 35 015. 00 | 99. 8 |
| 一般公共服务支出 | 1 711. 93 | 1 470. 25 | 85. 9 |
| 外交支出 | 514. 06 | 504. 14 | 98. 1 |
| 国防支出 | 12 691. 68 | 13 553. 43 | 106. 8 |
| 公共安全支出 | 1 837. 19 | 1 850. 92 | 100. 7 |
| 教育支出 | 1 663. 21 | 1 663. 44 | 100. 0 |
| 科学技术支出 | 3 226. 80 | 3 227. 10 | 100. 0 |
| 文化旅游体育与传媒支出 | 250. 24 | 188. 52 | 75. 3 |
| 社会保障和就业支出 | 1 133. 06 | 964. 69 | 85. 1 |
| 卫生健康支出 | 342. 69 | 226. 40 | 66. 1 |
| 节能环保支出 | 344. 26 | 228. 60 | 66. 4 |
| 城乡社区支出 | 77. 25 | 70. 06 | 90. 7 |
| 农林水支出 | 480. 69 | 407. 65 | 84. 8 |
| 交通运输支出 | 1 165. 93 | 732. 67 | 62. 8 |
| 资源勘探工业信息等支出 | 308. 56 | 246. 75 | 80. 0 |
| 商业服务业等支出 | 47. 16 | 35. 31 | 74. 9 |
| 金融支出 | 639. 04 | 641. 87 | 100. 4 |
| 自然资源海洋气象等支出 | 262. 19 | 203. 81 | 77. 7 |
| 住房保障支出 | 603. 49 | 627. 03 | 103. 9 |
| 粮油物资储备支出 | 1 224. 57 | 1 224. 73 | 100. 0 |
| 灾害防治及应急管理支出 | 429. 83 | 401. 95 | 93. 5 |
| 其他支出 | 527. 21 | 494. 81 | 93. 9 |
| 债务付息支出 | 5 538. 95 | 5 998. 24 | 108. 3 |
| 债务发行费用支出 | 52. 21 | 52. 63 | 100. 8 |
| 二、中央对地方转移支付 | 83 338. 67 | 83 370. 00 | 100. 0 |
| 一般性转移支付 | 69 580. 60 | 75 018. 34 | 107. 8 |
| 专项转移支付 | 7 765. 92 | 8 351. 66 | 107. 5 |
| 特殊转移支付 | 5 992. 15 | | |
| 三、中央预备费 | | 500. 00 | |
| 中央一般公共预算支出 | 118 410. 87 | 118 885. 00 | 100. 4 |
| 补充中央预算稳定调节基金 | 1 040. 21 | | |

注：①为便于比较，对本表中 2020 年执行数进行了同口径调整：一是根据政府收支分类科目调整、中央与地方财政事权和支出责任划分等情况，对相关科目执行数做了相应调整；二是根据中央与地方财政事权和支出责任划分等情况，对一般性转移支付执行数做了调整。②2021 年中央一般公共预算支出预算数为 118 885 亿元，加上使用以前年度结转资金 1 270. 61 亿元，2021 年中央一般公共预算支出为 120 155. 61 亿元。具体情况见中央本级支出、中央对地方转移支付预算表及说明。

### 专栏10－1　2015年《中华人民共和国预算法》的重要制度创新

1. 预算法立法宗旨的创新

明确了《中华人民共和国预算法》（简称《预算法》）的本质和定位，使得预算法由过去的政府管理法，变成了规范政府、管理政府的法，实现了从税收法定到预算法定的提升，增强了预算对政府行为的约束力。

2. 预算收支范围的创新

凸显预算的完整性，实行全口径预算管理，将政府的全部收入和支出都纳入预算管理，预算外收支成为历史。新《预算法》第四条明确规定“政府的全部收入和支出都应当纳入预算”；第五十一条明确规定全口径预算包括一般公共预算、政府性基金预算、国有资本经营预算、社会保险基金预算，并对四本预算的功能定位、编制原则及相互关系做出规定，使四本预算成为有机衔接的整体。地方政府债务也纳入预算管理，避免地方政府债务游离于预算之外、脱离人大监督。

3. 预算审核重点上的创新

预算审核重点转向支出预算和政策，避免“过头税”。新《预算法》将审核预算的重点由平衡状态、赤字规模向支出预算和政策拓展。同时，收入预算从约束性转向预期性，通过建立跨年度预算平衡机制，解决预算执行中的超收或短收问题，如超收收入限定冲抵赤字或补充预算稳定调节基金，省级一般预算年度执行中出现短收，允许增列赤字并在下一年度预算中弥补等。

4. 地方债务管理上的创新

允许地方债务合法存在的同时，提出加强地方政府债务管理，防止地方财政风险。新《预算法》按照疏堵结合、“开前门、堵后门、筑围墙”的改革思路，从举债主体、用途、规模、方式、监督制约机制和法律责任等多个方面做了明确的规定。

5. 转移支付制度上的创新

规范专项转移支付，减少“跑部钱进”，增强了地方预算编制、执行的自主性和可预期性。针对地方可自由支配的一般性转移支付规模偏小、限定用途的专项转移支付项目繁杂、交叉重复、资金分散、配套要求多等问题，新《预算法》第十六、三十八、五十二条等条款对转移支付的设立原则、目标、预算编制方法、下达时限等做出规定，强调以均衡地区间基本财力、由下级政府统筹安排使用的一般性转移支付为主体。

6. 财政透明上的创新

将预算公开作为政府部门的法定责任，实现了部门预算公开从例外走向法定。看不见的政府成为看得见的政府，增强了政府的正当性。新《预算法》第十四条对公开的范围、主体、时限等提出明确具体的要求，对转移支付、政府债务、机关运行经费等社会高度关注事项要求公开做出说明，并在第九十二条中规定了违反预算公开规范的法律责任。新《预算法》将预算公开入法，形成刚性的法律约束，确保人民群众知情权、参与权和监督权。

## 本章小结

预算是经过法定程序审批通过的政府年度财政收支计划，用于在资源稀缺前提下使有限资源尽可能更好地满足社会公众的公共需要，具有法定性、精细性、完整性、时效性、公开性等特征。基本目标包括总额控制、资源配置效率、X—效率。按照一级政府一级预算的原则，国家预算组成体系包括中央（联邦）预算、省（州、自治区、直辖市）预算、地方县、市、乡镇预算，各级政府全口径预算体系包括一般公共预算、政府性基金预算、国有资本经营预算、社会保险基金预算。预算的权力配置指的是预算相关方在预算过程中的权力安排，包括政府行政与立法机关之间的权力配置及政府行政内部之间的权力配置两个方面。绩效预算是一种以提高预算资金配置和使用绩效的预算模式，实质是以企业精神来塑造政府。预算绩效管理是一个由绩效目标管理、绩效运行跟踪监控管理、绩效评价实施管理、绩效评价结果反馈和应用管理共同组成的综合系统。

## 思考题

1. 可以从哪些视角认识预算的属性？
2. 预算的基本程序是怎样的？
3. 2014 年修订通过、2015 年 1 月 1 日起施行的《中华人民共和国预算法》有哪些方面的创新？
4. 《中华人民共和国预算法》对人大、政府的预算管理权限是如何规定的？
5. 我国预算组成体系是怎样的？
6. 什么是绩效预算？预算绩效管理主要内容包括哪几个方面？
7. 我国为什么要不断深化预算管理制度改革？

# 11　财政体制

建立权责清晰、财力协调、区域均衡的中央和地方财政关系，适当加强中央在知识产权保护、养老保险、跨区域生态环境保护等方面事权，减少并规范中央和地方共同事权。健全省以下财政体制，增强基层公共服务保障能力。完善财政转移支付制度，优化转移支付结构，规范转移支付项目。完善权责发生制政府综合财务报告制度。建立健全规范的政府举债融资机制。

——《中华人民共和国国民经济和社会发展第十四个五年规划和2035年远景目标纲要》

当今世界，几乎每一个国家都设有中央政府与地方政府，与此相适应，各级政府都在履行其相应的经济职能，即都在提供公共产品。那么，从经济学的观点看，为什么要设立地方政府，即为什么不是由中央政府集中解决所有经济问题呢？各级政府之间的经济职能，即财政关系怎样处理？各级政府履行其职能的收入来源和支出范围应怎样确定？这些问题构成了财政体制的基本内容。本章主要对这些基本问题做出解答。

## 11.1　多级财政存在的必然性

### 11.1.1　什么是财政体制

财政体制也称财政管理体制，是指决定中央政府与地方政府的经济职责及财政收支划分的根本制度，是各级政府之间财政关系的制度安排，是处理和协调各级政府间财政关系的基本依据。

对财政体制，我国传统上有广义和狭义两种理解。广义的财政体制是规定各级政府间及政府同企事业单位之间在财政资金分配和管理职权方面的制度，包括预算管理体制、税收管理体制、投资体制、企事业财务管理体制、国家信用体制等诸多环节，其中预算管理体制是主导环节，制约着其他各项体制的建立与调整。狭义的财政体制指预算管理体制。预算管理体制是确定中央政府与地方政府间预算分配关系的根本制度，其主要内容包括确定预算管理主体和级次、预算收支的划分原则和方法，预算管理权限的划分、预算调节制度（转移支付制度）和方法等。本章的财政体制是狭义的，专指预算管理体制（预算体制）。

上述界定表明，财政体制要解决的问题是财政职能和预算收支怎样在各级政府之间进行有效“分配”。首先遇到的问题或者说财政体制的逻辑起点是：为什么在统一的国家内要设地方政府?

### 11.1.2 多级财政存在的必然性

世界上绝大多数国家都设立地方政府，不管是联邦制国家还是单一制国家都是如此。设立地方政府相对于中央政府来说是一种分权行为。那么，中央政府为什么要分权？这也许是出于政治需要，如过于集权会存在专制的危险，而分权容易造就一批政治和行政管理专家，便于为中央政府输送人才等。但是经济学更多的是出于经济上的考虑去说明中央政府分权，即地方政府存在的经济原因。

政府的经济职能包括资源配置、收入再分配、经济稳定、促进发展，其中资源配置是基础。那么，中央政府为什么要分权？为什么需要地方政府？怎样的分权才是最优的？其基本的经济原因是基于促进资源配置效率的考虑，即地方政府的存在使得公共产品的分散供给比中央政府的集中供给更有效率。

政府提供的公共产品的受益面是有地域限制的，通常只有少量的公共产品的受益面是全国性的。这就是说，公共产品可以分为全国性公共产品和地方性公共产品两种。全国性公共产品是指全国范围内的居民都受益的公共产品，如国防；地方性公共产品是指受益面有地域性限制的公共产品，地方性公共产品使在其受益地域范围内的居民受益，不在这个地域范围内的居民不受益，如市政基础设施。经济学家们由此论证了地方政府存在的合理性及财政分权模式的理论依据。

施蒂格勒（George Stigler）认为，可以从以下两条原则出发来阐明地方政府存在的必要性：①与中央政府相比，地方政府更接近自己的公众，即地方政府比中央政府更加了解它所管辖的选民的效用与需求，地方政府比中央政府更加了解本地居民对地方公共产品的需要；②国内不同地区的人们有权对不同种类与数量需要的公共产品进行表决，不同地区的居民有权自己决定所需要的公共产品的种类与数量。当然，施蒂格勒并未完全否定中央政府的作用，并认为行政级别较高的政府对于实现资源配置的有效性与分配的公平性目标来说是必不可少的。

奥茨的分权定理则表明：在等量提供公共产品这个限制条件下，某种公共产品由地方政府提供优越于中央政府。他认为“关于该物品的每一个产出量的提供成本无论对于中央政府还是对于地方政府来说都是相同的——那么，让地方政府将一个帕累托有效的产出量提供给它们各自的居民，则总是比中央政府向全国居民提供任何特定的并且一致的产出量有效得多”。

分权的“俱乐部”理论则解释了最优地方政府管辖范围的形成问题，指出了地方分权的区域规模的最优原则。“俱乐部”理论，简要地说就是把社区比作俱乐部，研究在面临外在因素的条件下，任何一个俱乐部——为分享某种利益而联合起来的人们的一个自愿协会——如何确定其最优成员数量的理论。一方面，随着某一个俱乐部接收新的成员，现有的俱乐部成员原来所承担的成本就由更多的成员来分担；另一方面，新的俱乐部成员的加入，会产生新的外部不经济，即产生俱乐部的拥挤，从而使公共设施更加紧张。显然，一个俱乐部的最佳规模应界定在外部不经济所产生的边际成本（拥挤成本）等于新成员加入分担成本所带来的边际节约这个均等点上。

从受益面来看，地方公共产品是非纯公共产品。由于地方公共产品是非纯公共产品，不同地区需要的公共产品又是不一样的，因此要组织地方政府来提供。如果把地方政府看作是提供不同公共产品的俱乐部，那么地方政府的行为也符合俱乐部产品的效率理论。这就是说地方公共产品的受益者应当是该商品成本的提供者。最适地方人口数量和最适地方公共产品供给之间有一定关系，因为居民从地方政府获得地方公共产品的受益与该地提供的公共产品数量成正比，与该地的人口增长成反比。两者的均衡点就是最适地方政府即地方辖区内有最适人口数量和最适地方公共产品供给。

经济学家特里西（Tresch）则用偏好误识理论解释地方政府存在的合理性。他认为由于信息不完全和不确定，中央政府在提供公共产品过程中存在着失误的可能性，而由地方政府来提供公共产品存在着某种优越性。

公共产品的提供需要搜集居民的大量信息。由于地方居民远离中央政府，而地方政府则生活在居民之中，因此相对于中央政府，地方政府更加了解本地居民对地方公共产品需求偏好的信息，由地方政府采集信息提供地方公共产品能够更好地消除偏好误识；反之，中央政府采集信息并提供地方公共产品就会存在较大的偏好误识。一般来说，社会是风险回避型的，厌恶风险的心理就偏好让地方政府来提供某种地方公共产品。总之，偏好误识理论提出了财政分权的一种更为有力的理论。

当然，事实上的地方政府并不是按财政效率理论来组织的，地方政府辖区可以看作是历史给定的产物。因此从财政效率原理的角度来看，地方政府的辖区是不适当的，也就是说地方政府之间存在成本收益外溢的情况，这就导致中央政府与地方政府之间复杂的财政关系。

## 11.2 财政职能在不同级次政府之间的划分

### 11.2.1 财政职能在中央政府与地方政府之间划分的理论

以上财政分权的理论依据说明了地方政府存在的合理性的经济原因，但是，财政体制探讨的是中央政府与地方政府之间财政关系的处理方法。因此，仅仅从经济上说明地方政府存在的合理性是不够的，还必须从理论上进一步解释中央政府与地方政府各自应履行何种经济职能，也就是财政职能如何在中央政府与地方各级政府之间进行有效划分。

泰伯特和马斯格雷夫的政府职能划分模型给出了阐释。该模型进行政府职能划分的前提条件是流动性和差别性的存在。流动性是指资源在地方政府辖区之间是可以自由流动的；差别性是指地区之间的经济发展水平、收入水平、资源状况、消费习惯等方面是存在差别的。泰伯特和马斯格雷夫把流动性假定为纯经济原因、没有交易费用。流动性的纯经济原因是指资源流动的唯一目标是利益极大化；没有交易费用是指资源流动没有成本。在此假定前提下，泰伯特和马斯格雷夫进而得出资源配置职能按公共产品的受益面在各级政府之间划分，收入分配职能和经济稳定增长职能只能归中央政府的结论。

（1）关于资源配置职能的划分。泰伯特模型提供了一种分权优越性的解释。该模型假定只存在两组社团居民，两组社团居民对公共产品的需求不同，一组社团居民对公共产品的需求较另外一组社团居民对公共产品的需求高。假定公共产品以每人的平均不变成本（即交纳的税收）来提供，那么，对两组社团居民来说，公共产品的产量是不同的，需求较高的一组居民的产量要大于另一组需求较低的居民的产量。这是符合效率要求的。现假定由中央政府统一提供某种产量的公共产品，但中央政府不可能根据两组社团居民对公共产品的不同需求征收不同的税收，因为这会给两组居民都造成福利损失。显然，分散决策可以避免上述的效率损失，这表明地方公共产品采取分权配置是有效率的。

（2）关于收入分配职能的划分。假定一个地方（比如甲地）实行的收入分配政策优于另一个地方（比如乙地），就意味着甲地的穷人可以比乙地的穷人获得更多的政府资助和社会福利；甲地的富人的财政负担就要重于乙地的富人。如果是那样，那么甲地的富人就要退出该地，其他地方的穷人就要涌入甲地。结果可想而知，甲地的收入分配政策最终将因没有资金来源而无法实施。

（3）关于经济稳定增长职能的划分。假定一个地方要实行刺激经济增长的政策，那么该地必须采取增加财政支出或降低税收收入等措施来抬高总需求。这样必然会出现如下困难：①该地方希望刺激经济会造成大量的财政赤字，但弥补赤字的资金来源是有困难的。因为地方的扩张性经济活动不可能全部转化为本地的收入增加和储蓄增加，所以不可能从本地的收入增加和储蓄增加中取得足够的财政收入来弥补其赤字。绝大部分可能由辖区外居民持有，很可能成为像外债一样的负担。②地方政府的上述刺激性手段是无法达到刺激经济的目标的。对于统一的市场经济国家来说，地方之间是属于“纯开放性”地区。因此，如果某地发动刺激经济的行为无异于鼓励其他地区向其进口，这就等于刺激了其他地区的经济增长。其进口量足以大到使该地的刺激性财政政策的乘数降到零。因此，地方决定的财政政策趋近于没有效果。③假定地方政府之间竞争性地追求同一目标，那么由于地方政府不具有货币供给、市场利率、市场价格、进出口水平总水平等政策控制手段，因此仍然无法实施宏观调控政策。这就是说，经济稳定增长职能也只能由中央政府承担。

事实上，流动性是受到一些条件限制的，非经济因素和流动成本是流动性的重要制约因素。根据新制度学派的观点，非经济因素的提法未必准确，因为任何影响选择的因素都可以被包括在福利函数之内。这里的非经济因素是指无法货币化的因素。例如，一个人对居住地的选择不只考虑居住地的福利，还要考虑生活习惯、气候地理条件、亲属关系等。这样，流动性就不会像泰伯特和马斯格雷夫想象的那样进行。况且，流动是有成本的，搬迁费、交通费、信息费等都是制约流动的重要因素。

尤其是我国，由于长期受传统计划经济体制的影响，许多不适当的行政性制度安排也严重影响着流动性，如户籍制度、就业制度等。

因此，泰伯特和马斯格雷夫论证财政职能划分的前提条件在现实中是不存在的，他们论证的收入分配和经济稳定增长职能只能归于中央政府的结论也是不可靠的，或者说是一种传统观点。这里，我们在有限流动性的前提下重新研究政府职能在各级政府之间的划分问题。

## 11.2.2 财政职能在中央政府与地方政府之间的划分

1. 关于资源配置职能在各级政府之间的划分

政府的资源配置职能应该按照地方公共产品的受益面来决定。例如，全国性公共产品应由中央政府提供，全省地方公共产品应由省级政府提供，以此类推，直至乡级地方公共产品由乡级政府提供为止。这就是说，各级政府在资源配置上的职责应与其提供的公共产品的受益范围相适应。

地方公共产品的划分并不是一件很容易的事情。困难之一是有些地方公共产品的受益边界不是很清楚。地方公共产品有两种类型：一种是闭合性地方公共产品；另一种是开放性地方公共产品。闭合性地方公共产品是指地方公共产品的成本收益全部由该地居民承担和受益的产品；开放性地方公共产品是指成本收益溢出该辖区范围的产品，即一个地方提供的公共产品可以使另一个地方的居民受益或受损。因此，何种地方公共产品由何级政府提供的问题取决于两个因素：一是地方公共产品的主要受益面原则。地方公共产品的主要受益面在哪里，资源配置职能就安排在哪级政府。例如，城市交通、卫生、治安、供排水等主要由该地居民受益，则资源配置由该市负责。二是决策成本尽量低的原则。如果地方公共产品的受益面涉及几个地区，那么资源配置的职责通常安排在受益涉及地区的上级政府。因为各级政府是层级制度安排，横向利益的协调只有靠上级政府。因此，这种情况由上级政府负责解决是有利于节约决策成本的。为了使地方公共产品资源配置有效率，就要由上级政府对下级政府的开放性地方公共产品的资源配置进行干预。

地方公共产品划分的另一个困难是流动性。例如，地方性高等学校学生的父母未必就是该地的居民，学生毕业以后也未必就在该地工作。这是由流动性引起的受益外溢问题。为了解决这个问题，地方政府的资金筹措是个十分复杂的问题。

2. 关于收入分配职能在各级政府之间的划分

由于各地存在差别性和有限的流动性，因此不能完全否定地方政府的公平职能。从我国预算执行社会公平的情况来看，主要解决三个方面的问题：保证居民的基本生存权、公共劳务均等化以及对经济不发达地区的扶持。应该说，中央政府在收入分配职能方面负主要责任是没有疑问的。在保证居民的基本生存权方面，尤其是对重大自然灾害地区居民的基本生活问题，主要靠中央政府解决。公共劳务均等化是个相对的概念，保证全国最低水准的公共劳务应该是中央政府的职责。对经济不发达地区的扶持，实质上是关系到国民经济平衡发展的问题，因此与经济增长问题是紧紧联系在一起的。显然，对于跨越省级政府辖区的经济平衡发展问题的职责主要应由中央政府承担。

但是我国尚处于二元经济结构时期，差别性大、流动性弱是其主要特征，而且省内城乡间、地区间差异大于省级间差异，因此地方政府，尤其是省级政府、中心城市市级政府负有相应的收入分配职能。

3. 关于经济稳定职能在各级政府之间的划分

中央政府在经济稳定中负有最重要的职责是可以肯定的。但有些产业具有地方性，有些产业的搬迁成本太大，因此地方政府在经济稳定方面可以发挥相应的作用。尤其在经济体制改革过程中，农业人口向非农业人口的转化，小城镇的发展是一个长期的过程，因此地方政府在经济稳定方面有相应的经济活动空间。

## 11.3 财政体制的类型与原则

### 11.3.1 财政体制的类型

财政分权理论表明，财政体制的实质就是要有效率地处理好中央政府与地方政府在财政关系方面的集权与分权、集中与分散的关系。上述财政分权理论表明，确有财政地方分权的必要，但是在任何情况下，在任何国家里，中央政府的集权是必不可少的。对此，恩格斯指出："集权是国家的本质，国家生命的基础，……没有一个国家可以不要集权……只要存在着国家，每个国家就会有自己的中央。每个公民只是因为集权才履行自己的公民职责。"根据集权与分权、集中与分散的程度不同，可以将财政体制划分为三种类型：

（1）高度集权的财政体制。其基本特征就是"统收统支"，因此又被称为统收统支体制。在高度集权的财政体制下，政府财政管理权限高度集中于中央政府，地方政府则毫无财政管理权限可言，只是充当中央政府的派出机构，严格执行中央政府的指令，财政收入一律上交中央，财政支出则由中央政府批准和拨付。中华人民共和国成立初期就是实行这种财政体制。这种财政体制的最大好处就是可以集中全国财力解决政府最为紧迫的财政压力，其弊端就是违背财政效率原理，极大地降低了公共产品提供的效率。因此，这种类型的财政体制只是在政府面临最为严重的财政压力、政府财力十分紧张的情况下短期实行，任何一个走向经济现代化的国家都不可能长期推行这种体制。

（2）高度分权的财政体制。这种类型的财政体制与高度集权的财政体制刚好相反，即实行中央向地方的高度分权，中央政府将财政管理权限都分给地方政府。由于集权是国家的生命，因此高度分权的财政体制只是一种理论上的抽象，不可能实际推行。

（3）适度集权与分权相结合的财政体制。这种类型的财政体制在西方国家称为财政联邦制，在我国称为分级（分税）财政体制。它是指在明确划分中央政府与地方政府事权及支出范围的基础上，按税种划分中央与地方政府间自主支配的财力，中央政府与地方各级政府财政相对独立、自求平衡的财政体制。这种财政体制的好处是兼顾了中央集权的必要和地方分权的要求，既保证了地方分权的效率要求，又兼顾了中央政府集权、履行宏观调控的必要，因而成为市场经济国家财政体制的普遍做法。当然，各国政治经济体制不同，在适度的集权与分权相结合的程度上有所不同，收支范围划分的具体方法上也有差异。一般说来，联邦制国家相对于单一制国家来说，分权程度高一些。

### 11.3.2 财政体制的原则

一个国家财政体制的具体安排都是基于本国国情，综合考虑各种政治、经济、社会因素而确定的。一般来说，下列基本原则都是确定财政体制必须考虑的：

（1）统一领导、分级管理原则。统一领导是指中央政府有统一的领导权，在此前提下决定地方各级政府的职责。只有在中央政府统一领导下的地方分权，才能保证财政职能的有效实施。中央政府在资源配置优化、收入再分配和宏观调控中处于不可替代的主导作用。

（2）区别对待原则。地区之间的政治、经济、社会意识形态方面的差异很大，因此中央政府在决定财政体制的时候要充分考虑各地的区别，不能搞一刀切。

（3）对称性原则。对称性原则是指公共产品的成本收益内部化，即公共产品的受益者同时也是该公共产品成本的承担者。例如，全国性公共产品的成本应由全国人民承担；闭合性地方公共产品的成本应由该地的居民承担。根据公共产品成本收益的不同类型来决定受益范围和相应的费用承担者是效率的基本要求。

（4）外溢性校正原则。当地方公共产品发生成本收益外溢时，上级政府要干预，以便做到资源配置有效率。

（5）均等性原则。为了使地区经济协调发展以及实现收入再分配职能，财政体制要贯彻均等性原则。当然，均等性是个相对的概念，要考虑收入、物价、消费习惯等因素，提供最低水准的公共劳务。但是，地区经济发展极度不平衡的问题，财政能力差异过大的问题，都不能忽视。

（6）地方中性原则。这是指地方在履行资源配置的过程中应该不干预经济活动，类似于税收中性原则的扩大。由于财政差异，必然存在对经济活动的干预，这是财政体制产生的不可避免的体制成本，但要尽量极小化。不同地方之间不应该有不同的税收，否则会扭曲资源配置。

（7）基本劳务的最低供给原则。中央政府应该给国民提供最基本的服务。基本服务如教育、安全安定、健康、福利等方面的最低水平由一国的经济发展水平和社会意识形态决定。

（8）收入分配和经济稳定职能以中央为主原则。虽然地方政府在收入分配和经济稳定方面可以有所作为，但主要职责在中央。

# 11.4　分级财政体制的一般模式

## 11.4.1　分级财政体制的内涵及一般原则

1. 分级财政体制的内涵

分级财政体制是市场经济国家普遍推行的一种财政体制，它的主要特征在于规范化、法治化、长期相对稳定。地方预算构成名副其实的一级预算主体。从市场经济国家财政实践来看，分级财政体制的内涵可以归纳为以下几个方面：

（1）一级政权，一级预算主体，各级预算相对独立、自求平衡。分级预算体制，也就是多级预算体制，即所谓财政联邦主义。最高权力机关只审批中央预算，地方预算由本级立法机关审批。各级地方预算经常收入由本级税收、本级服务性收入和中央补助组成，当收入不能满足需要时，允许发行地方债券或向银行借款，自求平衡。

（2）在明确市场经济中政府职能边界的前提下，划分各级政府职责（即事权）范围，在此基础上划分各级预算支出职责（即财权）范围。由于各级政府的职责分工明确，各级预算的重点和层次分明。除国防费和行政管理费外，中央预算以社会福利、社会保障和经济发展为主，地方预算以文教、卫生保健和市政建设为主。对各级政府的投资职责也要明确分工，或由中央、地方分别承担，或由地方承担中央给予补助，或由中央和地方联合投资。

（3）收入划分实行分税制。在收入划分比例上中央预算居主导地位，保证中央的调控权和调控力度。在税收划分方法上，有的按税种划分，各级预算都有本级的主体税种，大宗收入的税种如所得税归中央，地方税种主要是收入弹性小的销售税和财产税；有的对同一税种按不同税率分配，并通过中央的基础税率限制地方税率；有的实行分成或共享制，即属于中央的税种按一定比例分给地方，或者将属于地方的税种按一定比例分给中央，双方共享。分设国税局和地方税局，分税、分管与分征相结合。

（4）预算调节制度，即所谓转移支付制度，有纵向调节（或纵向转移）和横向调节（或横向转移）两种形式。纵向调节的典型做法是补助金制度，中央从各地征收国税，同时对每个地方给予补助，实行双向调节。补助金分为无条件补助、有条件补助和专项补助。补助金是根据相关因素设计规范化的计算公式得出的，一旦确定无讨价还价余地。横向调节是由富的地区直接向穷的地区转移支付，实行地区间的互助式调节，不再通过中央预算。

（5）各国的分级预算体制是适应本国的政治经济制度和历史传统长期形成的，就体制整体而言相对稳定，只是集权与分权关系及其相应的调节方法可以有经常性的调整。

2. 各国推行分级财政体制的一般原则

（1）多样性原则。允许地方政府根据各地区居民偏好提供不同的公共产品。

（2）等价原则。公共产品受益与成本对称。每类公共产品都应由受益地区的居民投票来决定公共产品成本分担方式。全国性公共产品成本由全国居民共同分担，地方性公共产品则由该地区居民共同分担。

(3) 集中再分配原则。财政的再分配职能应当集中在中央一级政府手中，否则再分配会变得无效，居住地的决定也会被扭曲。

(4) 位置中性原则。扭曲居住地收入决定的差别性税收必须避免。

(5) 集中稳定原则。以宏观政策（稳定增长）为目的的财政工具的使用应该在全国范围内实行，地方政府没有政策工具形成自身的稳定政策。

(6) 挤出效应的纠正。辖区间的收益外溢导致无效的支出决定，这就要求上级政府进行纠正。

(7) 基本公共劳务的最低供应。国家应当让各地区居民都得到某些基本公共服务的最低水准保证。

(8) 财政地位的平等性。财政需要与可能的平衡在不同的地方政府间存在较大的地区差异，因此地方政府间一定程度的财政平等是有必要的，这样通过或多或少的税收上的可比努力，才能得以保证最低水准的服务。

### 11.4.2 分级财政体制框架安排的一般模式

1. 中央与地方政府间事权及支出范围划分

中央与地方政府间事权归属的一般情况如表 11 -1 所示。

**表 11 -1 中央与地方政府间事权划分的基本框架**

| 内容 | 责任归属 | 理由 |
|---|---|---|
| 国防 | 中央 | 全国性公共产品 |
| 外交 | 中央 | 全国性公共产品 |
| 国际贸易 | 中央 | 全国性公共产品 |
| 金融与银行政策 | 中央 | 全国性公共产品 |
| 管制地区间贸易 | 中央 | 全国性公共产品 |
| 对个人的福利补贴 | 中央、地方 | 收入重新分配、地区性服务 |
| 失业保险 | 中央、地方 | 收入重新分配、地区性服务 |
| 全国性交通 | 中央、地方 | 全国性服务、外部效应 |
| 地区性交通 | 地方 | 地区性服务 |
| 环境保护 | 地方、中央 | 地区性服务、外部效应 |
| 对工农业、科研的支持 | 地方、中央 | 地区性服务、外部效应 |
| 地区性规划 | 地方 | 地区性服务 |
| 教育 | 地方、中央 | 地区性服务、外部效应 |
| 卫生 | 地方 | 地区性服务 |

（续上表）

| 内容 | 责任归属 | 理由 |
|---|---|---|
| 公共修建的住宅 | 地方 | 地区性服务 |
| 供水、下水道、垃圾 | 地方 | 地区性服务 |
| 警察 | 地方 | 地区性服务 |
| 消防 | 地方 | 地区性服务 |
| 公园、娱乐设施 | 地方 | 地区性服务 |

事权划分的一般做法是中央政府承担全国性公共产品提供的职责，包括国防、外交、外贸管理、全国性的立法和司法、中央银行、中央税的征管、宏观经济稳定、地区间和居民间收入再分配等。地方政府承担地方性公共产品提供的职责，包括地区性交通、警察、消防、教育、环保、下水道、垃圾处理、公园、对地区经济发展的支持、地方性法律的制定与实施等。对具有跨地区"外部效应"的公共工程项目，中央政府应在一定程度上参与，如跨地区的公路、铁路、水陆运输、邮电等。

与事权划分相对应，中央政府承担中央事权范围内的支出，地方政府承担地方事权范围内的支出。

2. 财权及收入范围的划分

财权即财政收入的取得权，包括财政收入立法权、解释权、调整权、开征停征权、征管权、减免权等。由于财政收入形式包括税收、公债、国有财产收益，财权的划分也包括这三种财政收入形式的财权的划分。

税收是财政收入形式的主体，税权的划分也就是财权划分的主要内容。在税权划分上，一般做法是税收立法权基本上集中在中央，中央不仅拥有中央税的立法权，而且拥有地方税的立法权，但有些国家地方政府通常也拥有地方税的立法权。一般说来，分权制的联邦制国家地方政府拥有的地方税立法权较大一些，授权制的单一制国家地方政府拥有的地方税立法权较小一些。在征管权上，中央与地方各级政府都拥有本级政府税收征管权。

在公共收费上，则以地方收费为主，但中央政府有时也收取部分费用。在公债发行权上，以中央公债发行为主，但地方政府也拥有发行地方公债（通常为市政建设债券）的权力。

在国有财产收益权上，通常采取分级管理原则，中央管理的国有资产收益权归中央，地方管理的国有资产收益权归地方。

在收入划分上，由于税收通常是财政收入的主要来源，因此收入的划分主要体现在税收收入的划分上。在税收收入的划分上，通常实行有利于中央的分税制，即通过将税收体系的税种在中央与地方之间的划分，使中央政府占有税收收入的大部分（通常在60%以上），地方政府占有税收收入的小部分（通常在40%以下）。在税种的划分上，塞利格曼提出了效率原则、适应原则和恰当原则。迪尤提出了两原则，即效率原则和经济利益原则。马斯格雷夫也提出了分税的七大标准：①以收入再分配为目标的累进税应归中央；②作为经济稳定手段的税收归中央，而具有周期性稳定特征的税收归地方；

③地区间分布不均衡的税源应归中央；④课征于流动性生产要素的税收最好归中央征管；⑤依附于居住地的税收，如销售税、消费税适合归地方；⑥课征于非流动性的生产要素的税收最适宜归地方；⑦受益性税收及收费对各级政府都适用。表 11－2 列出了税种划分的一般模式。

**表 11－2　税种划分的一般模式**

| 税种 | 税基的确定 | 税率的确定 | 税收的管理 | 备注 |
|---|---|---|---|---|
| 关税 | F | F | F | 国际贸易 |
| （个人）所得税 | F | F、S | F | 再分配、要素流动 |
| 遗产税 | F | F、S | F | 再分配 |
| 公司税 | F | F、S | F | 要素流动 |
| 资源税 | F、S | F | F | 不均衡分布 |
| 销售税 | S | S | S | 与居民消费有关 |
| 增值税 | F | F、S | F、S | 与商品流通有关 |
| 国内消费税 | S | S | S | 与居民消费有关 |
| 财产税 | S | L | L | 完全不流动 |
| 收费 | F、S、L | F、S、L | F、S、L | 受益收费 |

注：F 代表联邦（中央）政府，S 代表州政府或省政府，L 代表州或省以下的地方政府。

在公债、收费及国有财产收益上，中央与地方政府都是独立的，不存在收入的划分问题。

3. 分级预算的建立

在划分了中央与地方各级政府事权与支出范围、财权与收入范围以后，建立中央与地方政府相对独立预算，中央与地方各级政府在相应的事权与支出范围、财权与收入范围内，分别组织收入安排支出，分别编制本级政府预算，自求平衡，分别对本级立法机构负责。

4. 转移支付制度的建立

政府间财政转移支付制度是指中央政府的财政收入转作地方政府的财政收入来源以满足地方政府财政支出需要的财政制度安排。在分级财政体制下，由于收支决定因素不同，遵循原则不同，这就导致了政府间收入结构与支出结构的不对称。通常实行有利于中央的分税制，使得中央在财力中占“大头”，中央政府收入通常占到全国财政收入的60%以上。而在支出责任中，地方则承担更多（公共产品多为地方性之故），地方政府支出通常占全国财政支出的60%以上，这样按分级财政体制收入划分的基本方法划分给地方政府的税收并不足以平衡地方财政支出的需求，其收支差额就要通过中央政府对地方政府的财政补助或转移支付予以弥补。例如，美国联邦政府通过有条件补助和无条件补助两种方式，实现对州政府的财政补助；日本政府则主要通过地方让与税、地方交付税、国库支出金等形式实现对地方的补助。

实施转移支付的目的，一是为地方政府提供额外的收入来源，弥补收支差额，增强其提供公共服务的能力；二是中央政府通过财政转移支付，对地方政府预算支出进行控制和调节，实现中央政府的宏观政策目标；三是对地方政府提供的受益外溢的产品和服务进行补助，以激励和引导地方政府多提供受益外溢的优质公共产品；四是通过转移支付，实现政府公共服务的均等化，使全国居民都能够享受到基本的公共服务，缩小地区间财政经济状况的不均衡而造成的公共服务水平上的差异，促进社会公平目标的实现。

分级财政体制下，中央对地方财政转移支付制度的设计涉及以下几个因素：一是对拨款资金的用途是否有具体的规定，由此可以将中央对地方的财政转移支付分为有条件的补助与无条件的补助；二是对补助的资金是否要求地方承担一定比例的配套资金，由此可以将补助分为配套补助与非配套补助；三是对配套的补助资金是否有封顶的数额限制，由此可以分为封顶的补助与不封顶的补助。

常见的中央对地方政府的转移支付类型主要包括：

（1）有条件的不配套补助，指用于某一特定用途条件下无须地方配套资金的一笔固定数额的补助。这种补助多用于保证全国各地达到基本的公共服务水平，有利于公平目标的实现和提高资源配置效率。

（2）无条件的不配套补助，指其用途不附加任何条件，又无须地方政府配套资金的一笔固定数额，由中央拨给地方的财政补助。这种补助主要起到弥补地方财力缺口与均等地方财政地位的作用。

（3）有条件的不封顶配套补助，指那些规定了用途并在一定程度上需要地方政府配备相应资金的中央对地方的财政补助。中央政府在安排这类补助时，只规定用途和配套资金比例，而不限制资金的具体数量，例如，中央给予地方政府补助25%公共工程建设方面的拨款。这种补助类型多用于矫正地方公共产品提供中因效益外溢而造成的低效率，激励地方政府多提供效益外溢的地方公共产品，实现资源配置效率的要求。

（4）有条件的封顶配套补助，指那些规定了资金用途且有数量限额，并需要地方政府配套相应资金的补助。在限额以下，中央给予地方政府某些项目支出以一定比例的补助，一旦补助金额达到限额水平，地方政府就得不到任何补助，这种封顶配套补助有利于控制中央政府的补助数额。

以下简要对不同类型转移支付的经济效应进行分析：

1. 一般性无条件的不配套转移支付的效应

对于既无配套资金要求又不规定具体资金用途的一般性转移支付来说，它在增加区域性公共产品的同时，也影响着私人产品的供求。设某一地区内居民对产品的消费是一致的，如图 11－1 所示。图中 *AB* 为地区原有的预算约束线，代表各种可行的区域性公共产品和私人产品的组合。*AB* 与无差异曲线相切于 *E* 点，此时，该地区消费的公共产品和私人产品的组合为 *OF*，纵轴上等同于 *EF* 的距离为消费的私人产品。居民要消费 *OF* 数量的公共产品，必须放弃 *GB* 数量的私人产品（即课以 *GB* 的税收），税率为 *GB*/*OB*。当来自中央财政的一笔一般性转移支付进入本级预算并被使用之后，预算约束线向右上方移动，成为 *CB*，并且与无差异曲线相切于 *E′* 点，表明此时该地区消费的公共产品为 *OH*，比转移支付前提高了 *FH*；*OJ* 为私人产品的消费，表明它超出了 *OG* 的水平，比转移支付前增加了 $JG$。$E'J$ 为中央政府给予地方政府的一般性转移支付额。在图 11－1 中，只要 $E'$ 位于 $MN$ 之间，则 $FH < AC$。因此一般性转移支付会使地方预算支出增加，但增加额会小于一般性支付额，即 $0 < \mathrm{d}FH/\mathrm{d}AC < 1$。这就意味着，给予地方财政的一般性转移支付具有收入效应（即在价格不变的情况下，收入变化导致需求量的变化），转移支付款项的一部分会移向私人产品的生产与消费，使私人产品的需求也都有所增加。当平衡点 $E'$ 距离 $M$ 越近时，一般性转移支付所带来的公共产品供求就越大，从而对私人产品供求增加，它在增加公共产品供求方面的影响就会减少，即 $\mathrm{d}FH/\mathrm{d}AC$ 接近于零。此外，由于私人产品的消费从 $OG$ 上升到 $OJ$，则税收量就从 $GB$ 降到 $JB$，降低量为 $JG$，税率从 $GB/OB$ 降到 $JB/OB$。

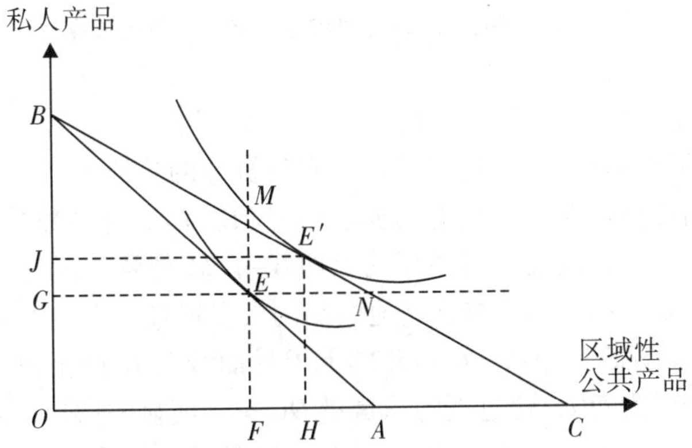


**图 11－1　一般性转移支付的效应**

2. 有条件配套（对称性）转移支付的效应

有条件配套转移支付又称对称性转移支付。这种转移支付要求地方在得到转移支付的同时，也拿出一定比例或一定数额的配套资金。在限定资金使用方向且地区内居民的消费偏好仍然一致的情况下，对称性转移支付可以由图 11－2 表示。当中央政府给予地方政府转移支付后，地方的预算约束线便向外移动到 $BC$，且与无差异曲线相切于 $E'$ 点。此时公共产品的消费比过去增加了 $FH$（即 $OH - OF$），私人产品的消费则增加了 $GJ$（即 $OJ - OG$）。如果转移支付为 $AC$，则地方政府收入效应会使公共产品和私人产品都有所增加，这一点与一般性转移支付是相同的。与此相同，对称性转移支付还具有替代效应，使公共产品的价格相对下降。在未转移之前，消费 $OF$ 数量的公共产品必须以放弃 $BG$ 数量的私人专用品为代价，此时税率是 $GB/OB$；在实行了对称性转移支付以后，增加了区域性公共产品数量，税率下降为 $JB/OB$。因为 $BG > BJ$，所以 $GB/OB > JB/OB$，税率降低，区域内公共产品价格相对于私人产品来说已经下降，区域内的社会福利水平提高。

对称性转移支付也有可能带来问题。比如，在地方政府财力十分拮据的情况下，为了不放弃到手的转移性支付，地方政府有可能通过举债来筹集资金以解决配套资金需求。在这种情况下，对称性补助就对地方预算产生了一定程度的干扰，甚至可能会导致地方财政出现赤字，成为加剧地方财政失衡的重要原因之一。

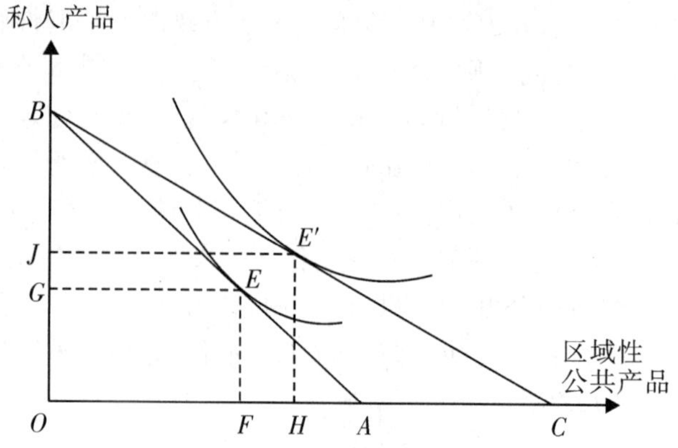


图 11－2 有条件配套（对称性）转移支付的效应

3. 专项转移支付的效应

专项转移支付的突出特征在于规定了转移支付资金的具体用途，其效用如图 11－3 所示。由于地方政府必须依照中央政府的要求将专项转移支付（数量为 AC）如数用于提供某一特定的公共产品，因此尽管预算约束曲线由 BA 外移，但这主要表明用转移支付开支的公共产品增加，而并不意味着其他产品的大量增加，其他产品的最大消费不会超过 OB 的水平。新的预算约束线 FC 与新的无差异曲线在 E′点相切，此时，接受转移支付的公共产品消费量为 OH，比过去的消费量 OG 有了明显的增加；未接受转移支付的其他产品的消费量为纵轴上相当于 E′H 的距离，消费量增加了 E′H－EG。由此可以看出，在实行专项转移支付的条件下，仍然会有补助金转移到其他产品中去，但是这种转移比一般性转移支付的转移要少得多，接受专项转移支付的公共产品量会有比较大的增加。从这个意义上讲，专项转移支付更能够显著地体现中央政府在支持地方政府提供某项公共产品方面的政策意图。

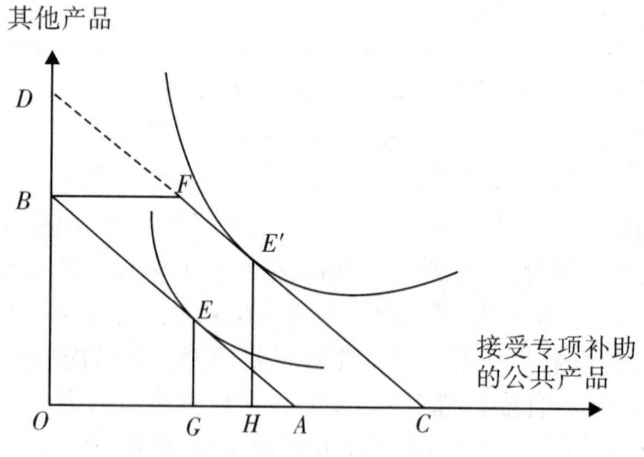


图 11－3 专项转移支付的效应

表 11－3　各种财政转移支付的特点比较

| 特征 | 对称性转移支付 | 一般性转移支付 | 专项转移支付 |
|---|---|---|---|
| 体现中央政府的意图 | 强 | 弱 | 强 |
| 行政干预的成分 | 弱 | 弱 | 中 |
| 影响地方政府的决策 | 中 | 弱 | 强 |
| 地方政府运用资金的自由度 | 中 | 强 | 弱 |
| 促进特定效果的提高 | 中 | 弱 | 强 |

根据表 11－3 可以得出这样的结论：如果中央政府并不需要具体地影响地方政府的决策和行为，就可以选用一般性转移支付；如果确实需要由中央政府加以干预和影响，并且又要明确达到既定的效果，那么就可以选择专项转移支付；如果接受资金的地方政府具备一定的财政实力，那么，中央政府在影响其决策行为时采取对称性转移支付就更为恰当一些。

## 11.5　我国分税制财政体制

中华人民共和国成立以来，随着国家经济体制的调整变化，财政体制也经历了多次调整。按照地方财政主体独立性程度，我国先后实行了四种类型的财政体制：统收统支体制，统一领导、分级管理体制，划分划支、分级包干体制，分税制体制。

我国中央和地方分税制财政体制是指在划分中央与地方事权的基础上，确定中央与地方财政支出范围，并按税种划分中央与地方预算收入的财政管理体制。1992 年中央提出建立社会主义市场经济体制的目标后，在立足国情的基础上，借鉴成熟市场经济国家的经验，国务院相继实施了分税制财政体制改革、所得税收入分享改革、转移支付制度改革、出口退税负担机制改革等措施，初步形成了符合我国市场经济一般要求的中央与地方政府间现行财政关系框架：按照中央与地方政府的事权划分，合理确定各级财政的支出范围；根据事权与财权相结合原则，将税种统一划分为中央税、地方税和中央地方共享税，并建立中央税收和地方税收体系；科学核定地方收支数额，逐步实行比较规范的中央财政对地方的税收返还和转移支付制度；建立健全分级预算制度，硬化各级预算约束。

### 11.5.1　中央与地方的事权与支出划分

2016 年 8 月《国务院关于推进中央与地方财政事权和支出责任划分改革的指导意见》（国发〔2016〕49 号）发布。这是一份指导财政事权和支出责任改革方向的框架性文件，在政府间财政关系改革中扮演极为重要的角色。它规定：中央财政主要负责国家安全、外交、中央国家机关运转所需经费，调整国民经济结构，协调地区发展，实施宏观调控以及由中央直接管理的事业发展等事务所需支出；地方财政主要负责本地区政权机关运转及本地区经济、事业发展所需支出。在财政事权的划分上，国防、外交、国家安全、出入境管理、国防公路、国界河湖治理、全国性重大传染病防治、全国性大通道、全国性战略性自然资源使用和保护等基本公共服务确定或上划为中央的财政事权。要加强地方政府公共服务、社会管理等职责，将直接面向基层、量大面广、与当地居民密切相关、由地方提供更方便有效的基本公共服务确定为地方的财政事权，赋予地方政府充分自主权，依法保障地方的财政事权履行，更好地满足地方基本公共服务需求。地方的财政事权由地方行使，中央对地方的财政事权履行提出规范性要求，并通过法律法规的形式予以明确。要逐步将社会治安、市政交通、农村公路、城乡社区事务等受益范围地域性强、信息较为复杂且主要与当地居民密切相关的基本公共服务确定为地方的财政事权；要逐步将义务教育、高等教育、科技研发、公共文化、基本养老保险、基本医疗和公共卫生、城乡居民基本医疗保险、就业、粮食安全、跨省（区、市）重大基础设施项目建设和环境保护与治理等体现中央战略意图、跨省（区、市）且具有地域管理信息优势的基本公共服务确定为中央与地方共同财政事权，并明确各承担主体的职责。

考虑到我国人口和民族众多、幅员辽阔、发展不平衡的国情和经济社会发展的阶段性要求，需要更多发挥中央在保障公民基本权利、提供基本公共服务方面的作用，因此应保有比成熟市场经济国家相对多一些的中央与地方共同财政事权。但在现阶段，针对中央与地方共同财政事权过多且不规范的情况，必须逐步减少并规范中央与地方共同财政事权，并根据基本公共服务的受益范围、影响程度，按事权构成要素、实施环节，分解细化各级政府承担的职责，避免职责不清造成的互相推诿。

2018 年，国务院办公厅印发《基本公共服务领域中央与地方共同财政事权和支出责任划分改革方案》（国办发〔2018〕6 号），进一步推动了财政事权和支出责任的划分。2018 年，国务院办公厅印发《医疗卫生领域中央与地方财政事权和支出责任划分改革方案》（国办发〔2018〕67 号），自 2019 年 1 月 1 日起实施。2019 年 5 月 24 日，国务院办公厅印发的《教育领域中央与地方财政事权和支出责任划分改革方案》（国办发〔2019〕27 号）自 2019 年 1 月 1 日起实施。中央与地方事权与支出责任划分改革已在提速。

### 11.5.2 中央与地方收入的划分

根据事权与财权相结合的原则，按税种划分中央与地方的收入。将维护国家权益、实施宏观调控所必需的税种划为中央税；将同经济发展直接相关的主要税种划为中央与地方共享税；将适合地方征管的税种划分为地方税，并充实地方税税种，增加地方税收入。

1994 年实施分税制改革后，由于税制要适应经济发展而不断改革，不同年份中央与地方税收收入划分上也在不断调整。2016 年 5 月 1 日全面推开“营改增”试点之后，按照党的十八届三中全会关于“保持现有中央和地方财力格局总体稳定，结合税制改革，考虑税种属性，进一步理顺中央和地方收入划分”的要求，同时考虑到税制改革尚未完全到位，推进中央与地方事权和支出责任划分改革还有一个过程，国务院决定制定全面推开“营改增”试点后调整中央与地方增值税收入划分的过渡方案。基本原则：一是保持现有财力格局不变。既要保障地方既有财力，不影响地方财政平稳运行，又要保持目前中央和地方财力大体“五五”格局。二是注重调动地方积极性。适当提高地方按税收缴纳地分享增值税的比例，有利于调动地方发展经济和培植财源的积极性，缓解当前经济下行压力。三是兼顾好东中西部利益关系。以2014年为基数，将中央从地方上划收入通过税收返还方式给地方，确保既有财力不变。调整后，收入增量分配向中西部地区倾斜，重点加大对欠发达地区的支持力度，推进基本公共服务均等化。同时，在加快地方税体系建设、推进中央与地方事权和支出责任划分改革过程中，做好过渡方案与下一步财税体制改革的衔接。主要内容包括：

第一，以2014年为基数核定中央返还和地方上缴基数。

第二，所有行业企业缴纳的增值税均纳入中央和地方共享范围。

第三，中央分享增值税的50%。

第四，地方按税收缴纳地分享增值税的50%。

第五，中央上划收入通过税收返还方式给地方，确保地方既有财力不变。

第六，中央集中的收入增量通过均衡性转移支付分配给地方，主要用于加大对中西部地区的支持力度。具体划分如表11-4所示。

**表11-4　现行中央与地方收入划分**

| | |
|---|---|
| 中央固定收入 | 关税，海关代征消费税和增值税，消费税，证券交易税，车辆购置税，中央企业上交的利润等 |
| 中央与地方共享收入 | 增值税中央分享50%，地方分享50%；企业所得税和个人所得税中央分享60%，地方分享40%；资源税按不同的资源品种划分，海洋石油资源税为中央收入，其余资源税为地方收入 |
| 地方固定收入 | 地方企业上交利润，城镇土地使用税，城市维护建设税，房产税，车船税，印花税（不含证券交易印花税），耕地占用税，契税，烟叶税，土地增值税，国有土地有偿使用收入等 |

1994年，我国分设中央与地方两套税务机构，中央税、共享税及地方税的立法权集中在中央。税收实行分级管理，中央税和共享税由中央税务机构负责征收，共享税中地方分享的部分由中央税务机构直接划入地方金库，地方税由地方税务机构负责征收。2018年全国各地国税地税机构合并任务完成，实现了税务征收机构的统一。

### 11.5.3　税收返还和转移支付制度

1. 税收返还

为了保证地方的既得利益，中央把1993年新体制计算的净增加收入全部返还给地方。税收返还承认既得利益，不够规范。中央对地方税收返还包括增值税和消费税返还、所得税基数返还，以及成品油税费改革税收返还。从2009年起，为简化中央对地方税收返还和转移支付结构，将出口退税超基数地方负担部分专项上解收入冲抵税收返还额。

（1）增值税和消费税返还。1994年分税制改革，实行按税种划分收入的办法后，原属地方支柱财源的增值税和消费税收入（增值税的75%和消费税的100%）上划为中央收入，由中央给予税收返还，返还额以各地上划中央增值税和消费税收入增长率为基数逐年递增。

（2）所得税基数返还。以2001年为基期，为保证地方既得利益，对按改革方案确定的分享范围和比例计算出的地方分享的所得税收入，小于地方实际所得税收入的差额部分，由中央作为基数返还地方。

（3）成品油税费改革税收返还。实施成品油税费改革后，中央以地方2007年公路养路费等“六费”收入为基数给予的返还，具体额度将考虑地方实际情况，按一定的增长率确定。

2. 转移支付制度

转移支付制度分为一般性转移支付、专项转移支付两类。

一般性转移支付是指中央政府对有财力缺口的地方政府（主要是中西部地区），按照规范办法给予的补助。其包括均衡性转移支付、民族地区转移支付、农村税费改革转移支付、调整工资转移支付以及义务教育转移支付等。对于一般性转移支付，地方政府可以按照相关规定统筹安排和使用。其中，均衡性转移支付是指以促进地区间基本公共服务均等化为目标，选取影响各地财政收支的客观因素，考虑地区间支出成本差异、收入努力程度以及财政困难程度等，按统一公式分配给地方的补助资金。

专项转移支付是指中央政府对承担委托事务、共同事务的地方政府，给予的具有指定用途的资金补助，以及对应由下级政府承担的事务，给予的具有指定用途的奖励或补助，主要用于教育、社会保障、农业等方面。

转移支付制度仍处在不断调整之中。2018年，国务院办公厅印发了《基本公共服务领域中央与地方共同财政事权和支出责任划分改革方案》（国办发〔2018〕6号，以下简称《方案》），其中有较多涉及转移支付方面的内容。

《方案》将涉及人民群众基本生活和发展需要、现有管理体制和政策比较清晰、由中央与地方共同承担支出责任、以人员或家庭为补助对象或分配依据、需要优先和重点保障的主要基本公共服务事项，纳入中央与地方共同财政事权范围，包括义务教育、学生资助、基本就业服务、基本养老保险、基本医疗保障、基本卫生计生、基本生活救助、基本住房保障八大类，共18个事项。

《方案》提出参照现行财政保障或中央补助标准，制定9项基本公共服务保障的国家基础标准。地方在确保国家基础标准落实到位的前提下，因地制宜制定高于国家基础标准的地区标准，应事先按程序报上级备案后执行，高出部分所需资金自行负担。对不易或暂不具备条件制定国家基础标准的9项事项，地方可结合实际制定地区标准，待具备条件后，由中央制定国家基础标准。法律法规或党中央、国务院另有规定的，从其规定。《方案》提出规范基本公共服务领域中央与地方共同财政事权的支出责任分担方式。

对于基本公共服务领域，中央与地方共同财政事权的支出责任主要实行按比例分担，并保持基本稳定；对基本公共卫生服务等7个事项，实行中央分档分担办法，并将其分担比例适当简化和归并为五档；对义务教育公用经费保障等6个事项，按比例分担、按项目分担或按标准定额补助的事项，暂按现行政策执行；对基本公共就业服务等5个事项，中央分担比例主要依据地方财力状况、保障对象数量等因素确定。

《方案》要求调整完善转移支付制度。在一般性转移支付下设立共同财政事权分类分档转移支付，原则上将改革前一般性转移支付和专项转移支付安排的基本公共服务领域共同财政事权事项统一纳入共同财政事权分类分档转移支付，完整反映和切实履行中央承担的基本公共服务领域共同财政事权的支出责任。

《方案》还要求推动省级以下支出责任划分改革。中央财政要加强对省级以下共同财政事权和支出责任划分改革的指导；省级政府要考虑本地区实际，根据各项基本公共服务的重要性、受益范围和均等化程度等因素，结合省级以下财政体制，合理划分省级以下各级政府的支出责任，加强省级统筹，适当增加和上移省级支出责任；县级政府要将自有财力和上级转移支付优先用于基本公共服务，承担提供基本公共服务的组织落实责任。

### 11.5.4 中央与地方财政收支平衡关系

按照预算法规定，我国实行“一级政府一级预算”，共设立五级预算。国务院编制中央预算草案，由全国人民代表大会批准后执行。地方各级政府编制本级预算草案，由同级人民代表大会批准后执行。

全国一般公共预算支出 = 中央本级一般公共预算支出 + 地方本级一般公共预算支出[①]，而不是中央财政一般公共预算收入 + 地方财政一般公共预算收入。这是因为地方财政一般公共预算收入包含中央对地方税收返还和转移支付。因此，如果将中央和地方财政一般公共预算收入简单相加得出全国一般公共预算收入，将会出现重复计算。

同时，中央本级一般公共预算收入主要不是用于中央本级一般公共预算支出，大部分通过税收返还和转移支付等形式补助给了地方（主要是中西部地区），相应形成地方财政一般公共预算收入并用于安排地方财政一般公共预算支出。因此，不能将地方本级一般公共预算收入占全国财政一般公共预算收入的比重，与地方本级一般公共预算支出占全国财政一般公共预算支出的比重进行简单对比，地方特别是中西部地区本级一般公共预算支出中相当一部分来自中央财政的税收返还和转移支付。

## 本章小结

财政体制也称财政管理体制，是指决定中央政府与地方政府的经济职责及财政收支

---

① 从2009年起，地方上解中央支出在账务上与中央对地方税收返还作冲减处理，地方财政支出中不再包含上解中央支出。因此，地方本级一般公共预算支出即地方财政一般公共预算支出。

划分的根本制度，是各级政府之间财政关系的制度安排。多级财政设计是基于效率的考虑，公共产品由地方政府分散供给要比中央政府集中供给有效率。泰伯特和马斯格雷夫的政府职能划分模型认为，资源配置职能按公共产品的受益面在各级政府之间划分，收入分配职能和经济稳定增长职能只能归中央政府。财政体制可以划分为高度集权的财政体制、高度分权的财政体制、适度集权与分权相结合的财政体制三种类型。分级财政体制是市场经济国家普遍推行的一种财政体制，基本模式是在明确市场经济中政府职能边界的前提下有效划分各级政府职责（事权）范围，在此基础上划分各级预算支出职责（财权）范围和收入范围，上级政府基于公共服务均等化目标通过转移支付确保各级政府财权与事权相匹配，各级政府预算独立，自求平衡。

## 思考题

1. 什么是财政体制？财政体制的类型一般从哪个角度划分？市场经济国家一般实行哪种类型的财政体制？
2. 中央政府为何要对地方政府实行财政分权？你认为应如何进行有效的财政分权？
3. 简述泰伯特和马斯格雷夫的政府职能划分模型。
4. 什么是分级（分税）财政体制？分级（分税）财政体制应遵从哪些原则？
5. 你对我国现行分税制财政体制有何看法？

# 12 财政政策

我们所说的财政政策是指制定税收和公共开支的过程，其目的是：抑制经济周期的波动，有助于维持增长的高度就业的经济，而与此同时又避免高度的和难以控制的通货膨胀。总之，以税收和公共开支为手段的财政政策，在货币政策的配合下，把迅速的经济增长、高就业和稳定的价格作为它们的目标。理想的方式是逆对现行经济风向。

——萨缪尔森

健全以国家发展规划为战略导向，以财政政策和货币政策为主要手段，就业、产业、投资、消费、环保、区域等政策紧密配合，目标优化、分工合理、高效协同的宏观经济治理体系。

——《中华人民共和国国民经济和社会发展第十四个五年规划和2035年远景目标纲要》

当今社会，随着国家对政治、经济、社会各个方面的全面干预和政府财政职能的不断强化，财政政策对社会经济生活的影响不断增大。好的财政政策可以惠及全体国民，使人民享受到国家的福利，增强国家的凝聚力，使国家走上繁荣、富裕、强大之路；坏的财政政策则使人民遭受重大福利损失，削弱国家的凝聚力，使国家走向衰败。因此，政府实施什么样的财政政策及如何随着环境变化相应调整财政政策也就成了一门重要的学科，即财政政策学。本章主要阐述财政政策学中财政政策的一般问题。

一般而言，财政政策是指政府为达到预期的经济、社会发展目标而确定的财政战略和财政策略，或者说是政府为实现一定的宏观经济目标而调整财政收支规模和收支平衡的指导原则及相应的措施。在市场经济下，财政功能的正常发挥主要取决于财政政策的适当运用。财政政策运用得当，可以保持经济的持续、稳定、协调发展；财政政策运用失当，则会引起经济的失衡和波动甚至引发社会动荡。

## 12.1 财政政策的构成要素

财政政策要素主要包括政策主体、政策目标、政策工具三大要素。要素的质量如何，直接影响政策功能的作用范围和作用强度。从政策主体要求来看，包括政策主体行为规范、政策制定者与政策执行者间的协调；从政策目标要求来看，包括政策目标数量的合理选择、目标偏好的矫正等；从政策工具要求来看，包括政策工具变量的取值、政策工具的弹性（灵活性）、政策工具机能的健全等。

### 12.1.1 财政政策主体

财政政策主体指的是政策制定者和执行者。由于我国长期实施高度的计划经济体制，剥夺了地方政府应有的地方财政政策制定权，人们看到的只是中央政府出台颁布的宏观财政政策，从而导致了在人们的意识里，认为财政政策就是中央政府实施的宏观财政政策，即以实现充分就业、物价水平稳定、国际收支平衡的短期稳定经济的总量调节政策，也即所谓相机抉择的财政政策。基于此，人们习惯上认为财政政策是中央政府的事，与地方政府无关，地方政府最多只是被动地执行中央政府的财政政策，而不能主动地实施财政政策。这就导致了人们对地方财政政策研究的漠视。人们对地方财政问题研究较多，但是缺乏明确的、定位于对某一地方政府财政政策的系统研究。然而，在市场经济体制下，按照“一级政府、一级财政”的原则，中央和地方政府在各自的财政权限内都有自己的财政政策制定权，中央政府和地方政府都可以基于宪法和财政法所赋予的财政权力分别制定财政政策，中央政府可以制定在全国范围内有效力的财政政策，地方政府也可以制定在地方辖区内有效力的地方财政政策。

政策主体的行为是否规范，对于政策功能的发挥和政策效应的大小都具有影响作用。在财政政策研究文献中，比较注重政策目标与政策工具的研究，而忽略了对政策主体的行为与偏好的分析。事实上，在我国现行体制下，各级政府的行为与偏好，对于政策的制定与执行起着决定性作用。

改革开放以来，我国经济体制发生了根本性变化，地方政府已拥有较大的自主权，既是一个政策的执行者，也是一个地区政策的制定者。这种双重地位，使地方政府在地方利益的驱动下，对中央政府的政策态度发生了微妙的变化，其表现之一是地方政府的政策抵触行为。政策有利于本地经济发展就贯彻执行，不利于本地经济发展就消极抵制，所谓“上有政策，下有对策”就是地方政府政策态度变化的最好说明。比如中央统一税收减免权后，各地为了吸引投资，就搞了许多“先征后返”政策。其表现之二是政策的攀比行为。比如改革开放后中央实行非均衡发展战略，给予东部沿海省份优惠政策，结合沿海省份的地缘优势让东部沿海省份先发展起来，带动中西部发展。当中部与西部地区感觉到自身的发展落后在很大程度上与政策倾斜有关后，就会竞相攀比，从而使中央对局部地区的优惠政策扩大化。为了协调东、西部地区发展，中央推进西部大开发战略，对西部地区实行较多的优惠政策。东北地区及中部地区随即与西部地区进行政策攀比，促使中央随后提出东北振兴战略和中部崛起战略，给予东北地区和中部地区相应的优惠政策。这种政策变化并非完全是政策制定者的主动行为，而在很大程度上是被政策执行者逼迫的事后认账。

显然，在财政政策原理研究中重视对政策主体行为规范的分析，有利于说明许多政策偏差现象，对于提高政策研究水平颇有帮助。

### 12.1.2 财政政策目标

财政政策目标，就是财政政策所要实现的期望值。政策目标的确定不是一个随心所欲的过程，而是一个科学的民主的选择或决策过程。根据我国全面建设小康社会的需要以及财政的基本特点，我国财政政策目标可以归结为以下三个方面。

1．政治目标

政治目标即通过财政政策去实现国家权力的巩固。政权乃政府行政之根本。因此，政府执政的重要目标之一是维持政权稳定，巩固执政地位。财政是政治与经济的结合，并不是一个纯粹的经济现象，在经济现象背后体现的是政府的政治目标。某种程度上说，经济目标、社会目标都只是政治目标的手段，都从属于政治目标，都是为实现政治目标服务。

实现政治目标，要求财政政策选择首先要“讲政治”，比如改革开放前我国经济发展水平不高，人民生活较困难，对外大规模的经济援助从经济利益上看是不合算的，但当时从广交朋友，改善国际环境，打破敌对势力对中华人民共和国的封锁，从而巩固国家政权来说则是必需的，对当今我国大国地位的形成是有历史贡献的。改革开放后，由于国际环境的改善，“以经济建设为中心” 成为最大的政治，对外援助减少。目前，我国经济发展水平提高后，对外援助增加，履行大国责任也是“讲政治”。再比如21世纪以来，财政转移支付向中西部地区大幅倾斜，以保证中西部地区政府提供基本公共服务的能力，也是通过经济手段实现政治目标，对促进共同富裕和增强国家凝聚力发挥了重大作用。

2．经济目标

经济目标即通过财政政策实现一国经济发展，创造更多财富。传统财政政策研究中所说的财政政策的经济目标是基于凯恩斯主义需求调节的短期经济稳定目标，包括经济增长（充分就业）、物价水平稳定、国际收支平衡。但是，随着人们对经济发展规律及财政政策研究的深入，今天，财政政策的经济目标已经不再仅仅是着眼于需求调节的短期稳定经济目标，而是着眼于长期经济发展目标，而这就涉及对什么是发展的科学认识。

人人都希望发展，每个国家都在为发展而奋斗。但什么是发展？对这个问题存在着众说纷纭的解释。从严格的经济学意义上说，发展一直是意味着一个原来或多或少长期处于停滞状态的国民经济，具有能够产生和支持每年5%～7%的国民生产总值增长率的能力。另外一种常用的发展指标是人均GNP的增长，这意味着发展是指快于人口增长率的产量增长。当然，经济学家们也并非都忽视了非经济方面的因素。一些“社会指标”，如识字率、教育、卫生保健条件等因素也为人们所谈论。发展不仅仅是增长，贫困、不平等和失业的减少或根除也是发展的重要内容。缪尔达尔曾将发展定义为“全部社会体系的向上运动”；联合国前秘书长吴丹在制定第二个十年（1970—1980）国际发展战略时，将发展概括为“经济增长＋社会变革”，是一个多方面变化的过程；托达罗在其《第三世界的经济发展》一书中，将发展定义为“一个社会或社会体系向着更加美好和更为人道的生活的持续前进”。

中国特色社会主义进入新时代，社会主要矛盾已经转化为人民日益增长的美好生活需要和不平衡不充分的发展之间的矛盾。我国经济已由高速增长阶段转向高质量发展阶段，正处在转变发展方式、优化经济结构、转换增长动力的攻关期，建设现代化经济体系是跨越关口的迫切要求和我国发展的战略目标。必须坚持“以人民为中心”的新发展思想。坚定不移贯彻创新、协调、绿色、开放、共享的发展理念。质量第一、效益优先，以供给侧结构性改革为主线，推动经济发展质量变革、效率变革、动力变革，提高全要素生产率，着力加快建设实体经济、科技创新、现代金融、人力资源协同发展的产业体系，着力构建市场机制有效、微观主体有活力、宏观调控有度的经济体制，不断增强我国经济创新力和竞争力。以上关于发展的认识赋予了财政政策经济目标新的内涵，财政政策经济目标不局限于凯恩斯主义短期需求调节的稳定经济目标，而是着眼于建立健全促进高质量发展的长效财政政策机制。

3. 社会目标

社会目标即通过财政政策实现社会公平正义。一般说来，社会公平正义就是生活在一定区域内的人们组成的共同体内，每个成员都认同的比较合理的生活状态。社会上人们谈论的许多社会现象和矛盾，归根结底都是转轨期间社会公平正义问题。那么，什么是公平正义？这历来就是众说纷纭、各执一端，从理论上说，对社会公平正义的认识存在着功利主义和罗尔斯主义两种代表性的观点。从中国特色社会主义新时代的奋斗目标来看，促进社会公平正义就是要按照中共十九大报告提出的以增进民生福祉发展作为根本目的。多谋民生之利、多解民生之忧，在发展中补齐民生短板、促进社会公平正义，在幼有所育、学有所教、劳有所得、病有所医、老有所养、住有所居、弱有所扶上不断取得新进展，保证全体人民在共建共享发展中有更多获得感，不断促进人的全面发展、全体人民共同富裕。建设平安中国，加强和创新社会治理，维护社会和谐稳定，确保国家长治久安、人民安居乐业。

显然，促进社会公平正义的社会目标为财政政策赋予了新的内涵，提出了新要求。财政政策必须从根本上改变传统上只重视经济建设，忽视民生改善的以物为本、为增长而增长的政策目标，注重经济发展过程中经济增长与改善民生的协调。因此，在财政资源分配中必须将民生改善置于财政政策的首要位置，做到发展为了人民，发展依靠人民，发展成果由人民共享。因为，从根本上说，财政政策的政治目标和经济目标都是为社会目标服务的，政权稳定和经济发展最后都是为了改善民生，增进人民福祉，实现社会公平正义。

教育是民生之基，教育公平是社会公平正义的重要基础，就业是民生之本，收入是民生之源，社会保障则是民生之安全网。实现社会公平正义目标，要求着眼于建立健全改善民生的长效财政政策机制：①实施优先发展教育，建设人力资源强国的财政政策；②实施激励创业扩大就业，以创业带动就业的财政政策；③实施增加城乡居民收入、扩大中等收入阶层，缩小收入分配差距的财政政策；④实施建立健全覆盖城乡居民的社会保障体系的财政政策。

### 12.1.3 财政政策工具

财政政策工具是财政政策主体所选择的用以达到政策目标的各种财政手段。政策主体通过控制政策工具实现预期目标。财政政策工具主要有预算、税收、公债、财政支出等。

1. 预算

预算政策的调节作用，主要是通过保持预算盈余或预算赤字体现出来的。

预算盈余即年度预算收入大于预算支出的差额。如果年度预算政策决定保持预算收入大于预算支出，出现预算收入大于预算支出的差额，即产生预算盈余。预算盈余对总需求有一定的紧缩作用。年度预算保持一部分盈余，则有一部分资金在当年度没有利用，而是被储存起来，从而会对总需求起到一定抑制作用。如果经济处于繁荣期，实施预算盈余可以防止经济过度膨胀。但是如果经济处于低迷期，实施预算盈余则会加剧经济衰退。

预算赤字即年度预算收入小于预算支出的差额。如果年度预算政策决定保持预算收入小于预算支出，出现预算收不抵支的差额，即产生预算赤字。预算赤字对总需求有一定的扩张作用，当经济增长缓慢，经济中存在一定的闲置资源，则通过预算赤字可以使闲置资源得到充分利用，促进就业和经济增长。但是当经济已经处于繁荣期，社会资源已经得到了充分利用，则预算赤字会导致经济过度繁荣，出现通货膨胀。

2. 税收

税收的调节作用，主要通过税收比率确定、税负分配（包括税种选择与税负转嫁）以及税收优惠和税收惩罚体现出来。

税收比率的确定是财政政策实现调节目标的基本政策度量选择之一。税收比率就是税收收入占 GDP 的比重，反映了政府集中掌握的财力或动员资源的能力。政府提高税收比率，会对民间部门经济起收缩作用，使更多收入从民间部门流向政府部门，民间部门的产出将减少；反之则反。

税负分配，一方面是由政府部门来进行，主要是通过税种选择和制定不同的税率来实现；另一方面是通过市场活动来进行，主要是通过税负转嫁使名义税负与实际税负差异化的形式实现。两个层次的税负分配，对于收入的变动、相应的个人与企业的生产经营活动以及各经济主体的行为均会产生重大影响。

税收优惠与税收惩罚在运用上具有较大的灵活性，它往往起到正税所难以起到的作用。税收优惠包括许多内容，如减税、免税、退税、宽限、低税率、费用扣除标准提高、加速折旧以及建立保税区等。税收惩罚有如报复性关税、双重征税、税收加成、征收滞纳金等。

3. 公债

公债最初是用来弥补财政赤字的，但随着信用制度的发展，公债已成为调节货币供求、协调财政与金融关系的重要政策手段。公债的作用主要通过公债规模、持有人结构、期限结构、公债利率综合体现出来。

公债的调节作用，主要体现在以下三种效应：一是“挤出效应”，即由于公债的发行使民间部门的投资或消费资金减少，从而对民间部门的投资或消费起调节作用。二是“货币效应”，即公债发行引起货币供求变动，一方面可能使部分“潜在货币”变为现实流通货币；另一方面则可能把存于民间部门的货币转到政府部门或由于中央银行购买公债而增加货币的投放。三是“收入效应”，公债主要依靠未来年度增加税收来偿还，公债持有人在公债到期时不仅可以收回本金，而且可以得到利息报偿。政府发行公债主要用于社会公共需要，人人均可享用。这样，在一般纳税人与公债持有人之间就产生了收入的转移问题，这不仅影响当代人，而且存在着“代际”转移问题。

4. 财政支出

在我国政府主导的社会主义市场经济体制下，财政支出是实现财政政策目标的主要手段，因为财政支出决定了政府财政资源的配置，直接影响财政政策目标的实现。特别是对于地方政府来说，由于不具有实施税收政策的权力，财政支出手段显得更为重要。财政支出包括购买性支出和转移性支出两大部分。购买性支出包括商品和劳务的购买，它直接构成了社会有效需求。特别是政府投资能力与投资方向对经济结构的调整起关键性作用。转移性支出是财政资金无偿给予其接受者，并没有实现货币与商品和劳务的互换，此时，民间的消费并不因此而直接发生变化。但是通过转移性支出，增加了接受者的收入水平，转移性支出的接受者由此可能改变其消费行为和生产行为。转移性支出中的社会保障、救济支出，直接增加了低收入者的收入，低收入者有可能将增加的收入用于消费。转移性支出中的补贴支出通常与价格有关，或者是价格波动需要财政补贴去抑制价格波动带来的经济影响，或者是通过财政补贴去影响价格。

## 12.2 财政政策的类型

### 12.2.1 根据财政政策对社会经济活动的影响分类

（1）分配性财政政策，涉及将服务和利益分配给人口中的特定部分——个人、团体、公司和社区。某些分配性政策只向一个或几个受益者提供，另一些政策可能向许多人提供利益。如农业产品价格补贴计划，只是对从事特定农产品的农民有利。一般来说，分配计划与运用公共资金去援助特定的团体相关。那些寻求利益的人们彼此并不直接竞争，他们的利益并不意味着由任何特定的团体支付，而是由财政即所有纳税人支付。在这种情况下，分配性政策只会产生得利者，而不会产生失利者，尽管的确有人为得利者付出代价。

（2）调节性财政政策，与将限制和约定加于个人和团体的行动有关，或者说，这类政策减少了那些受调节人的自由和权利。从这一意义上说，调节性财政政策不同于分配性政策，后者的实施只会增加有关个人和团体的自由与权利。

（3）再分配性财政政策，涉及政府在社会各阶层或团体中进行有意识的财富、收入、财产或权利的转移性分配，其主要手段包括累进所得税、转移性支出等。从表面上看，累进所得税建立在支付能力原则的基础上，而且税率分档定率具有强烈的再分配性。然而，各种抵免、豁免、扣除、不予计列和其他“漏洞”等的存在，又在一定程度上削弱了它的再分配性质。

### 12.2.2 根据财政政策是否给予实际利益分类

（1）物质性财政政策，即将实际有形的资源或实质性的权利提供给其受益人，或者将真正的不利条件加于受相反影响的人，如转移支付政策和税收优惠政策等就属于物质性政策。

（2）信号性财政政策，其分配的有利条件或不利条件很少对人们产生实际效果。这些政策并不交付表面上许诺的东西，它们对人、对行为的影响并不十分明显。

绝大多数财政政策既非纯信号性的，也非完全物质性的，而是处于这两个极端之间。物质性财政政策与信号性财政政策之间可以相互转换。当政府没有提供政策实施所需资金时，从立法规定来看，本质上属于物质性的政策就变成了信号性政策。另外，财政政策也可能从信号性政策向物质性政策转化。例如，发展中国家的税收优惠政策在开发初期只是信号性的，因为政治环境、市场条件、交通通信状况等并非令人满意，海外厂商观望多，实际投资少，致使其实施效果不佳。但随着政局的稳定、金融市场的健全、产品市场的拓宽、各种外部经营条件的具备，外商投资有了投资热情，税收优惠措施也就更多地成为物质性的。

### 12.2.3 根据财政政策发挥作用的机制分类

（1）自动稳定的财政政策，是指某些能够根据经济波动情况自动发生稳定作用的政策，它无须借助外力就可直接产生控制效果。财政政策的自动稳定性主要表现在两个方面：①税收的自动稳定性。税收制度，特别是公司所得税和累进的个人所得税，对经济活动水平的变化反应相当敏感。如果当初预算是平衡的，税率没有变动，而经济活动出现不景气，国民产出就要减少，这时税收收入就会自动下降；如果预算支出保持不变，则由税收收入的减少而使预算赤字发生，这种赤字会自动产生一种力量，以抑制国民产出的继续下降。②支出的自动稳定性。对个人的转移支付计划是普遍的自动稳定器。转移支付计划是在个人收入下降到非常低时，为维持他们的生活水平而向他们提供的，如公共救济款及对有儿童家庭的援助等福利计划和失业救济金。如果国民经济出现衰退，就会有一大批居民具备申请失业财政政策救助的资格，政府必须对失业者支付津贴或救济金，以使他们能够进行必要的开支，使国民经济中的总需求不致下降过多；同样，如果经济繁荣来临，失业者可重新获得工作机会，在总需求接近充分就业水平时，政府就可以停止这种救济性支出，使总需求不致过旺。

（2）相机抉择的财政政策，其意味着某些财政政策本身没有自动稳定的作用，需要借助外力才能对经济产生调节作用。一般来说，这种政策是政府根据当时的经济形势，采用不同的财政措施，以消除通货膨胀缺口或通货紧缩缺口，是政府利用国家财力有意识干预经济运行的行为。按照财政政策的早期理论，相机抉择的财政政策包括汲水政策（pump priming policy）和补偿政策（compensatory policy）。汲水政策是对付经济波动的财政政策，是在经济萧条时靠付出一定数额的财政投资使经济自动恢复其活力的政策。补偿政策是政府有意识地从当时经济状态的反方向调节景气变动幅度的财政政策，以达到稳定经济波动的目的。

### 12. 2. 4　根据财政政策在调节宏观经济方面的作用性质分类

（1）扩张性财政政策，是指通过财政分配活动来增加和刺激社会的总需求。在国民经济存在总需求不足时，通过扩张性财政政策使总需求与总供给的差额缩小以至平衡。扩张性财政政策的载体主要有减税和增加财政支出规模。减税可以增加民间的可支配收入，可以扩大社会总需求。当然，减税的种类和方式不同，其扩张效应也不同。流转税的减税在增加需求的同时，对供给的刺激作用更大，它的扩张效应主要表现在供给方面。所得税尤其是个人所得税的减税主要在于增加人们的可支配收入，它的扩张效应体现在需求方面。财政支出是社会总需求的直接构成因素，财政支出规模的扩大会直接增加总需求。在减税与增加支出并举的情况下，扩张性财政政策一般会导致财政赤字，从这个意义上说，扩张性财政政策等同于赤字财政政策。

（2）紧缩性财政政策，是指通过财政分配活动来减少和抑制总需求。在国民经济已出现总需求过旺的情况下，紧缩性财政政策有助于消除通货膨胀缺口，达到供求平衡。实现紧缩性财政政策目标的手段主要是增税和减少财政支出。增加税收可以减少民间的可支配收入，降低其消费需求；减少财政支出可以降低政府的消费需求和投资需求。如果增税与减少财政支出同时并举，财政盈余就有可能出现，在一定程度上说，紧缩性财政政策等同于盈余财政政策。

（3）中性财政政策，是指财政的分配活动对社会总需求的影响保持中性。财政的收支活动既不会产生扩张效应，也不会产生紧缩效应。在一般情况下，这种政策要求财政收支保持平衡。但是，使预算收支平衡的政策并不等于中性财政政策。

### 12. 2. 5　根据财政政策所要实现的财政职能分类

（1）资源配置优化的财政政策，指的是合理有效运用财政资源配置职能，通过财政收支手段合理运用来弥补市场配置资源的缺陷，实现全社会资源的优化配置。

（2）收入分配公平的财政政策，指的是合理有效运用财政收入分配职能，通过财政收支手段合理运用来弥补市场收入分配的缺陷，合理调节收入分配差距，把社会成员间收入分配差距维持在一定的限度内，实现发展成果有全社会成员共享的共同富裕目标。

（3）经济稳定的财政政策，指的是根据短期宏观经济总体状况，合理有效运用财政收支手段，实现国民经济总供求的平衡，促进充分就业、物价水平稳定、国际收支平衡的宏观经济目标。

（4）经济发展的财政政策，指的是一国在基于自身特殊的政治、经济、社会环境而确立长期经济发展目标后，通过财政收支手段运用实现长期可持续经济发展。比如，我国实施科教兴国的财政政策、城乡经济协调发展的社会主义新农村建设的财政政策等都是实现现代化过程中必须长期贯彻实施的。

### 12.2.6 根据财政政策发挥作用时间的长短分类

（1）长期财政政策，是在长期内实施、在长期发挥作用、促进长期国民经济和社会发展的财政政策。比如，自主创新、科教兴国的财政政策等。

（2）短期财政政策，是基于短期内国民经济和社会发展中的突出问题所采取的财政收支措施。比如，我国在个别年份提出的经济增长速度“保八”的财政政策，汶川地震灾害发生后实施的灾后重建的财政政策等。

（3）中期财政政策，介于长期财政政策和短期财政政策之间，一般是与国民经济和社会发展五年计划及十年规划相对应的财政政策。

### 12.2.7 根据财政政策运用的工具分类

（1）预算政策，通过预算手段的运用去实现财政政策目标。具体可以分为：①年度平衡预算政策：政府每年预算收支平衡的政策，这是节俭理念在实践中的具体体现。预算必须平衡，如果支出大于收入，就会被迫借债，政府就会陷入债务困境。②功能财政预算政策：强调的是预算政策的宏观经济目标的重要性，只要实现充分就业等宏观经济目标，预算不一定要坚持平衡。③周期平衡预算政策：预算在一个完整的经济周期内保持平衡而不是一定要每年平衡。④高度就业预算政策：预算收支水平以充分就业为前提来确定，确定一个合理的预算收支水平后就不再改变，让自动稳定的财政机制自动运行。

（2）税收政策，通过税收手段的运用去实现财政政策目标。它既包括着力于总供给与总需求平衡的总量政策，也包括着力于产业结构升级、民生改善的税收政策。

（3）公债政策，通过公债手段的运用去实现财政政策目标。一方面公债政策与财政赤字政策配合，作为弥补财政赤字的手段；另一方面公债政策与货币政策配合，作为影响货币供给的一个重要工具。此外，公债政策也可以与政府投资政策配合，作为促进经济增长和调节经济结构的工具。

（4）财政支出政策，通过财政支出手段的运用去实现财政政策目标。它既包括着力于总供给与总需求平衡的总量财政支出政策，也包括着力于产业结构升级、民生改善的结构性财政支出政策。

## 12.3 财政政策的功能、乘数和时滞

### 12.3.1 财政政策的功能

1. 导向功能

财政政策的直接作用对象是财政分配和管理活动，而这种分配和管理关系到人们的

物质利益，从而左右着人们的经济行为。财政政策的导向功能主要是对个人和企业的经济行为以及国民经济的发展方向起引导作用。财政政策的导向功能主要表现在：①配合国民经济总体政策和各部门、各行业政策，提出明确的调节目标。例如，在某一时期，宏观经济政策目标是稳定经济发展，为实现这一总目标，财政政策就要确定抑制通货膨胀的目标。②财政政策不仅规定什么应该做、什么不应该做，而且通过利益机制，告诉人们怎样做更好。例如，政府为了增加社会投资规模，就要刺激私人投资欲望。当这类政策出台后，投资者可能就要利用这类政策（当然这正好符合这类政策的目的），这时，财政政策可提供较多的方式以便投资者选择，如加速折旧、免税期、投资税收抵免、盈亏互抵等。

财政政策的导向功能的作用形式有两种：直接导向和间接导向。直接导向是指财政政策对其调节对象直接发生作用。例如，加速折旧的税收政策，可以大大提高私人的设备投资欲望，加速固定资产的更新改造。间接导向是指财政政策对非直接调节对象的影响。例如，对某些行业施以高税政策，不但会抑制这一行业的生产发展，而且还有两项间接影响：一是影响其他企业和新投资的投资选择；二是影响消费者对这一行业的产品的消费数量。

2. 协调功能

财政政策的协调功能主要表现在对社会经济发展过程中某些失衡状态的制约、调节能力，它可以协调地区之间、行业之间、部门之间、阶层之间等的利益关系。财政政策之所以具有协调功能，首先是由财政的本质属性决定的。财政本身就具有调节职能，它是在国民收入分配过程中，通过财政的一收一支，改变社会集团和成员在国民收入中占有的份额，调整社会分配关系。例如，转移支出政策是为了协调个人之间的收入水平，以达到公平收入目的；又如，合理负担政策旨在公平税负，使纳税人在平等的基础上展开经济竞争。其次是财政政策体系的全面性和配套性为其协调功能的实现提供了可能性。在财政政策体系中，支出政策、税收政策、预算政策、补助政策等，从各个方面协调人们的物质利益关系，只要实现相互配合、相互补充的优化配置，就能发挥政策的整体效应。

财政政策协调功能的主要特征表现在三个方面：①多维性。财政政策所要调节的对象以及实现的目标不是单一的，而是多方面、多层次的。例如，为协调个人收入分配，以免走向两极分化，就需要通过财政投资政策增加社会就业机会，通过税收政策降低高收入者的边际收入水平，通过转移支出政策提高低收入者的收入水平。因此，特定的财政政策在实施过程中要注意调节对象的选择和调节目标之间的兼容性。②动态性。财政政策在协调过程中，可以根据国民经济的发展阶段和国家总体经济政策的要求，不断改变调节对象、调节措施和调节力度，最终实现国民经济的协调发展。③适度性。财政政策在协调各经济主体的利益关系时，应掌握利益需求的最佳满足界限和国家财政的最大承受能力，做到“取之”（税收收入）有度，“予之”（财政支出）有节，使国家或政府以尽量少的财政收入和调节对象的利益损失取得尽量大的效果。

3. 控制功能

财政政策的控制功能是指国家或政府通过财政政策对人们的经济行为和宏观经济运

行进行制约与促进，实现对整个国民经济发展的控制。例如，对个人所得税征收超额累进税，是为了防止收入分配上的两极分化。

财政政策之所以具有控制功能，主要是由政府的规范性决定的。无论财政政策是什么类型的，都含有某种控制的因素在内。它们总是通过这种或那种手段，旨在让人们做某些事情，不做某些事情，或者继续从事他们本来不愿从事的活动。

4. 稳定功能

财政政策的稳定功能是指政府通过财政政策，调整总支出水平，使货币支出水平恒等于产出水平，实现国民经济的稳定发展。例如，在人力资源没有被充分利用时，政府通过增加支出使其达到充分就业的水平；而在通货膨胀时，政府通过将总支出减少到总供给与总需求相等的水平以抑制经济过热。

财政政策稳定功能的主要特征是反周期性和补偿性：①反周期性。经济发展总是由平衡到不平衡再到平衡的过程，经济波动由此产生。当经济繁荣时，生产兴旺，国民收入水平提高；反之，当经济衰退时，生产萎缩，失业普遍，国民收入水平下降。在繁荣和衰退的变化过程中，财政政策稳定功能的反周期性在自动地发挥作用。在繁荣时期，随着国民收入水平的提高，税收收入自动增加，而转移支出自动下降，相对减少了居民的可支配收入，减轻通货膨胀压力；在衰退时期，随着国民收入水平的下降，税收收入自动减少，而转移支出自动增加，相对提高了居民的可支配收入，增加有效需求。②补偿性。按照凯恩斯学派经济学家的观点，整个国民经济由私人经济部门和公共经济部门所构成，以私人经济活动为主。根据总供给等于总需求的原则，一定的国民收入水平来自一定数额的有效需求（总支出）。当私人部门支出不足，以至于有降低国民收入水平之虞时，政府通过财政政策措施，或增加财政支出，或减少税收收入，以维持总需求不变。如果私人部门支出过多，就会有产生通货膨胀的危险，政府通过财政政策措施一方面减少财政支出，延缓公共投资；另一方面尚需增加税收，以吸收社会的剩余购买力。

### 12.3.2 财政政策的乘数

我们从上述分析中已经看到财政政策的经济稳定作用，可是这种作用到底有多大？这就是财政政策乘数问题。

依据凯恩斯经济学的国民收入决定方程式可以推导出财政政策乘数。具体包括税收乘数和购买性支出乘数。税收乘数是税收的变动（包括税率、税收收入的变动）对 GNP 的影响程度，其值为负且绝对值大于 1，说明国民收入与税收的变动相反。若政府采取减税政策，将会成倍刺激有效需求，有利于经济增长。购买性支出乘数是购买性支出的变动对 GNP 的影响程度，其值为正且绝对值大于 1，说明国民收入与购买性支出的变动方向相同。支出乘数大于税收乘数，说明财政支出政策对经济增长和经济稳定的作用大于税收政策。因此，如果政府在增加税收的同时，等量增加购买支出，国民收入也会增加。换言之，即使政府实行平衡预算财政政策，仍具有一定的扩张效应。

### 12.3.3 财政政策的时滞

时滞是经济运行发生变化，需要宏观经济政策进行调节，到宏观经济政策对经济运行实际产生调节作用之间的时间滞后。政策时滞一般包括五种时滞：认识时滞、行政时滞、决策时滞、执行时滞、效果时滞。认识时滞是从经济现象发生变化到决策者对这种需要调整的变化有所认识所经过的时间，这段延迟的时间长短，主要取决于行政部门掌握经济信息和准确预测的能力。行政时滞也称行动时滞，是宏观经济管理部门在制定采取何种政策之前对经济问题调查研究所耗费的时间。这两种时滞只涉及行政单位，而与立法机构无关，也就是说，这两种时滞只属于研究过程，与决策单位没有直接关系，经济学称之为内在时滞。决策时滞是指宏观经济管理部门将分析的结果提交给立法机构审议通过所占用的时间。执行时滞是指政府议案在立法机构通过后交付有关单位付诸实施所经历的时间。效果时滞是指政策正式实施到对经济产生影响所需要的时间。这三种时滞与决策单位发生直接关系，而且直接影响社会的经济活动，故称为外在时滞。

## 12.4 财政政策思想演变

### 12.4.1 古典学派“廉价政府”的财政政策思想

以亚当·斯密、大卫·李嘉图、萨伊为代表的古典学派坚持主张资本主义的自由竞争是经济发展的动力，供给会自动创造需求，实现经济总量的平衡和经济的稳定。市场这只“看不见的手”不仅能合理地配置社会资源，而且能自动实现收入的合理分配。因此，经济生活中不存在着非自愿性的失业，也无须政府干预经济的运行。在这一思想主导下，他们反对政府过高征税，反对政府举债，提倡“廉价政府”和强调政府充当“守夜人”的职能。

亚当·斯密的经济自由主义认为，由于国家的财政支出是对经济资源的单纯损耗，对经济的扩大再生产完全是一种负面作用。因此，为了增加国民经济财富，必须尽可能地减少政府的支出，将政府的活动范围限制在一个比较小的领域，这样既能防止政府对经济的不必要干预，又能减少政府的支出，使国民财富较快增长。同时他还指出，随着社会文明的进步，国家职能会越来越有必要加强，费用支出也会逐渐增大。

萨伊的观点与亚当·斯密有所不同的是，他认为国家的消费具有再生产的意义：“军需品和粮食同用于有效的保卫国家的文武官员的时间和劳动，尽管消费掉或消灭掉，确实用的其宜。”他从“消费有益”的角度来为政府的消费划分了一个大致的范围，只有当国家消费带来的价值损失能给国家产生相当利益时，它才是合理的，否则它便是对社会财富的浪费，这种政府活动是应该被禁止的，因此政府活动应该局限在对社会产生预期收益的范围里。但是他并没有系统地解释哪些政府活动会产生预期收益和具体收益的衡量办法。

古典经济学家是资本主义市场经济制度的崇拜者，但是他们仍从客观实际出发，承认在某些特定情况下市场有其不胜任之处，需要政府职能替代。亚当·斯密提出了政府的三种职能，萨伊对其职能范围加以探讨，英国经济学家穆勒的国家职能论则对政府制度运行的各个方面做了更为详尽的探讨。

### 12.4.2 新古典学派“福利经济学”的财政政策思想

以马歇尔和庇古为代表的新古典学派重新认识政府在经济领域中的作用，尤其以庇古为代表的福利经济学，主张政府干预经济活动，特别重视财政对资源配置和收入分配的调节作用，认为政府应限制私人部门在产生外部不经济的领域内投资，鼓励其在产生外部经济领域的投资，运用财政直接投资或财政补贴的方式或运用税收优惠措施，发展边际社会净产值大于边际私人净产值的产业，使社会资源的配置达到最优状态，实现国民收入最大化。同时，由于不平等的劳动力和资本的交换条件可能产生不公平的要素回报，因此政府必须对自由主义体制下所产生的收入和财富的不平等予以矫正。故政府在实行高额累进税制的基础上，应增加财政的社会福利支出，使低收入者的货币收入增加，实现资本主义的国民收入最大限度的均等化。新古典学派还主张摈弃自然主义的财政政策，主张采取相机变化的财政政策稳定经济。

### 12.4.3 凯恩斯主义学派“需求管理”的财政政策思想

凯恩斯学派认为，市场机制对宏观经济领域调节的失灵，需要政府运用财政政策进行干预，并特别强调财政政策对总需求的管理。他还认为在经济增长速度过快、通货膨胀严重的经济环境下，政府应执行紧缩性财政政策，减少支出，通过财政支出乘数效应使社会总需求成倍地缩小，从而减少社会总需求，实现总供给与总需求的平衡，从而对通货膨胀起到抑制作用。当经济处于通货紧缩的环境下，为了促进经济增长，实现充分就业，政府应执行积极财政政策，通过扩大财政支出规模，一方面直接增加社会需求，同时还通过财政支出所产生的乘数效应带动整个社会投资与消费需求，从而扩大社会总需求，实现宏观总量平衡的财政政策目标。

新凯恩斯主义对传统凯恩斯主义学派财政政策思想做了修正，但仍然主张政府干预经济，然而他们所主张的干预与原先的凯恩斯主义者不同。它更加强调宏观经济学的微观基础，把实际市场的不完全性作为解释经济波动的关键。政府必须通过收入再分配增进公平，通过税收补贴消除外溢性，通过政府投资提供公共产品。新凯恩斯主义财政政策的特别之处在于它主张“适度”国家干预。该学派赞同新古典宏观经济学关于“对经济过度频繁的干预导致了滞胀”的观点，在分析中加入了经济当事人最大化和理性预期的假设。与原先的凯恩斯主义注重对经济进行“数量”上的调节相比，它更关注财政政策调节经济的“质量”好坏。

### 12.4.4 供给学派“供给管理”的财政政策思想

供给学派摒弃凯恩斯的有效需求理论和国家调节，复活萨伊定律，认为在完全竞争的市场经济条件下商品和劳务的供给能够创造自身的需求，市场自动调节可以避免严重的经济危机，达到“充分就业”。

在供给经济学中，减税是指边际税率的削减，边际税率就是累进税制中对超过一定的纳税等级的那部分收入规定的税率。相对价格则有两种含义。一种相对价格支配着人们决定其收入在消费和储蓄、投资之间如何分配，即边际税率决定着一单位收入用于目前消费的价值和用于储蓄、投资作为未来收入来源的价值孰高孰低。边际税率越高，未来可能得到的收入越少，即高税率使目前消费相对于被放弃的未来收入而言显得合算，从而使储蓄率下降，投资减少。另一种相对价格支配着人们决定在工作和闲暇之间，或在闲暇和努力提高自己的知识、技能、增加人力资本（从而可增加未来收入）之间，如何分配时间。边际税率越高，闲暇的代价越小，因而鼓励懒惰和旷工，不利于生产。

供给学派认为，政府“财政政策是通过改变相对价格进而改变对生产的刺激在供给方面起作用”。供给学派先驱N. 屠利认为：“供给经济学就是把价格理论应用于政府财政措施。”他们认为，减税通过两种相对价格的变化刺激人们的储蓄和投资，调动人们的工作积极性，促进生产，增加供给。供给学派是一种“新的关于个人刺激的经济学”。在生产扩大、供给增加的基础上，政府税收基础将扩大，税收增加弥补了税率降低后收入损失，从而达到平衡财政预算的目的。著名的“拉弗曲线”成为上述思想的理论依据。令人遗憾的是，“拉弗曲线”并不能告诉人们税率的最佳点何在，减税也没有达到供给学派所鼓吹的带动生产、增加供给、压低物价、缓和通货膨胀的长期效果。

### 12.4.5 货币主义学派的财政政策思想

以弗里德曼为主要代表的货币主义学派极力反对凯恩斯主义的赤字财政政策，提出财政政策无效论，鼓吹“单一规则”的货币政策。他们认为政府支出的增加如果没有相应地扩大货币供给量，那么它对经济的刺激作用将只是暂时的或微小的。如果财政政策要持续地发挥作用，财政支出就必须通过创新货币来融资。很显然，这样的财政支出必然是膨胀性的。因此，为保持经济的稳定增长，消除通货膨胀，政府必须减少对经济的干预，压缩财政支出，实行预算平衡的财政政策。

### 12.4.6 理性预期学派的财政政策思想

以卢卡斯、华莱士为代表的理性预期学派在“理性预期假说”和“持续地市场出清”的假定前提下，认为竞争性市场可以很快使经济恢复到充分就业状态，大萧条只是一种反常现象。如果政府运用财政政策对经济活动进行干预，那么人们就会根据政策对未来可能产生的影响做出预期，从而调整自己的行为，这样做的结果是政策无效。尽管该学派认为财政政策是无效的，但也提出了自己的政策主张，认为财政政策的主要目标不是防止和减少失业，而是制止通货膨胀；政府在使用政策时要注意政策的“信誉”，保持政策的连续性；财政政策还应该保持公开、永久的税率，使税收正好能够满足政府的支出。

### 12.4.7 公共选择学派的财政政策思想

以布坎南为代表的公共选择学派反对政府以财政政策手段对经济进行干预，认为政府如同私人经济主体一样，也是“经济人”，在制定和执行财政政策过程中，不免也带有利益最大化的倾向，这样做的结果往往导致政策的不公平。政府政策同市场一样也会出现失灵，我们应尽量减少政府对经济活动的干预，把政府攫取的权力从征税的权力中区分出来；宪法中应有若干约束政府财政规模的规定；实行税制改革等。

## 12.5 我国市场经济体制下财政政策的实践

自1992年中共十四大提出建立社会主义市场经济体制目标以来，我国根据经济形势的发展变化和宏观调控的特定任务，先后实施了适度从紧的财政政策、具有扩张特征的积极财政政策和趋于中性的稳健财政政策及促进供给侧结构性改革高质量发展的财政政策，在着力维持经济稳定增长的同时，注重推动经济结构调整和发展方式转变，促进经济社会又好又快发展。

### 12.5.1 适度从紧的财政政策（1993年下半年至1998年上半年）

进入20世纪90年代后，我国国民经济出现了“两高”并存的局面，即高经济增长率和高通货膨胀率并存。1991—1994年，我国的GDP增长率分别为9.3%、14.2%、13.5%、12.6%，但物价上涨率由1992年5.4%上升到1994年的21.7%，出现了严重的通货膨胀局面。为抑制通货膨胀，确保国民经济的良性发展，自1993年下半年起，我国开始执行适度从紧的财政政策和货币政策。我国通过“双紧”政策的实施，经济过热的局面一度得到控制，到1996年我国国民经济成功实现了“软着陆”。

### 12.5.2 积极财政政策（1998年下半年至2003年）

从1998年下半年开始，我国经济内受通货紧缩、内需严重不足压力，外受亚洲金融危机冲击。在国内外严峻的经济环境下，1998年下半年起，我国政府为了确保经济的适度增长，果断地改革已经实行数年的适度从紧的财政政策，决定实施积极财政政策。

我国1998年开始实施的积极财政政策实际上是应对有效需求不足、克服通货紧缩困难的扩张性财政政策。从积极财政政策运用实践来看，主要包括增加基础设施投资、刺激民间投资、扩大商品出口、提高城镇居民收入水平四个方面的内容。五年来的经济运行情况表明，积极财政政策起到了相应的作用，有效地抵御了亚洲金融危机的冲击。1998—2003 年，我国实施积极财政政策，每年拉动 GDP 增长 1.5 个到 2 个百分点，有力促进了经济持续稳定快速发展，达到了相应的政策目标。当然，积极财政政策的实质是扩张性财政政策，属于总量调控的政策，只是权宜之计，长期实施会产生严重的负面影响。国外的经验表明，长期依靠财政手段解决总量问题会造成经济滞胀。同时，扩张性的财政政策会增强政府在配置资源上的作用，产生与市场化改革趋势相违背的体制复归。

### 12.5.3 稳健财政政策（2004 年至 2008 年上半年）

2004 年我国财政政策出现重要转折点。12 月初，中共中央、国务院在北京召开的中央经济工作会议提出“要实行稳健的财政政策和货币政策，继续控制固定资产投资规模的过快增长”，这标志着对我国政府实施近七年的积极财政政策开始进行调整。

稳健财政政策是以优化结构为重心的长期性政策，其核心是“松紧适度、着力协调、放眼长远”，也叫作“中性”财政政策。当时的问题主要是宏观结构的扭曲。宏观结构不只是经济结构，还包括区域结构、城乡结构、收入分配结构等在内的社会结构，这就要求财政政策从单纯的“经济性政策”转为综合的“社会性政策”，更多地关注长期性问题。在稳健财政政策下，财政支出更多地投向教育、社会保障、医疗卫生和收入分配等方面的制度改革。实施稳健财政政策，融入更多人文关怀的因素，可促使发展理念的转变：从单纯追求经济增长转向追求经济、社会和人的全面发展，这与科学发展观是完全一致的。

### 12.5.4 积极财政政策重启（2008 年下半年至 2012 年）

2008 年下半年，美国次贷危机引发的国际金融危机波及我国。为了应对国际金融危机冲击，我国政府积极发挥财政职能作用，综合运用预算、国债、税收等政策工具，把握政策实施的力度和节奏，着力扩大内需，保障和改善民生，推动经济结构调整，促进经济回升向好。主要政策内容有：增加政府公共投资，加强各项重点建设；优化税制，实行结构性减税；增加城乡居民收入，增强居民消费能力；大力支持经济结构调整和区域协调发展，推动经济发展方式转变。

### 12.5.5 供给侧结构性优化、经济高质量发展的积极财政政策（2013 年至今）

供给侧结构性改革是针对我国经济发展从高速增长阶段进入高质量增长阶段、需求管理不能彻底解决经济运行中的结构性问题所提出的宏观调控措施，是根据世界经济长周期和我国发展阶段性特征提出的发展新战略，是适应与引领高质量经济发展的重大创新，是综合国力竞争新形势的主动选择，是适应我国高质量发展的必然要求，是在发展新思路下、寻求发展新空间、新动能、新机遇的有效抓手。更为确切地说，我国的供给侧结构性改革，就是“供给侧+结构性+改革”，即从提高供给质量出发，用改革的办法推进结构性调整，矫正要素配置扭曲，扩大有效供给，提高供给结构对需求变化的适应性和灵活性，提高全要素生产率，有效化解人民日益增长的美好生活需要和不平衡不充分的发展之间的矛盾，更好地满足广大人民群众对美好生活的需要，促进经济社会健康发展。正如习近平总书记明确指出的“供给侧结构性改革，重点是解放和发展社会生产力，用改革的办法推进结构调整”。

供给侧结构性改革中积极财政政策的要点如下：一是适当增加财政赤字和国债规模，保持必要的支出力度。二是结合税制改革完善结构性减税政策，实施更大规模的减税降费，促进经济结构调整。例如，深化增值税改革，将制造业等行业16%的税率降至13%，将交通运输业、建筑业等行业10%的税率降至9%，确保主要行业税负明显降低；保持6%一档的税率不变，但通过采取对生产、生活性服务业增加税收抵扣等配套措施，确保所有行业税负只减不增，继续向推进税率三档并两档、税制简化方向迈进。同时，全面实施修改后的个人所得税法，落实好6项专项附加扣除政策。清理取消不合理、不合法的收费项目，降低偏高的收费标准。明显降低企业社保缴费负担，落实好普遍性降费措施，减免涉及小微企业的有关行政事业性收费和政府性基金，切实减轻小微企业负担。适当降低部分能源资源和关键零部件、原材料产品的进口关税。三是进一步优化财政支出结构，保障和改善民生。坚持突出重点、积极而为、量力而行，增加教育、卫生、社保等民生投入，支持农业水利和国防建设，促进革命老区、民族地区、边疆地区加快发展，推动城乡发展一体化和城镇化建设。严格控制一般性支出，努力节约行政经费。严肃财经纪律，反对铺张浪费。加强财政支出绩效管理，提高资金使用效率。四是推动经济发展方式转变，提高经济发展质量和效益。保障国家科技重大专项顺利实施，支持基础研究、前沿技术研究等，推动企业技术创新。支持战略性新兴产业和现代服务业发展。推进生态文明建设，促进节能减排，加快新能源、可再生能源、清洁能源和循环经济发展；加强重点生态保护，巩固退耕还林成果，完善森林生态效益补偿和林业补贴政策。五是切实加强地方政府性债务管理，有效防控财政风险。

在实施积极财政政策过程中，着力推进供给侧结构性改革，推动解决结构性供需失衡。继续支持做好钢铁、煤炭行业化解过剩产能过程中职工分流安置工作，按照各地安置职工进度及时拨付专项奖补资金，落实并完善相关支持政策。对职工安置困难较大和财政收支压力大的地区，加大专项奖补资金和就业专项资金倾斜力度。防范化解煤电产能过剩风险。支持深化农业供给侧结构性改革。着力推动提高金融服务实体经济效率，引导更多信贷资金进入实体经济。发挥好工业转型升级专项资金作用，支持智能制造、工业强基、绿色制造和制造业创新中心建设，加快实施《中国制造2025》。支持实施国家战略性新兴产业发展规划，促进节能环保、新一代信息技术、高端装备制造等战略性新兴产业发展壮大。加大重大装备首台套推广应用支持力度，将新材料纳入首批次应用保险保费补偿范围。继续安排中小企业发展专项资金，深入开展小微企业创业创新基地城市示范，加快国家中小企业发展基金、国家新兴产业创业投资引导基金投资运行，继续落实固定资产加速折旧、众创空间等税收优惠政策，积极支持大众创业万众创新。深入推进城市地下综合管廊、海绵城市建设试点，改善城镇基础设施。设立服务贸易创新发展引导基金，培育外贸竞争新优势。支持实施“一带一路”建设、京津冀协同发展、长江经济带发展三大战略，促进区域协调发展。实施促进粤港澳大湾区发展的财政政策，支持香港、澳门融入国家发展大局，保持香港、澳门长期繁荣稳定。

**专栏 12-1　促进横琴粤澳深度合作区建设的财政政策**

为了充分发挥粤港澳综合优势，深化内地与港澳合作，进一步提升粤港澳大湾区在国家经济发展和对外开放中的支撑引领作用，支持香港、澳门融入国家发展大局，增进香港、澳门同胞福祉，保持香港、澳门长期繁荣稳定，2019 年 2 月中共中央、国务院发布了《粤港澳大湾区发展规划纲要》。为了实施《粤港澳大湾区发展规划纲要》，2021 年 9 月中共中央、国务院印发了《横琴粤澳深度合作区建设总体方案》，方案中提出了许多财政优惠政策，包括：①建立合作区收益共享机制。支持粤澳双方探索建立合作区收益共享机制，2024 年前投资收益全部留给合作区管理委员会支配，用于合作区开发建设。中央财政对合作区给予补助，补助与合作区吸引澳门企业入驻和扩大就业、增加实体经济产值、支持本方案确定的重点产业等挂钩，补助数额不超过中央财政在合作区的分享税收。②研究调整横琴不予免（保）税货物清单政策，除国家法律、行政法规明确规定不予免（保）税的货物及物品外，其他货物及物品免（保）税进入。“二线”管住方面，从合作区经“二线”进入内地的免（保）税货物，按照进口货物有关规定办理海关手续，征收关税和进口环节税。对合作区内企业生产的不含进口料件或者含进口料件在合作区加工增值达到或超过 30% 的货物，经“二线”进入内地免征进口关税。从内地经“二线”进入合作区的有关货物视同出口，按现行税收政策规定实行增值税和消费税退税，涉及出口关税应税商品的征收出口关税，并根据需要办理海关手续。研究调整适用退税政策的货物范围，实行负面清单管理。③完善企业所得税优惠政策。对合作区符合条件的产业企业减按 15% 的税率征收企业所得税，将有利于澳门经济适度多元发展的产业全部纳入政策范围。对企业符合条件的资本性支出，允许在支出发生当期一次性税前扣除或加速折旧和摊销。对在合作区设立的旅游业、现代服务业、高新技术产业企业新增境外直接投资取得的所得，免征企业所得税。④实施促进境内外人才集聚合作区及鼓励合作区企业吸纳澳门青年就业的个人所得税优惠政策。对在合作区工作的境内外高端人才和紧缺人才，其个人所得税负超过 15% 的部分予以免征。对在合作区工作的澳门居民，其个人所得税负超过澳门税负的部分予以免征。

## 本章小结

财政政策是指政府为达到预期的经济、社会发展目标而确定的财政战略和财政策略，或者说是政府为实现一定的宏观经济目标而调整财政收支规模和收支平衡的指导原则及相应的措施。财政政策要素包括政策主体、政策目标、政策工具三个方面。政策主体是政府，包括中央政府和地方政府。政策目标包括政治目标、经济目标、社会目标。政策工具包括预算、税收、公债、财政支出等。财政政策可以从不同的视角进行分类。

财政政策功能包括导向功能、协调功能、控制功能、稳定功能。财政政策乘数效应包括税收乘数效应、购买支出乘数效应等。不同的时代，不同的经济学家对财政政策有不同的认识，形成了不同流派的财政政策思想。建立社会主义市场经济体制以来，我国财政政策先后分别实施了适度从紧的财政政策、积极财政政策、稳健财政政策、供给侧结构性改革的积极财政政策。

## 思考题

1. 什么是财政政策？财政政策包括哪些构成要素？
2. 内在稳定器的财政政策与相机决策的财政政策有何区别？
3. 什么是财政乘数？财政政策真的能够发挥出那么大的乘数效应吗？
4. 如何评价古典学派“廉价政府”的财政政策思想？
5. “二战”后凯恩斯主义财政政策思想为何流行？赤字财政政策真的无害吗？
6. 如何评价我国供给侧结构性改革中的积极财政政策？

# 参考文献


［1］爱伦·鲁宾．公共预算中的政治：收入与支出、供贷与平衡［M］．叶娟丽，译．北京：中国人民大学出版社，2002.

［2］布朗，杰克逊．公共部门经济学［M］．张馨，等译．北京：中国人民大学出版社，2005.

［3］陈共．财政学［M］．北京：中国人民大学出版社，2020.

［4］陈永良，沈肇章．财政学［M］．广州：暨南大学出版社，1993.

［5］储敏伟，杨君昌．财政学［M］．北京：高等教育出版社，2010.

［6］丛树海．财政支出学［M］．北京：中国人民大学出版社，2002.

［7］丹尼斯·缪勒．公共选择理论［M］．杨春学，等译．北京：中国社会出版社，2010.

［8］邓子基．财政学［M］．北京：中国人民大学出版社，2010.

［9］邓子基，张馨，王开国．公债经济学：公债历史、现状与理论分析［M］．北京：中国财政经济出版社，1990.

［10］费雪．州和地方财政学［M］．吴俊培，译．北京：中国人民大学出版社，2 000.

［11］高坚．中国国债［M］．北京：经济科学出版社，1997.

［12］高培勇，杨之刚，夏杰长．中国财政经济理论前沿：5［M］．北京：社会科学文献出版社，2008.

［13］高培勇，杨之刚，马珺．中国财政经济理论前沿：6［M］．北京：社会科学文献出版社，2011.

［14］格里高利·曼昆．宏观经济学［M］．卢远瞩，译．北京：中国人民大学出版社，2011.

［15］戈登·塔洛克．公共选择：戈登·塔洛克论文集［M］．柏克，郑景胜，译．北京：商务印书馆，2015.

［16］龚振勇．公共财政支出概论［M］．北京：中国财政经济出版社，2000.

［17］郭庆旺，吕冰洋，何乘材．李嘉图等价定理的实证分析：协整方法［J］．财政研究，2003（9）．

［18］郭庆旺，赵志耘．财政理论与政策：当前若干重大问题探讨［M］．北京：经济科学出版社，1999.

［19］郭庆旺，赵志耘．财政学［M］．北京：中国人民大学出版社，2002.

［20］哈维·罗森，特德·盖亚．财政学［M］．郭庆旺，赵志耘，译．8 版．北京：

中国人民大学出版社，2009.

［21］大卫·海曼．财政学：理论在政策中的当代应用［M］．张进昌，译．8 版．北京：北京大学出版社，2006.

［22］洪银兴．现代财政学［M］．南京：南京大学出版社，1998.

［23］金戈，赵海利．财政支出分析［M］．杭州：浙江大学出版社，2011.

［24］蒋洪．公共经济学（财政学）［M］．2 版．上海：上海财经大学出版社，2011.

［25］理查德·波斯纳．法律的经济分析：上［M］．蒋兆康，译．北京：中国大百科全书出版社，1997.

［26］梁若冰，王群群．地方债管理体制改革与企业融资困境缓解［J］．经济研究，2021，56（4）.

［27］李凡．温岭试验与中国地方政府公共预算改革［M］．北京：知识产权出版社，2009.

［28］李洺，侯一麟．我国地方财政预算权及其决策过程分析［J］．中国行政管理，2008（7）.

［29］刘剑文．准确理解税收法定进程中的“税制平移”［J］．中国社会科学报，2019（5）.

［30］刘玲玲．公共财政学［M］．北京：清华大学出版社，2003.

［31］刘溶沧，赵志耘．财政政策论纲［M］．北京：经济科学出版社，1998.

［32］刘溶沧，赵志耘．中国财政理论前沿Ⅲ［M］．北京：社会科学文献出版社，2003.

［33］刘宇飞．当代西方财政学［M］．北京：北京大学出版社，2003.

［34］楼继伟．新中国 50 年财政统计［M］．北京：经济科学出版社，2000.

［35］卢洪友．政府职能与财政体制研究［M］．北京：中国财政经济出版社，1999.

［36］吕冰洋，詹静楠，李钊．中国税收负担：孰轻孰重?［J］．经济学动态，2020（1）.

［37］马蔡琛．变革世界中的政府预算管理：一种利益相关方视角的考察［M］．北京：中国社会科学出版社，2010.

［38］马骏，等．公共预算：比较研究［M］．北京：中央编译出版社，2011.

［39］平新乔．财政原理与比较财政制度［M］．上海：格致出版社，上海三联书店上海分店，上海人民出版社，1992.

［40］申书海．财政支出效益评价［M］．北京：中国财政经济出版社，1999.

［41］孙开．公共支出管理［M］．大连：东北财经大学出版社，2009.

［42］苏京春，王琰．西方经济思想中的税收逻辑［J］．财政科学，2019（4）.

［43］维托·坦齐，卢德格尔·舒克内希特．20 世纪的公共支出［M］．胡家勇，译．北京：商务印书馆，2005.

［44］托马斯·戴伊．理解公共政策［M］．谢明，译．12 版．北京：中国人民大学

出版社，2011.

［45］阿伦·威尔达夫斯基，内奥米·凯顿．预算过程中的新政治学［M］．邓淑莲，魏陆，译.4版．上海：上海财经大学出版社，2006.

［46］吴俊培，等．现代财政学［M］．北京：中国财政经济出版社，2001.

［47］辛冲冲，徐婷，周菲．被动之举还是主动为之：基于纵向财政不平衡与地区竞争对土地财政依赖影响的再解释［J］．经济学家，2021（4）．

［48］杨灿明，王金秀．政府预算决策与监督实验教程［M］．北京：经济科学出版社，2010.

［49］杨志勇．比较财政学［M］．上海：复旦大学出版社，2005.

［50］杨志勇，张馨．公共经济学［M］．北京：清华大学出版社，2005.

［51］杨大楷．国债综合管理［M］．上海：上海财经大学出版社，2000.

［52］杨森平．新编税务管理［M］．广州：暨南大学出版社，2003.

［53］杨艳琳．现代财政与金融教程［M］．北京：首都经济贸易大学出版社，2003.

［54］杨之刚．公共财政学：理论与实践［M］．上海：上海人民出版社，1999.

［55］亚洲开发银行．政府支出管理［M］．财政部财政科学研究所，译．北京：人民出版社，2001.

［56］尹李峰，李森，缪小林．减税降费是否带来地方债风险？——基于高质量税源的中介效应分析［J］．财政研究，2021（3）．

［57］约翰·利奇．公共经济学教程［M］．孔晏，朱萍，译．上海：上海财经大学出版社，2005.

［58］约翰·克莱顿·托马斯．公共决策中的公民参与［M］．孙柏瑛，等译．北京：中国人民大学出版社，2005.

［59］约瑟夫·斯蒂格利茨．公共部门经济学［M］．郭庆旺，等译．北京：中国人民大学出版社，2005.

［60］张雷宝．公债经济学：理论·政策·实践［M］．杭州：浙江大学出版社，2007.

［61］张通．中国公共支出管理与改革［M］．北京：经济科学出版社，2010.

［62］张馨．公共财政论纲［M］．北京：经济科学出版社，1999.

［63］张馨．比较财政学教程［M］.2版．北京：中国人民大学出版社，2004.

［64］张馨，等．当代财政与财政学主流［M］．大连：东北财经大学出版社，2002.

［65］郑功成．社会保障学［M］．北京：中国劳动社会保障出版社，2008.

［66］中国注册会计师协会．税法［M］．北京：中国财政经济出版社，2021.